PONS

Bildwörterbuch - kompakt

Deutsch - Englisch

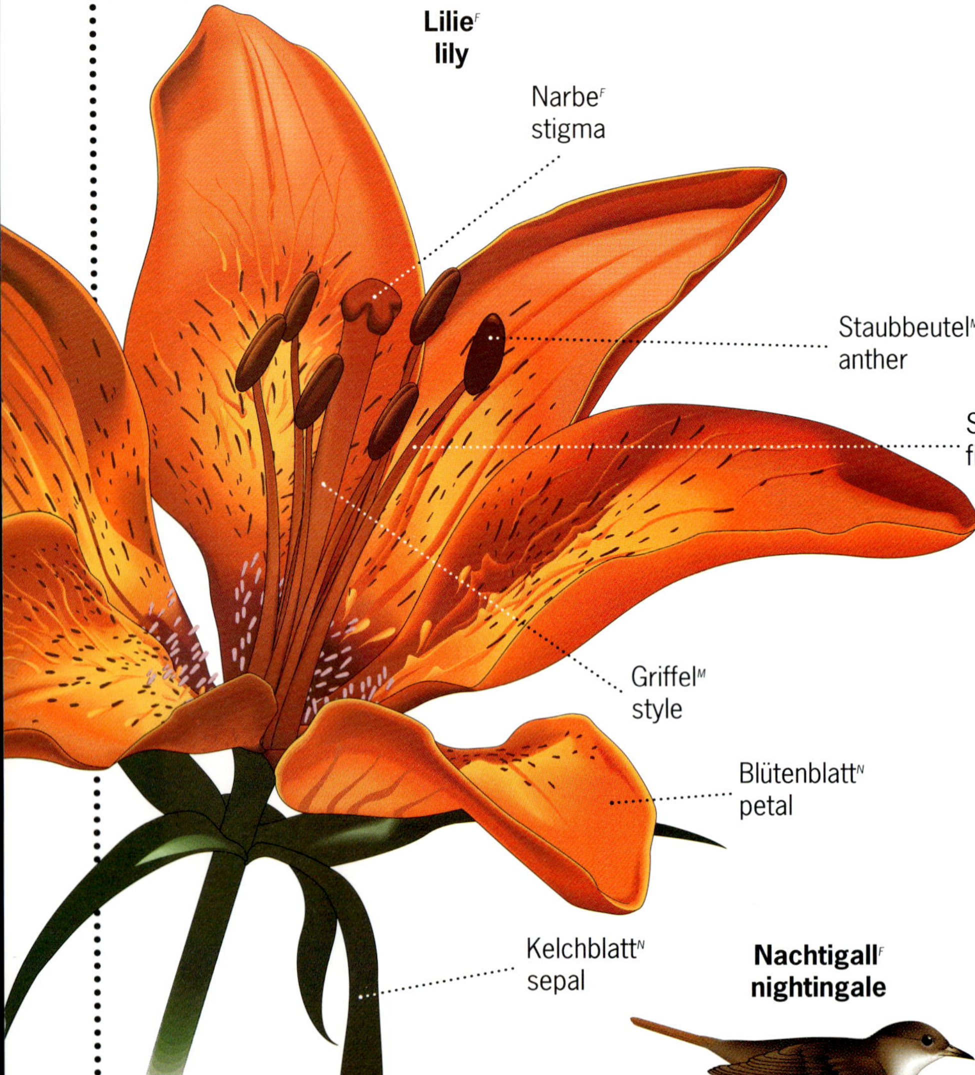

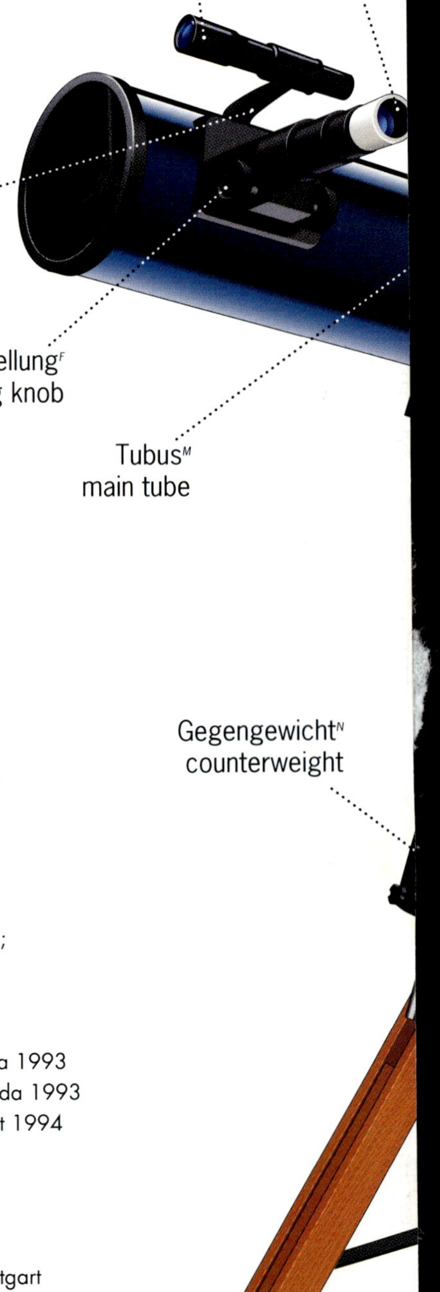

Die Deutsche Bibliothek - CIP-Einheitsaufnahme

PONS Bildwörterbuch kompakt : Deutsch - Englisch / Autoren
franz. Orig.-Ausg. Jean-Claude Corbeil ; Ariane Archambault.
Dt. Text Hugh Keith ... Engl. Text Alexandra Clayton.
1. Auflage -
Stugart ; Dresden : Klett Verlag für Wissen und Bildung, 1994
ISBN 3-12-517832-0
NE: Corbeil, Jean-Claude; Archambault, Ariane; Keith, Hugh [Übers.];
Bildwörterbuch kompakt

1. Auflage 1994

Redaktion: PONS Wörterbücher
Dr. Margaret Cop
Einbandgestaltung: Ernst Klett Verlag für Wissen und Bildung GmbH, Stuttgart
Ira Häußler, Stuttgart; Erwin Poell, Heidelberg
Printed in Canada
ISBN 3-12-517832-0

PONS

Bildwörterbuch - kompakt
Deutsch - Englisch

Ernst Klett Verlag für Wissen und Bildung
Stuttgart · Dresden

Autoren französische Originalausgabe
Jean-Claude Corbeil
Ariane Archambault

Deutscher Text
Hugh Keith
Armin Mutscheller
Jerry Payne
Ursula Vogel

Englischer Text (BE)
Alexandra Clayton

Leiter der Computergrafik
François Fortin

Art-directors
Jean-Louis Martin
François Fortin

Grafik-Design
Anne Tremblay

Computergrafik
Marc Lalumière
Jean-Yves Ahern
Rielle Lévesque
Anne Tremblay

Jacques Perrault
Jocelyn Gardner
Christiane Beauregard
Michel Blais
Stéphane Roy
Alice Comtois
Benoît Bourdeau

Datenverarbeitung
Yves Ferland

Dokumentation
Serge D'Amico

Layout
Lucie Mc Brearty
Pascal Goyette

Technische Betreuung
Gilles Archambault

Herstellung
Tony O'Riley

INHALT

HIMMEL

Sonnensystem 6
Sonne 8
Mond 9
Komet 10
Sonnenfinsternis 10
Mondfinsternis 10
Spiegelteleskop 11
Linsenfernrohr 11

ERDE

Koordinatensystem der Erdkugel 12
Aufbau der Erde 12
Erdbeben 13
Höhle 13
Küstenformen 14
Vulkan 15
Gletscher 16
Berg 17
Konfiguration der Kontinente 18
Jahreszeiten 20
Struktur der Biosphäre 20
Vegetationsgürtel 20
Klimate der Welt 21
Wetter 22
Meteorologische Meßinstrumente 23
Kartographie 24
Kompaßrose 27
Ökologie 28

PFLANZENREICH

Pflanze und Boden 34
Bodenprofil 34
Keimung 34
Pilz 35
Aufbau einer Pflanze 36
Blumen 38
Baum 40
Nadelbaum 43

OBST UND GEMÜSE

Fleischige Früchte: Beerenobst 44
Steinobst 45
Kernobst 46
Fleischige Früchte: Zitrusfrüchte 47
Südfrüchte 48
Gemüse 49

GARTENARBEIT

Gartenarbeit 54

TIERREICH

Insekten und Spinne 56
Schmetterling 57
Honigbiene 58
Amphibien 60
Krebstiere 61
Fische 62
Reptilien 64
Katze 66
Hund 66
Pferd 67
Nutztiere 68
Gebißarten 70
Die wichtigsten Hornarten 71
Die wichtigsten Stoßzähne 71
Hufarten 71
Wildlebende Tiere 72
Vogel 74
Verschiedene Vogelarten 76

MENSCHLICHER KÖRPER

Menschlicher Körper, Vorderansicht 78
Menschlicher Körper, Rückenansicht 79
Skelett 80
Anatomie des Menschen 81
Auge: das Sehorgan 82
Hand: das Tastorgan 82
Ohr: das Hörorgan 83
Nase: das Riechorgan 84
Mund: das Geschmacksorgan 84
Menschliches Gebiß 85

ARCHITEKTUR

Traditionelle Wohnhäuser 86
Moschee 87
Burg 88
Gotischer Dom 89
City 90

HAUS

Haus 92
Fenster 94
Bett 95
Sitzmöbel 96
Tisch und Stühle 97
Lampen 98
Beleuchtung 99
Gläser 100
Geschirr 100
Besteck 101
Küchenutensilien 102
Kochgeräte 104
Haushaltsgeräte 105
Kühl-Gefrier-Kombination 106
Geräte zum Kochen 107

DO-IT-YOURSELF

Schreinerwerkzeug 108
Elektrowerkzeuge 110
Malerbedarf 111

KLEIDUNG

Herrenkleidung 112
Damenkleidung 114
Pullover 117
Handschuhe und Strümpfe 118
Schuhe 119
Sportkleidung 120

PERSÖNLICHE ARTIKEL

Zahnpflege 122
Haarpflege 122
Lederwaren 123
Brille 123
Schirm 123

KOMMUNIKATION

Telefonieren 124
Fotografie 125
Fernsehen 126

Video 127
Hi-Fi-Anlage 128
Tragbare Tonwiedergabesysteme 129

STRASSENVERKEHR

Auto 130
Lastkraftwagen 134
Motorrad 135
Fahrrad 136

SCHIENENVERKEHR

Dieselelektrische Lokomotive 138
Verschiedene Güterwagen 138
Bahnübergang 140
Hochgeschwindigkeitszug 140

SCHIFFAHRT

Viermastbark 141
Luftkissenfahrzeug 141
Kreuzfahrtschiff 142
Hafen 142

LUFTVERKEHR

Flugzeug 144
Hubschrauber 145
Flughafen 146

RAUMFAHRT

Raumfähre 148
Raumanzug 149

SCHULE

Schulbedarf 150
Schulbedarf 152
Geometrie 156
Zeichnen 157

MUSIK

Traditionelle Musikinstrumente 158
Tasteninstrumente 159
Musiknotation 160
Saiteninstrumente 162
Blasinstrumente 164
Schlaginstrumente 166
Sinfonieorchester 167

MANNSCHAFTSSPORTARTEN

Baseball 168
Football 170
Fußball 172
Cricket 174
Hockey 175
Eishockey 176
Basketballspiel 178
Volleyballspiel 179
Tennis 180

WASSERSPORT

Schwimmen 182
Surfbrett 184

WINTERSPORT

Schlitt- und Rollschuhlauf 185
Skilaufen 186

TURNEN

Geräteturnen 188

CAMPING

Zelte 190
Schlafausrüstung 191
Campingausrüstung 192

SPIELE

Kartenspiele 194
Würfel 194
Dominospiel 194
Schach 195
Backgammon 196
Damespiel 196
Videospielsystem 197
Dartspiel 197

MESSINSTRUMENTE

Zeitmessung 198
Temperaturmessung 199
Wiegen 200

ENERGIE

Erdölförderung 202
Wasserkraft 204
Kernenergie 206
Sonnenenergie 208
Windenergie 209

SCHWERMASCHINEN

Brandbekämpfung 210
Schwerfahrzeuge 212

ZEICHEN

Allgemeine Zeichen 216
Warn- und Gebotszeichen 216
Schutzmaßnahmen 216

SONNENSYSTEM[N]
SOLAR SYSTEM

Planeten[M] und Monde[M]
planets and moons

Umlaufbahnen[F] der Planeten[M]
orbits of the planets

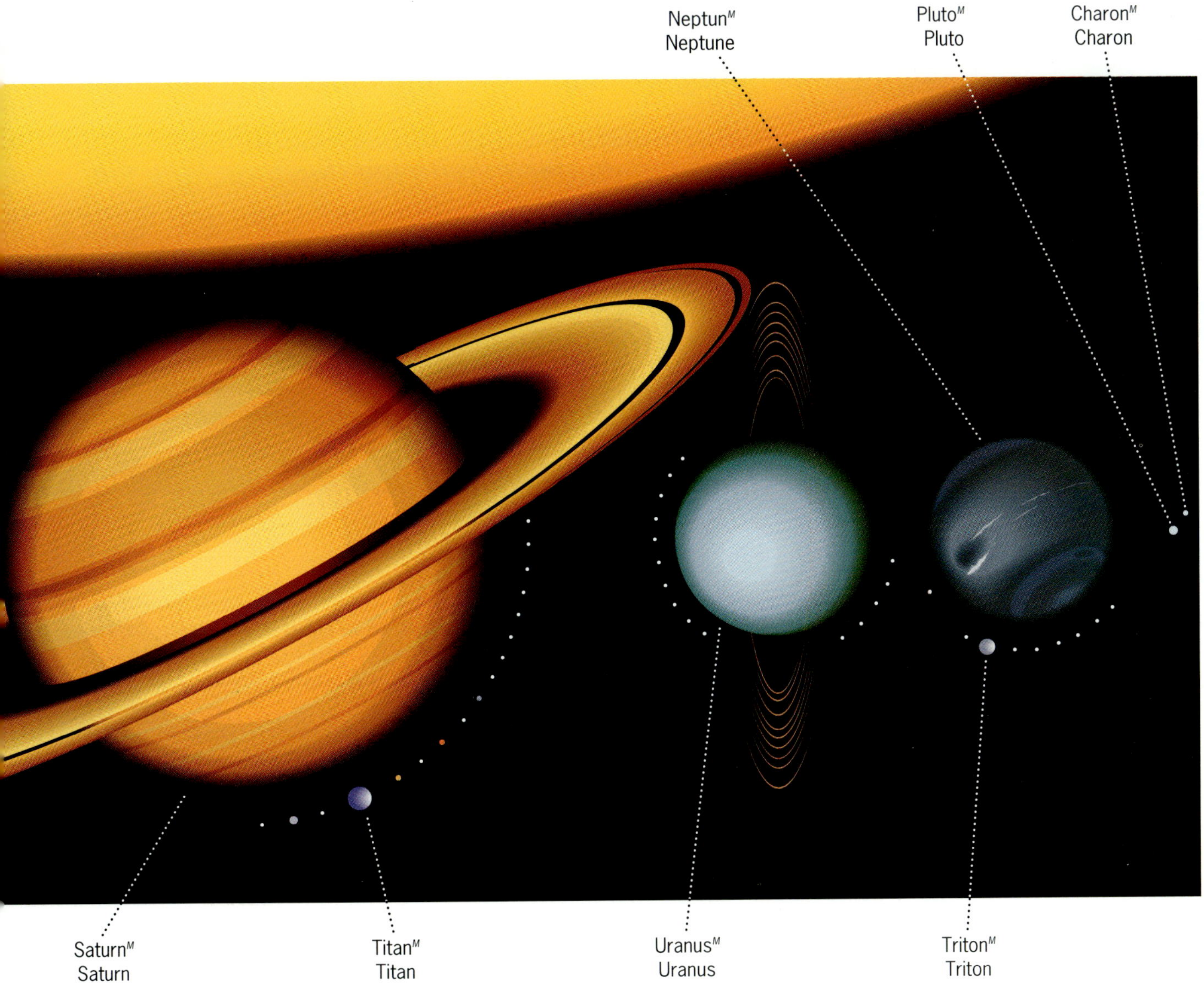
Neptun[M]
Neptune
Pluto[M]
Pluto
Charon[M]
Charon
Saturn[M]
Saturn
Titan[M]
Titan
Uranus[M]
Uranus
Triton[M]
Triton

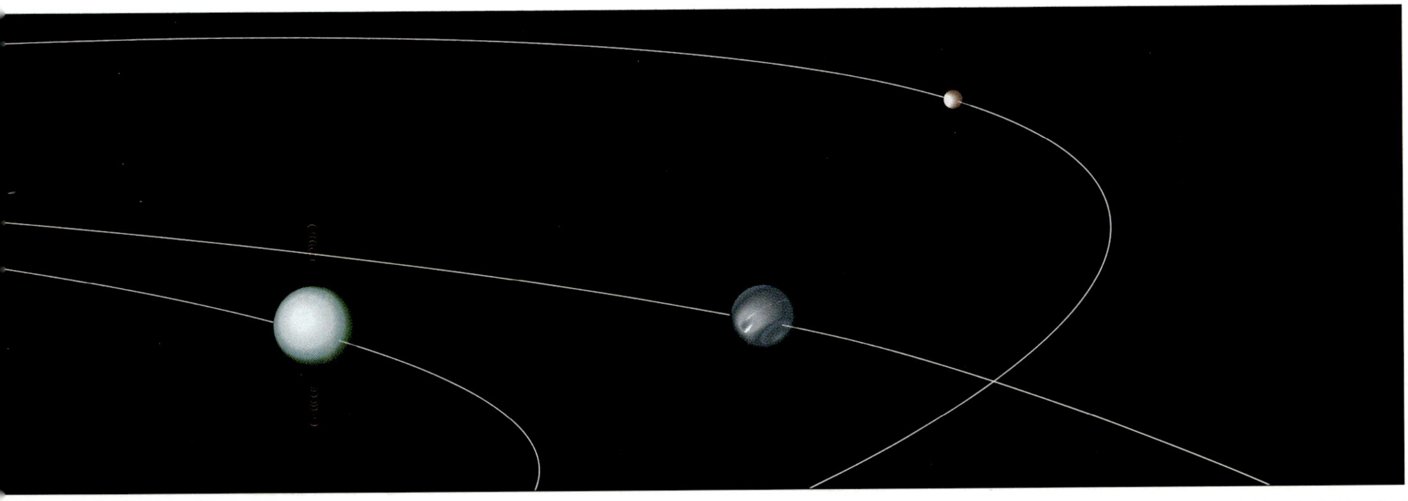

SONNE[F]
SUN

Aufbau[M] der Sonne[F]
structure of the Sun

MOND[M]
MOON

Oberflächenformationen[F] des Mondes[M]
lunar features

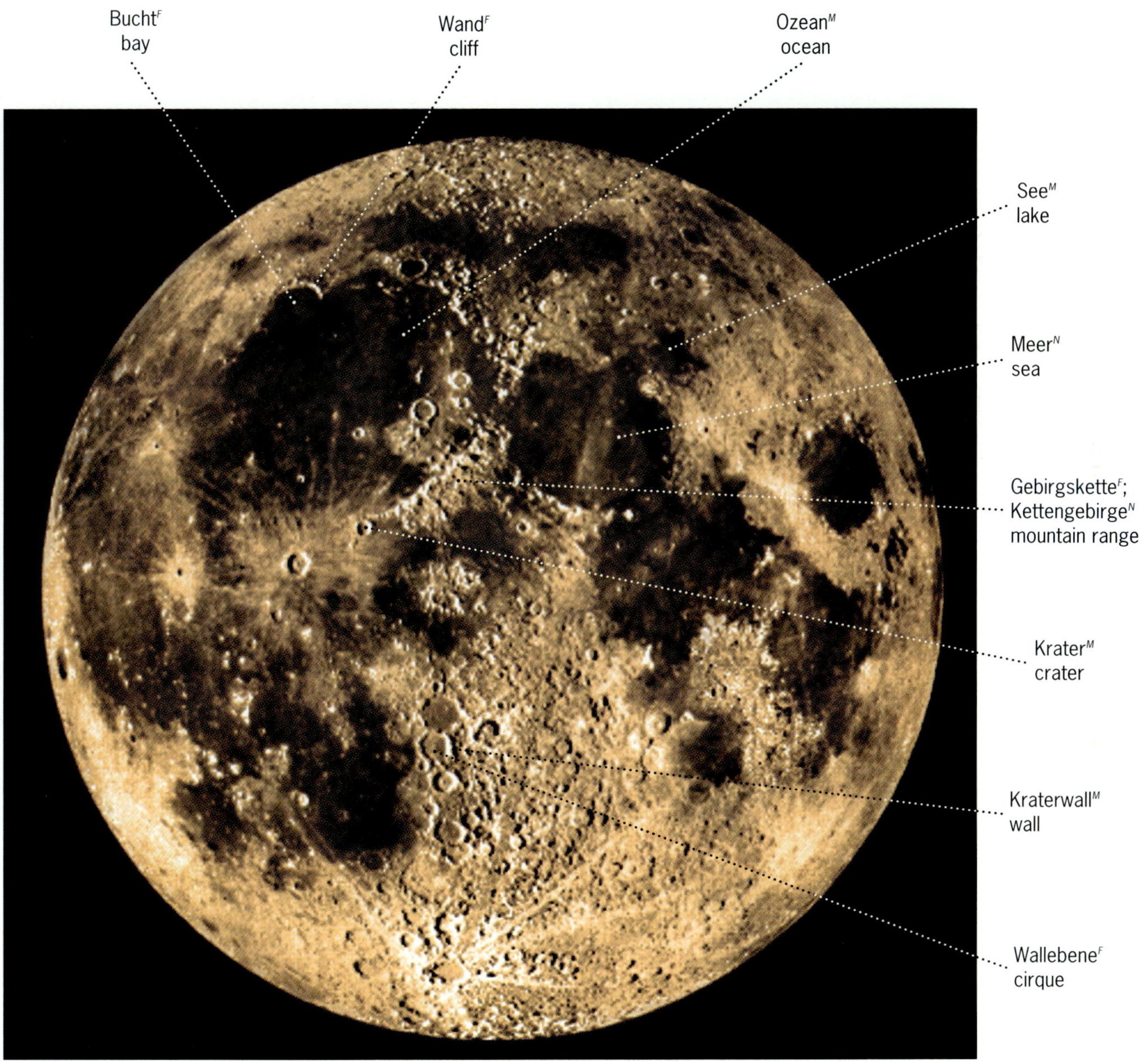

MONDPHASEN[F]
PHASES OF THE MOON

KOMET^{M}
COMET

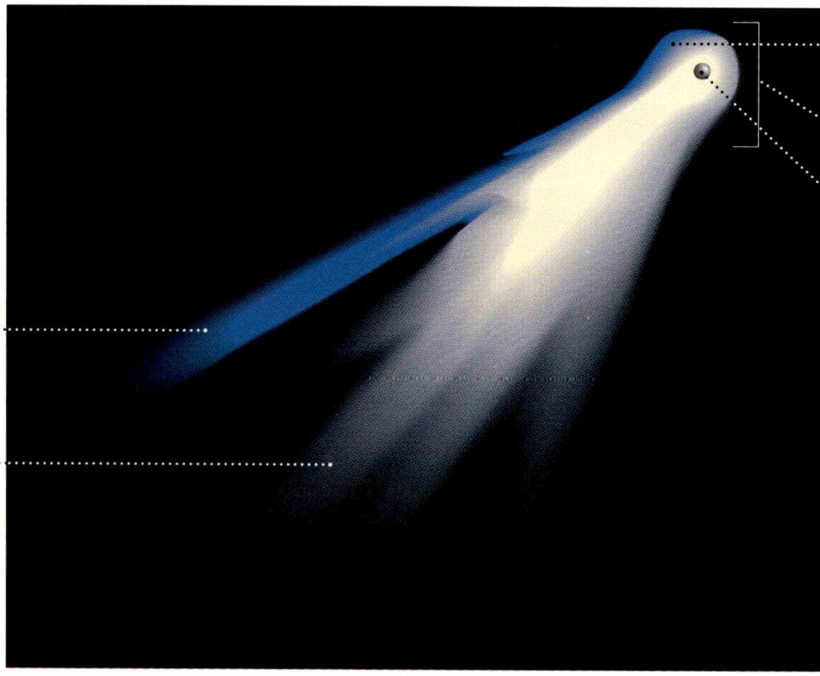

SONNENFINSTERNIS^{F}
SOLAR ECLIPSE

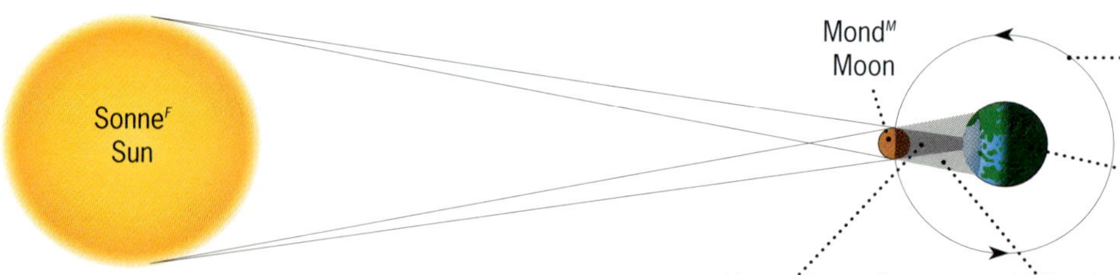

FINSTERNISTYPEN^{M} DER SONNE^{F}
TYPES OF SOLAR ECLIPSES

totale Finsternis^{F}
total eclipse

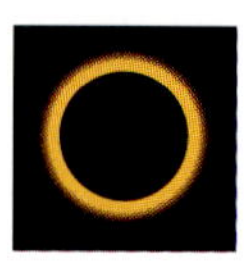

ringförmige Finsternis^{F}
annular eclipse

partielle Finsternis^{F}
partial eclipse

MONDFINSTERNIS^{F}
LUNAR ECLIPSE

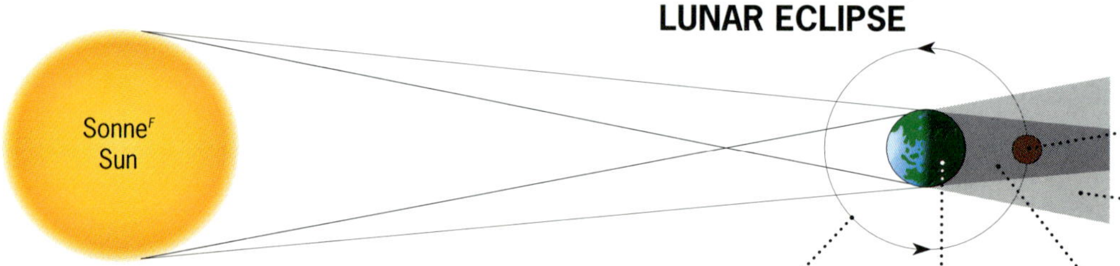

FINSTERNISTYPEN^{M} DES MONDS^{M}
TYPES OF LUNAR ECLIPSES

partielle Finsternis^{F}
partial eclipse

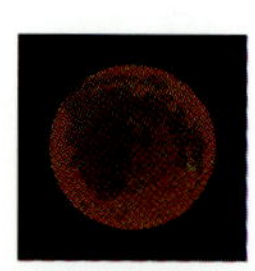

totale Finsternis^{F}
total eclipse

SPIEGELTELESKOP[N]; REFLEKTOR[M]
REFLECTING TELESCOPE

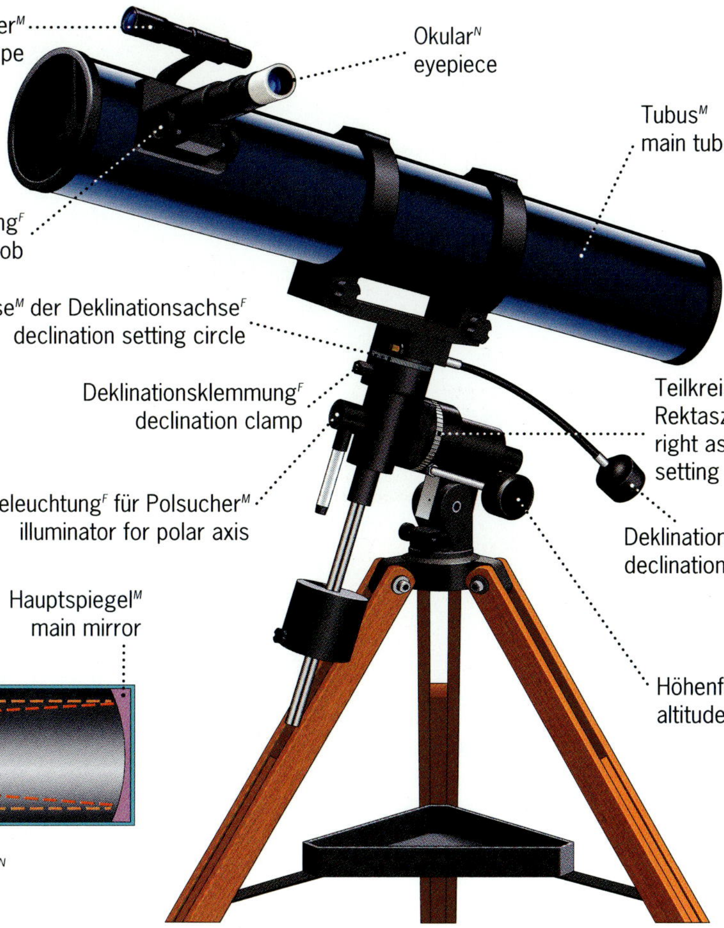

Querschnitt[M] durch ein Spiegelteleskop[N]
cross section of a reflecting telescope

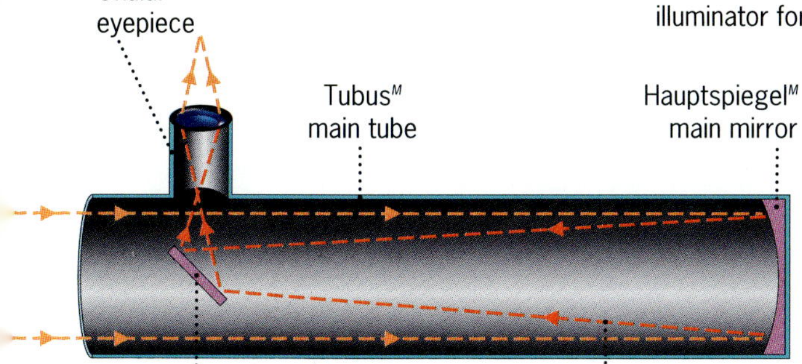

LINSENFERNROHR[N]; REFRAKTOR[M]
REFRACTING TELESCOPE

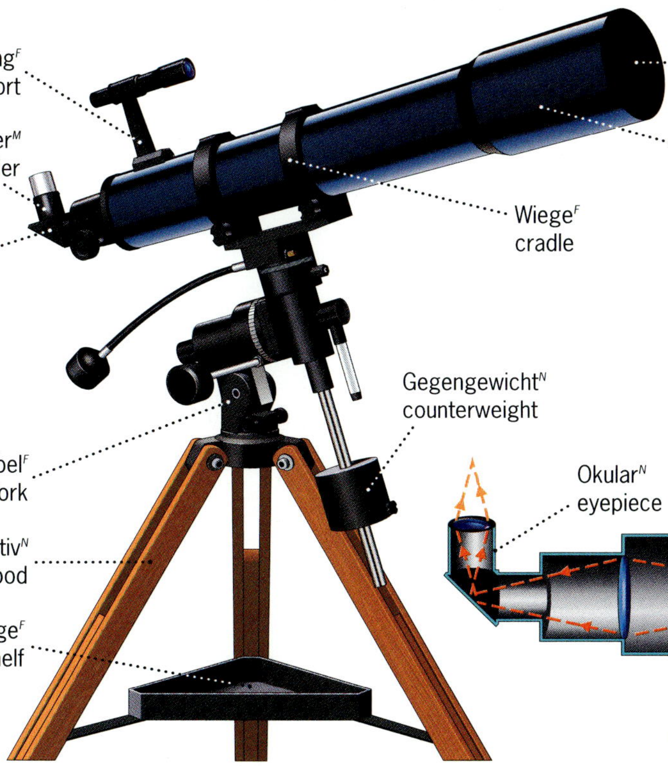

Querschnitt[M] durch ein Linsenfernrohr[N]
cross section of a refracting telescope

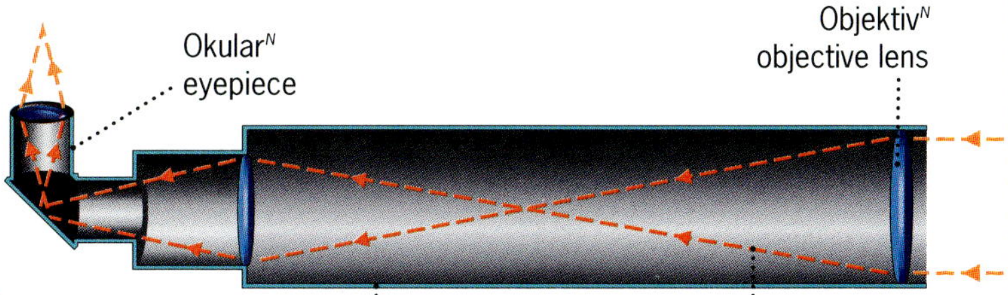

KOORDINATENSYSTEM^N DER ERDKUGEL^F
EARTH COORDINATE SYSTEM

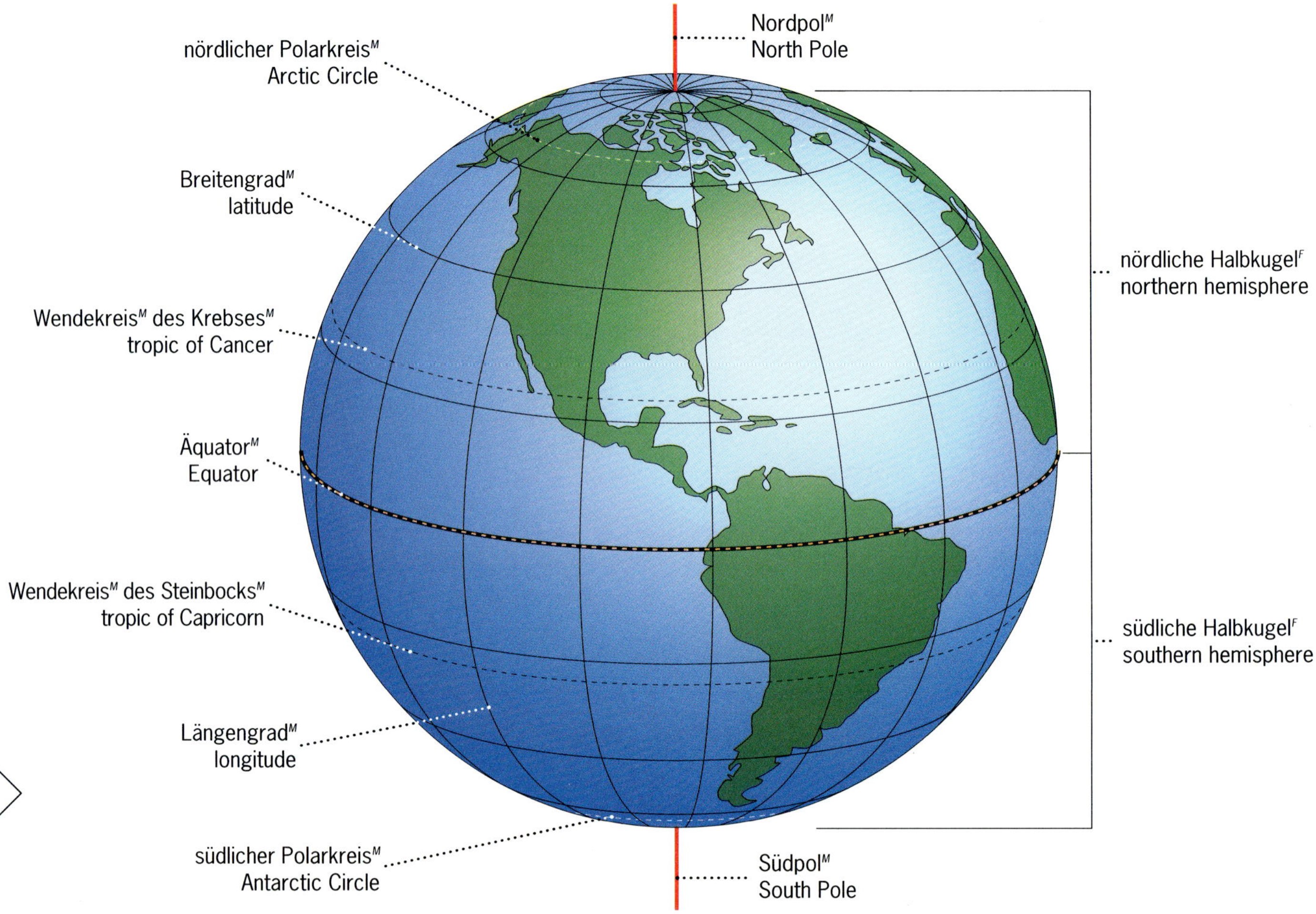

AUFBAU^M DER ERDE^F
STRUCTURE OF THE EARTH

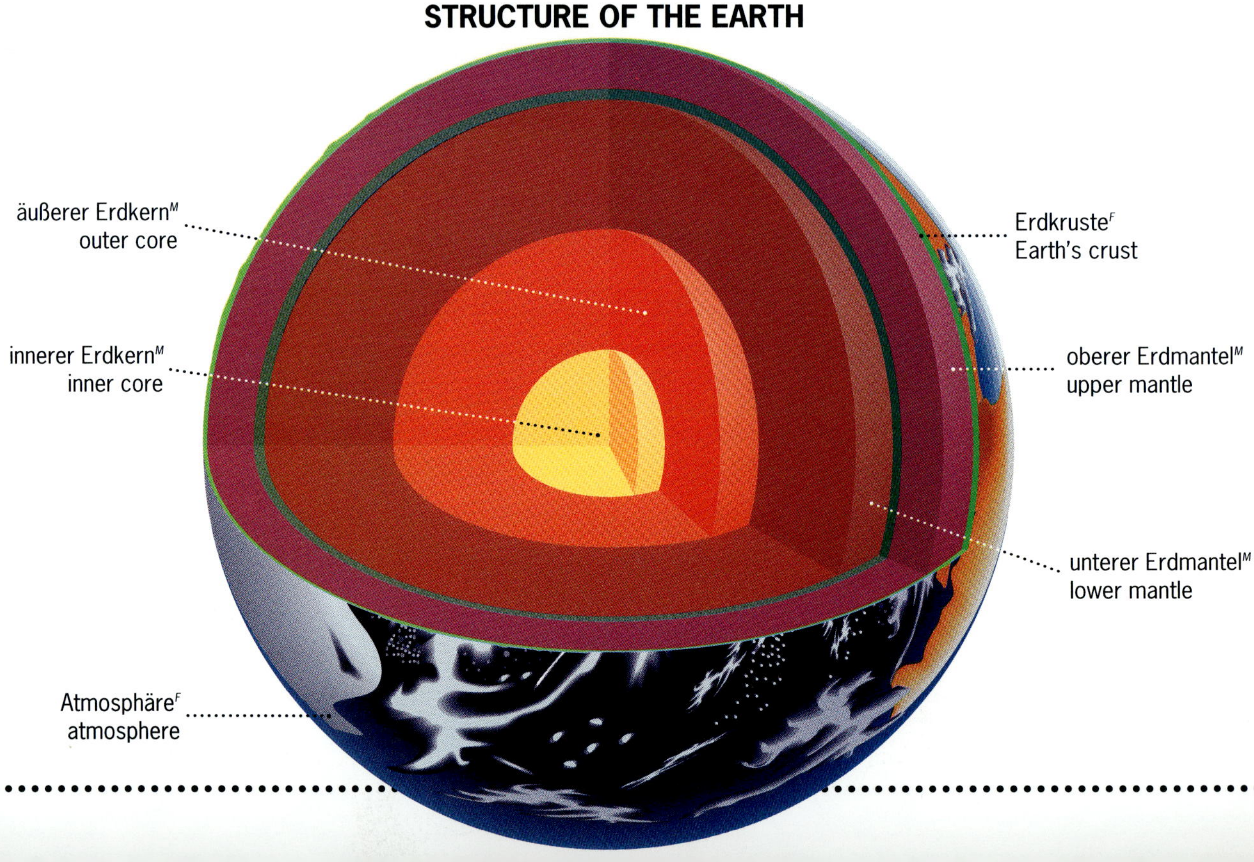

ERDBEBEN[N]
EARTHQUAKE

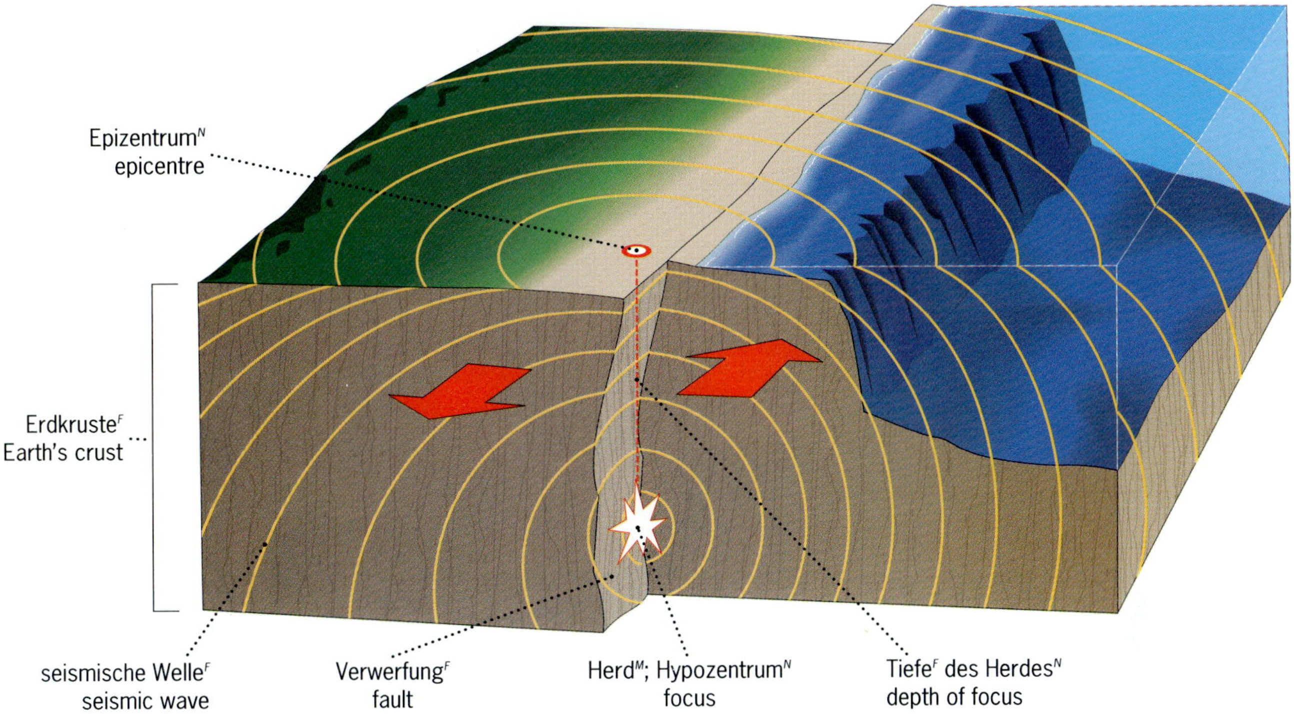

HÖHLE[F]
CAVE

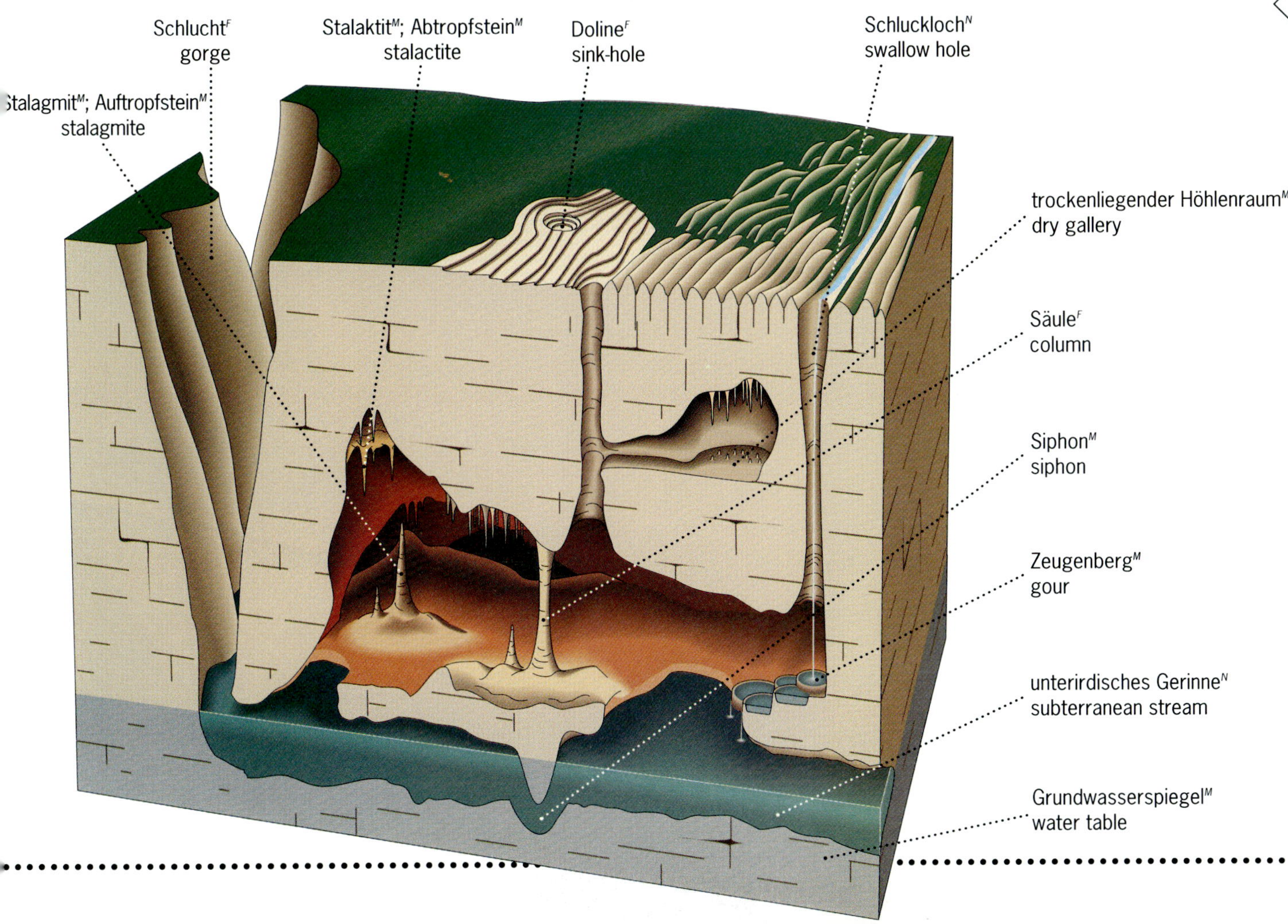

KÜSTENFORMEN[F]
COASTAL FEATURES

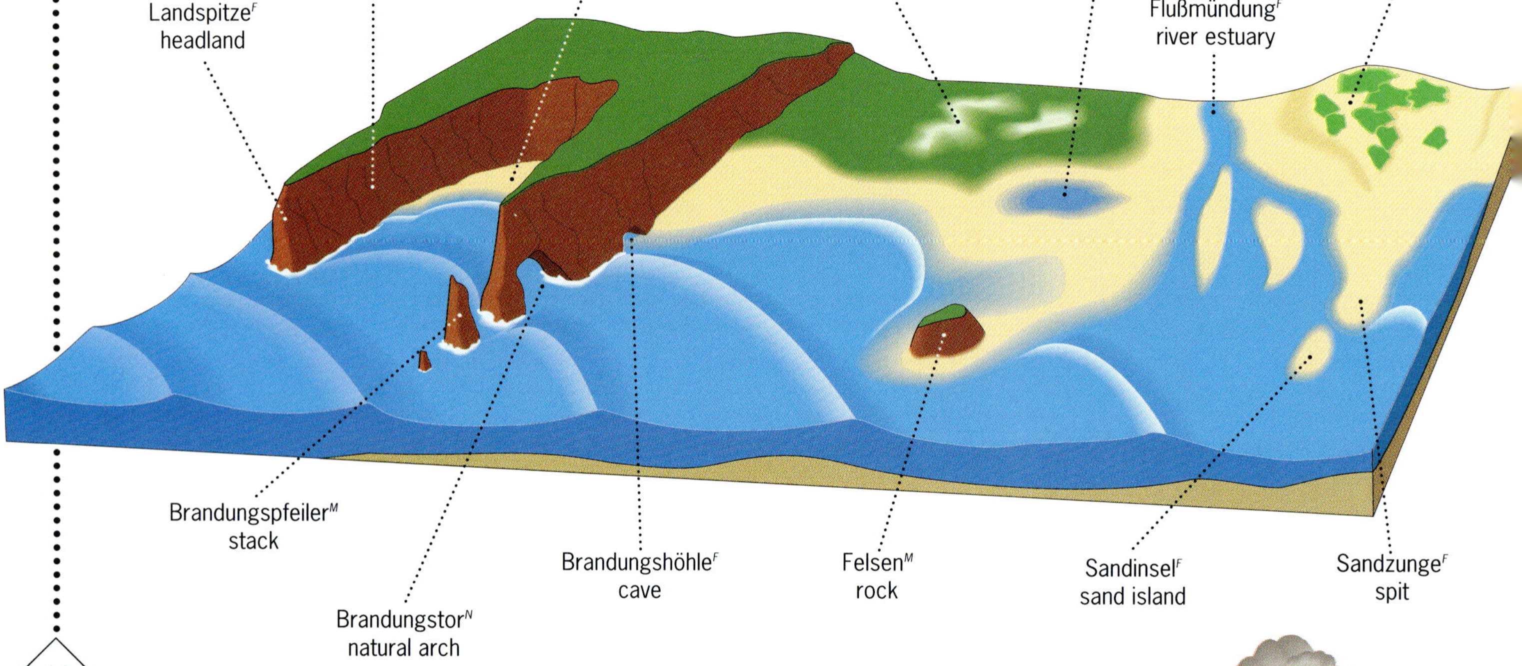

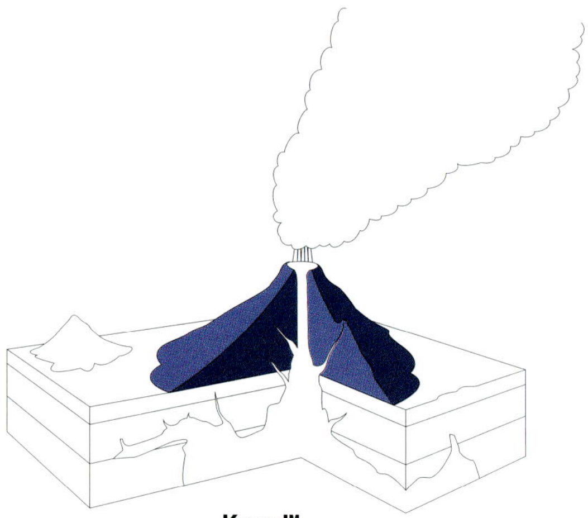

Kegel[M]
cone

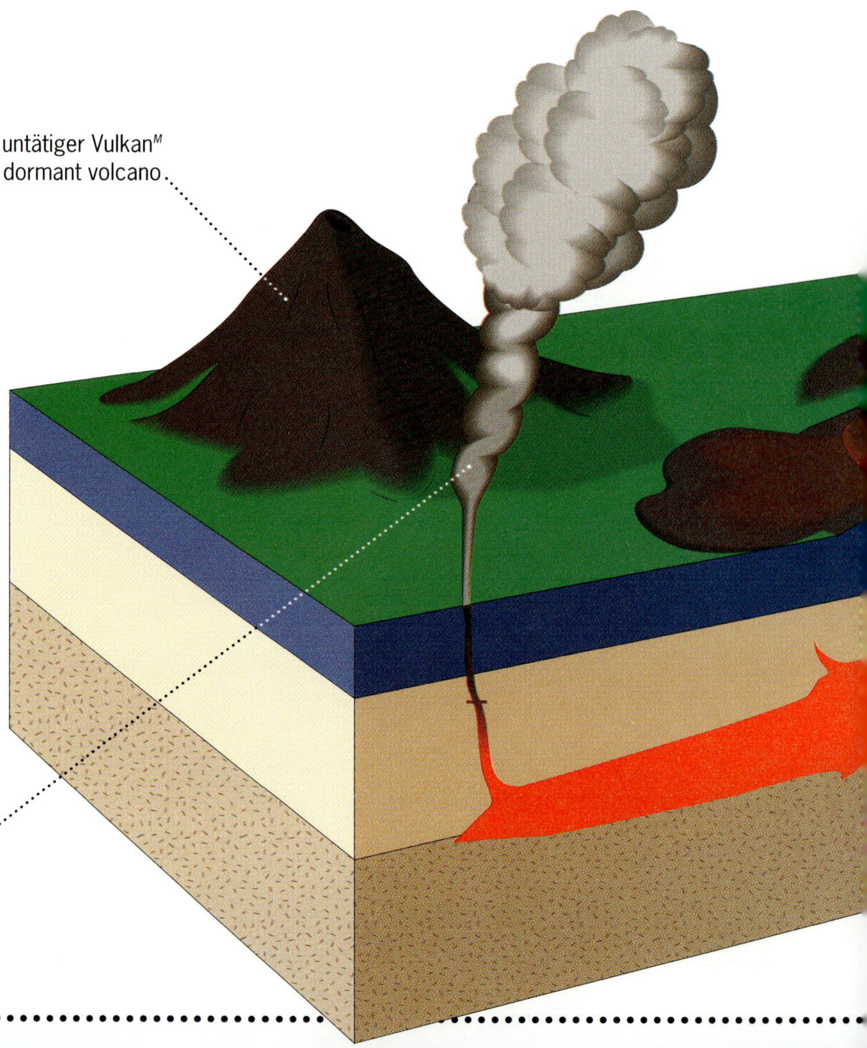

VULKAN[M]
VOLCANO

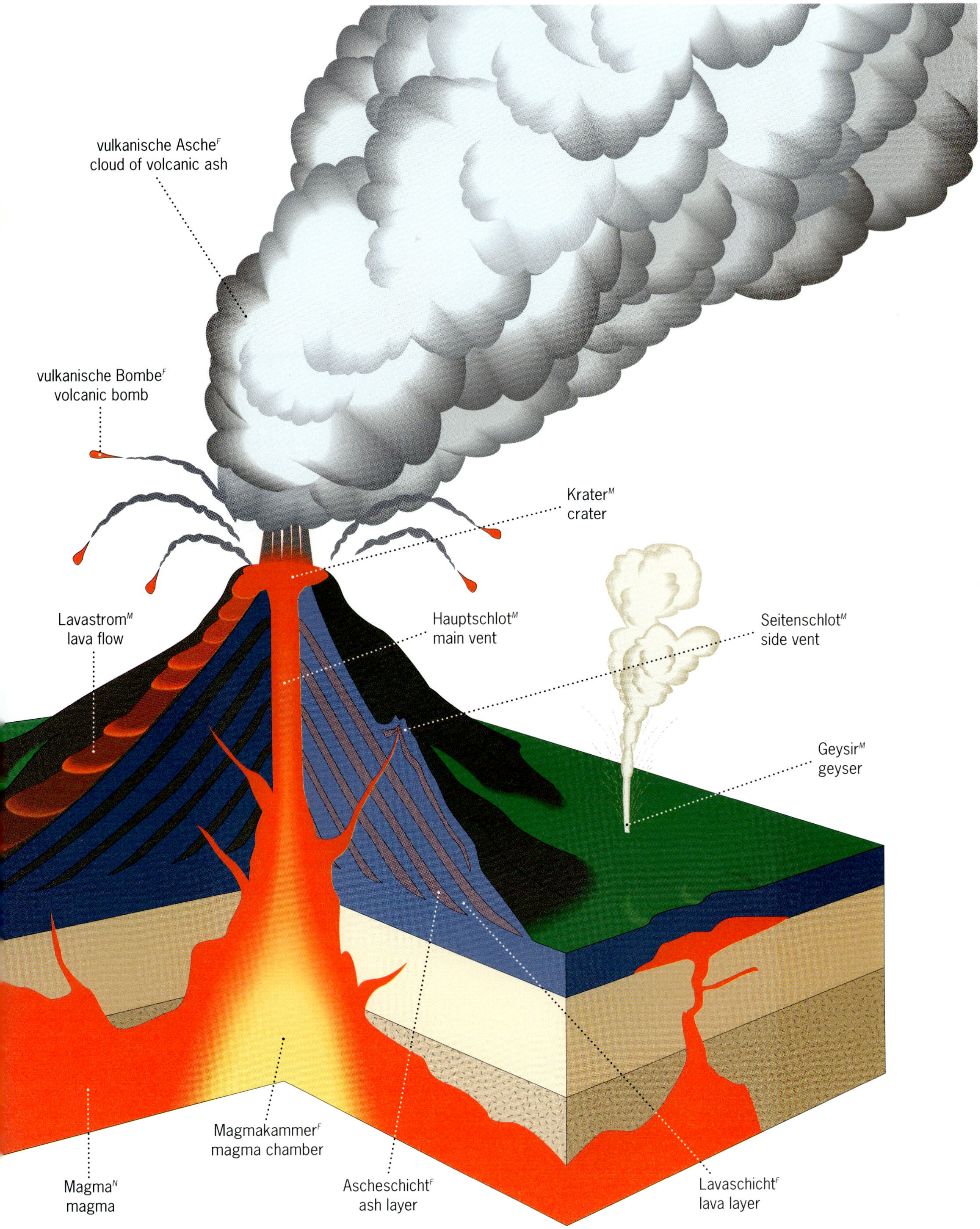

GLETSCHER^M
GLACIER

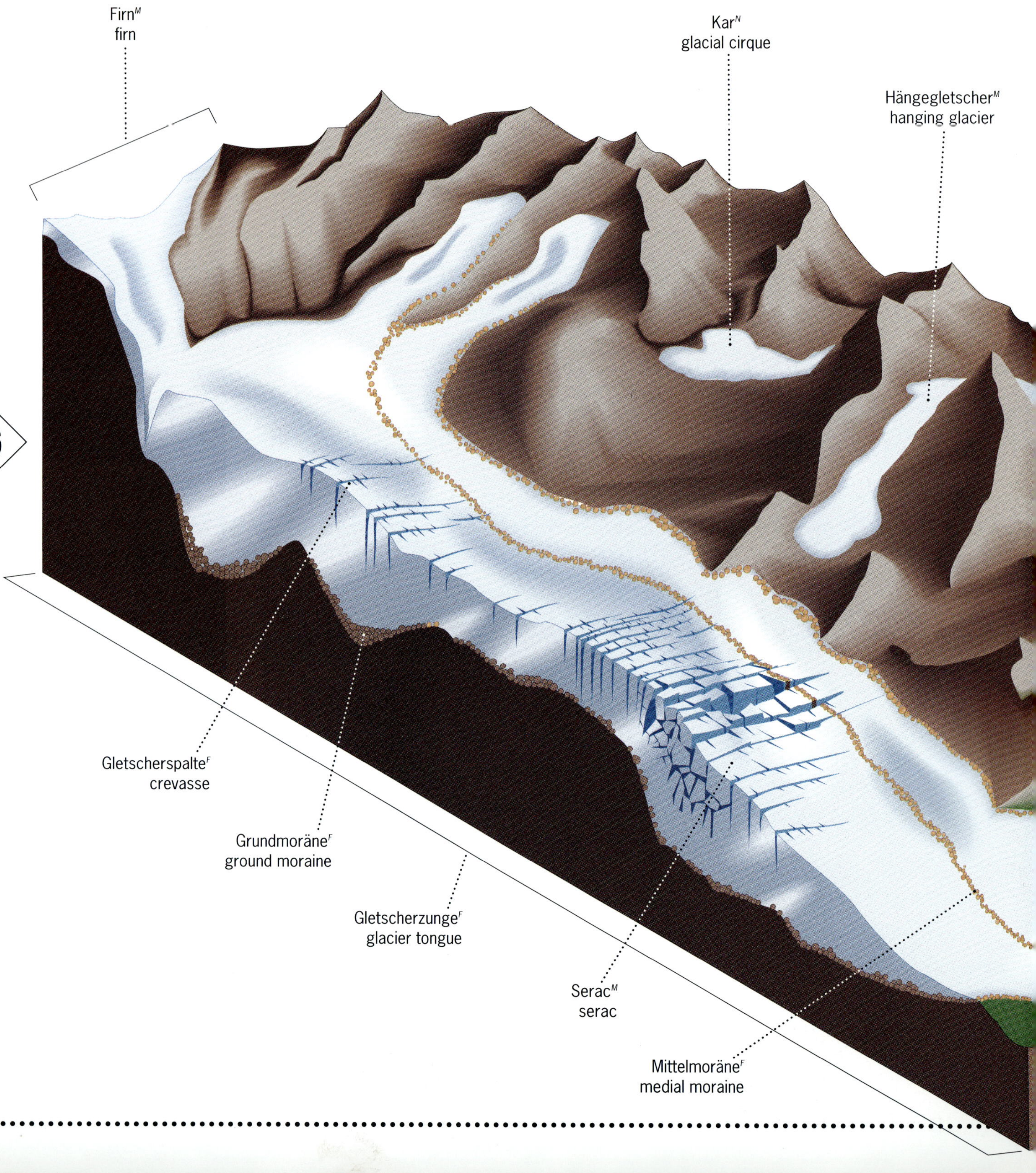

BERG[M]
MOUNTAIN

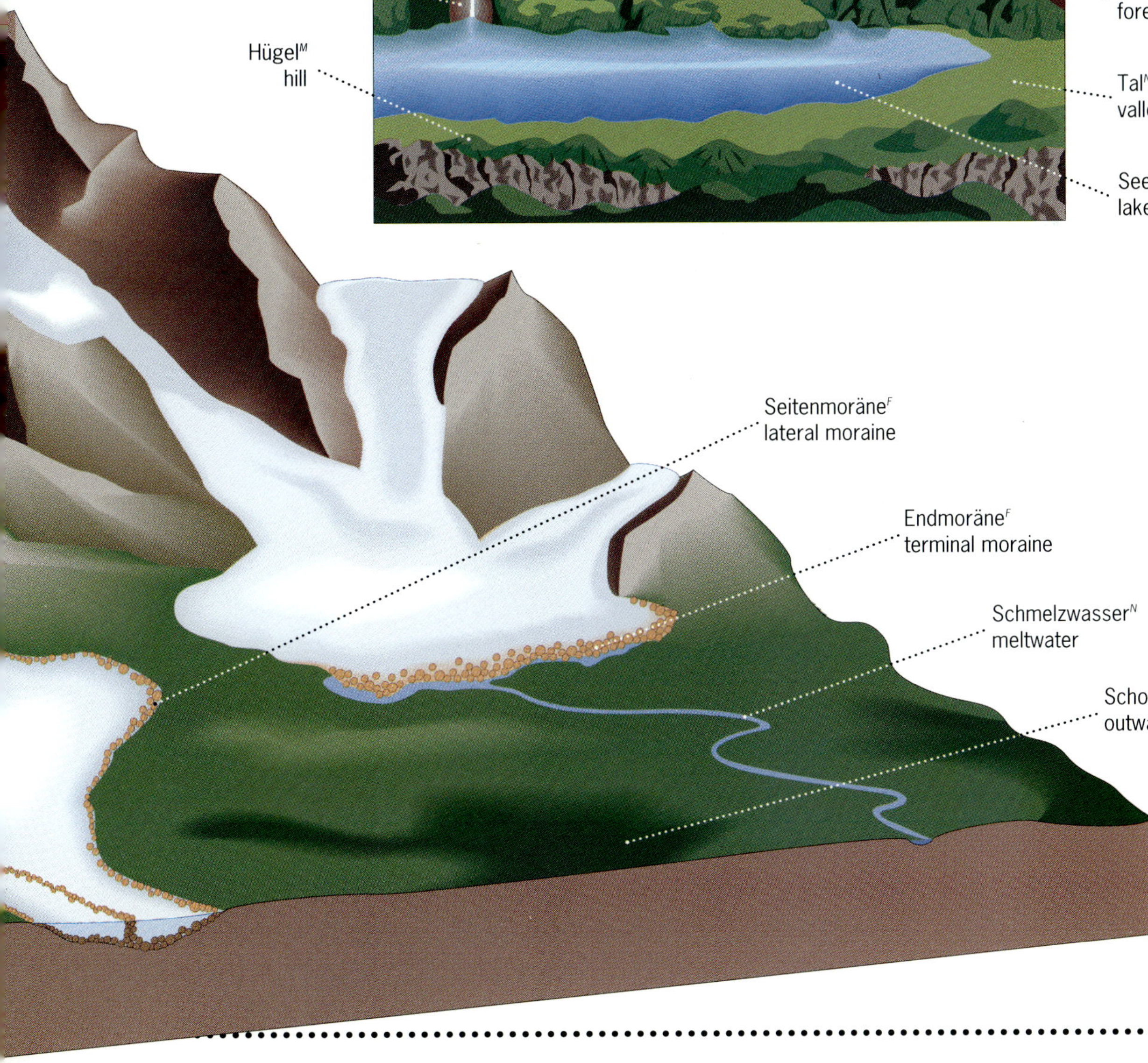

KONFIGURATION^F DER KONTINENTE^M
CONFIGURATION OF THE CONTINENTS

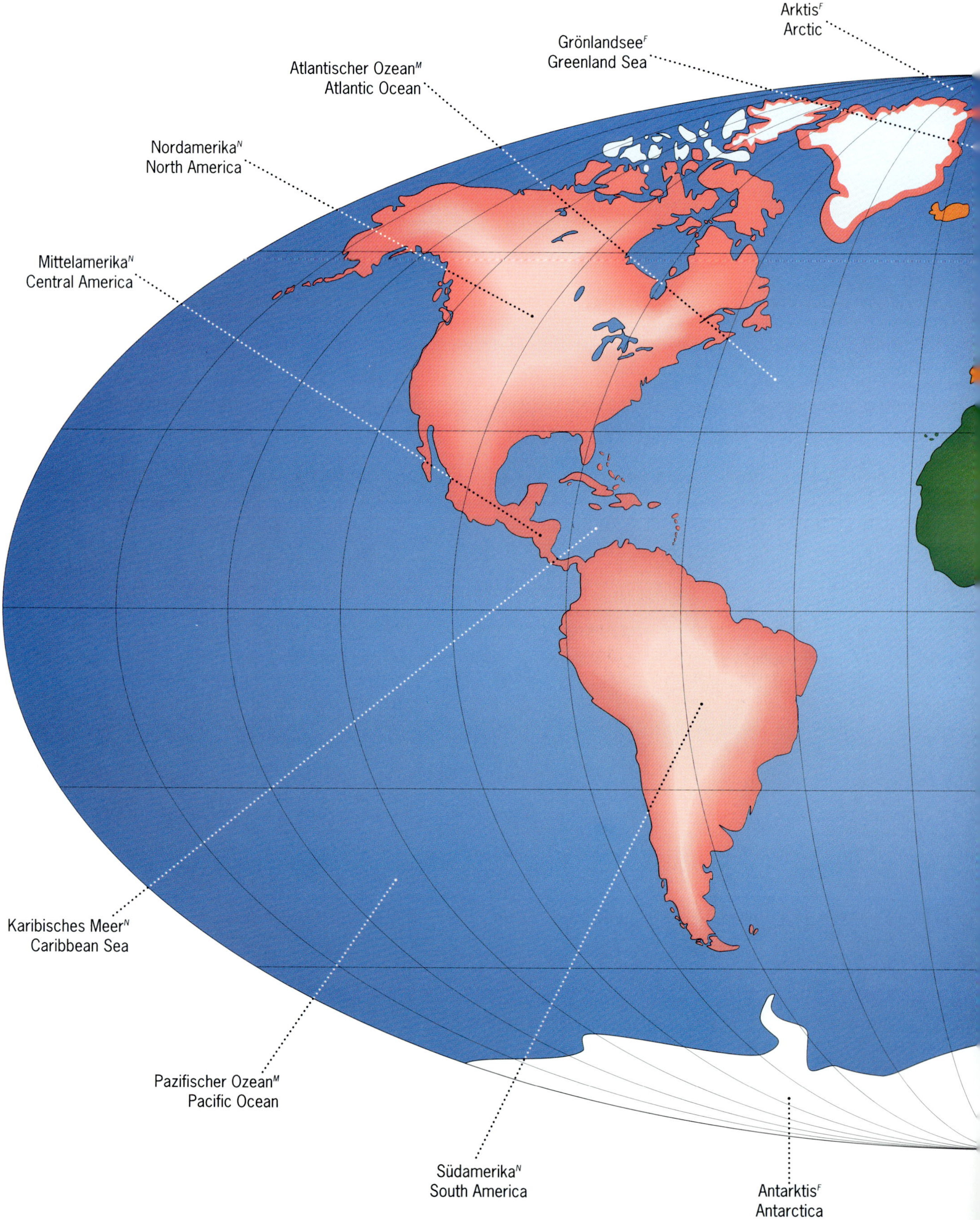

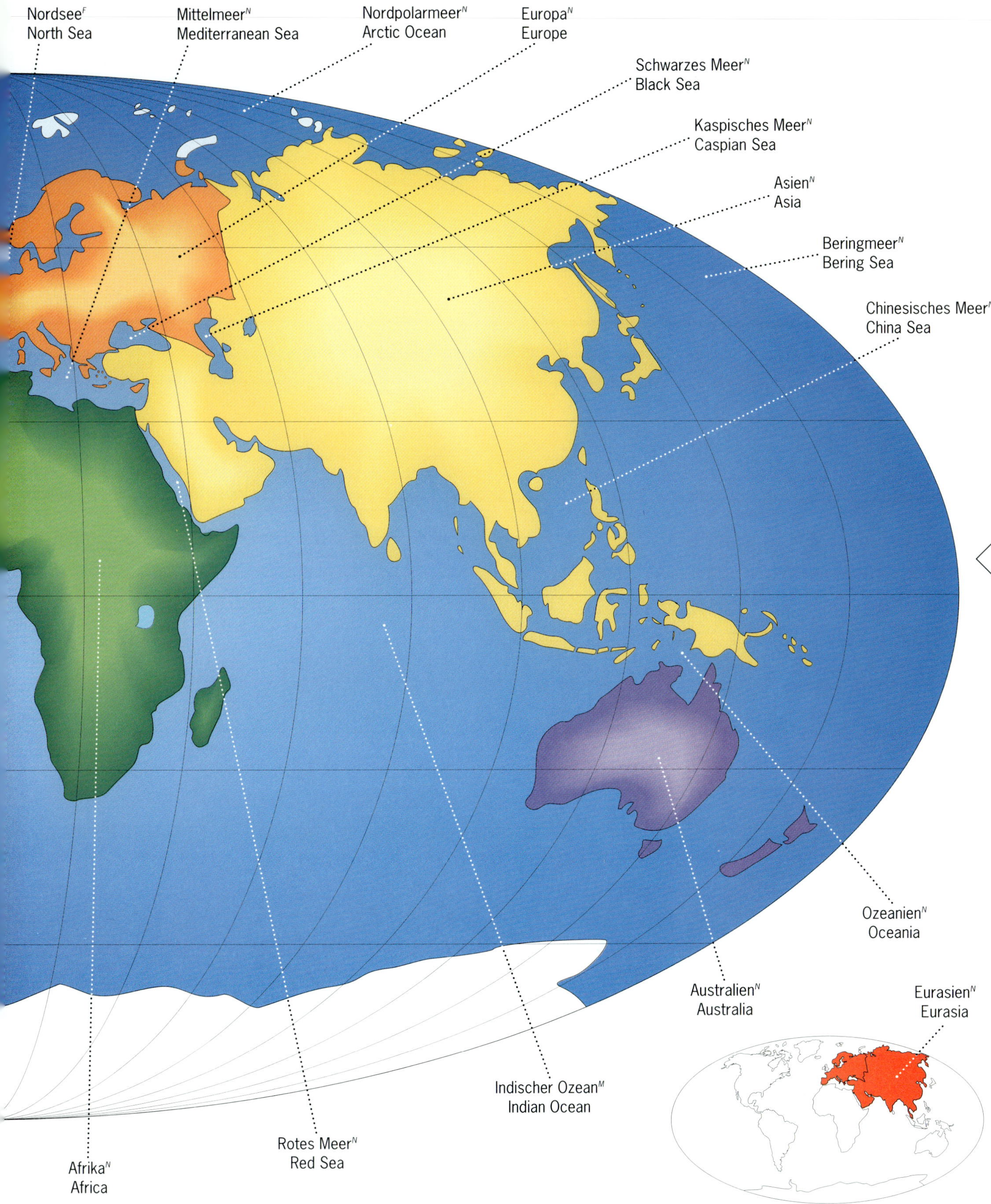
Nordsee[F]
North Sea
Mittelmeer[N]
Mediterranean Sea
Nordpolarmeer[N]
Arctic Ocean
Europa[N]
Europe
Schwarzes Meer[N]
Black Sea
Kaspisches Meer[N]
Caspian Sea
Asien[N]
Asia
Beringmeer[N]
Bering Sea
Chinesisches Meer[N]
China Sea
Ozeanien[N]
Oceania
Australien[N]
Australia
Eurasien[N]
Eurasia
Indischer Ozean[M]
Indian Ocean
Rotes Meer[N]
Red Sea
Afrika[N]
Africa

JAHRESZEITEN^F^
SEASONS OF THE YEAR

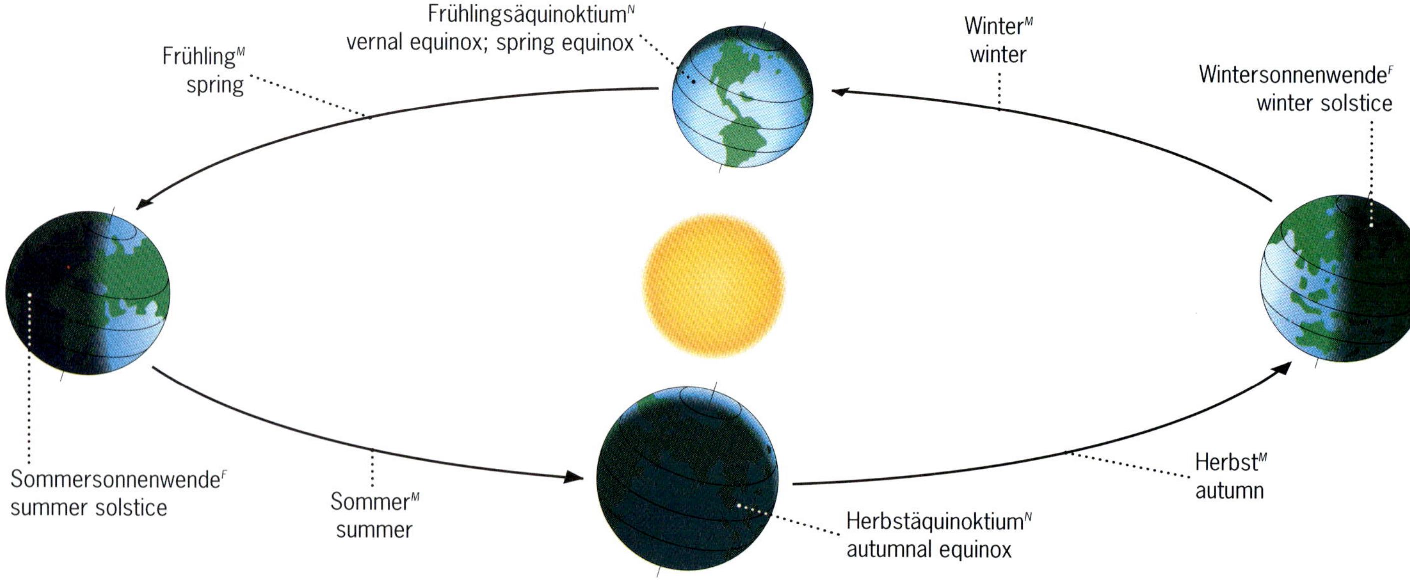

STRUKTUR^F^ DER BIOSPHÄRE^F^
STRUCTURE OF THE BIOSPHERE

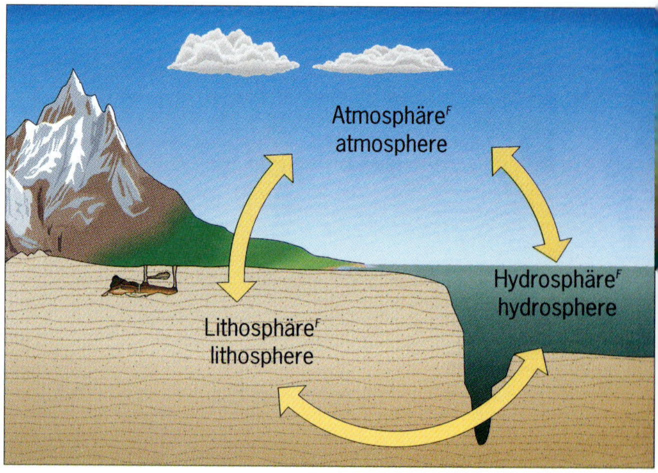

VEGETATIONSGÜRTEL^M^
ELEVATION ZONES AND VEGETATION

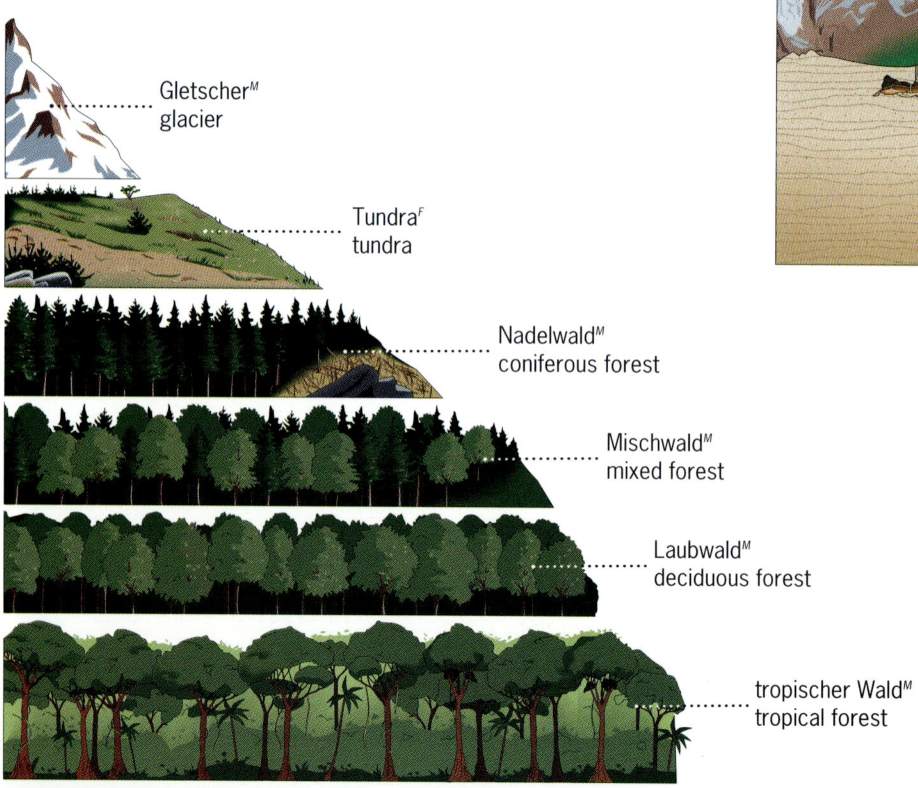

KLIMATE[N] DER WELT[F]
CLIMATES OF THE WORLD

tropische Klimate[N]
tropical climates

- tropischer Regenwald[M]
  tropical rain forest
- tropische Savanne[F]
  tropical savanna
- Steppe[F]
  steppe
- Wüste[F]
  desert

gemässigte Klimate[N]
temperate climates

- feucht - langer Sommer[M]
  humid - long summer
- feucht - kurzer Sommer[M]
  humid - short summer
- maritim
  maritime

Polarklimate[N]
polar climates

- Polartundra[F]
  polar tundra
- Eiskappe[F]
  polar ice cap

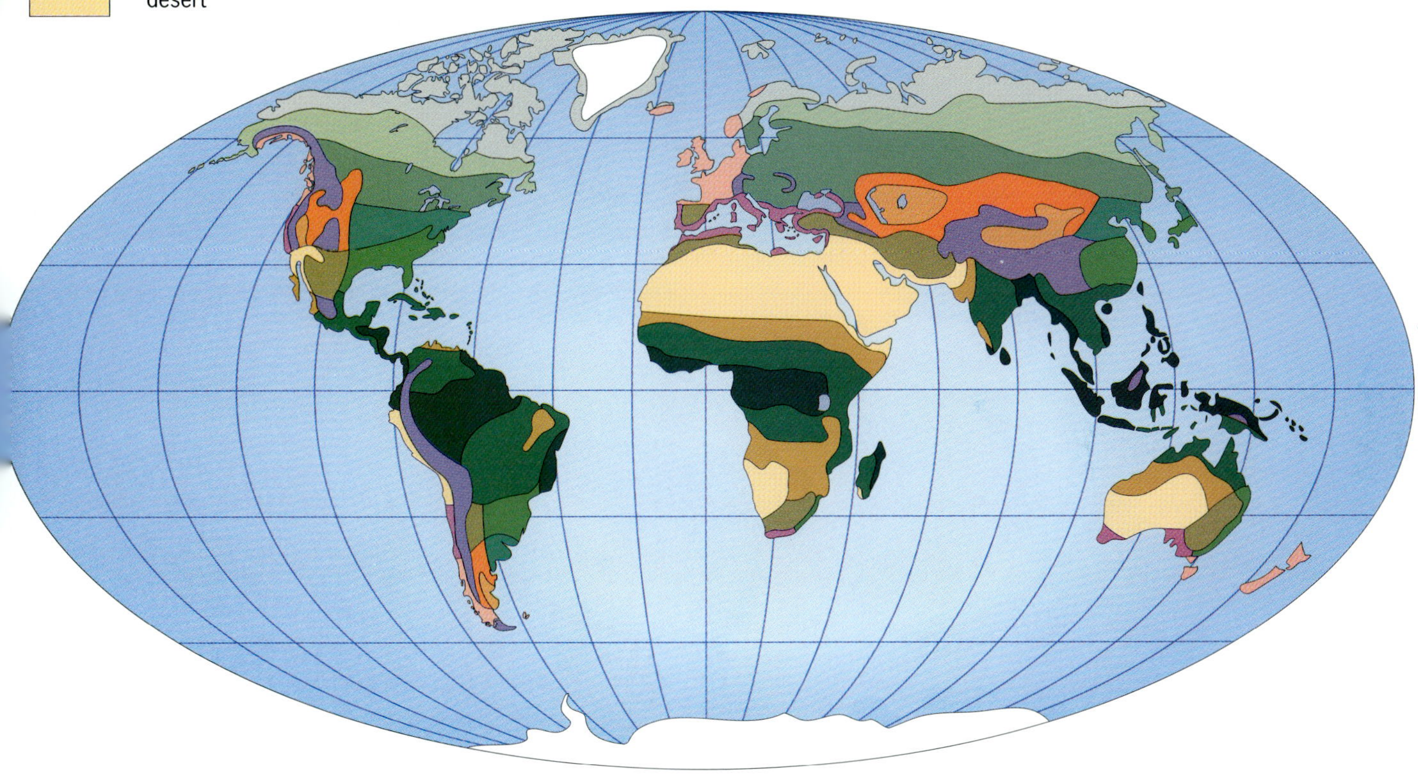

subtropische Klimate[N]
subtropical climates

- mediterrane Subtropen[F]
  Mediterranean subtropical
- feuchte Subtropen[F]
  humid subtropical
- trockene Subtropen[F]
  dry subtropical

Kontinentalklimate[N]
continental climates

- kontinental-trocken - trocken
  dry continental - arid
- kontinental-trocken - halbtrocken
  dry continental - semiarid

Hochlandklimate[N]
highland climates

- Hochlandklimate[N]
  highland climates

subarktische Klimate[N]
subarctic climates

- subarktische Klimate[N]
  subarctic climates

WETTER[N]
WEATHER

Dunst[M]
mist

Nebel[M]
fog

Tau[M]
dew

Rauhreif[M]
glazed frost

stürmischer Himmel[M]
stormy sky

METEOROLOGISCHE MESSINSTRUMENTE[N]
METEOROLOGICAL MEASURING INSTRUMENTS

MESSUNG[F] DER WINDRICHTUNG[F]
MEASURE OF WIND DIRECTION

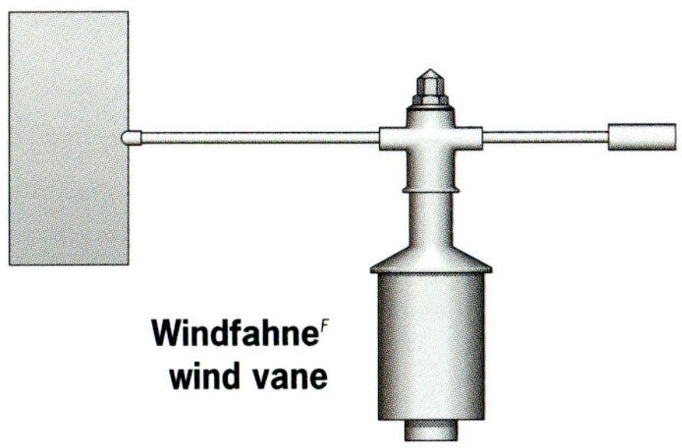

Windfahne[F]
wind vane

MESSUNG[F] DER WINDSTÄRKE[F]
MEASURE OF WIND STRENGTH

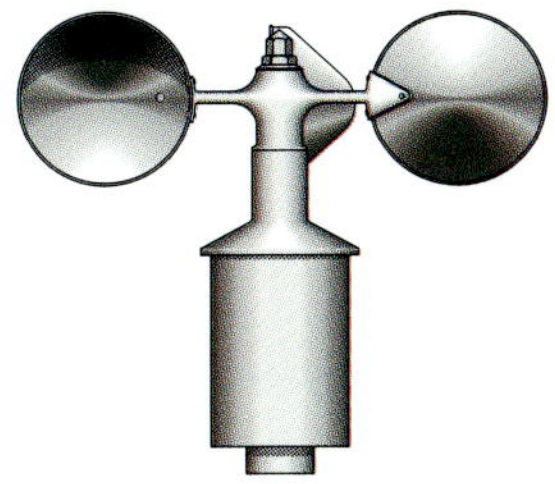

Anemometer[N]
anemometer

MESSUNG[F] DER LUFTFEUCHTIGKEIT[F]
MEASURE OF HUMIDITY

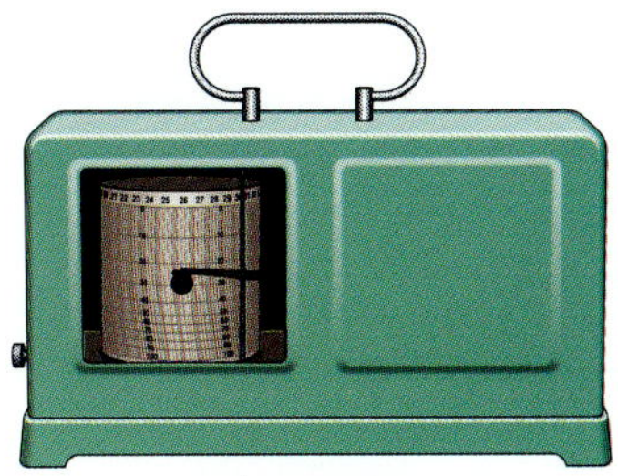

Hygrometer[N]
hygrograph

MESSUNG[F] DES REGENFALLS[M]
MEASURE OF RAINFALL

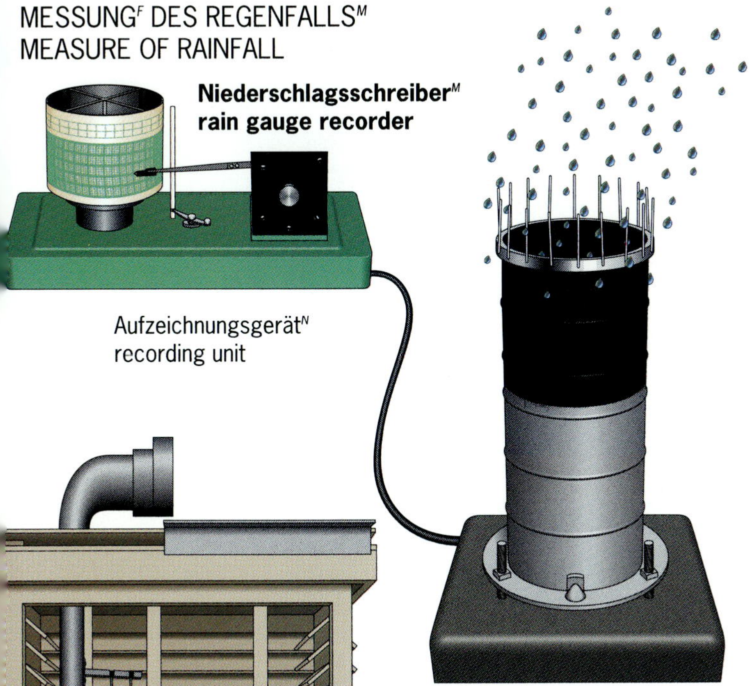

Niederschlagsschreiber[M]
rain gauge recorder

Aufzeichnungsgerät[N]
recording unit

Auffanggefäß[N]
collecting vessel

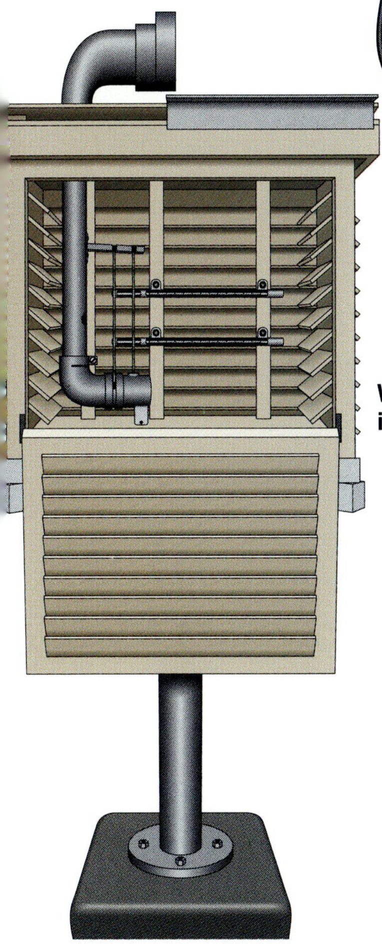

Wetterhütte[F]
instrument shelter

selbstschreibender Regenmesser[M]
direct-reading rain gauge

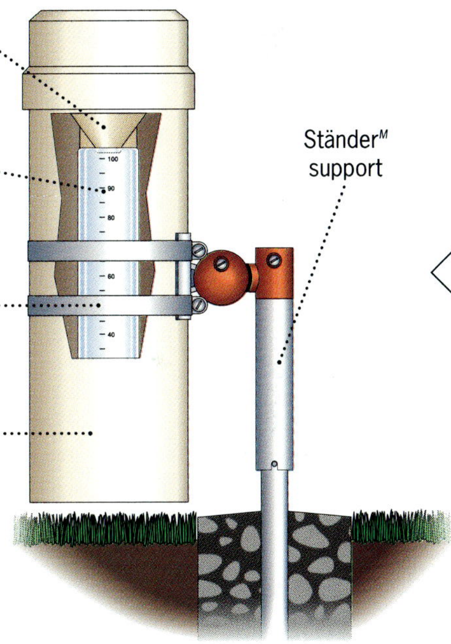

MESSUNG[F] DER TEMPERATUR[F]
MEASURE OF TEMPERATURE

Minimumthermometer[N]
minimum thermometer

Maximumthermometer[N]
maximum thermometer

MESSUNG[F] DES LUFTDRUCKS[M]
MEASURE OF AIR PRESSURE

Quecksilberbarometer[N]
mercury barometer

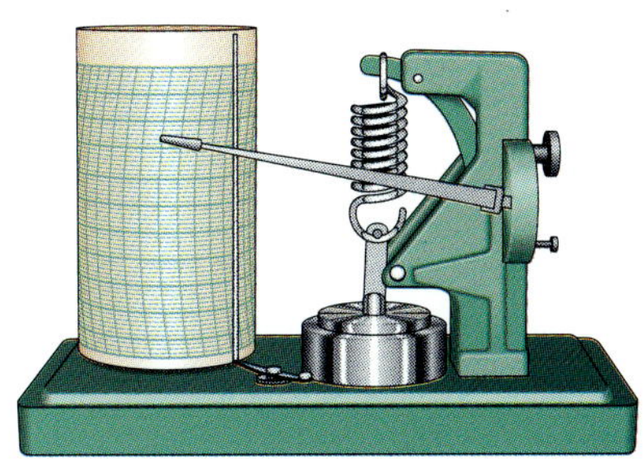

Barograph[M]
barograph

KARTOGRAPHIE[F]
CARTOGRAPHY

Hemisphären[F]
hemispheres

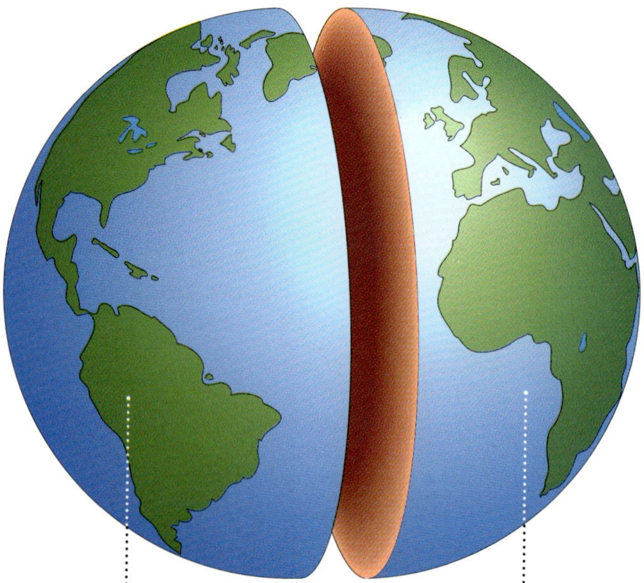

GRADNETZ[N]
GRID SYSTEM

Breitengrade[M]
lines of latitude

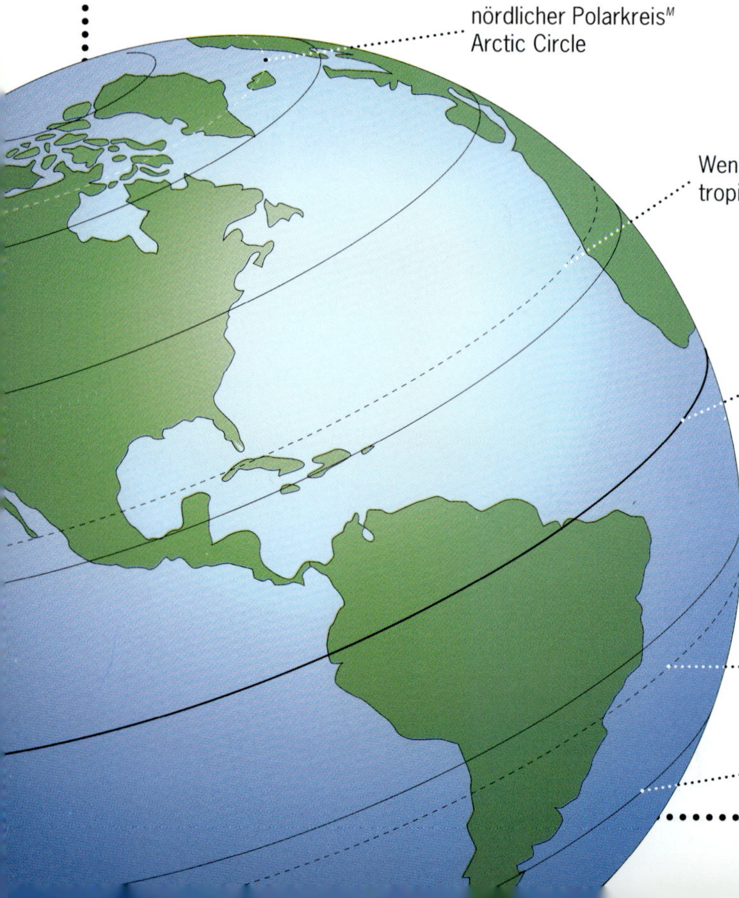

Längengrade[M]
lines of longitude

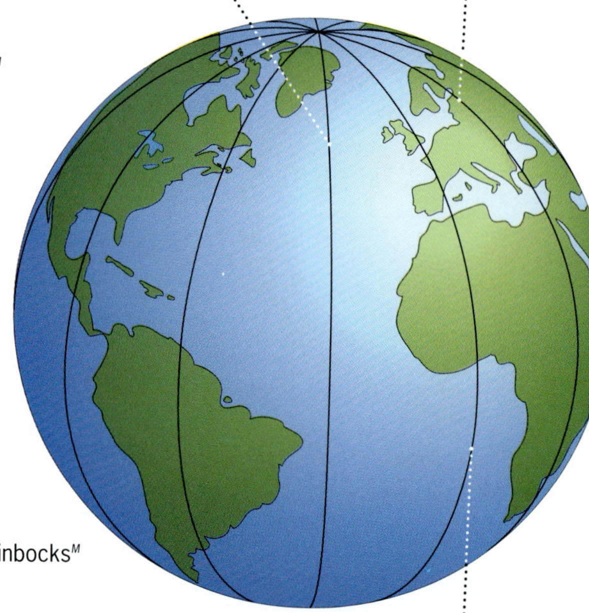

KARTENNETZENTWÜRFE[M]
MAP PROJECTIONS

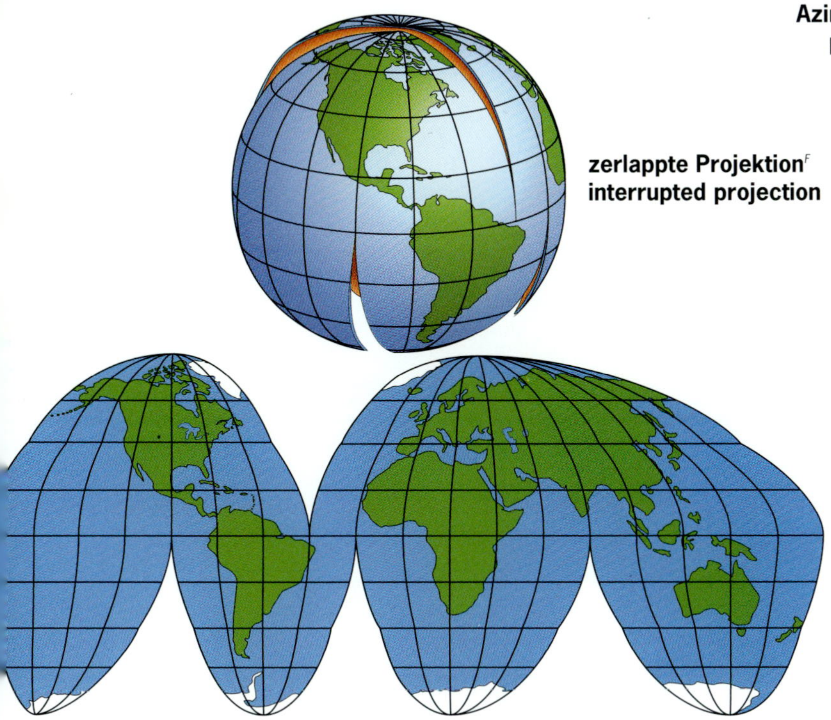

zerlappte Projektion[F]
interrupted projection

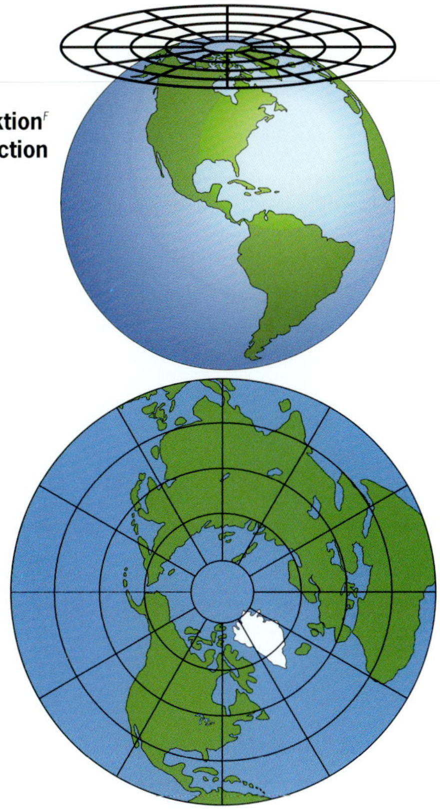

Azimutalprojektion[F]
plane projection

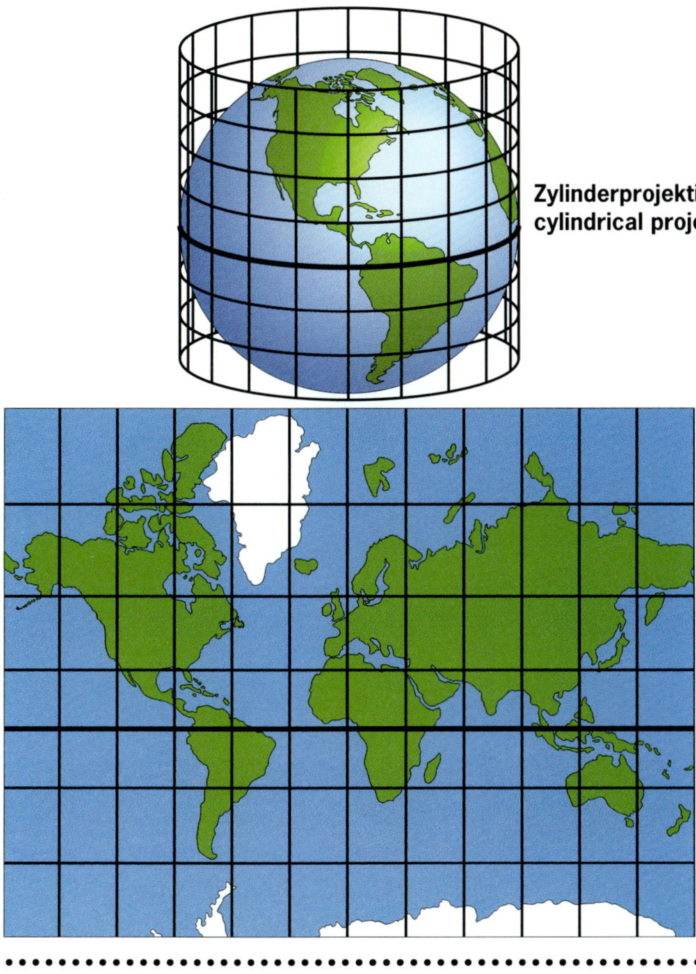

Zylinderprojektion[F]
cylindrical projection

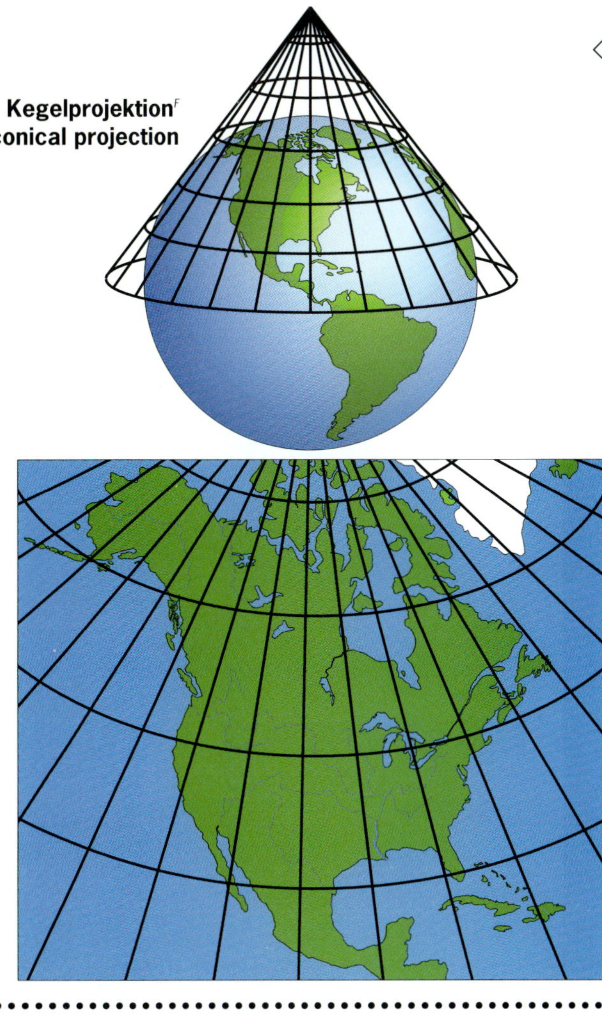

Kegelprojektion[F]
conical projection

KARTOGRAPHIE^{F}
CARTOGRAPHY

politische Karte^{F}
political map

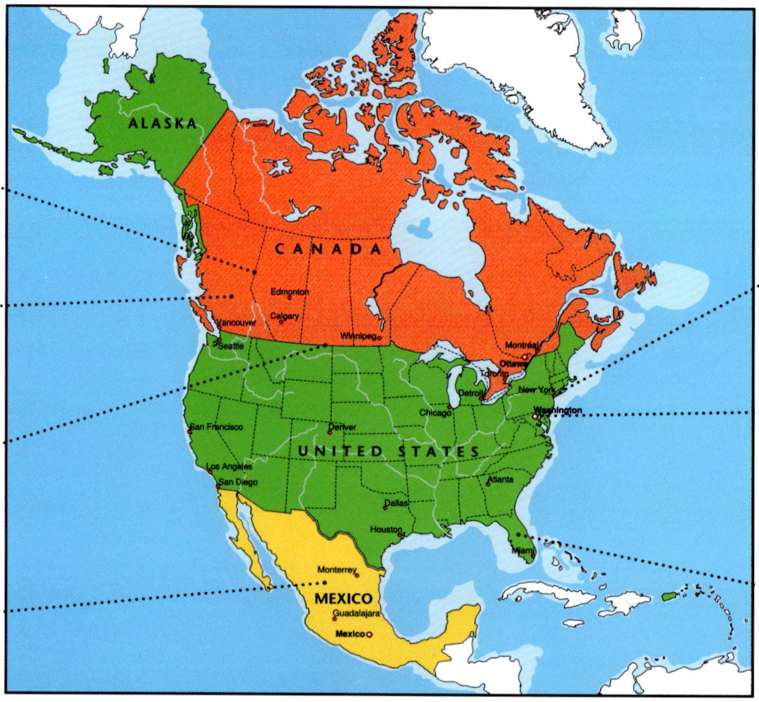

Landschaftskarte^{F}
physical map

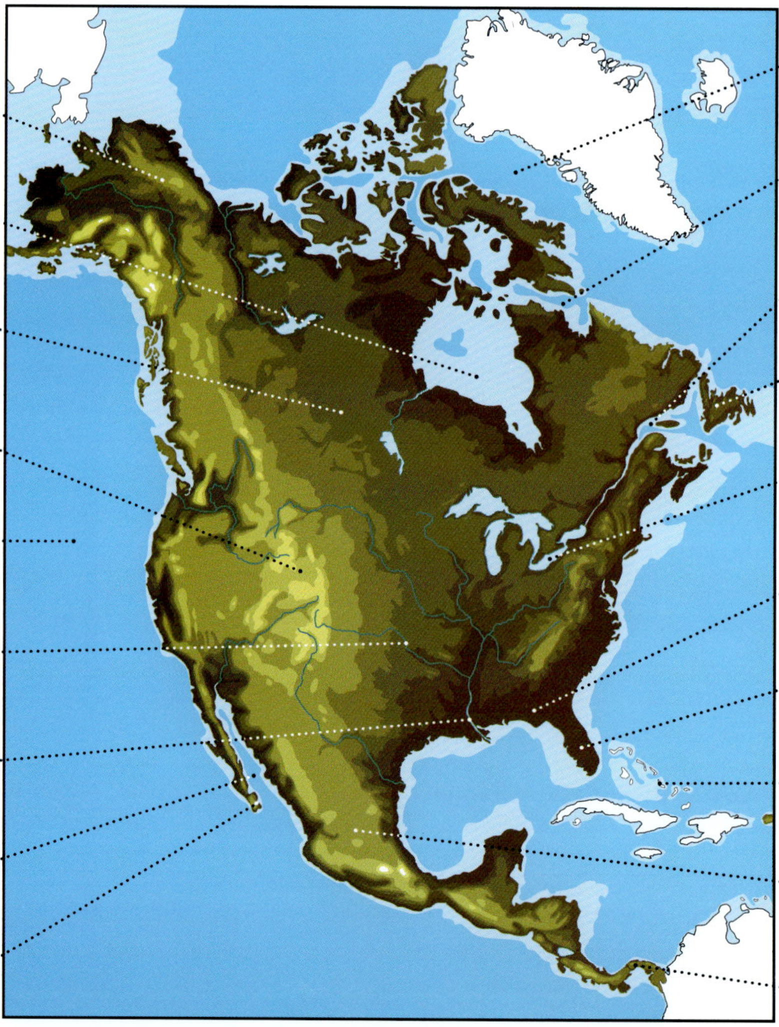

Straßenkarte^F
road map

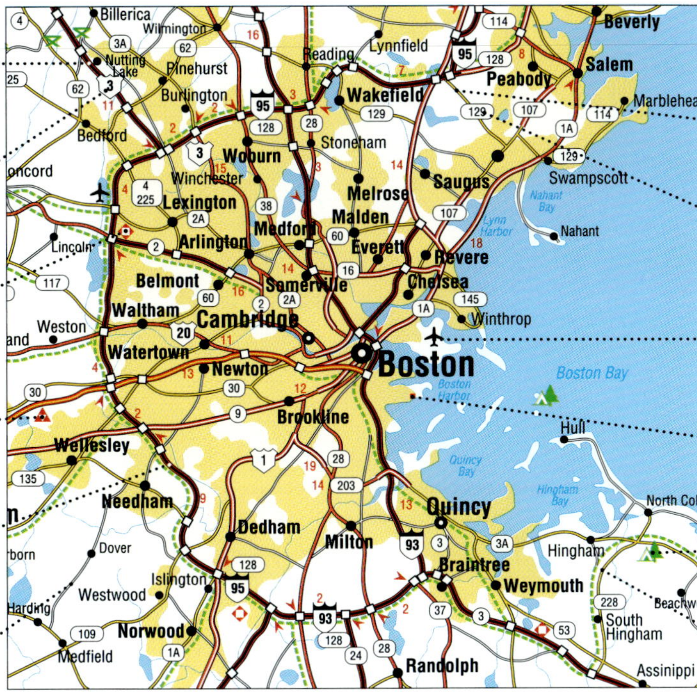

Autobahn^F
motorway

Autobahnnummer^F
motorway number

Toiletten^F
toilets

Raststätte^F
service area

Umgehungsstraße^F
ring road

Nebenstraße^F
secondary road

Straße^F
road

Straßennummer^F
road number

Flughafen^M
airport

Sehenswürdigkeit^F
point of interest

Nationalpark^M
national park

landschaftlich schöne Strecke^F
scenic route; tourist route

KOMPASSROSE^F
COMPASS CARD

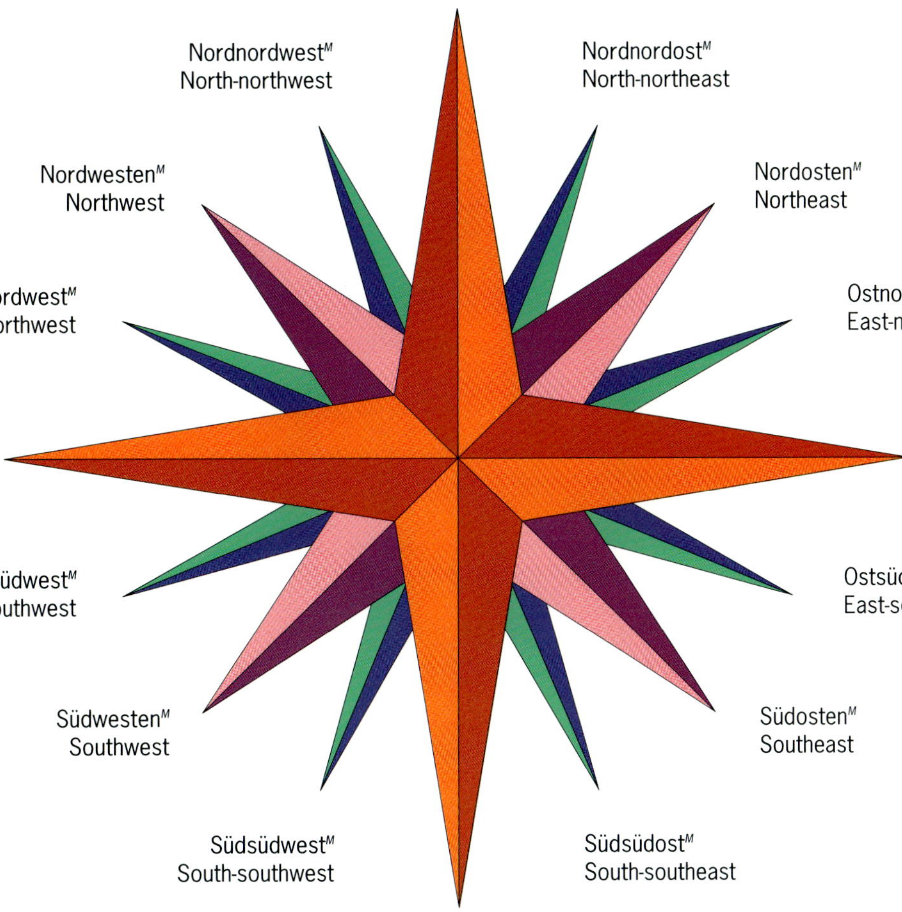

Norden^M
North

Nordnordwest^M
North-northwest

Nordnordost^M
North-northeast

Nordwesten^M
Northwest

Nordosten^M
Northeast

Westnordwest^M
West-northwest

Ostnordost^M
East-northeast

Westen^M
West

Osten^M
East

Westsüdwest^M
West-southwest

Ostsüdost^M
East-southeast

Südwesten^M
Southwest

Südosten^M
Southeast

Südsüdwest^M
South-southwest

Südsüdost^M
South-southeast

Süden^M
South

ÖKOLOGIE[F]
ECOLOGY

Treibhauseffekt[M]
greenhouse effect

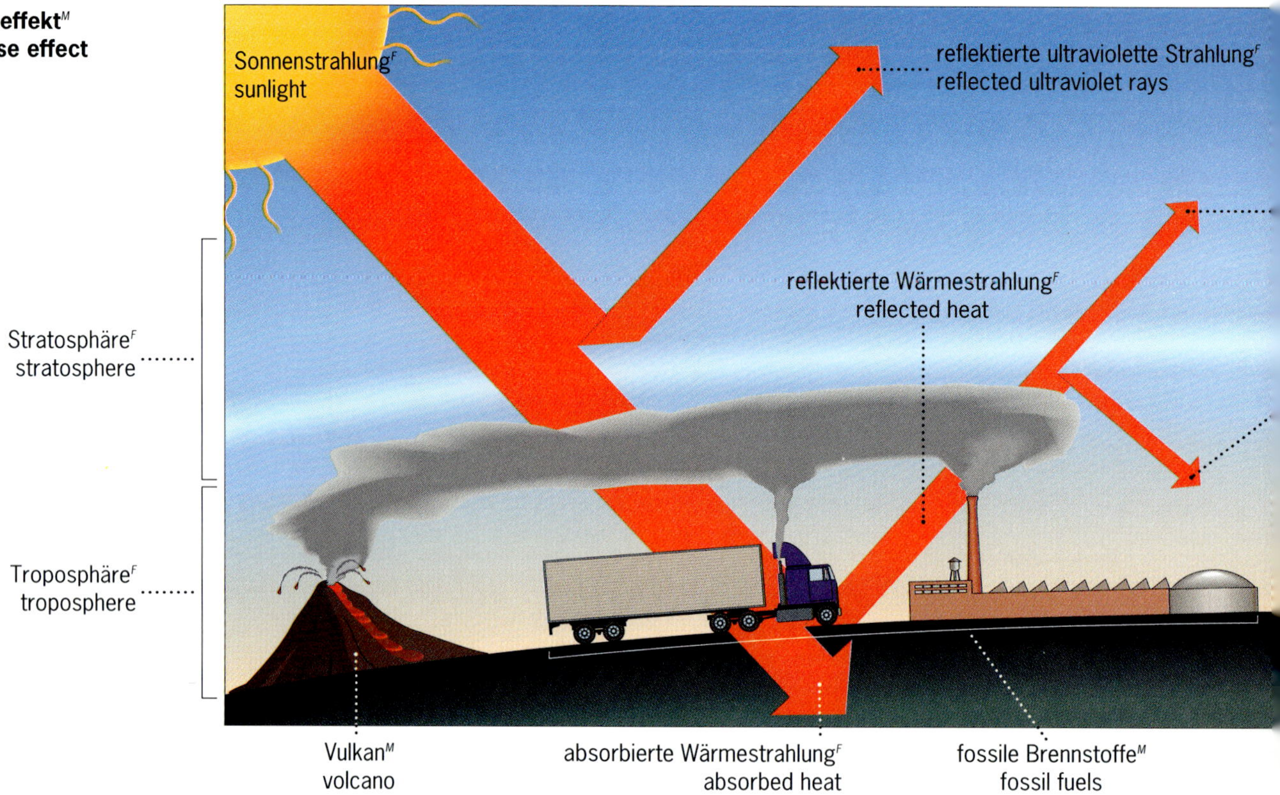

Nahrungskette[F]
food chain

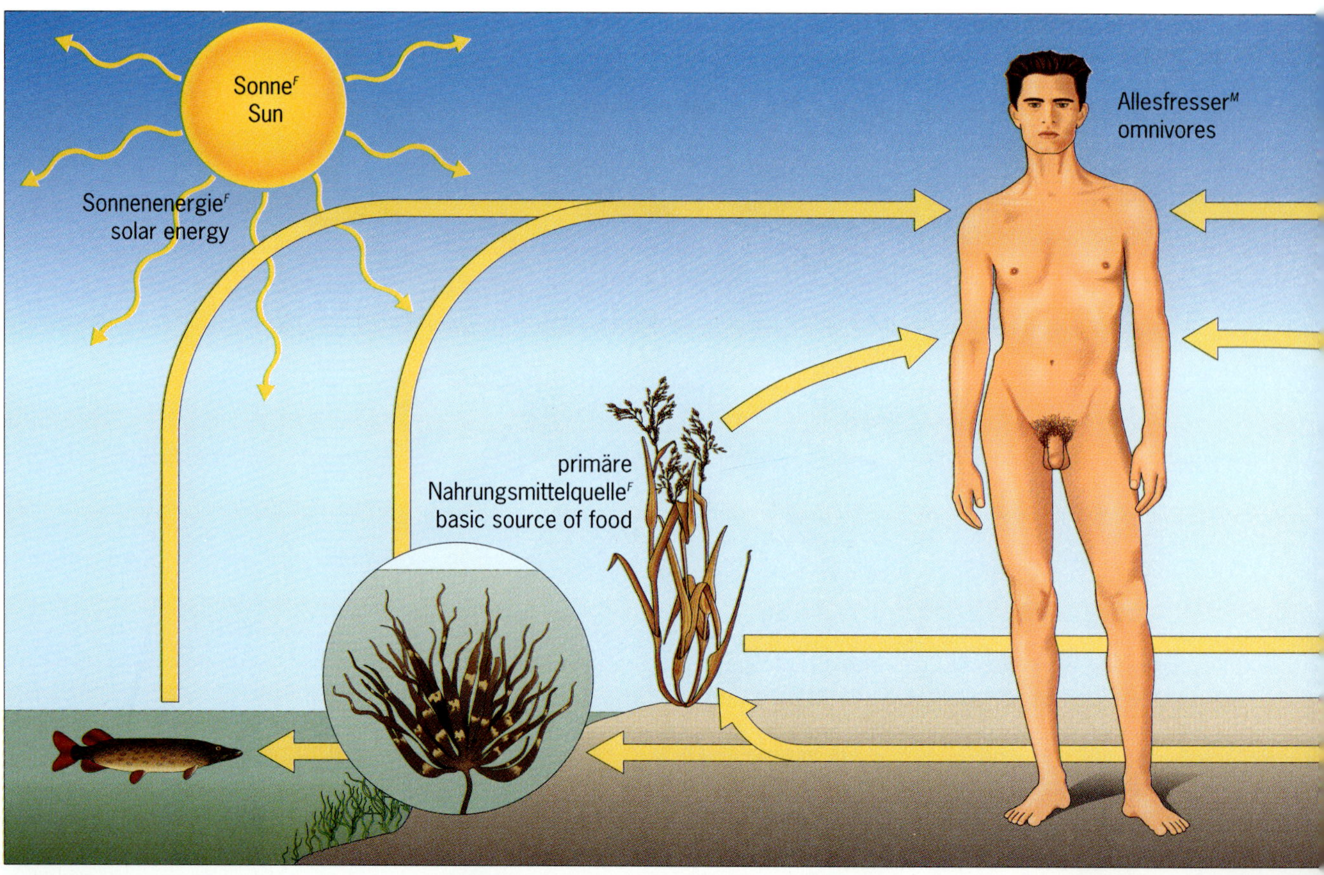

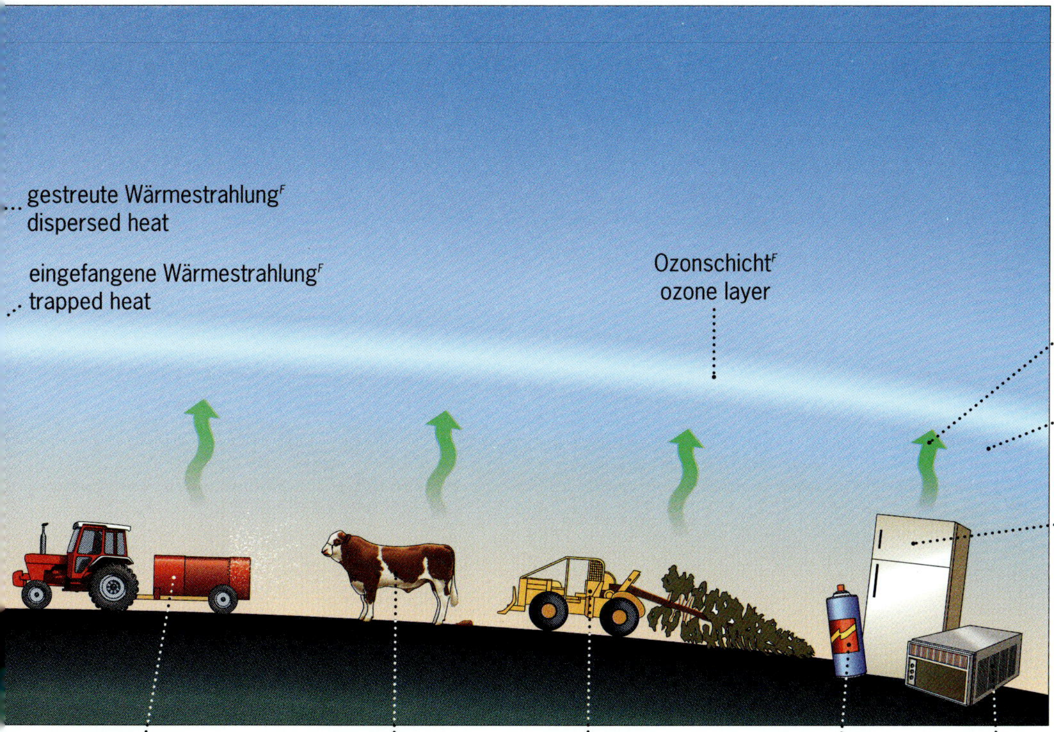
gestreute Wärmestrahlung^F
dispersed heat
eingefangene Wärmestrahlung^F
trapped heat
Ozonschicht^F
ozone layer
Treibhausgase^N
greenhouse gases
Konzentration^F der Gase^N
concentration of gases
Kühlschrank^M
refrigerator
Gasfreisetzung^F
sources of gases
Düngemittel^N
fertilizers
Nutzvieh^N
farm animals
Abholzung^F
deforestation
Spraydose^F mit FCKW^M
aerosol
Klimaanlage^F
air conditioner

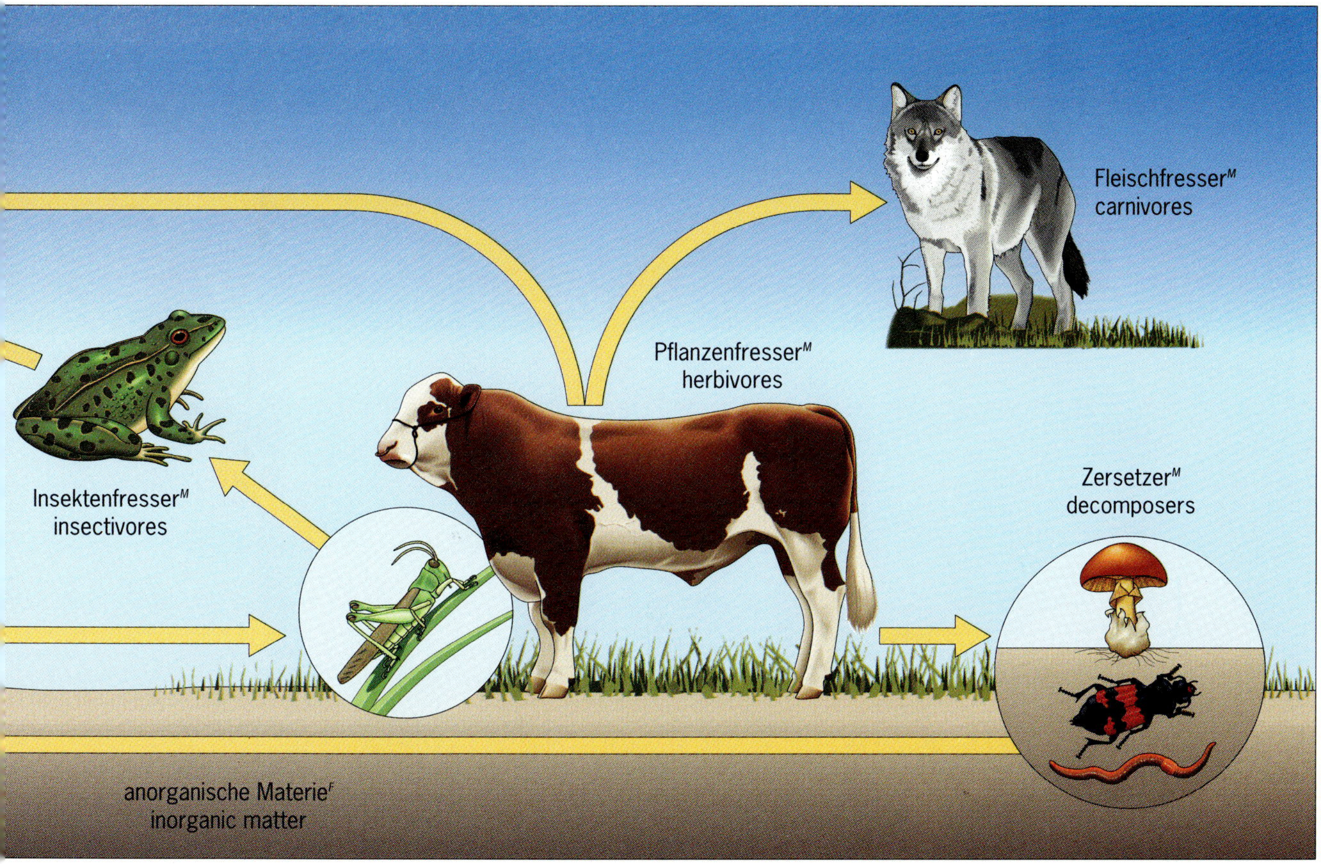
Fleischfresser^M
carnivores
Pflanzenfresser^M
herbivores
Insektenfresser^M
insectivores
Zersetzer^M
decomposers
anorganische Materie^F
inorganic matter

ÖKOLOGIE^F
ECOLOGY

Luftverschmutzung^F
atmospheric pollution

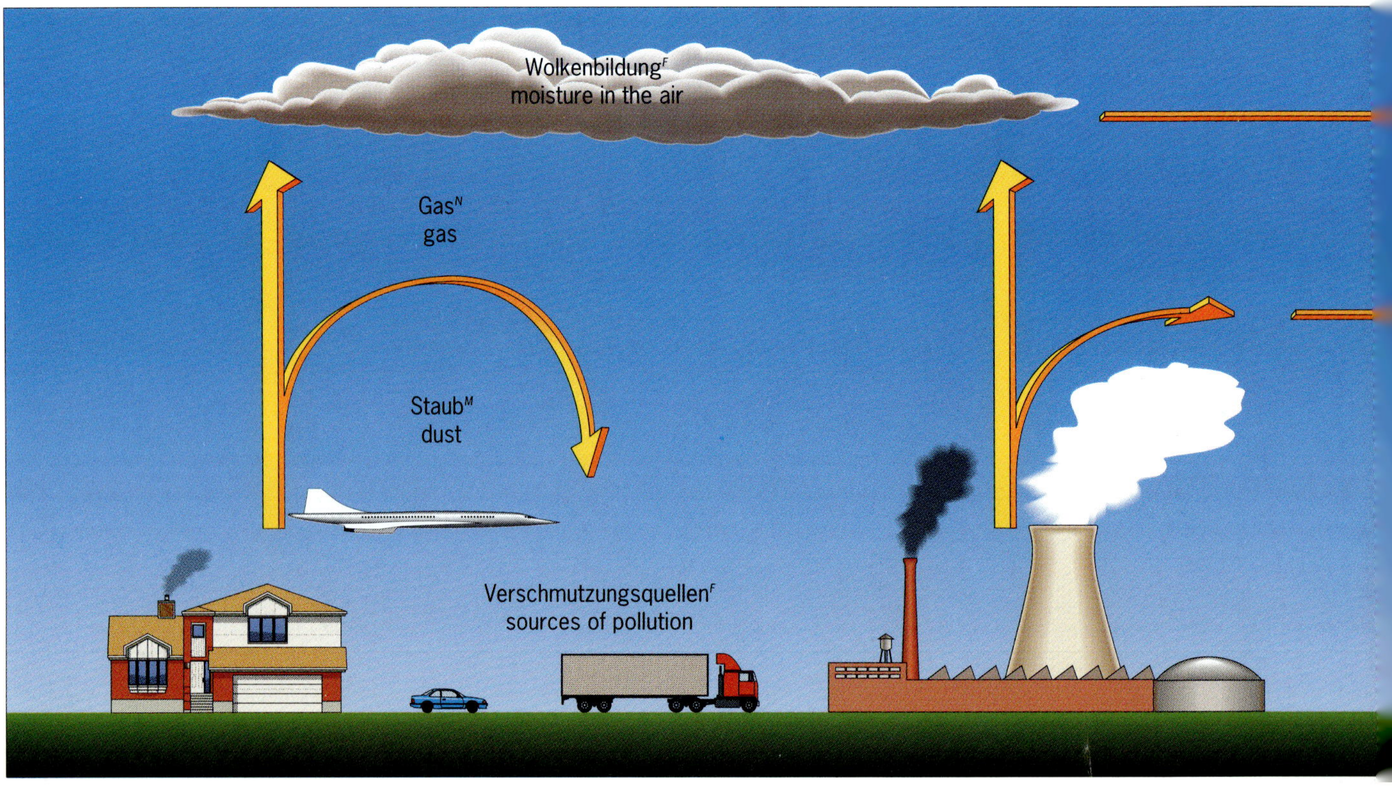

Wasserkreislauf^M
hydrological cycle

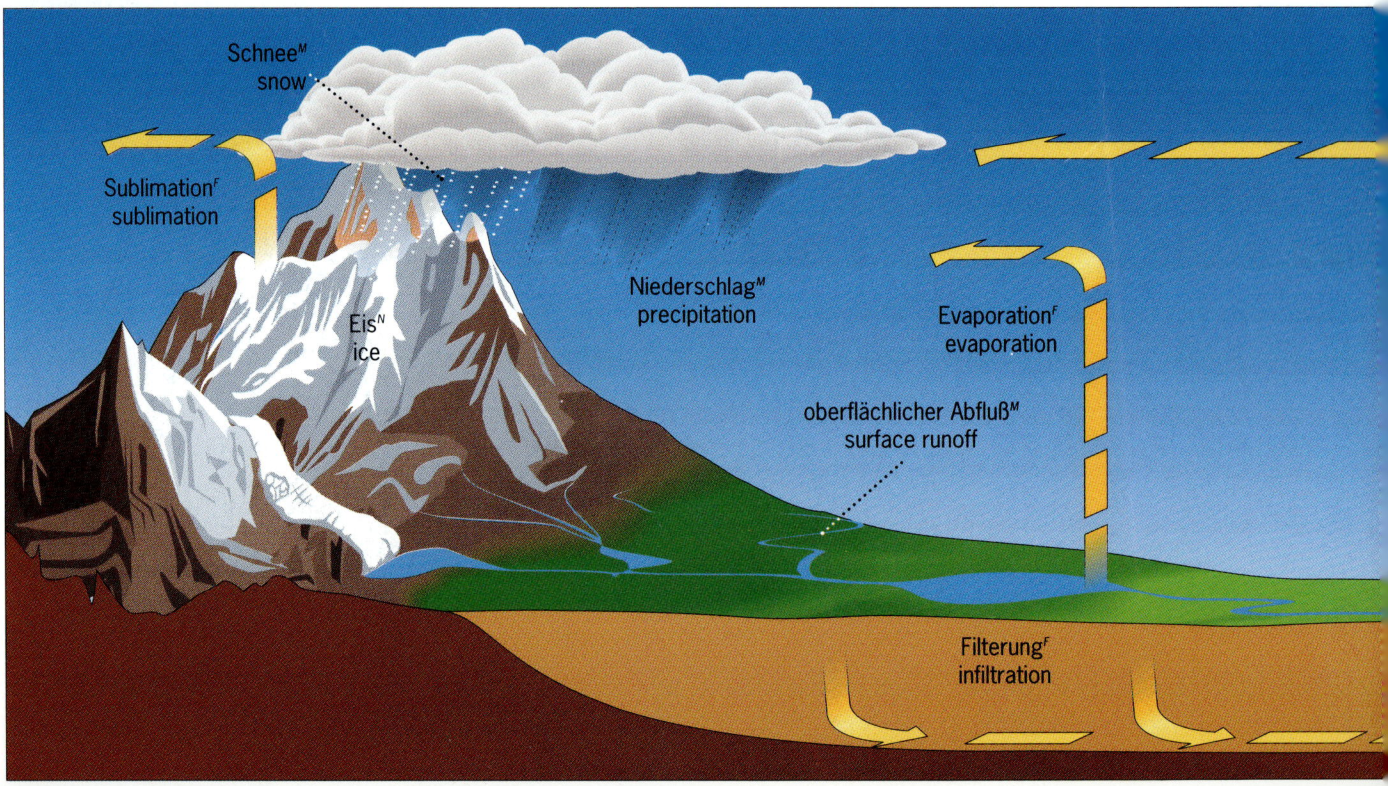

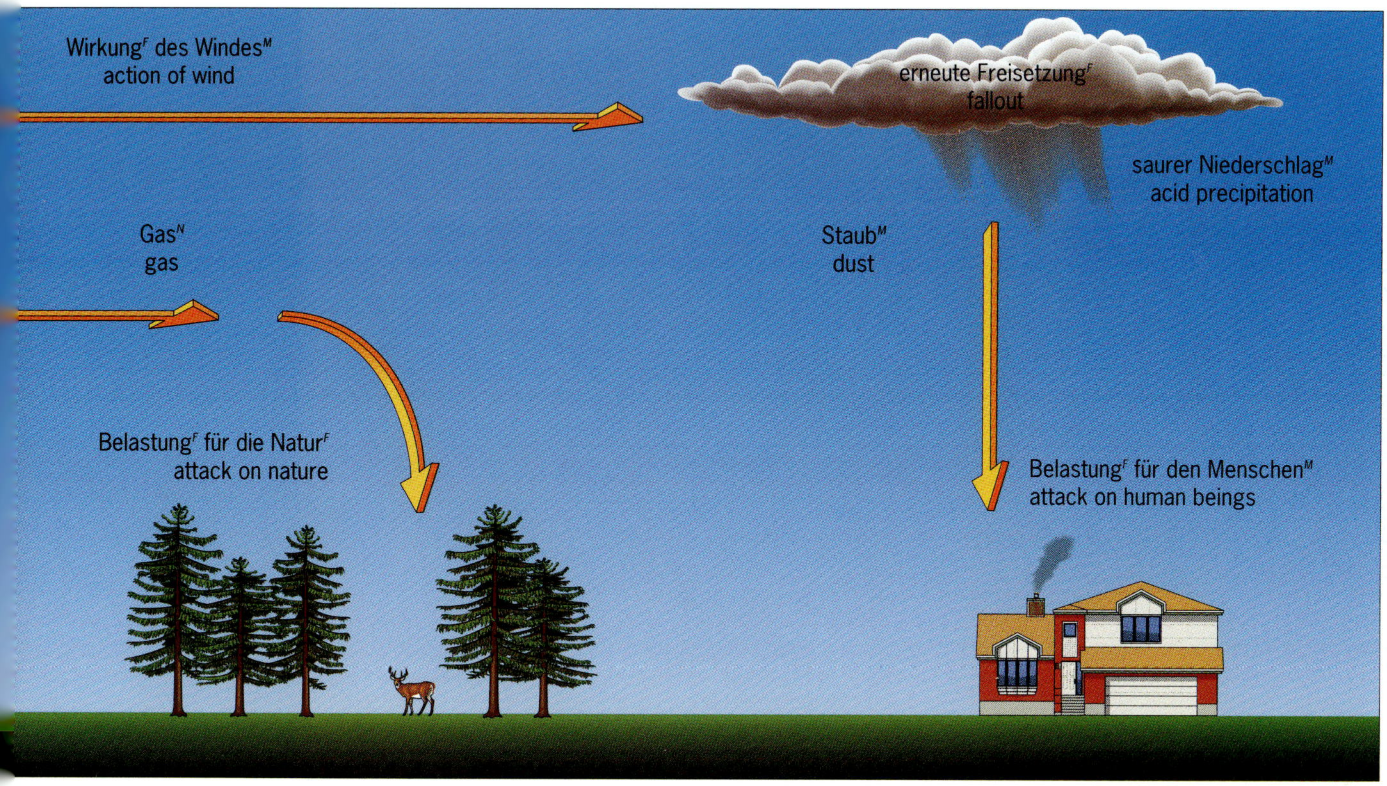
Wirkung^F des Windes^M
action of wind
erneute Freisetzung^F
fallout
saurer Niederschlag^M
acid precipitation
Gas^N
gas
Staub^M
dust
Belastung^F für die Natur^F
attack on nature
Belastung^F für den Menschen^M
attack on human beings

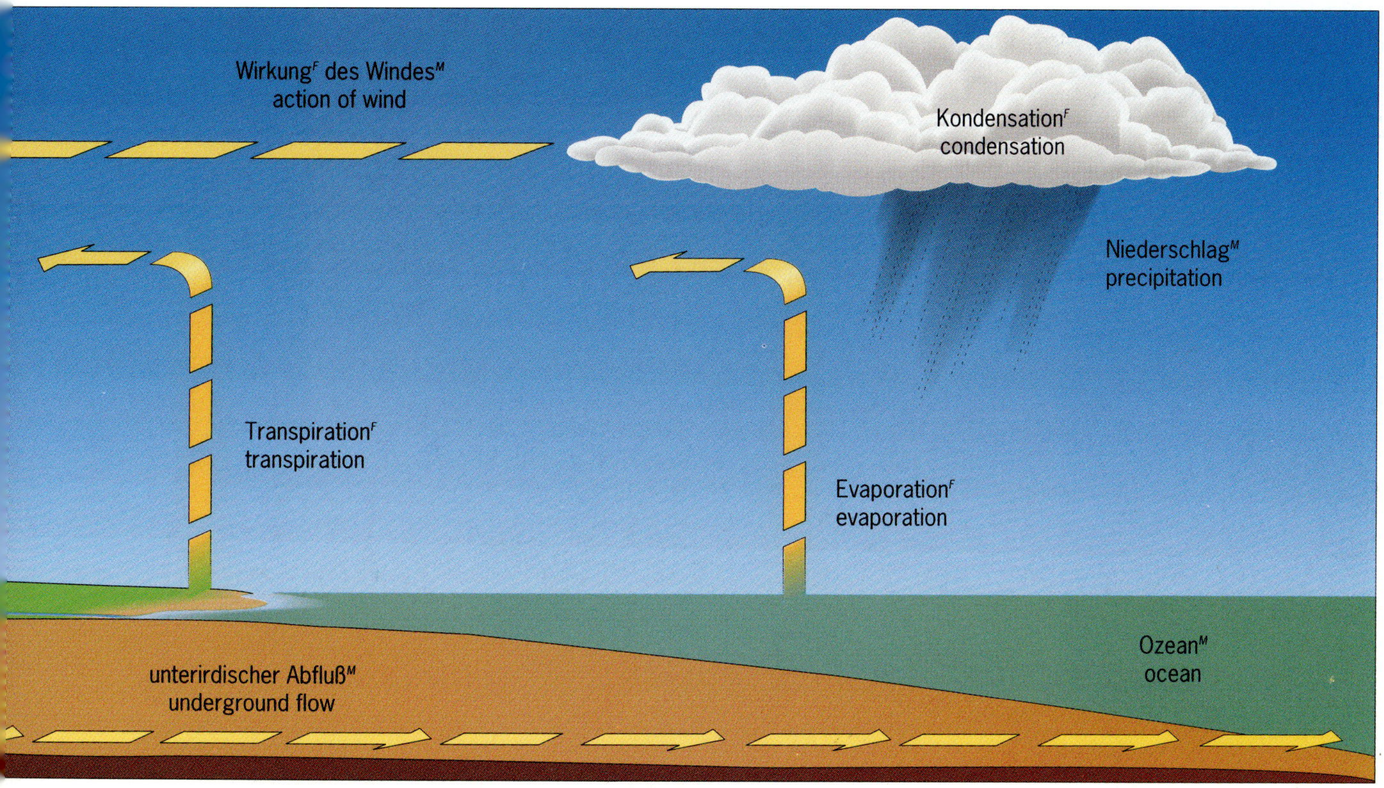
Wirkung^F des Windes^M
action of wind
Kondensation^F
condensation
Niederschlag^M
precipitation
Transpiration^F
transpiration
Evaporation^F
evaporation
Ozean^M
ocean
unterirdischer Abfluß^M
underground flow

ÖKOLOGIE[F]
ECOLOGY

Schadstoffbelastung[F] im Boden[M]
food pollution on ground

Schadstoffbelastung[F] im Wasser[N]
food pollution in water

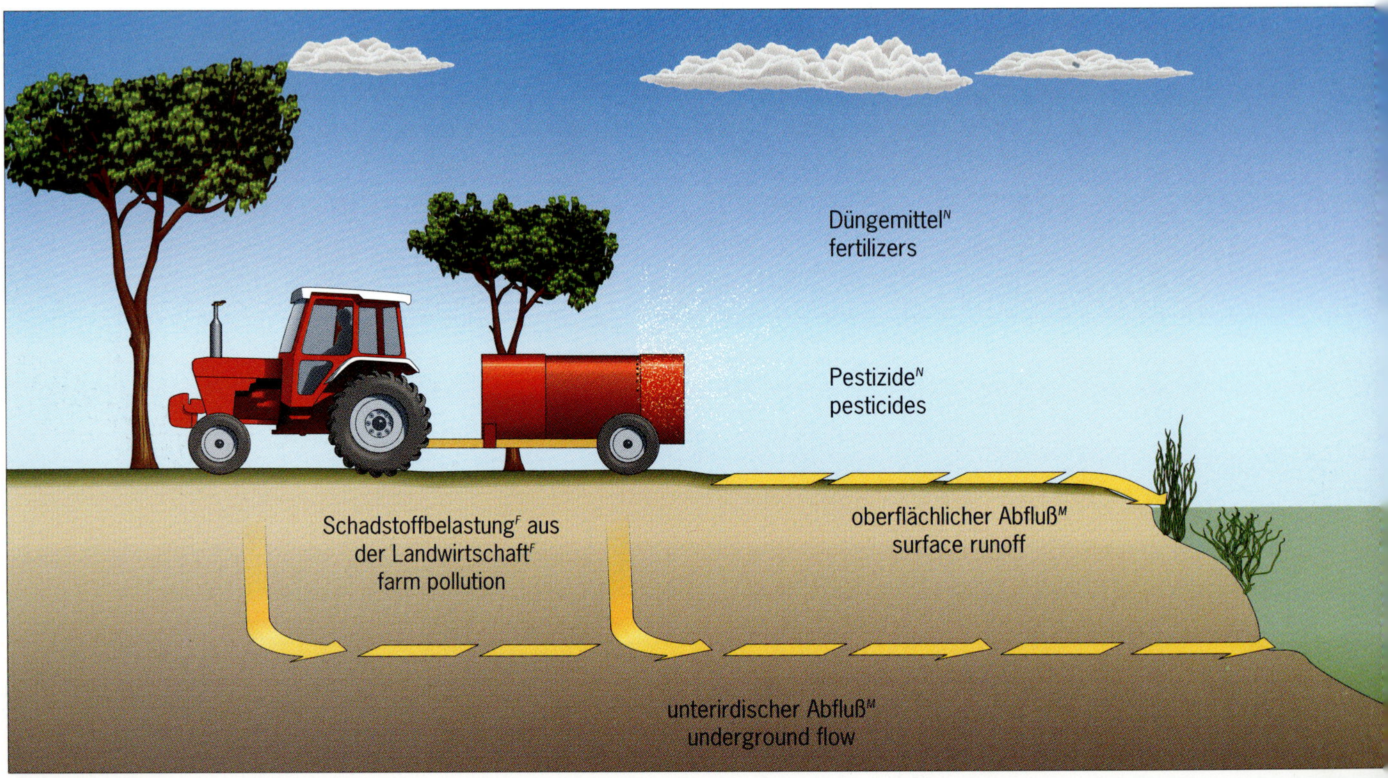

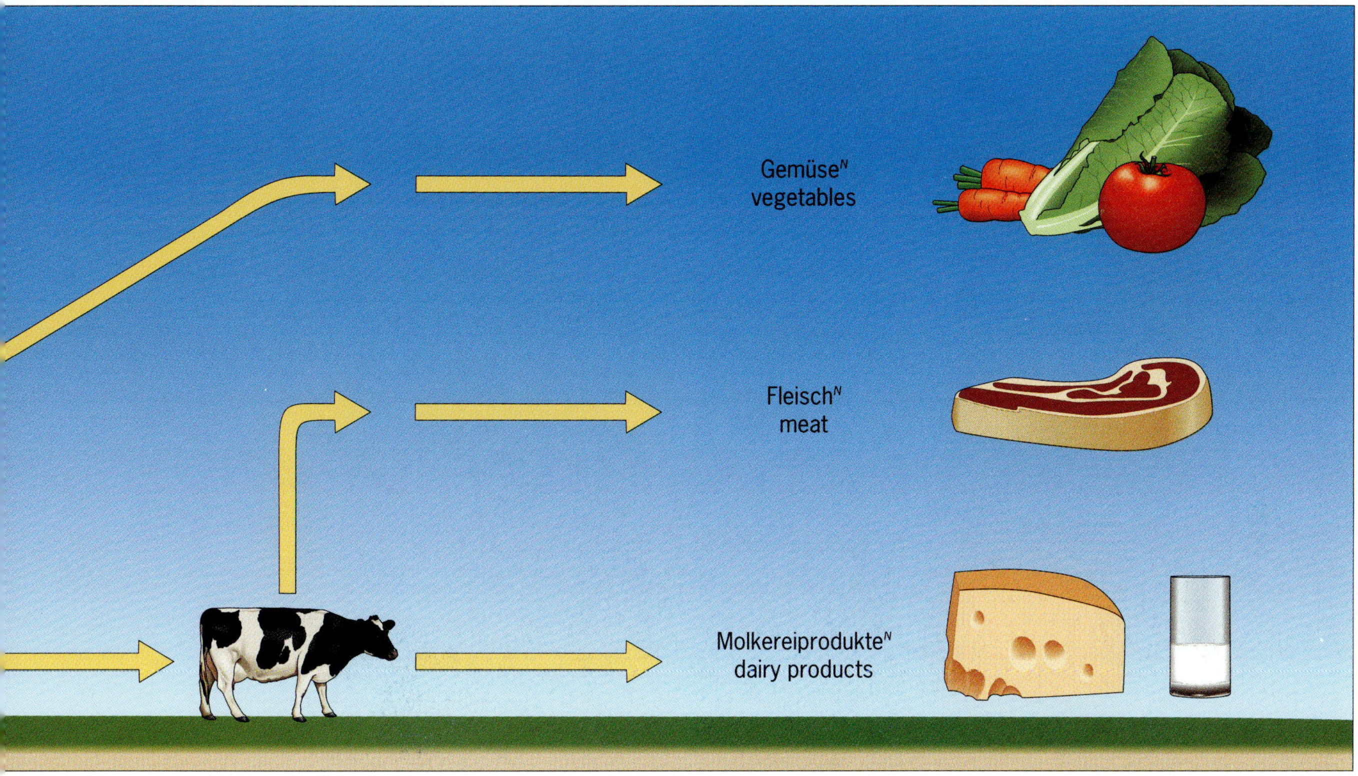
GemüseN
vegetables
FleischN
meat
MolkereiprodukteN
dairy products

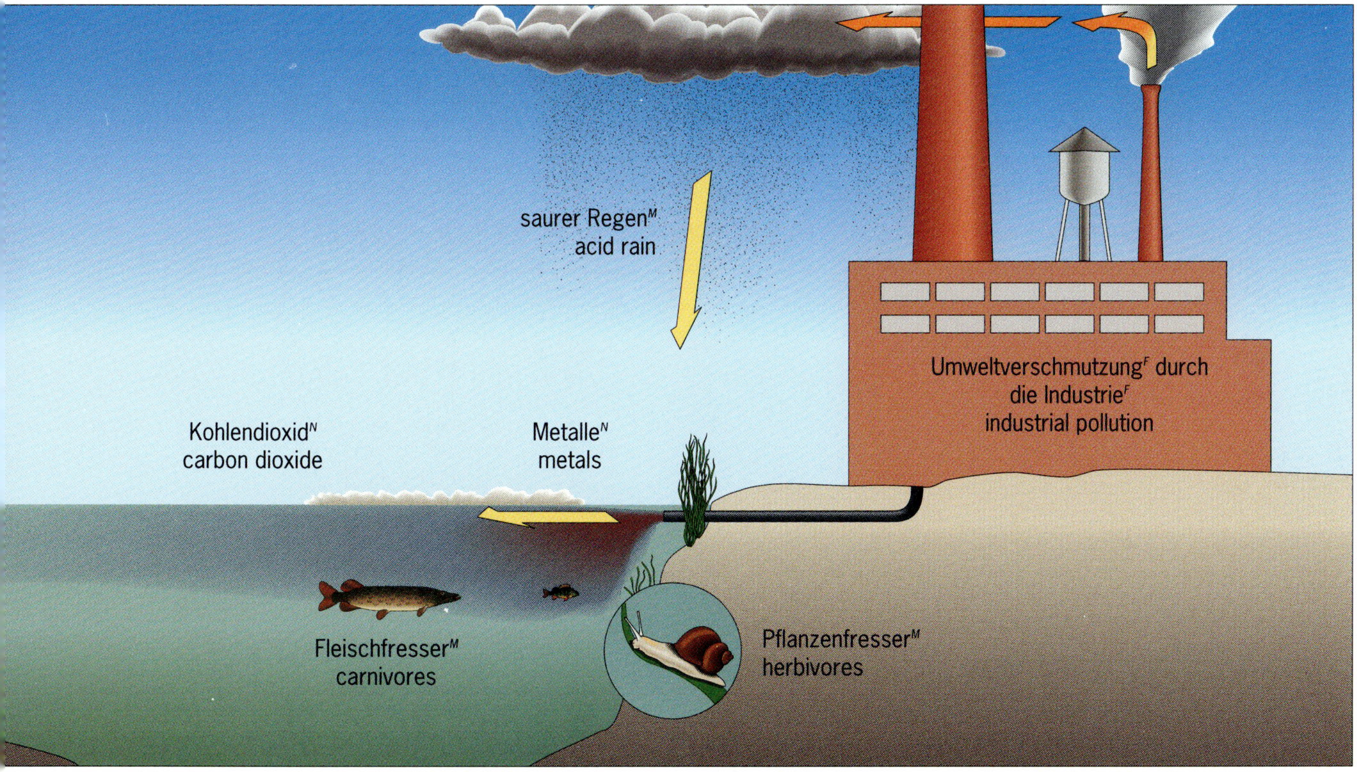
saurer RegenM
acid rain
UmweltverschmutzungF durch
die IndustrieF
industrial pollution
KohlendioxidN
carbon dioxide
MetalleN
metals
FleischfresserM
carnivores
PflanzenfresserM
herbivores

PFLANZE[F] UND BODEN[M]
PLANT AND SOIL

BODENPROFIL[N]
SOIL PROFILE

KEIMUNG
GERMINATION

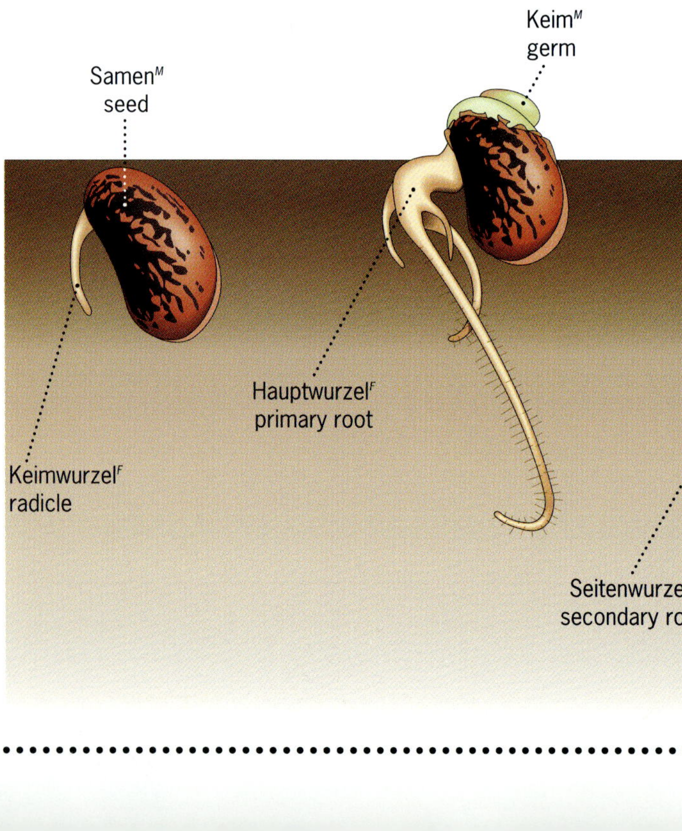
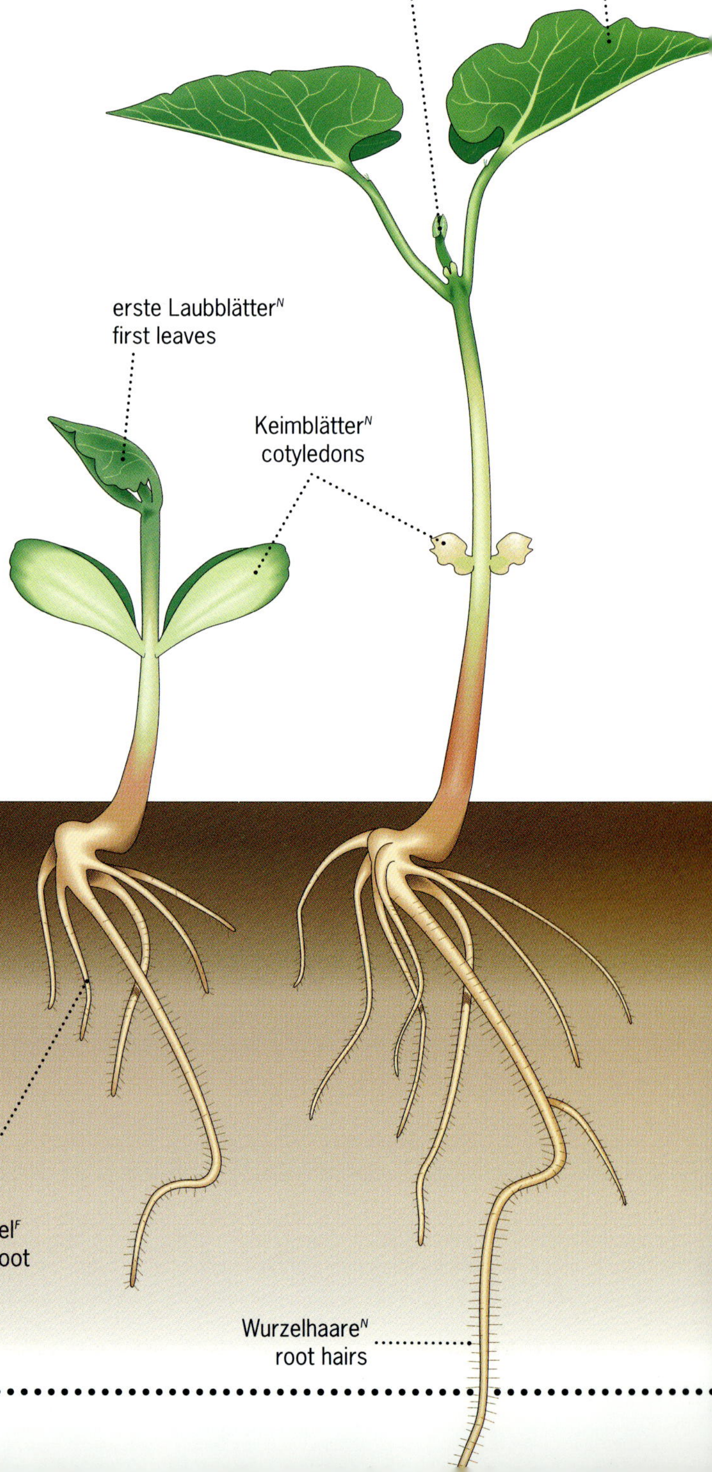

PILZ[M]
MUSHROOM

Aufbau[M] eines Pilzes[M]
structure of a mushroom

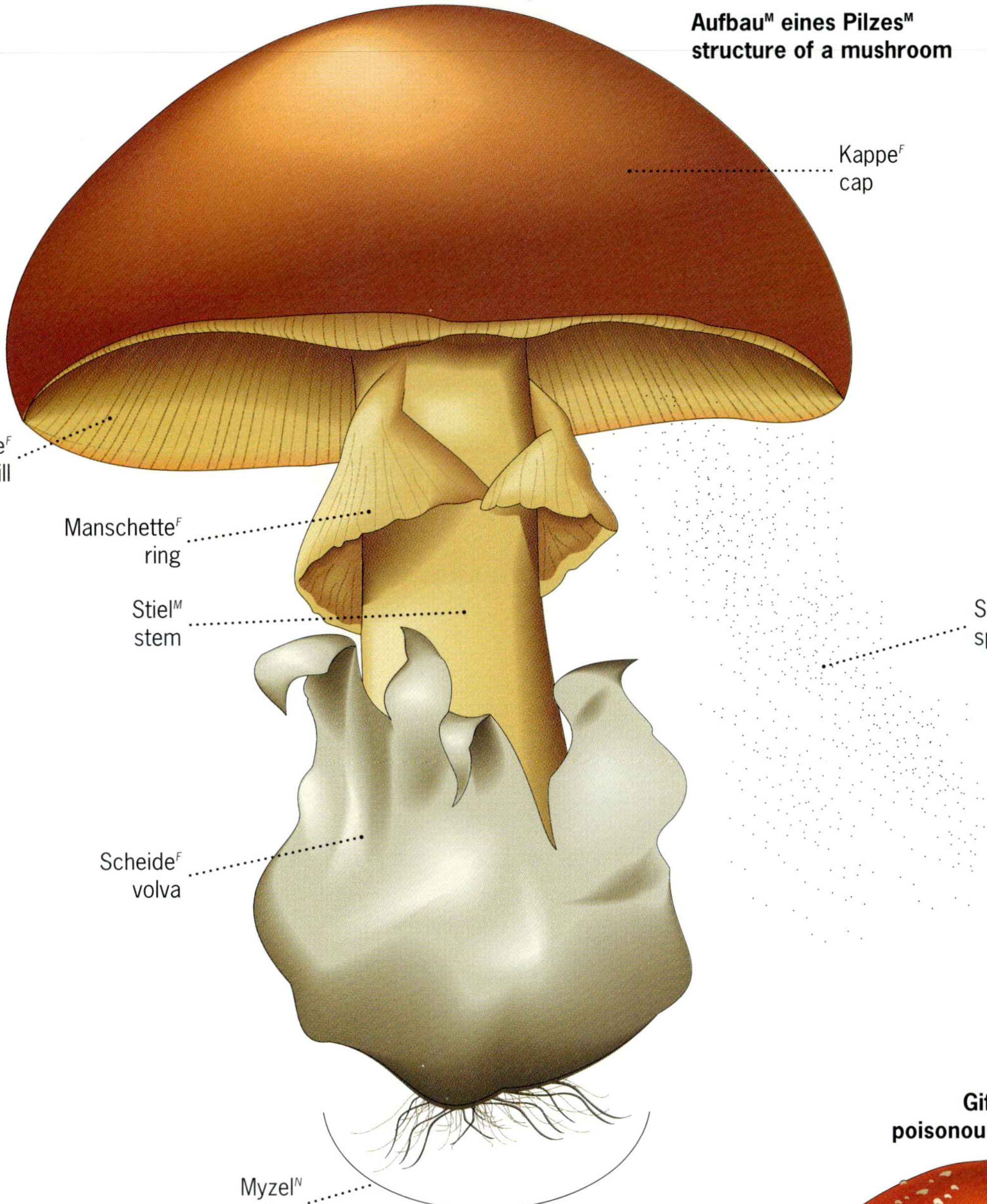

Giftpilz[M]
poisonous mushroom

Fliegenpilz[M]
fly agaric

Speisepilz[M]
edible mushroom

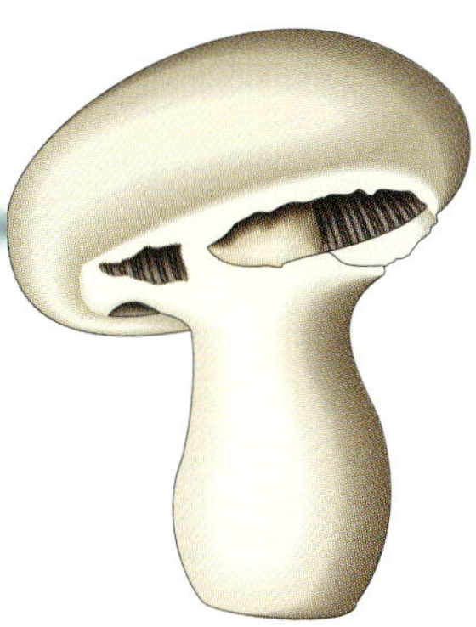

Zuchtpilz[M]
cultivated mushroom

tödlicher Giftpilz[M]
deadly mushroom

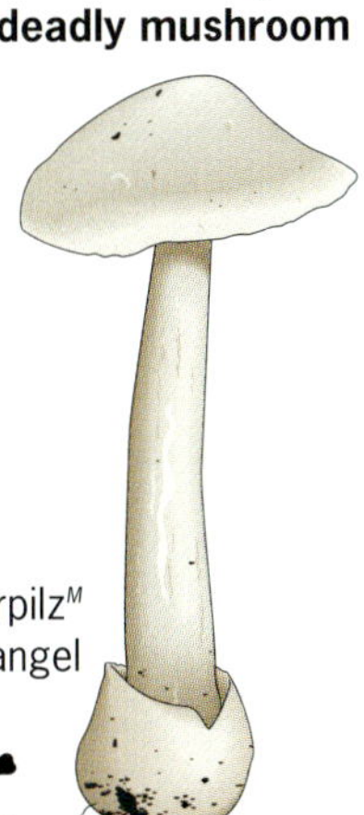

weißer Knollenblätterpilz[M]
destroying angel

AUFBAU^M EINER PFLANZE^F
STRUCTURE OF A PLANT

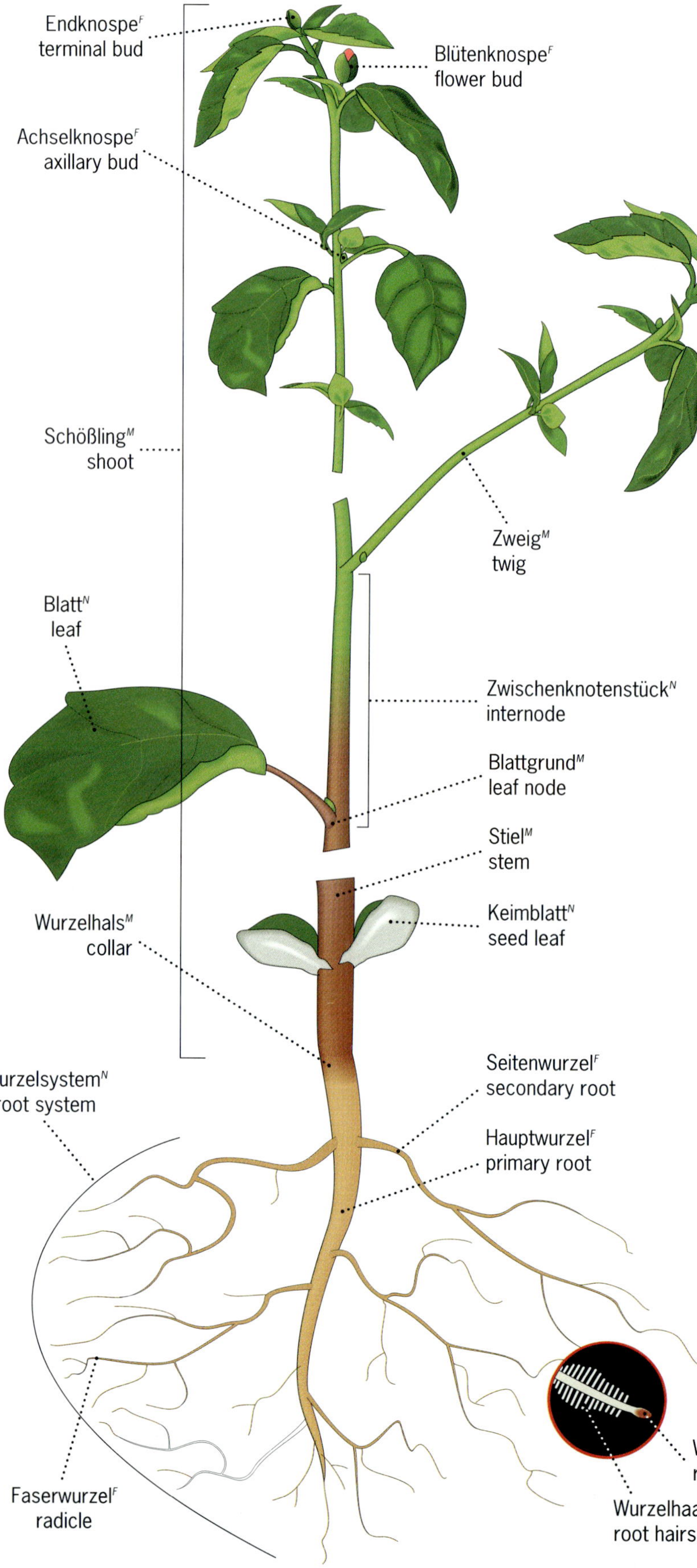

ZUSAMMENGESETZTE BLÄTTER^N
COMPOUND LEAVES

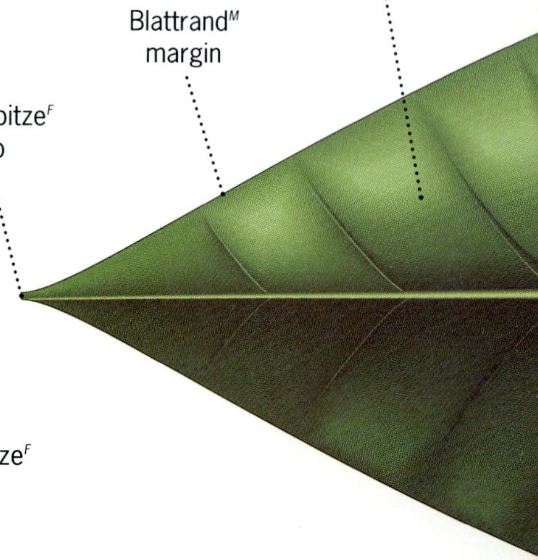

EINFACHE BLÄTTER[N]
SIMPLE LEAVES

BLATTRÄNDER[M]
LEAF MARGINS

lineal
linear

ganzrandig
entire

gewimpert
ciliate

lanzettlich
lanceolate

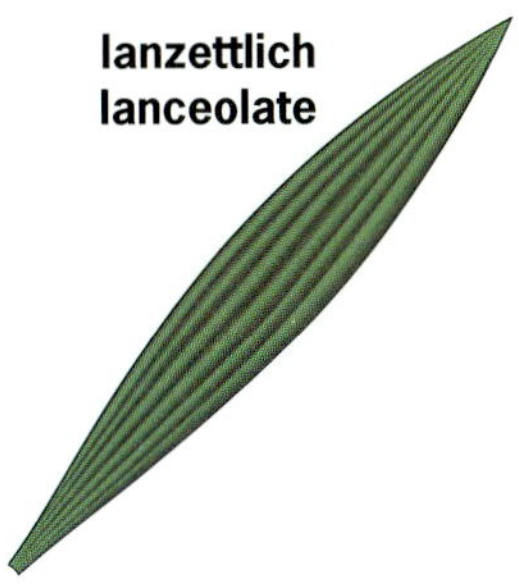

gebuchtet
lobate

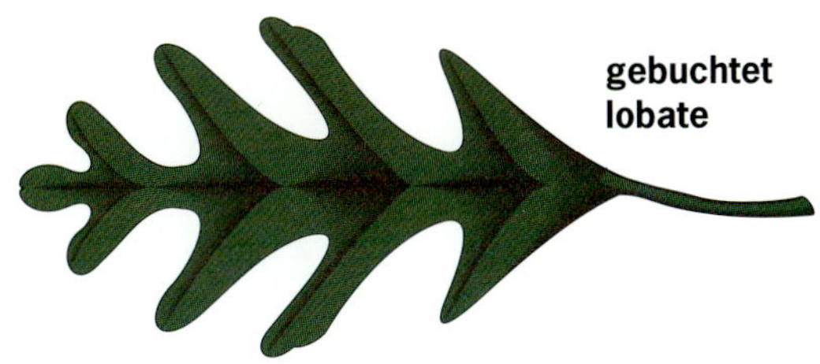

gekerbt
crenate

kreisförmig
orbiculate

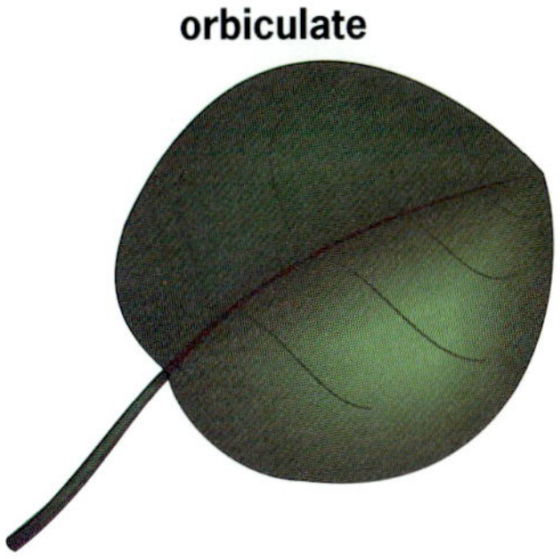

gezähnt
dentate

Blatt[N]
leaf

BLUMEN[F]
FLOWERS

Aufbau[M] einer Blüte[F]
structure of a flower

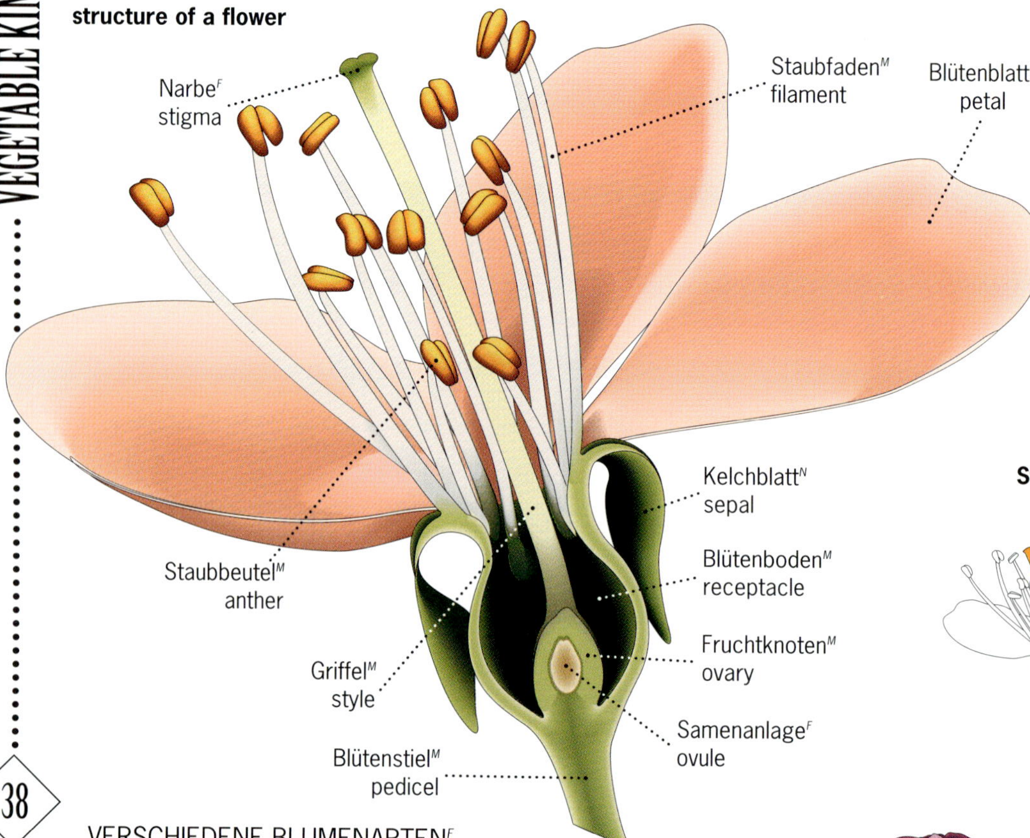

Blumenkrone[F]
corolla

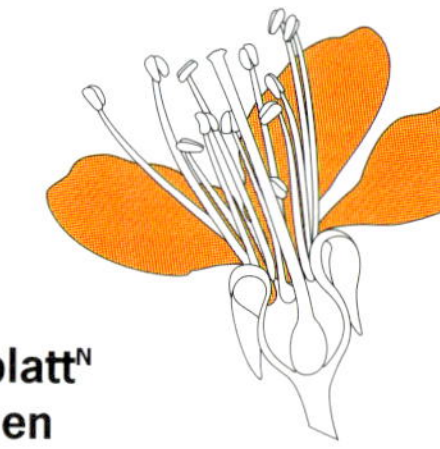

Staubblatt[N]
stamen

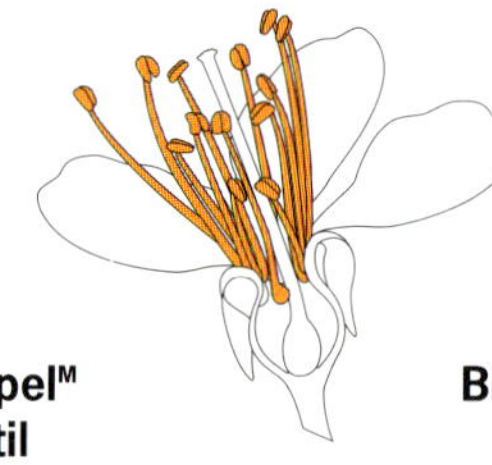

Stempel[M]
pistil

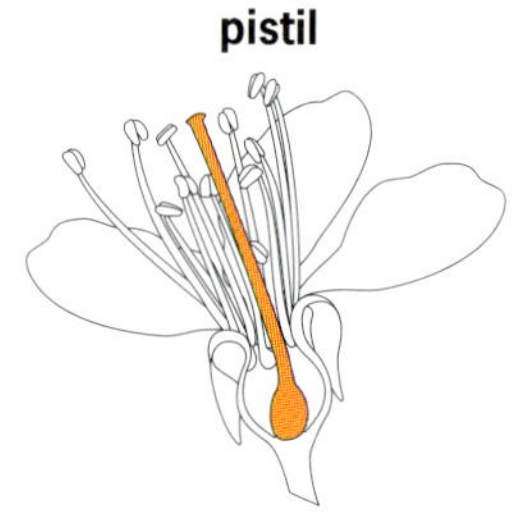

Blütenkelch[M]
calyx

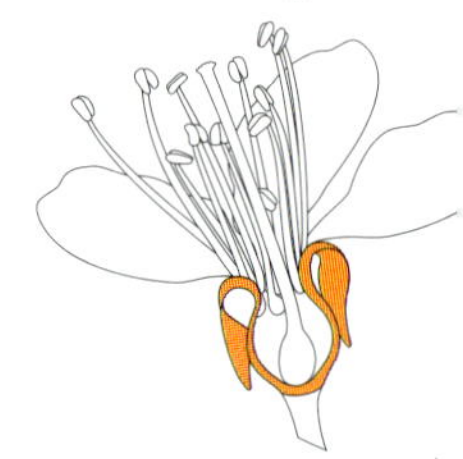

VERSCHIEDENE BLUMENARTEN[F]
EXAMPLES OF FLOWERS

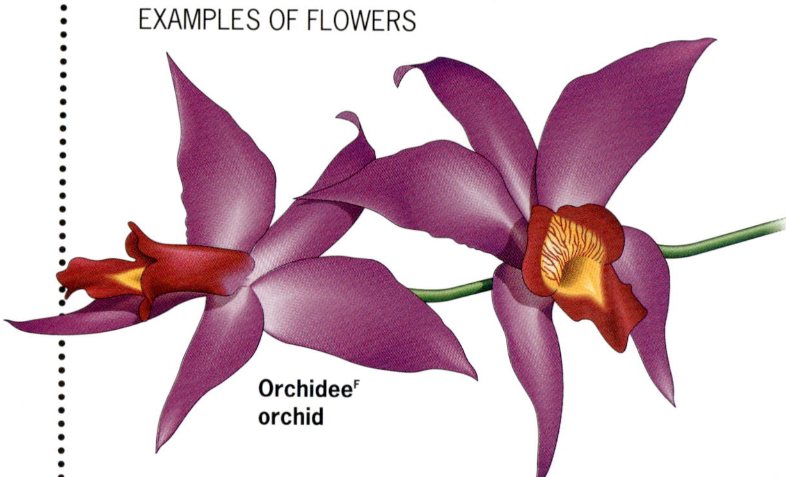

Orchidee[F]
orchid

Tulpe[F]
tulip

Veilchen[N]
violet

Rose[F]
rose

Mohn[M]
poppy

Begonie[F]
begonia

Sonnenblume^{F}
sunflower

Lilie^{F}
lily

Maiglöckchen^{N}
lily of the valley

Krokus^{M}
crocus

Nelke^{F}
carnation

Osterglocke^{F}
daffodil

BAUM[M]
TREE

Aufbau[M] eines Baumes[M]
structure of a tree

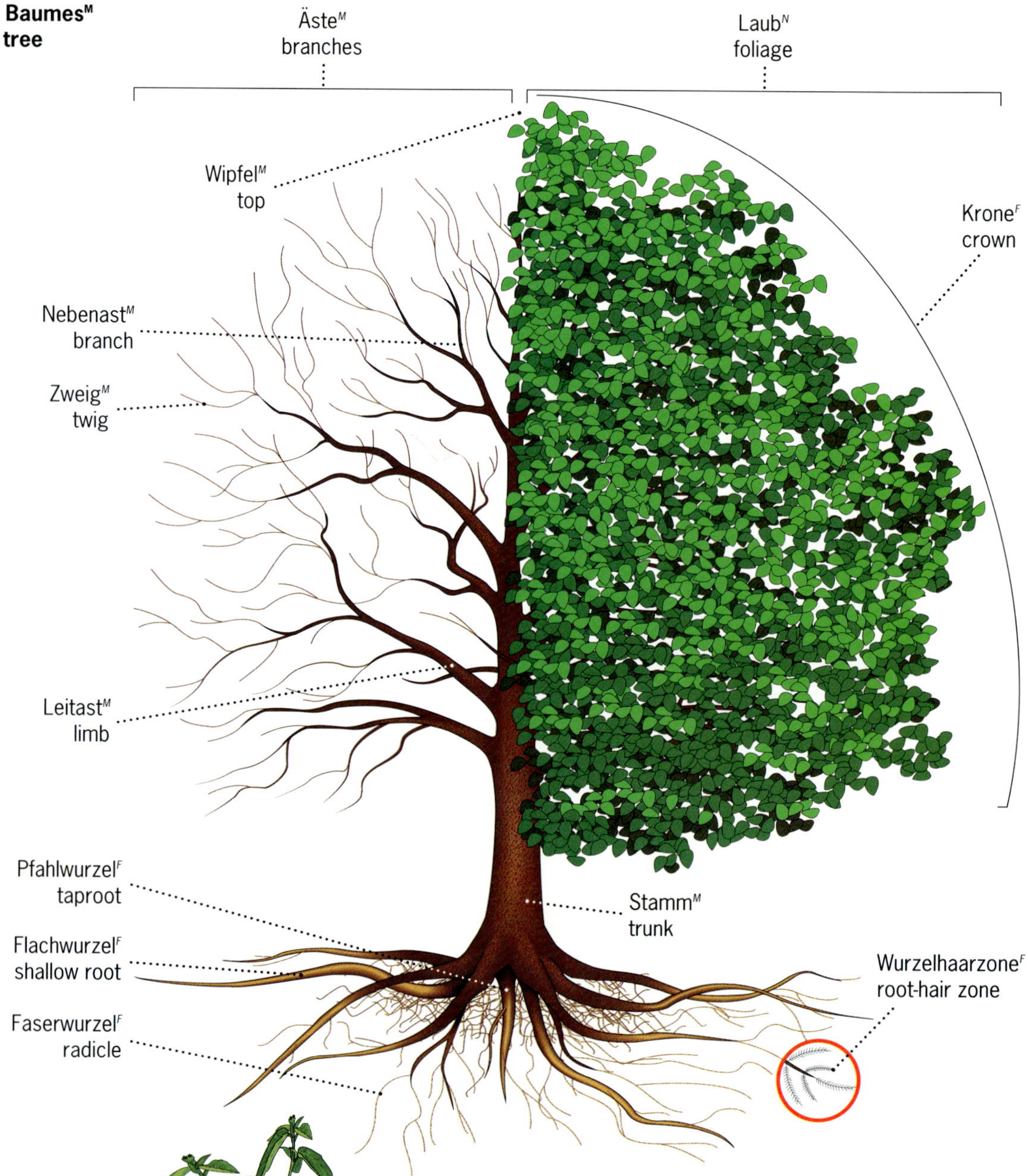

Baumstumpf[M]
stump

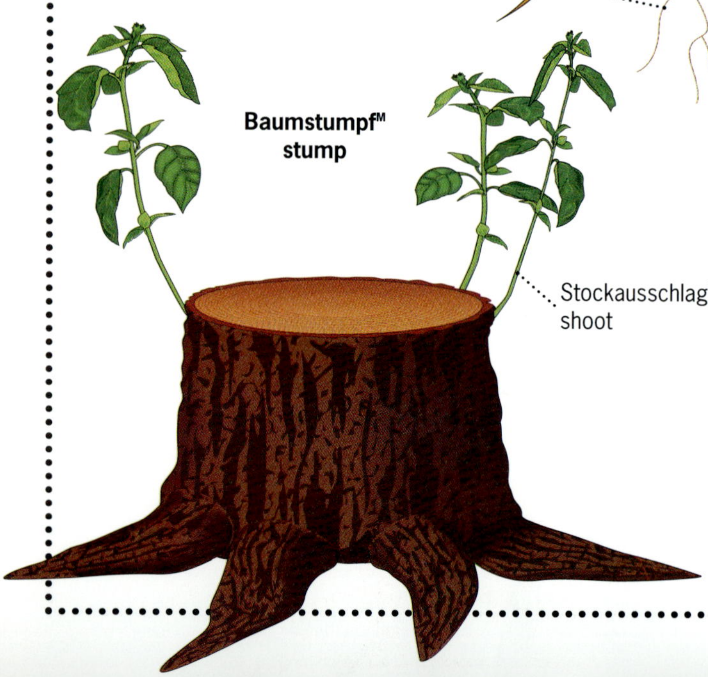

Querschnitt[M] eines Baumstammes[M]
cross section of a trunk

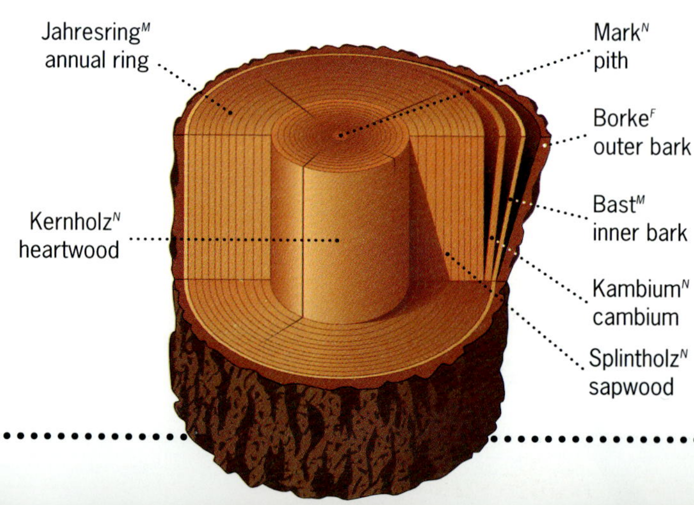

VERSCHIEDENE BAUMARTEN[F]
EXAMPLES OF TREES

Palme^F
palm tree

Trauerweide^F
weeping willow

Birke^F
birch

NADELBAUM[M]
CONIFER

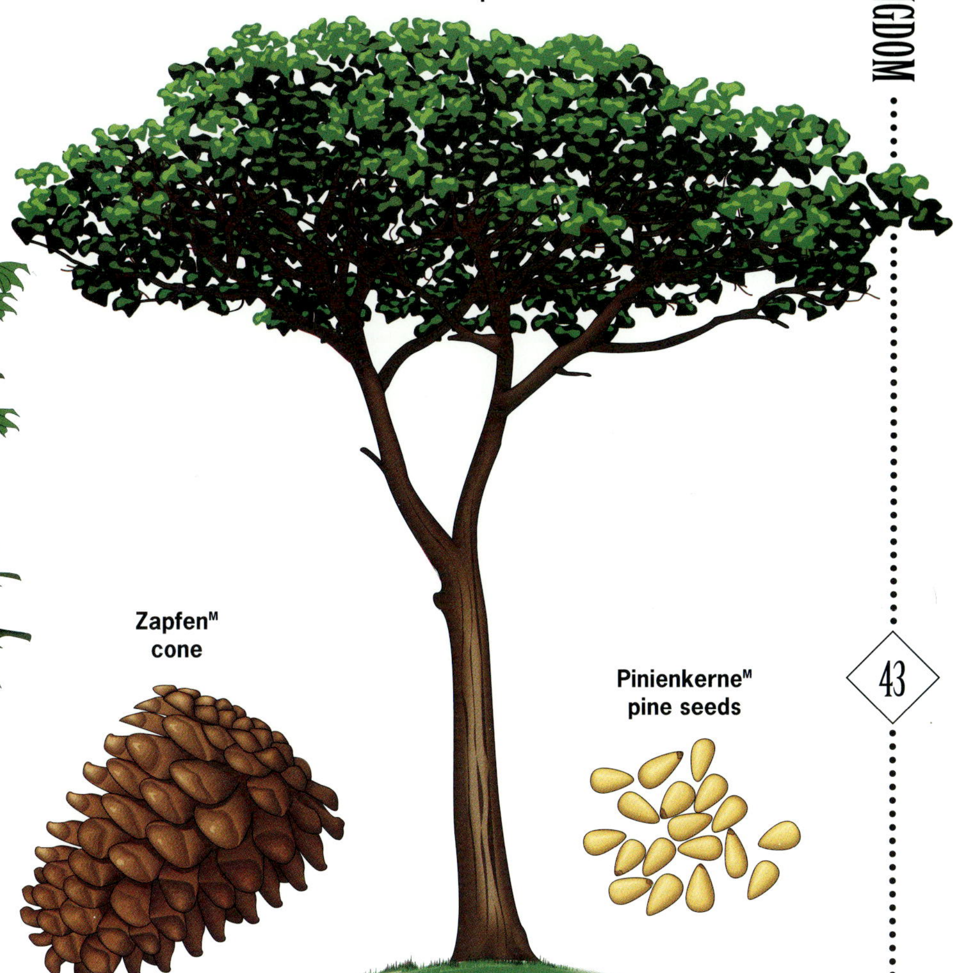

BLATTFORMEN[F]
TYPES OF LEAVES

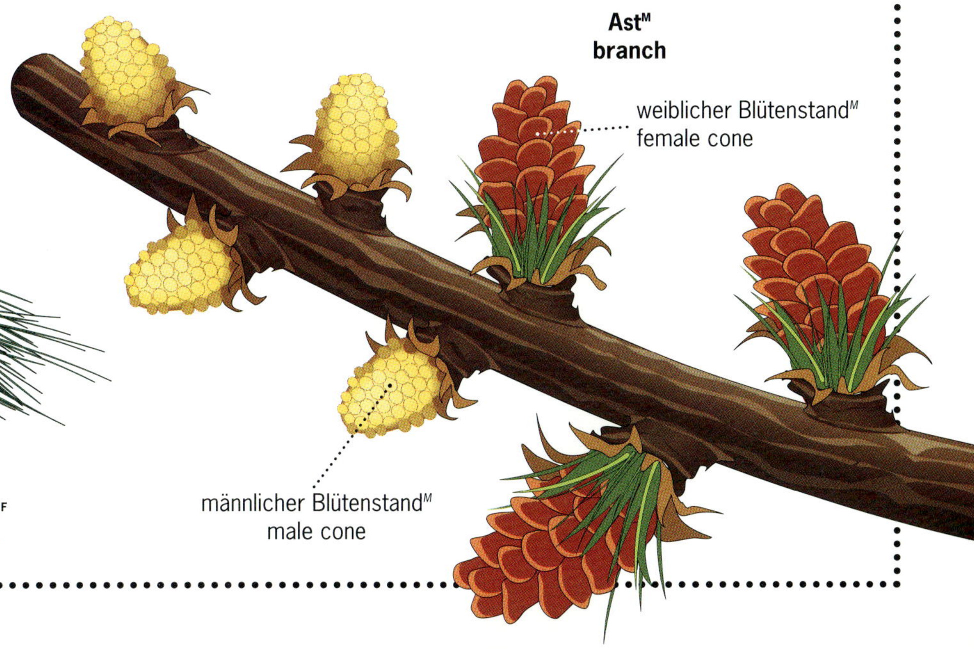

FLEISCHIGE FRÜCHTE[F]: BEERENOBST[N]
FLESHY FRUITS: BERRY FRUITS

Querschnitt[M] einer Beere[F]
section of a berry

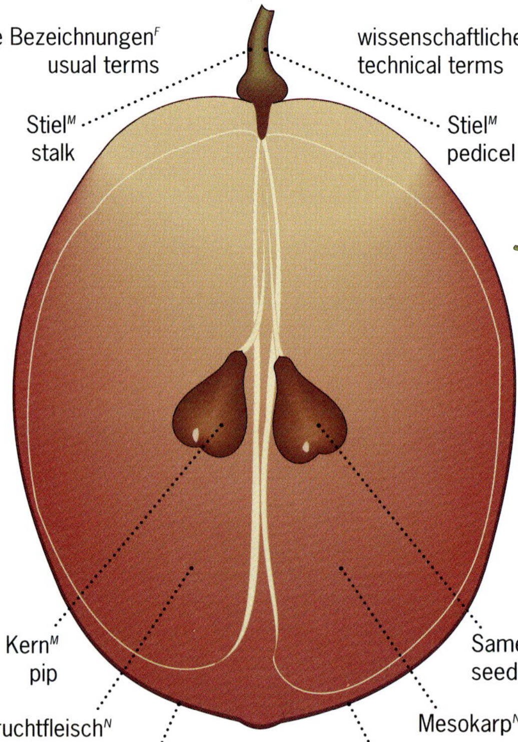

DIE WICHTIGSTEN BEERENARTEN[F]
MAJOR TYPES OF BERRIES

Preiselbeere[F]
cranberry

Heidelbeere[F]
blueberry

Johannisbeere[F]
redcurrant

schwarze Johannisbeere[F]
blackcurrant

Weintraube[F]
grape

Stachelbeere[F]
gooseberry

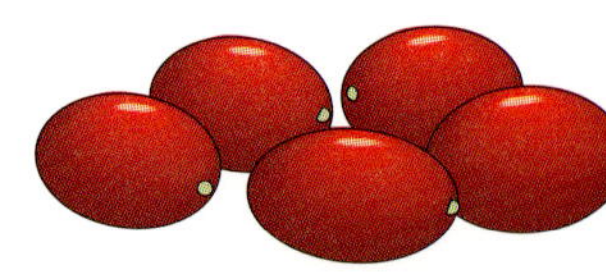

amerikanische Heidelbeere[F]
huckleberry

Querschnitt[M] einer Erdbeere[F]
section of a strawberry

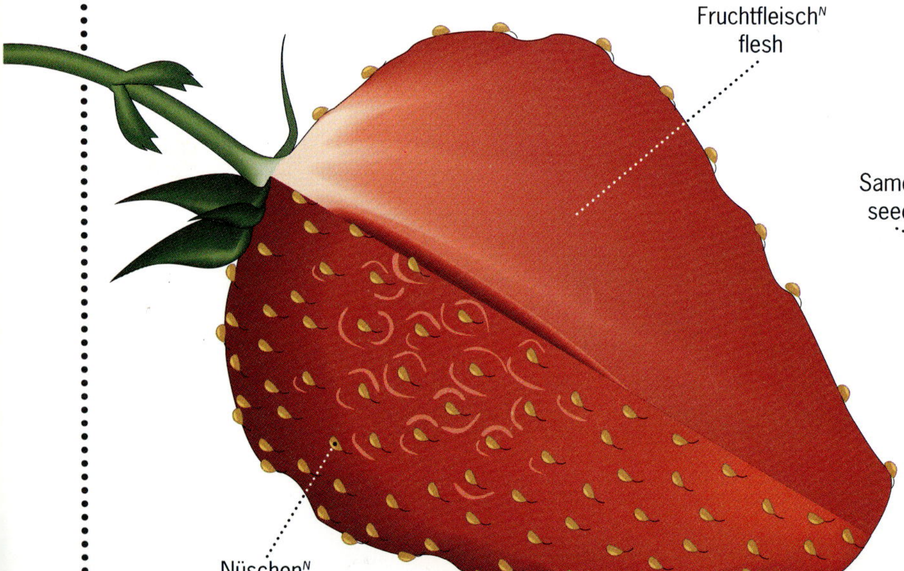

Querschnitt[M] einer Himbeere[F]
section of a raspberry

STEINOBST^{N}
FLESHY STONE FRUITS

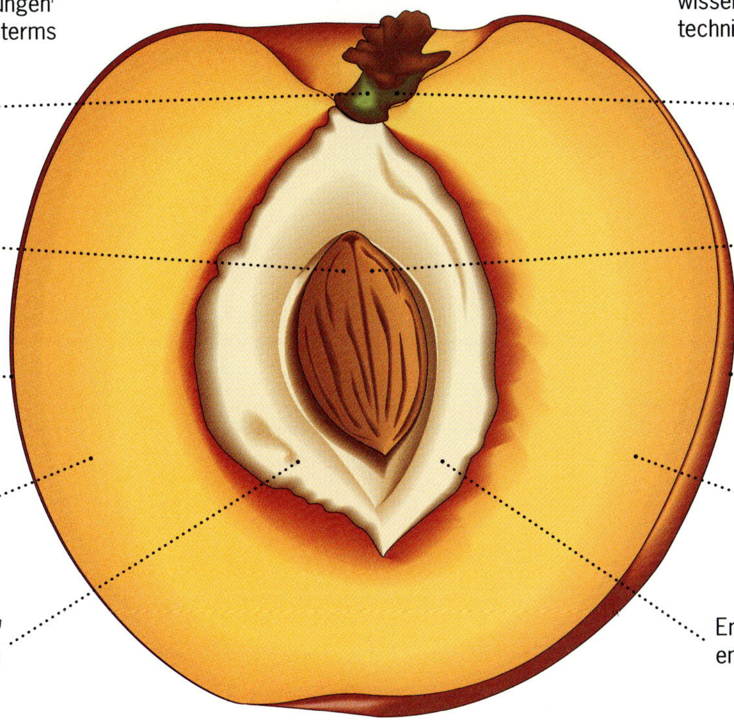

DIE WICHTIGSTEN STEINOBSTSORTEN^{F}
MAJOR TYPES OF STONE FRUITS

KERNOBST[N]
FLESHY POME FRUITS

Querschnitt[M] einer Kernfrucht[F]
section of a pome fruit

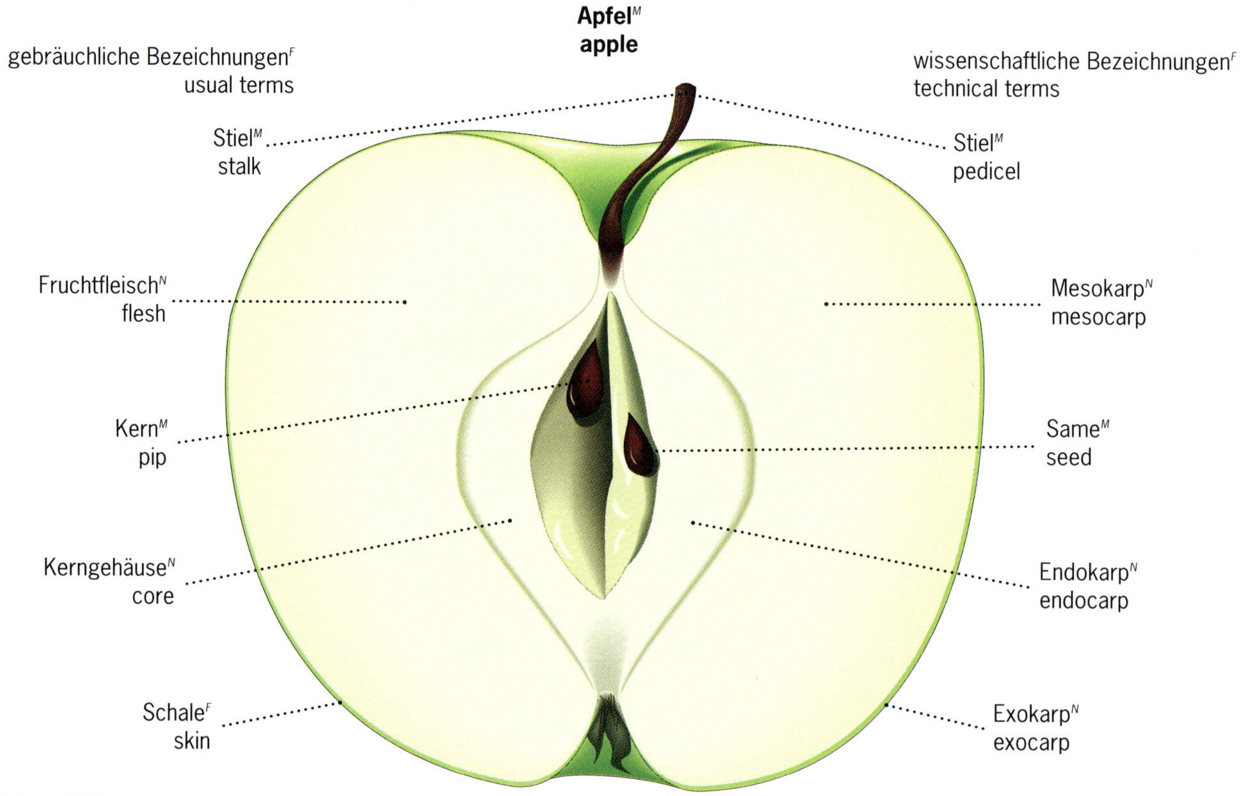

DIE WICHTIGSTEN KERNOBSTSORTEN[F]
MAJOR TYPES OF POME FRUITS

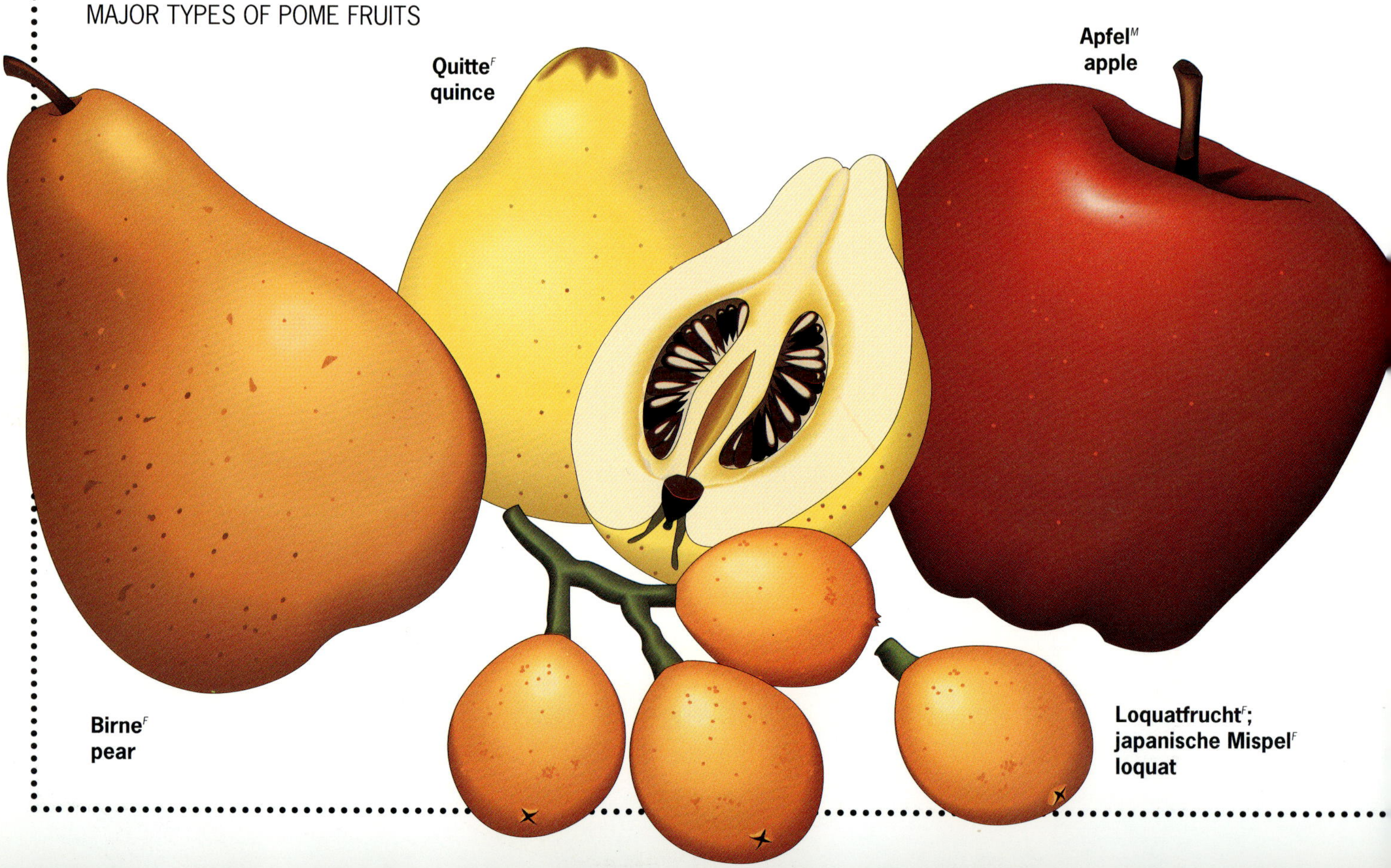

FLEISCHIGE FRÜCHTE[F]: ZITRUSFRÜCHTE[F]
FLESHY FRUITS: CITRUS FRUITS

Querschnitt[M] einer Zitrusfrucht[F]
section of a citrus fruit

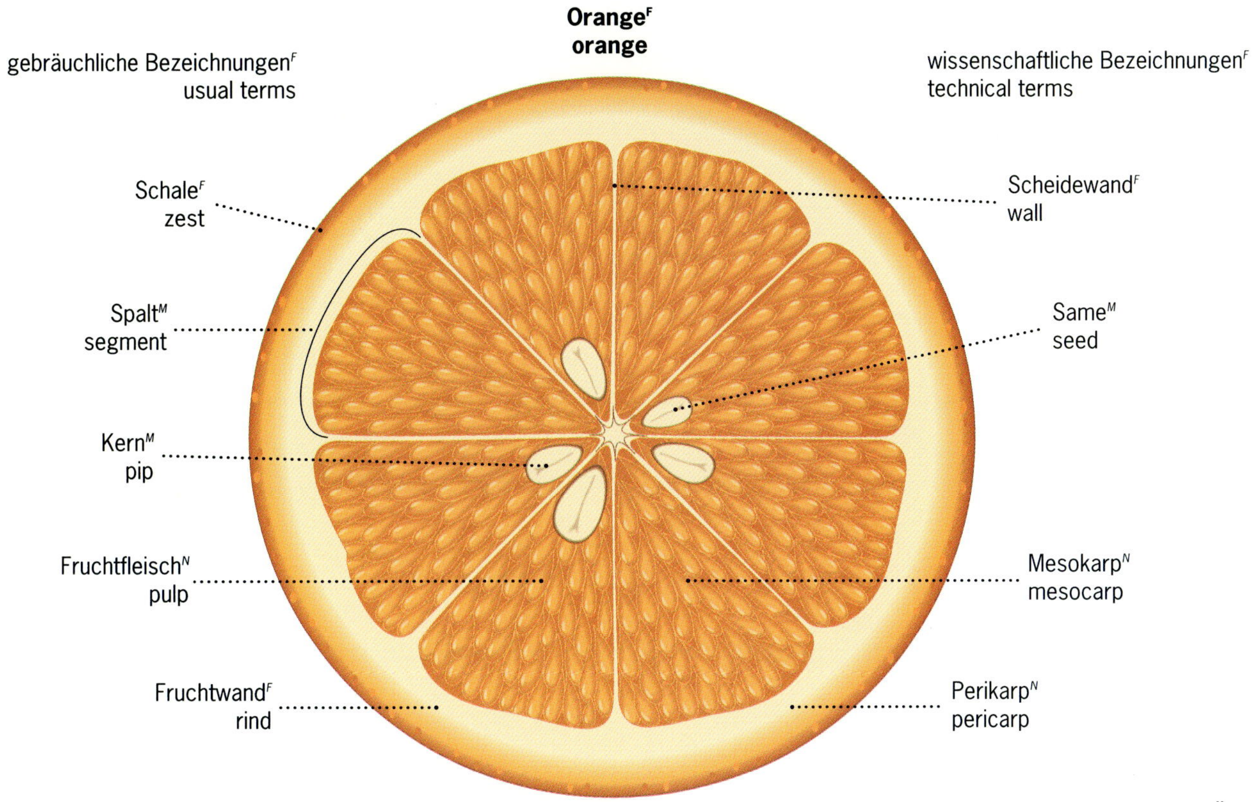

DIE WICHTIGSTEN ZITRUSFRÜCHTE[F]
MAJOR TYPES OF CITRUS FRUITS

SÜDFRÜCHTE[F]
TROPICAL FRUITS

DIE WICHTIGSTEN SÜDFRÜCHTE[F]
MAJOR TYPES OF TROPICAL FRUITS

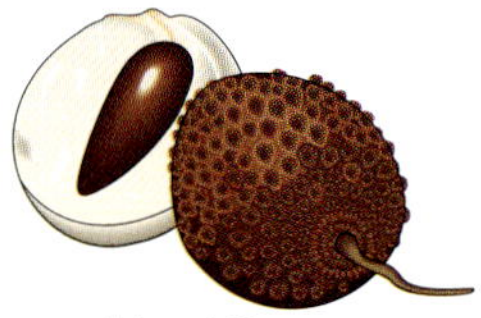

Litschi[F]
lychee

Kiwi[F]
kiwi fruit

Guave[F]
guava

Persimone[F]
persimmon

Kaktusfeige[F]
prickly pear

Chirimoya[F]
cherimoya

Feige[F]
fig

Papaya[F]
papaya

Granatapfel[M]
pomegranate

Banane[F]
banana

Ananas[F]
pineapple

Avocado[F]
avocado

GEMÜSE[N]
VEGETABLES

BLÜTENGEMÜSE[N]
INFLORESCENT VEGETABLES

Blumenkohl[M]
cauliflower

Broccoli[M]
broccoli

Artischocke[F]
artichoke

FRUCHTGEMÜSE[N]
FRUIT VEGETABLES

GEMÜSE^N VEGETABLES

Längsschnitt^M einer Zwiebel^F section of a bulb

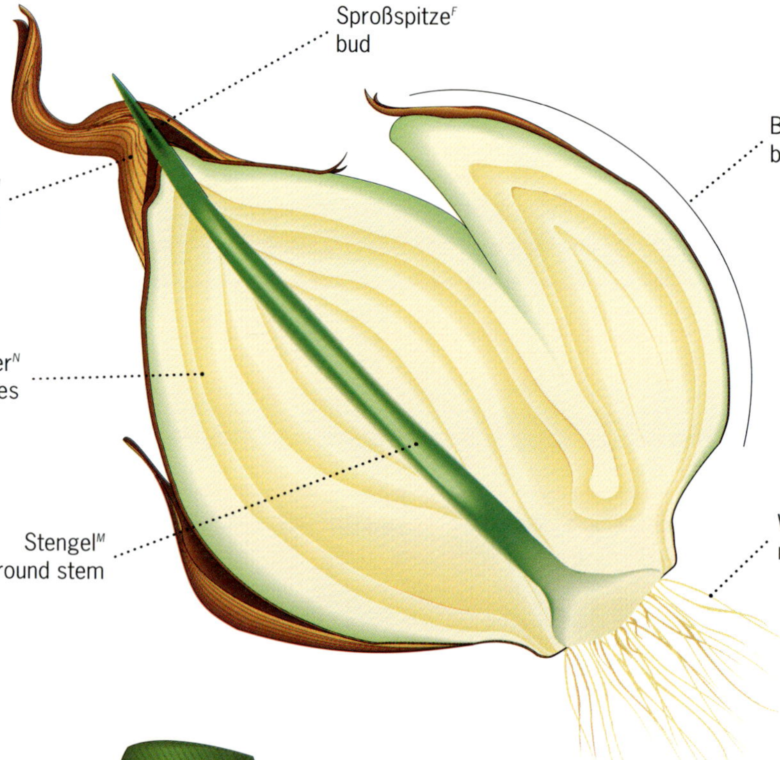

LAUCHGEMÜSE^N BULB VEGETABLES

KNOLLENGEMÜSE^N
TUBER VEGETABLES
Kartoffel^F
potato
Süßkartoffel^F
sweet potato
Topinambur^M/F
Jerusalem artichoke
WURZELGEMÜSE^N
ROOT VEGETABLES
Knollensellerie^M/F
celeriac
rote Beete^F
beetroot
Kohlrabi^M
kohlrabi
Kohlrübe^F
swede
Rübe^F
turnip
Meerrettich^M
horseradish
Pastinake^F
parsnip
Karotte^F
carrot
Radieschen^N
radish
Schwarzwurzel^F
salsify

GEMÜSE[N]
VEGETABLES

STENGEL- UND BLATTGEMÜSE[N]
STALK VEGETABLES

MAIS[M] UND HÜLSENFRÜCHTE[F]
SEED VEGETABLES

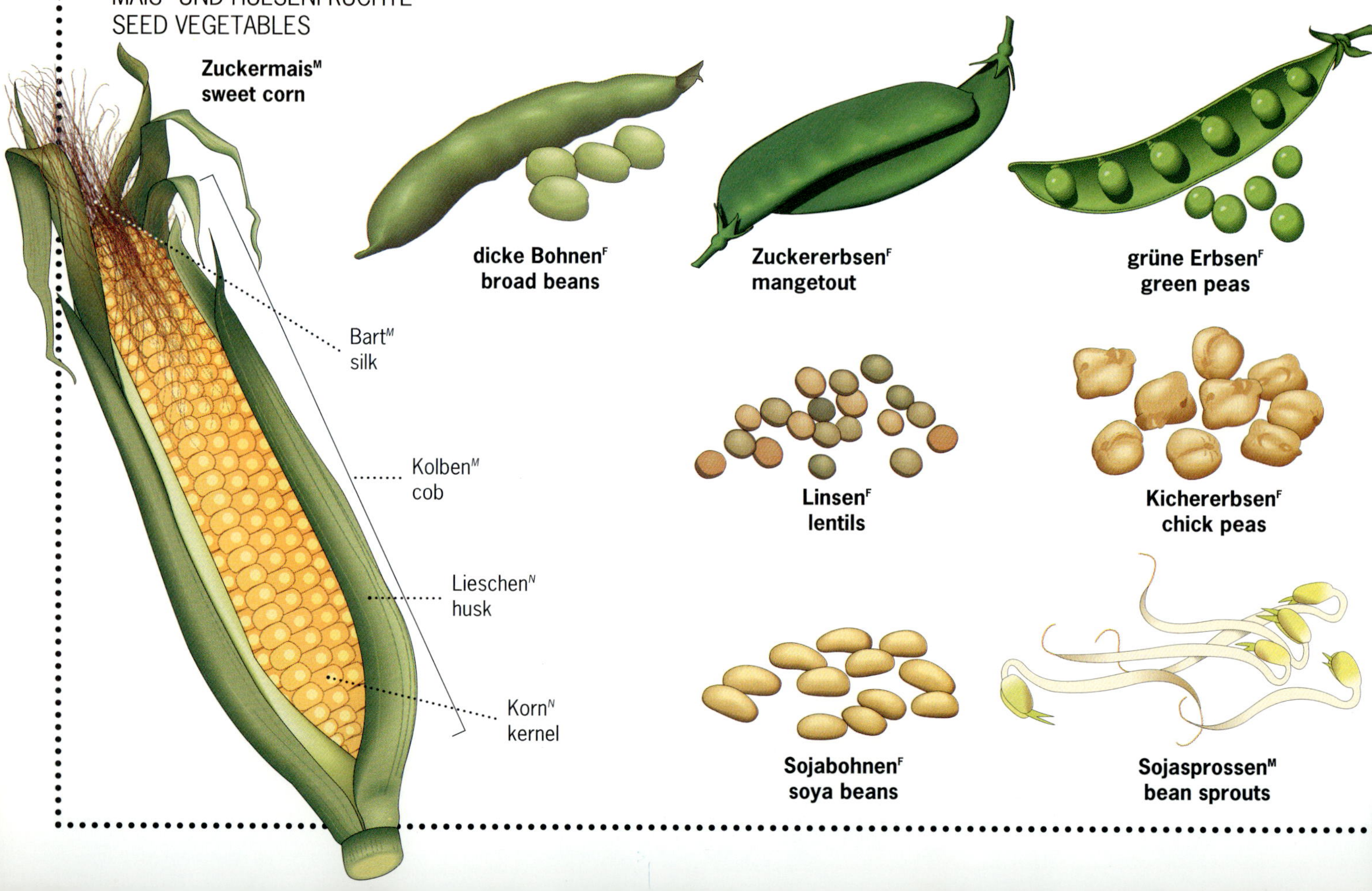

BLATTGEMÜSE^N
LEAF VEGETABLES

GARTENARBEIT^{F}
GARDENING

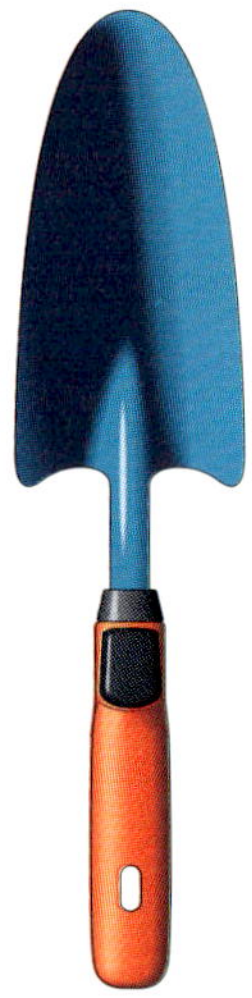

Blumenkelle^{F}
trowel

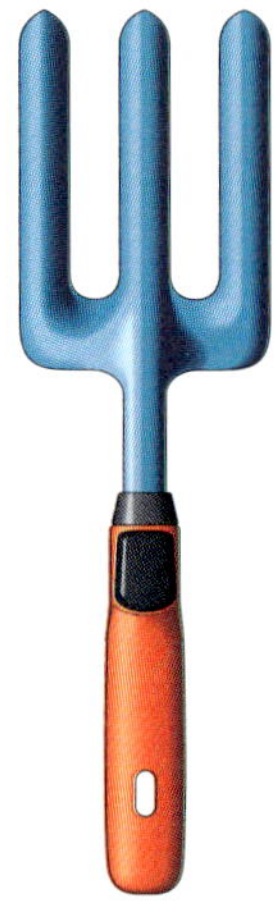

Handgabel^{F}
hand fork

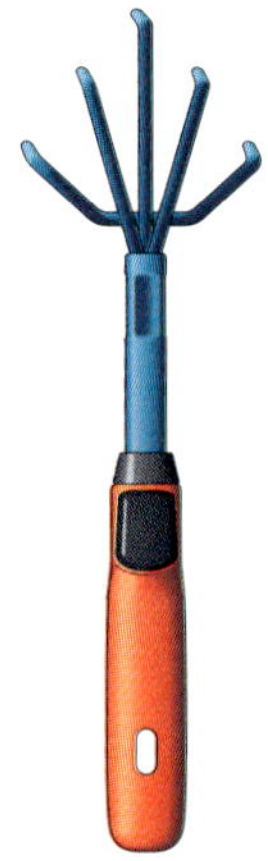

Kralle^{F}
hand cultivator

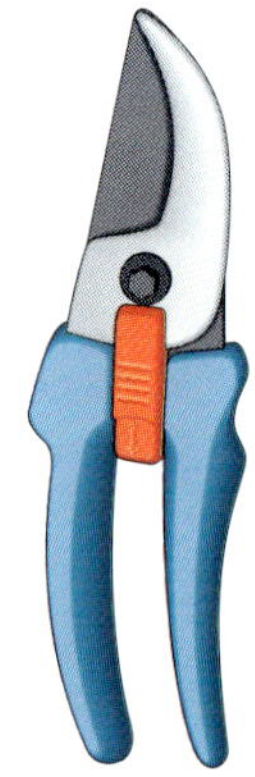

Baumschere^{F}
secateurs

Rasenmäher^{M}
lawnmower

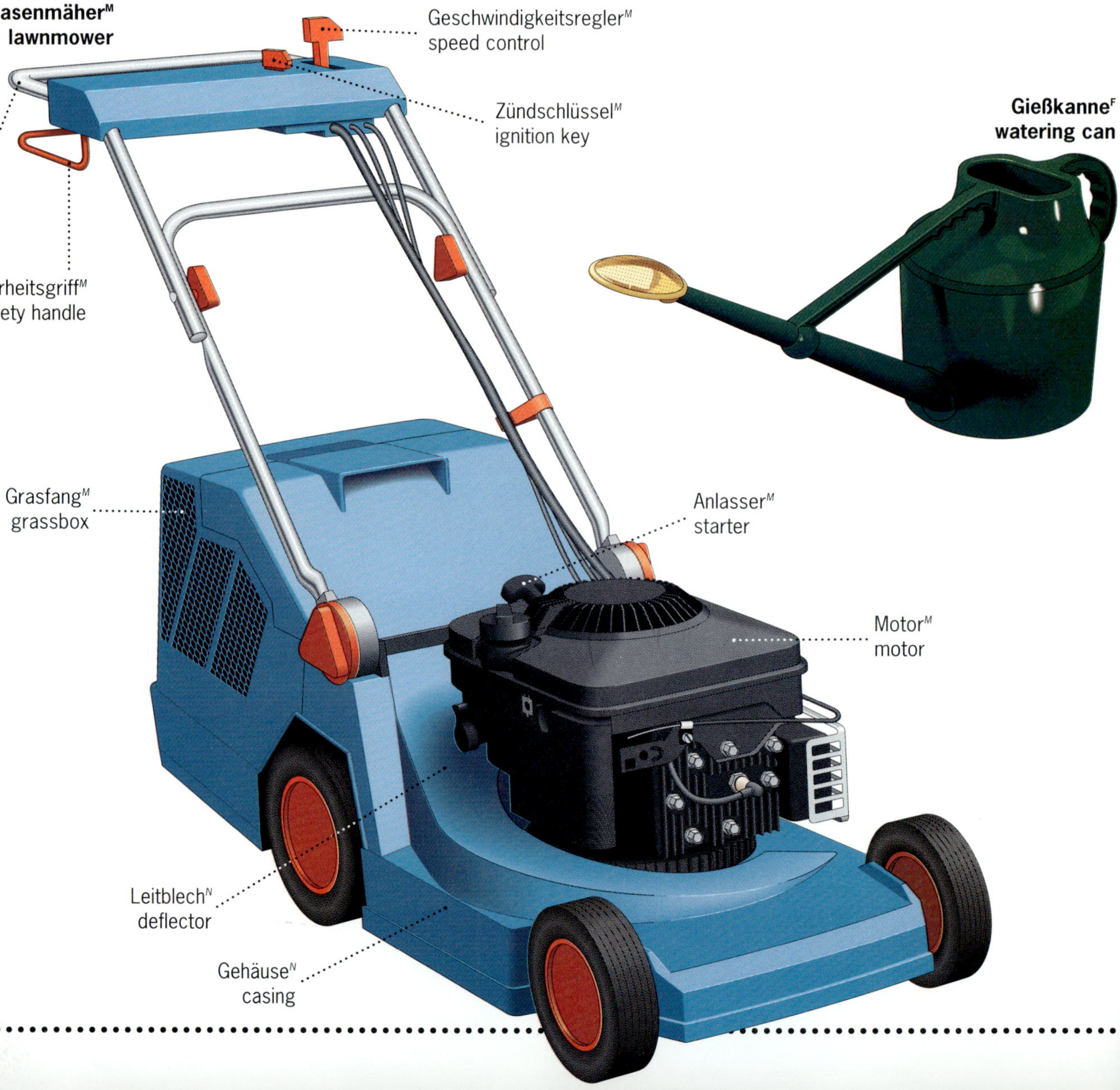

Gießkanne^{F}
watering can

Rechen[M]
rake

Rasenbesen[M]
lawn rake

Grabgabel[F]
fork

Spaten[M]
spade

Grabschaufel[F]
shovel

Schubkarre[F]
wheelbarrow

Kompostierer[M]
compost bin

INSEKTEN^{N} UND SPINNE^{F}
INSECTS AND SPIDER

Ameise^{F}
ant

Marienkäfer^{M}
ladybird

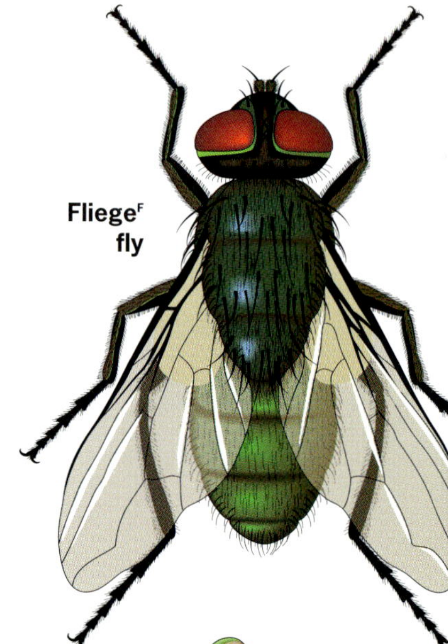

Fliege^{F}
fly

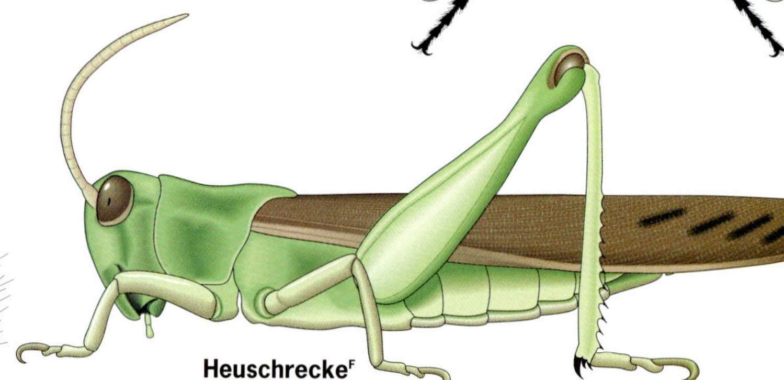

Heuschrecke^{F}
grasshopper

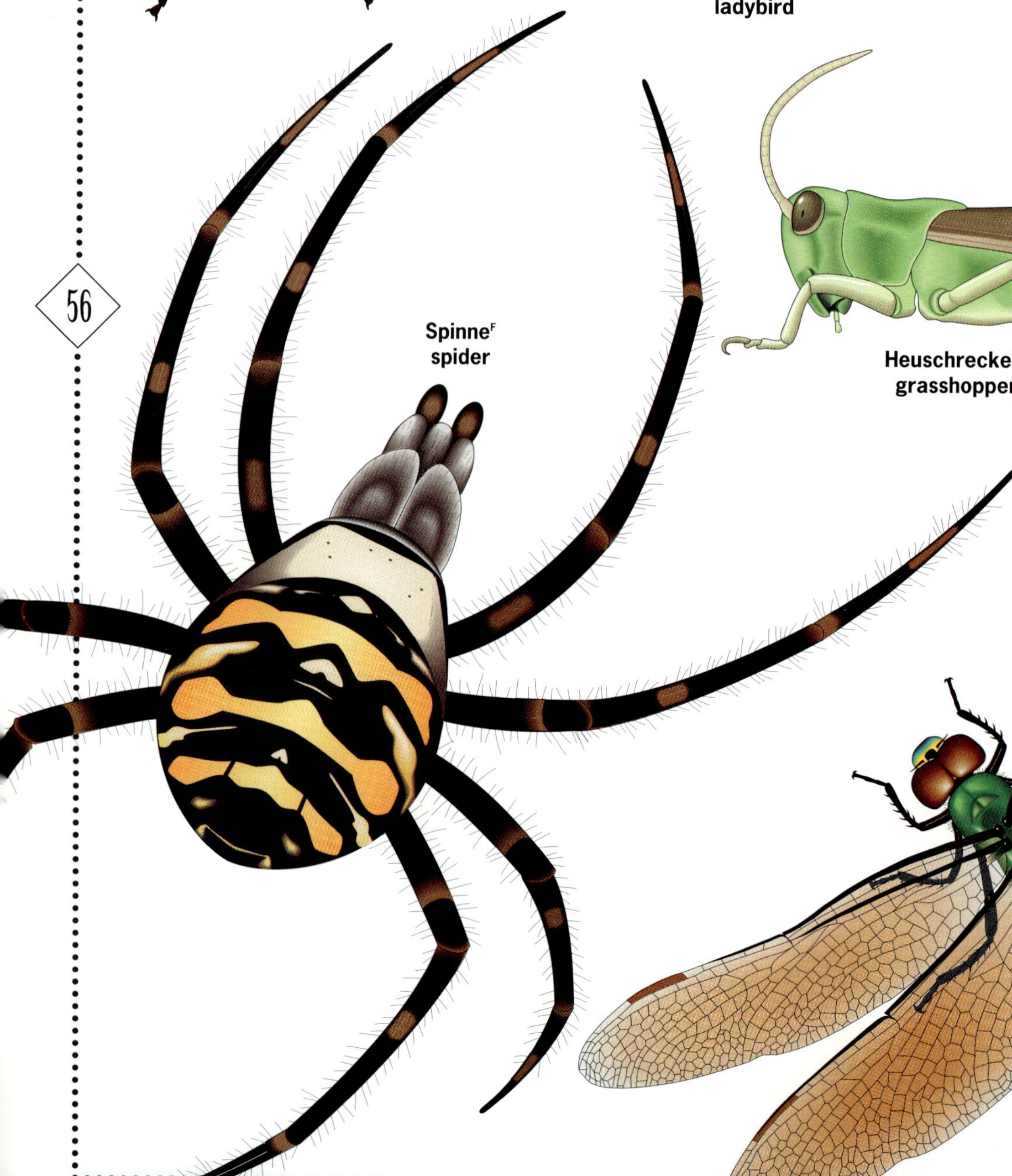

Spinne^{F}
spider

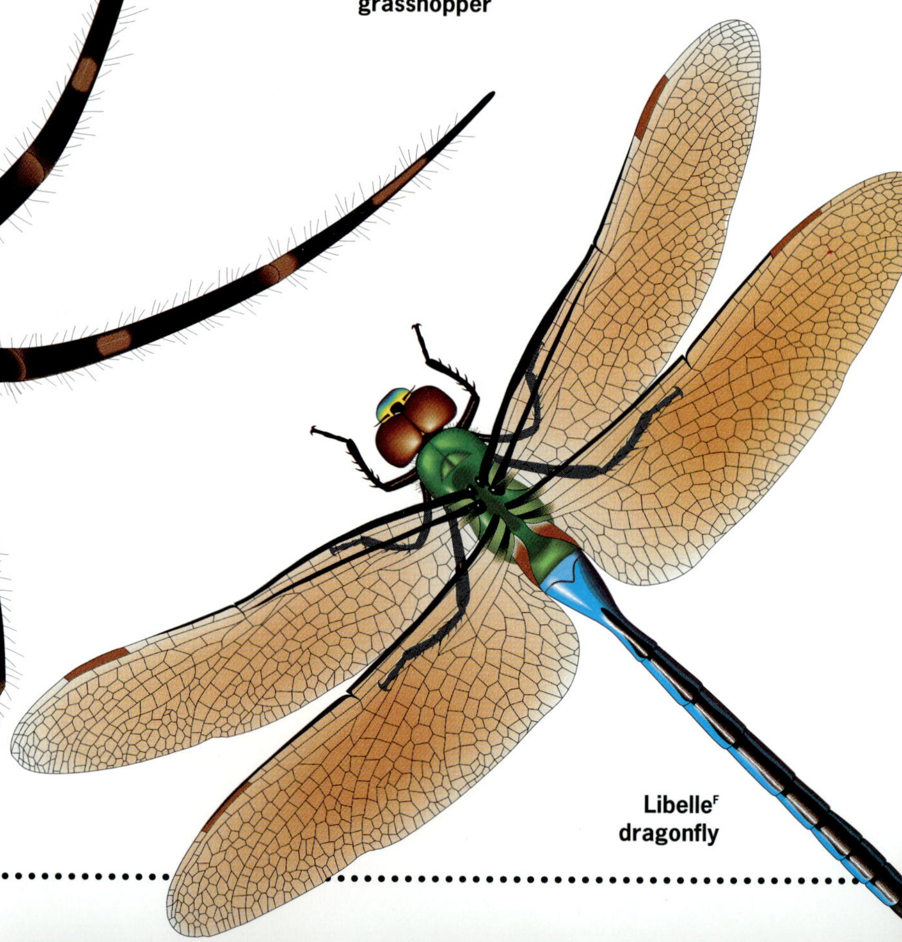

Libelle^{F}
dragonfly

SCHMETTERLING[M]
BUTTERFLY

HONIGBIENE[F]
HONEY-BEE

Arbeiterin[F]
worker

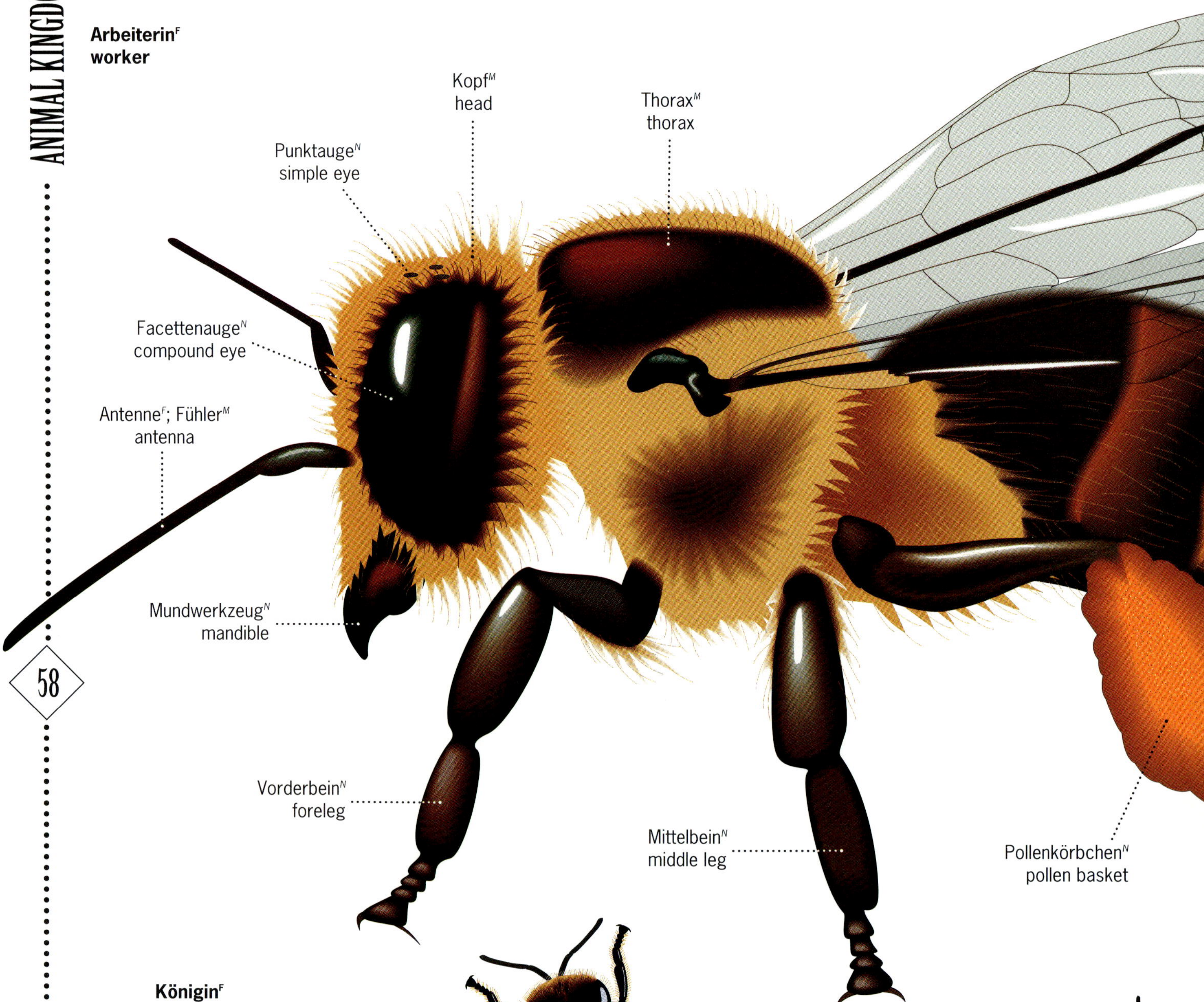

Königin[F]
queen

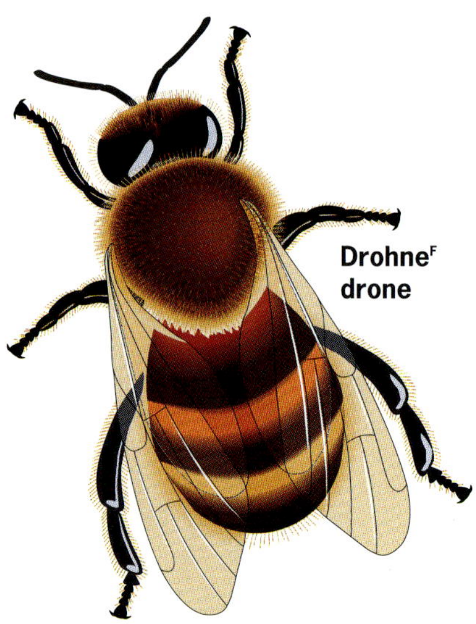

Drohne[F]
drone

Arbeiterin[F]
worker

Bienenstock[M]
hive

Wabenausschnitt[M]
honeycomb section

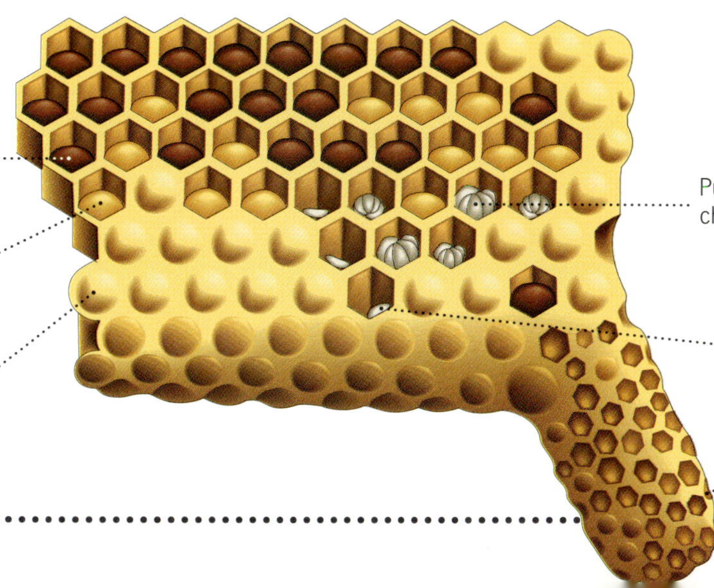

AMPHIBIEN[F]
AMPHIBIANS

Frosch[M]
frog

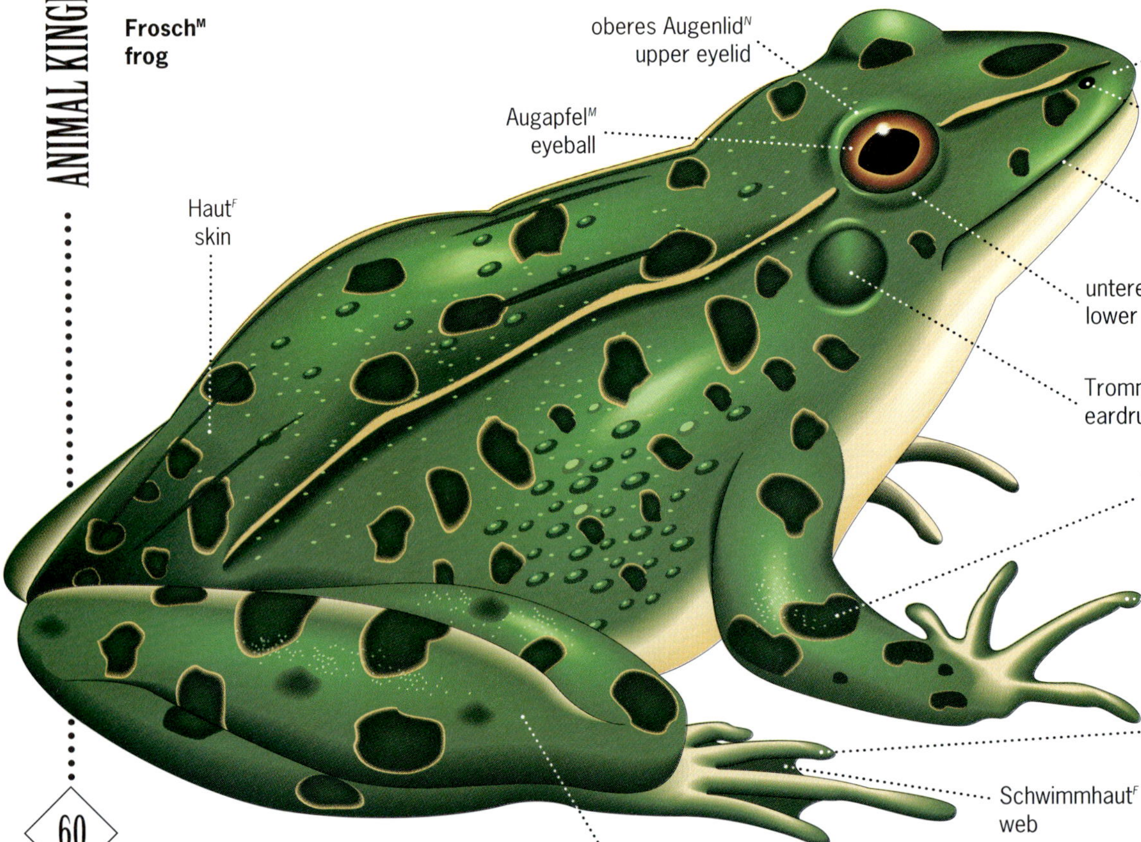

LEBENSZYKLUS[M] EINES FROSCHES[M]
LIFE CYCLE OF THE FROG

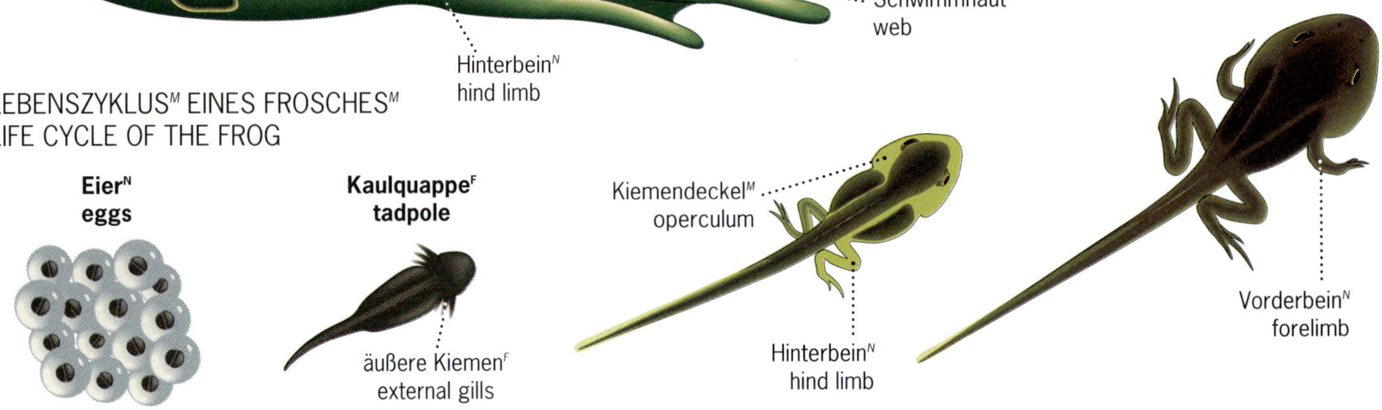

DIE WICHTIGSTEN AMPHIBIEN[F]
MAJOR AMPHIBIANS

Laubfrosch[M]
tree frog

Kröte[F]
toad

Salamander[M]
salamander

KREBSTIERE[N]
CRUSTACEANS

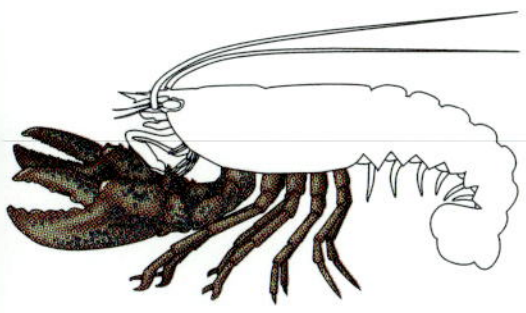
Brustbeine[N]
thoracic legs

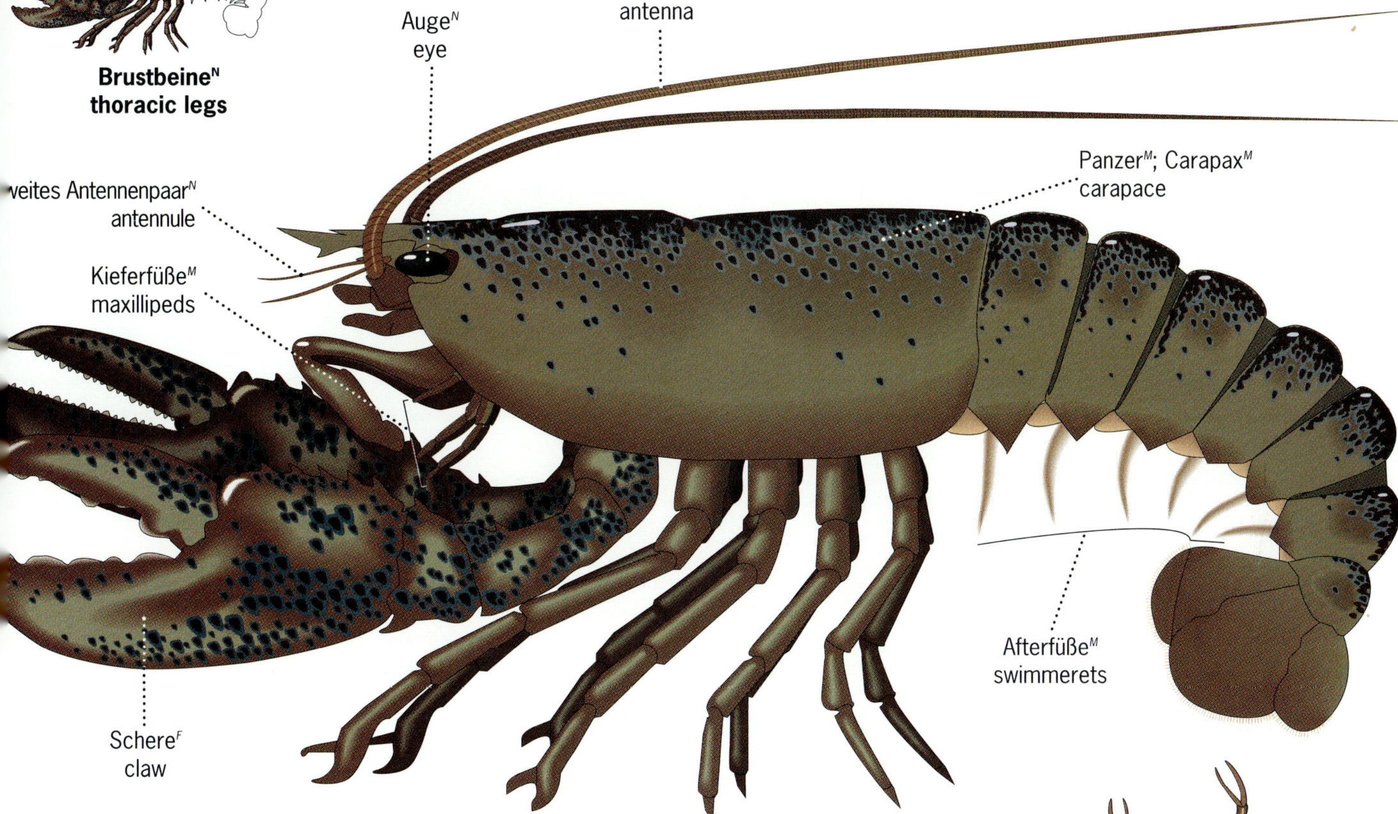

Hummer[M]
lobster

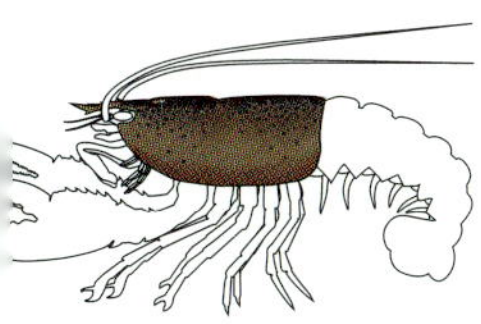
Kopfbruststück[N]
cephalothorax

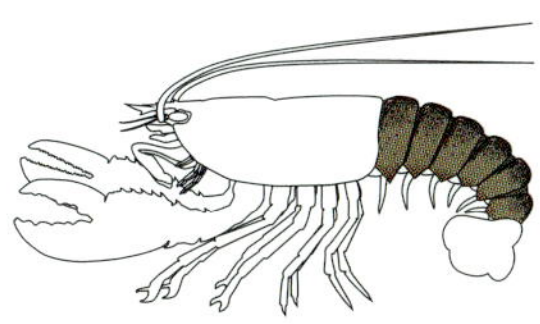
Hinterleib[M]
abdomen

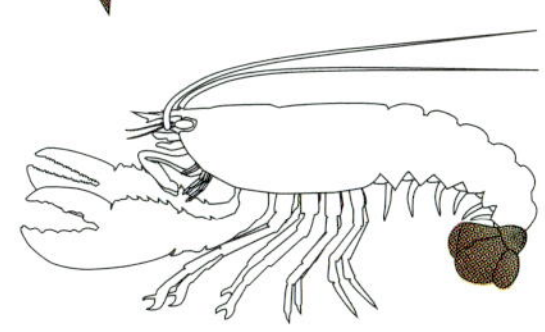
Schwanz[M]
tail

DIE WICHTIGSTEN ESSBAREN KREBSTIERE[N]
MAJOR EDIBLE CRUSTACEANS

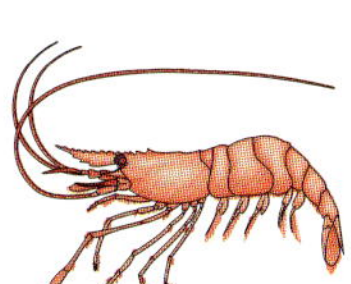
Garnele[F]
prawn

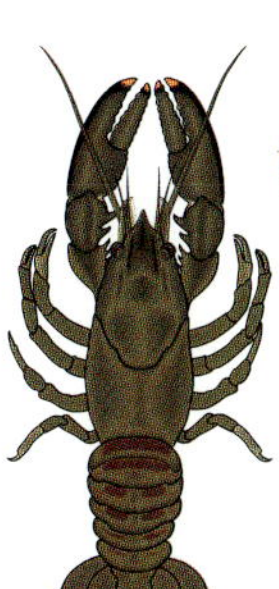
Flußkrebs[M]
crayfish

Krebs[M]
crab

Kaisergranat[M]
scampi

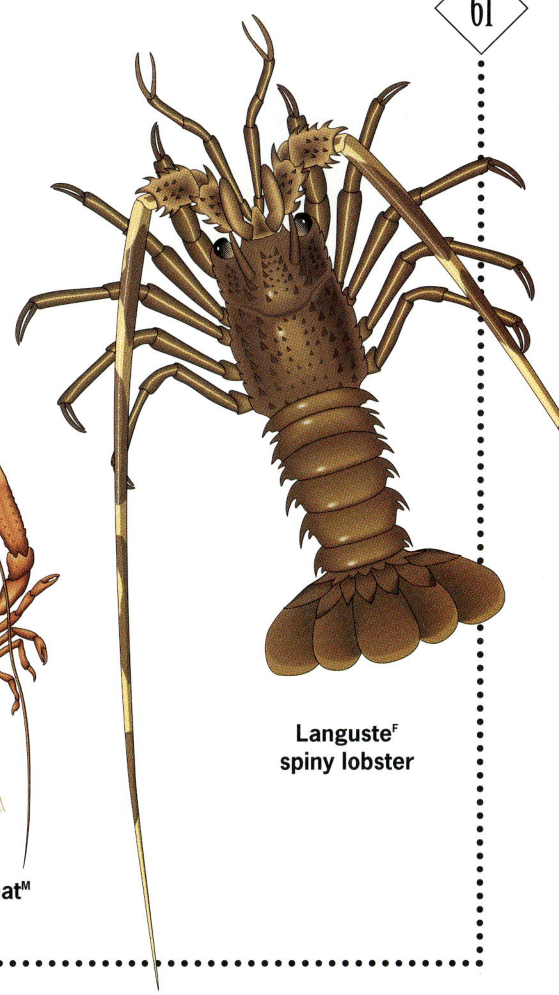
Languste[F]
spiny lobster

FISCHE^M
FISCHES

MORPHOLOGIE^F
MORPHOLOGY

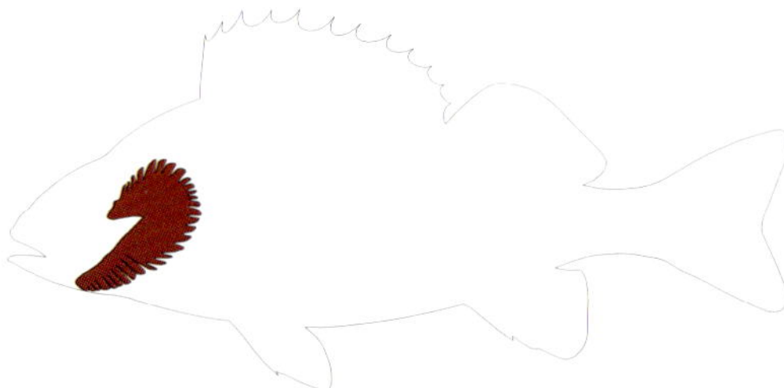

Kiemen^F
gills

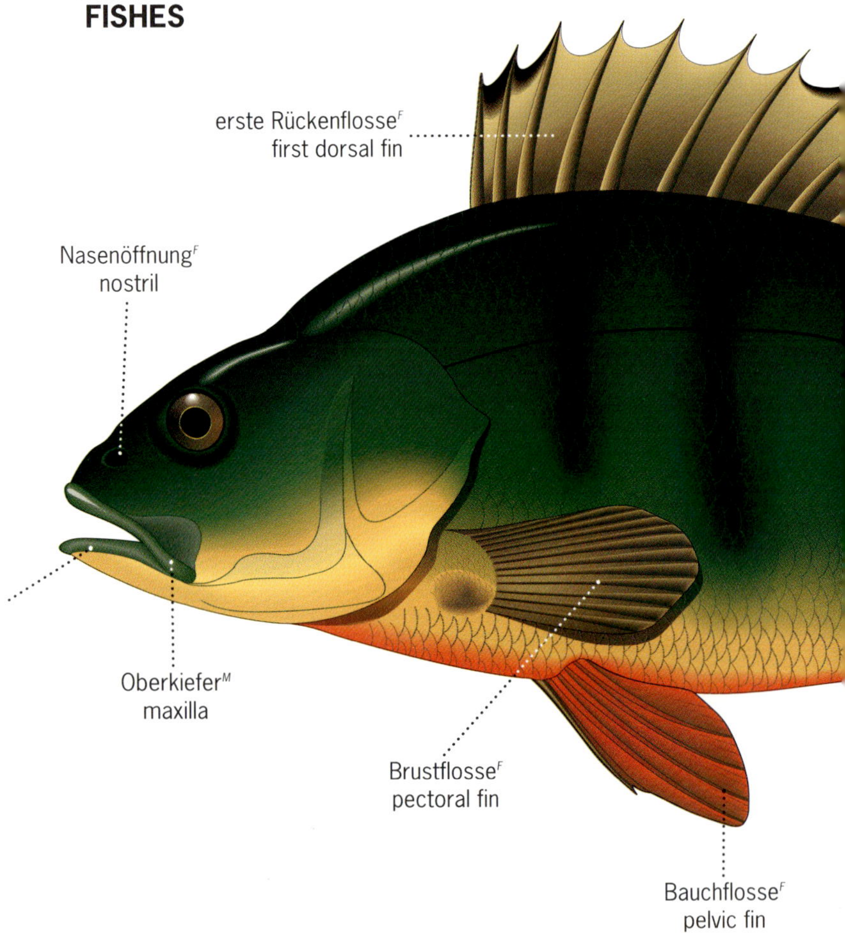

Seepferdchen^N
sea horse

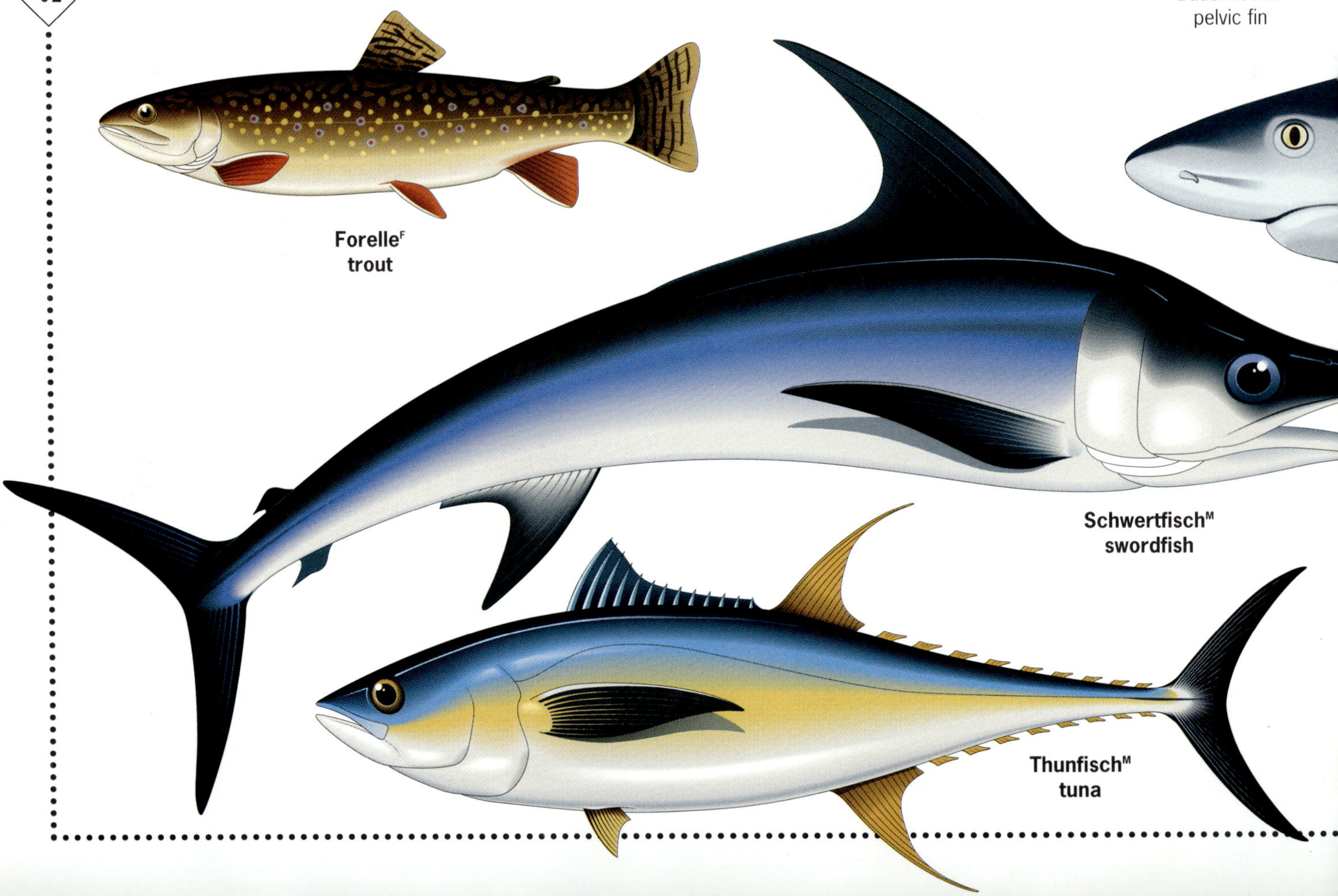

Forelle^F
trout

Schwertfisch^M
swordfish

Thunfisch^M
tuna

Flußaal[M]
eel

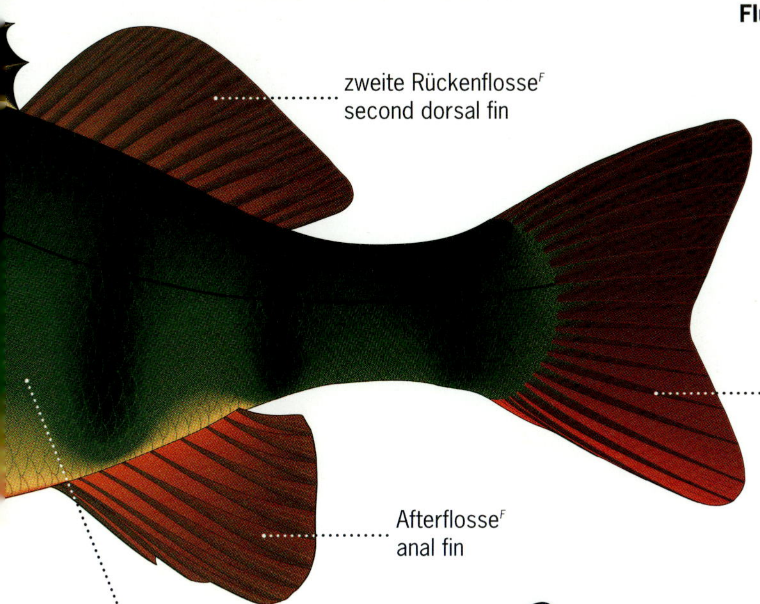

Forellenbarsch[M]
smallmouth bass

Scholle[F]
plaice

Hai[M]
shark

Kabeljau[M]
cod

Hecht[M]
pike

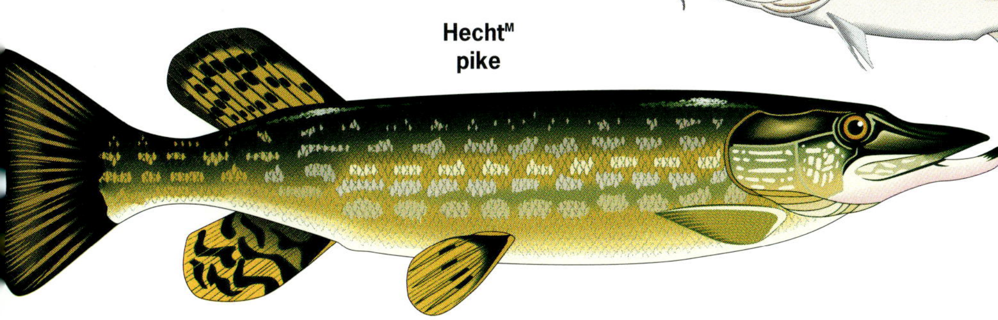

REPTILIEN[N]
REPTILES

Schildkröte[F]
turtle

Panzer[M]
shell

Kopf[M] einer Giftschlange[F]
venomous snake's head

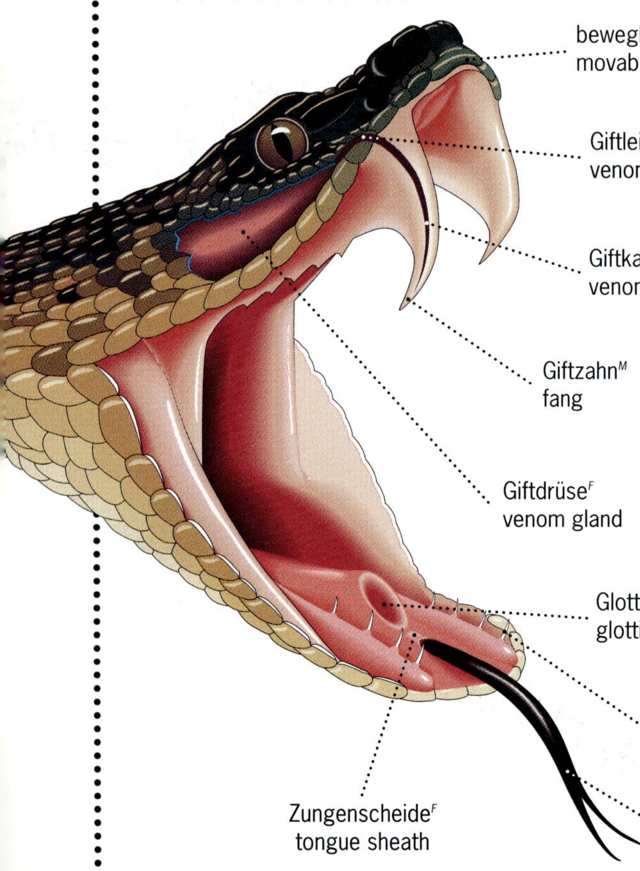

Kobra[F]
cobra

Krokodil[N]
crocodile

Schild[M]
shield
Schwanz[M]
tail
Chamäleon[N]
chameleon
Eidechse[F]
lizard
Klapperschlange[F]
rattlesnake

KATZE[F]
CAT

HUND[M]
DOG

MORPHOLOGIE[F]
MORPHOLOGY

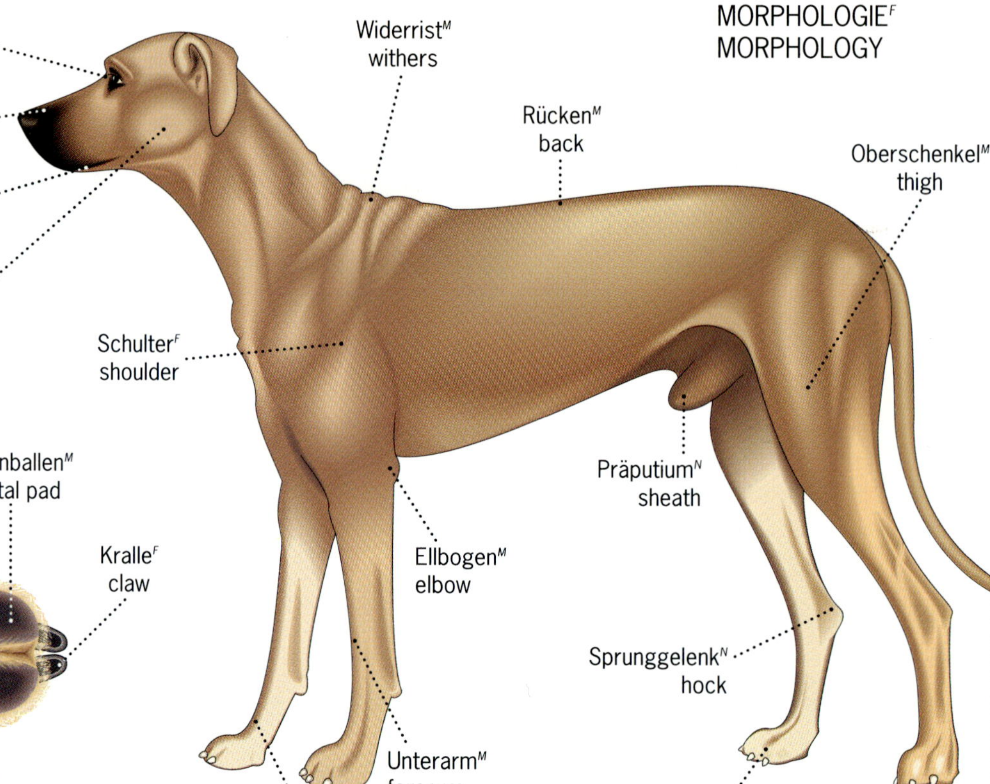

Vorderpfote[F] eines Hundes[M]
dog's forepaw

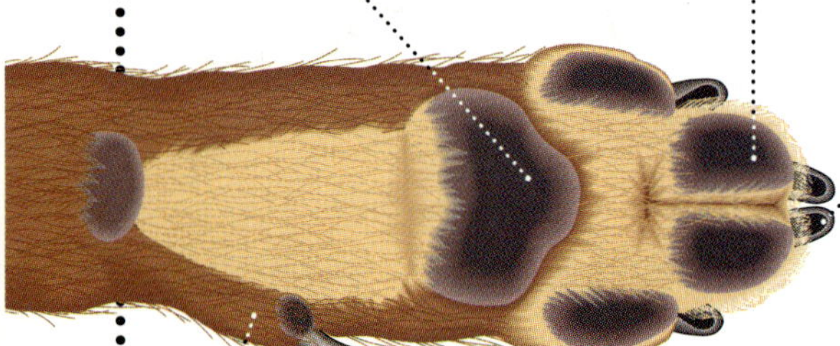

PFERD[N]
HORSE

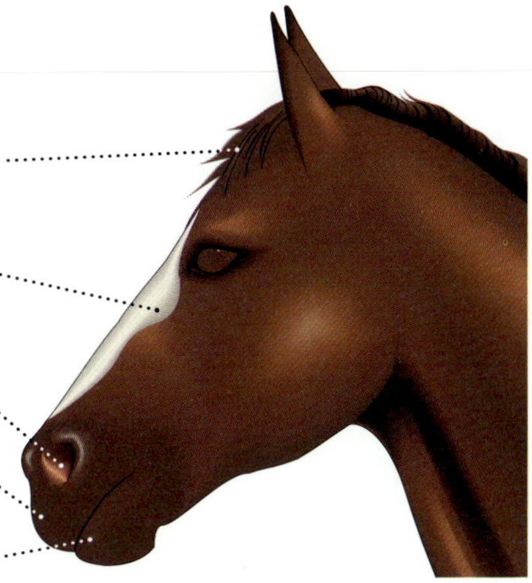

NUTZTIERE[N]
FARM ANIMALS

Henne[F]
hen

Küken[N]
chick

Hahn[M]
rooster; cock

Gans[F]
goose

Ente[F]
duck

Truthahn[M]
turkey

Kuh[F]
cow

Kalb[N]
calf

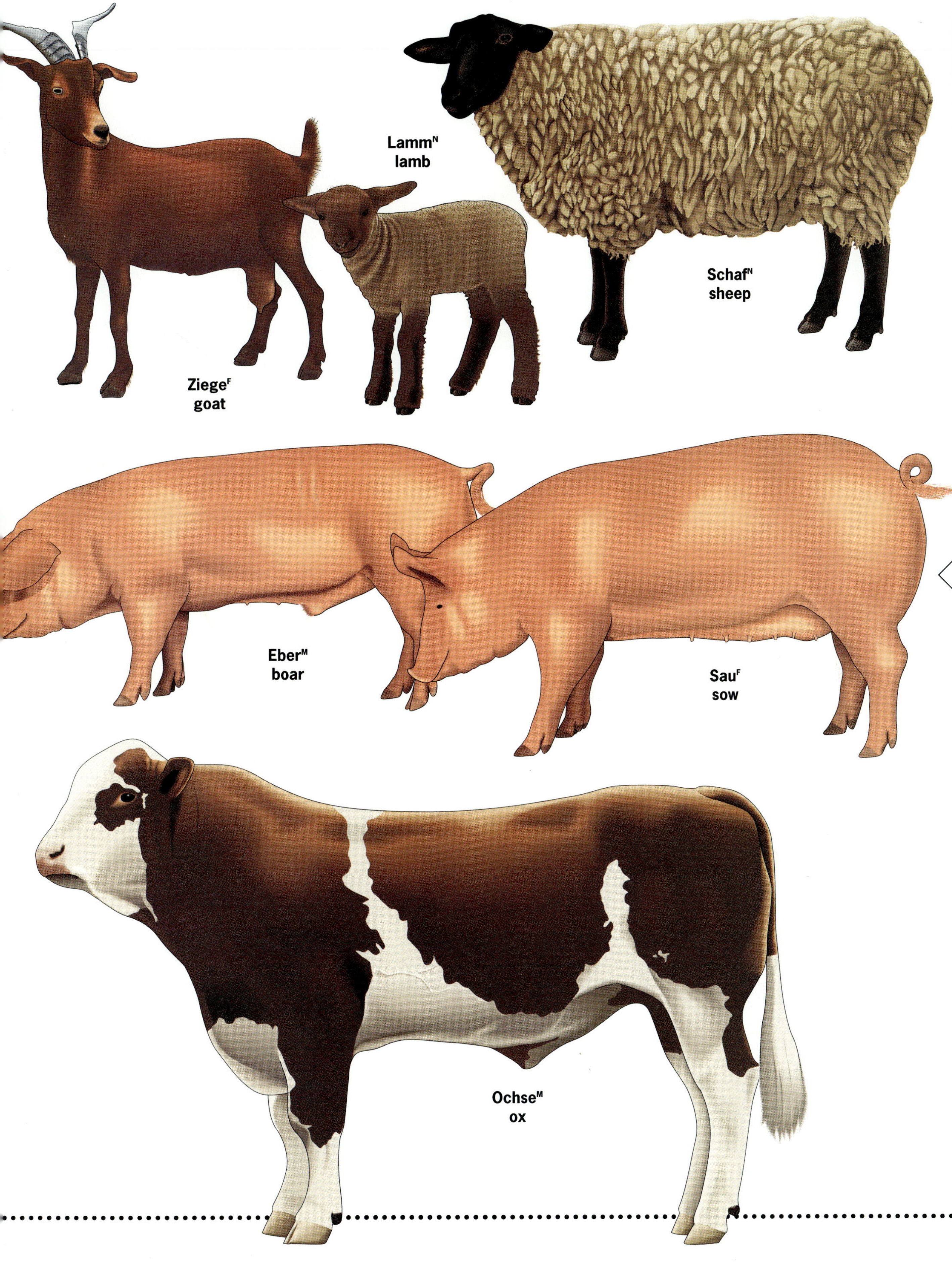
Lamm[N]
lamb
Schaf[N]
sheep
Ziege[F]
goat
Eber[M]
boar
Sau[F]
sow
Ochse[M]
ox

GEBISSARTEN[F]
TYPES OF JAWS

Nagetiergebiß[N]
rodent's jaw

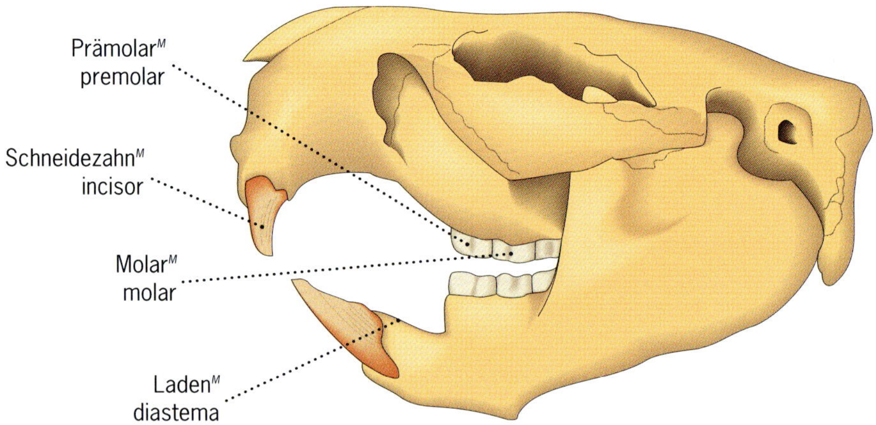

Biber[M]
beaver

Fleischfressergebiß[N]
carnivore's jaw

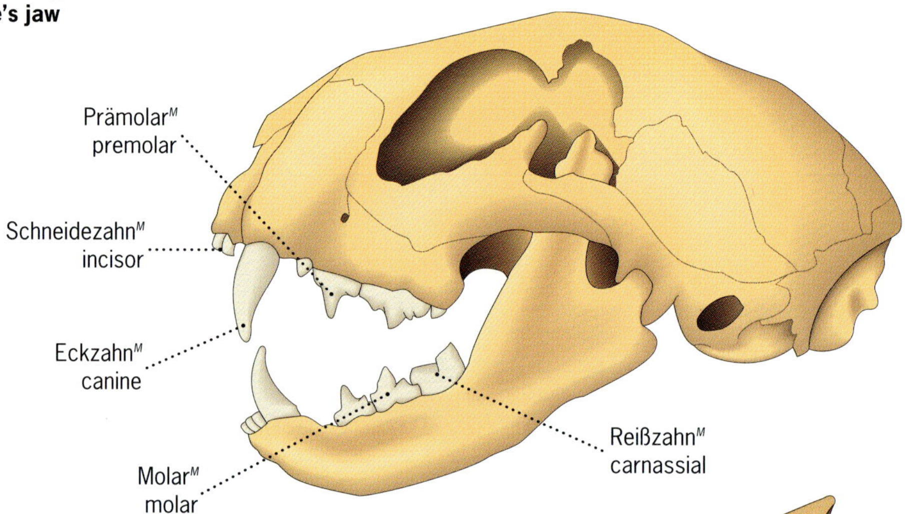

Löwe[M]
lion

Pflanzenfressergebiß[N]
herbivore's jaw

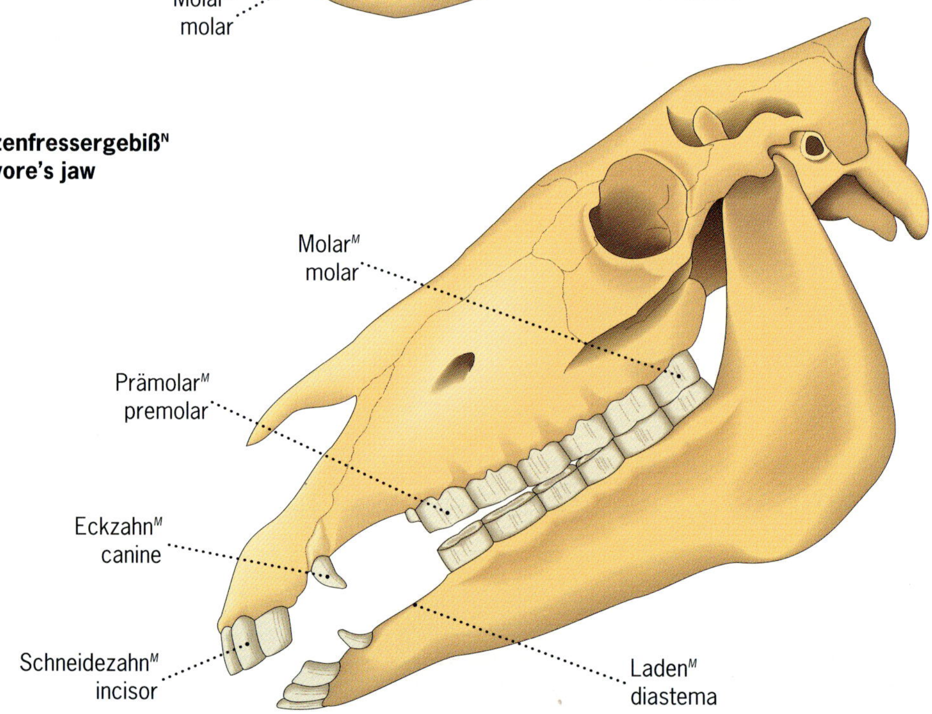

Pferd[N]
horse

DIE WICHTIGSTEN HORNARTEN[F]
MAJOR TYPES OF HORNS

Hörner[N] eines Mufflons[M]
horns of mouflon

Hörner[N] einer Giraffe[F]
horns of giraffe

Hörner[N] eines Nashorns[N]
horns of rhinoceros

DIE WICHTIGSTEN STOSSZÄHNE[M]
MAJOR TYPES OF TUSKS

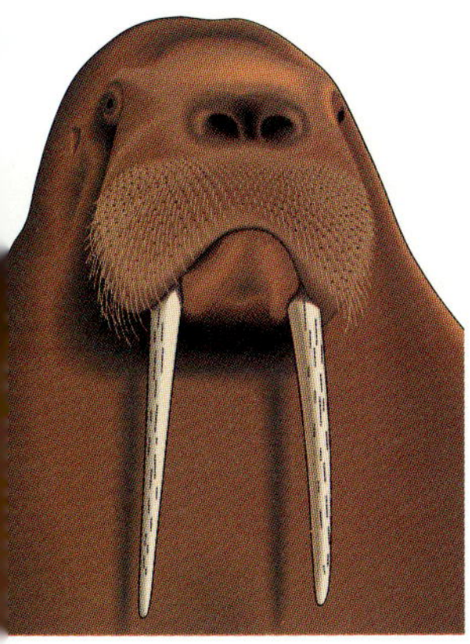

ckzähne[M] eines Walrosses[N]
tusks of walrus

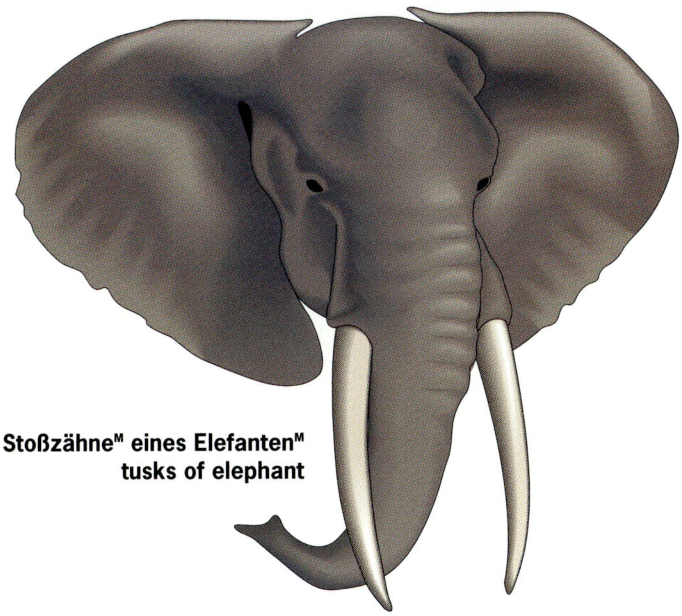

Stoßzähne[M] eines Elefanten[M]
tusks of elephant

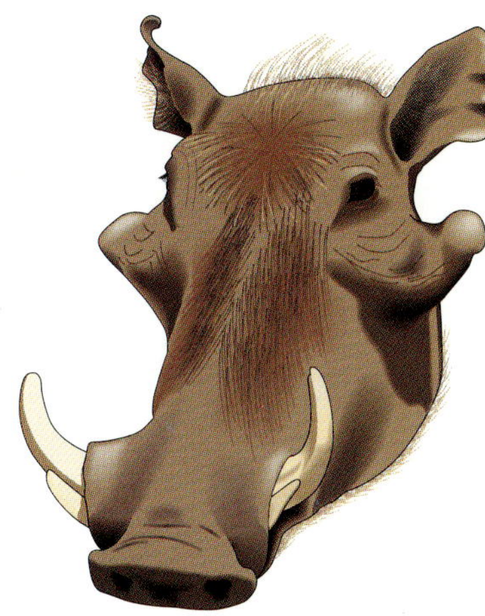

Hauer[M] eines Warzenschweins[N]
tusks of wart hog

HUFARTEN[F]
TYPES OF HOOFS

Ein-Zehenhuf[M]
one-toe hoof

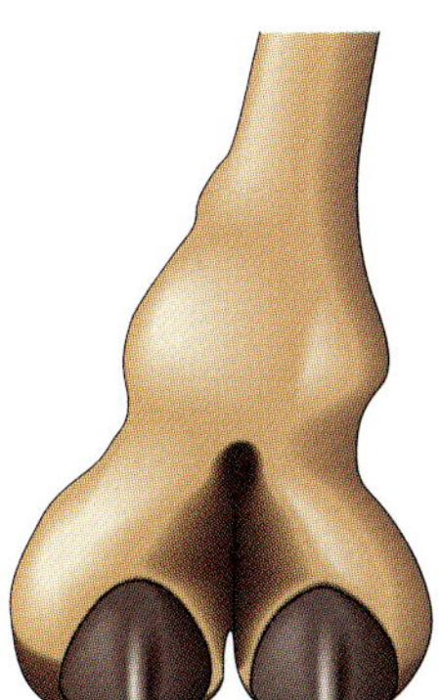

Zwei-Zehenhuf[M]
two-toed hoof

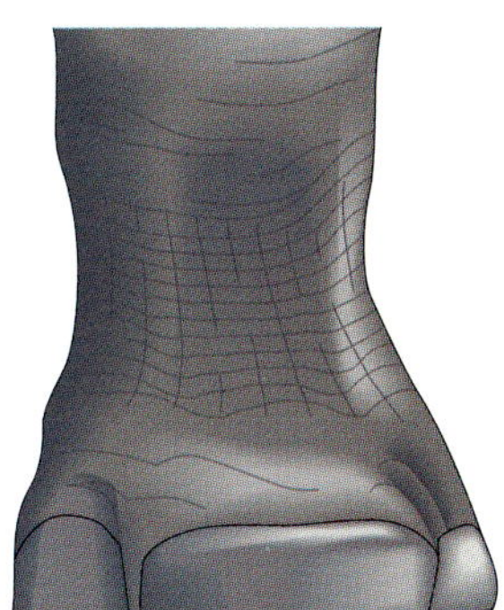

Drei-Zehenhuf[M]
three-toed hoof

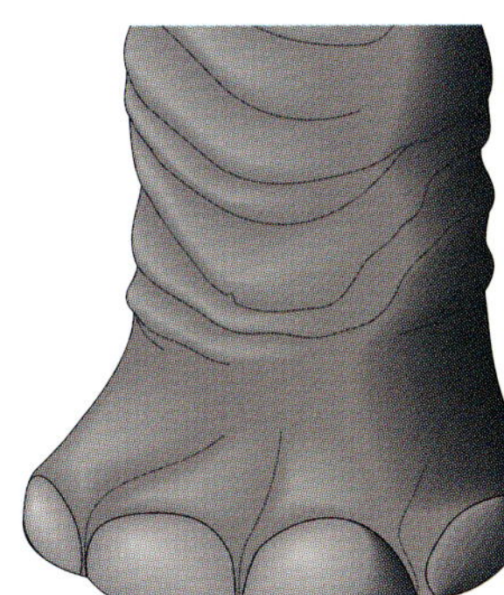

Vier-Zehenhuf[M]
four-toed hoof

WILDLEBENDE TIERE^N
WILD ANIMALS

Eisbär^M
polar bear

Giraffe^F
giraffe

Affe^M
monkey

Löwe^M
lion

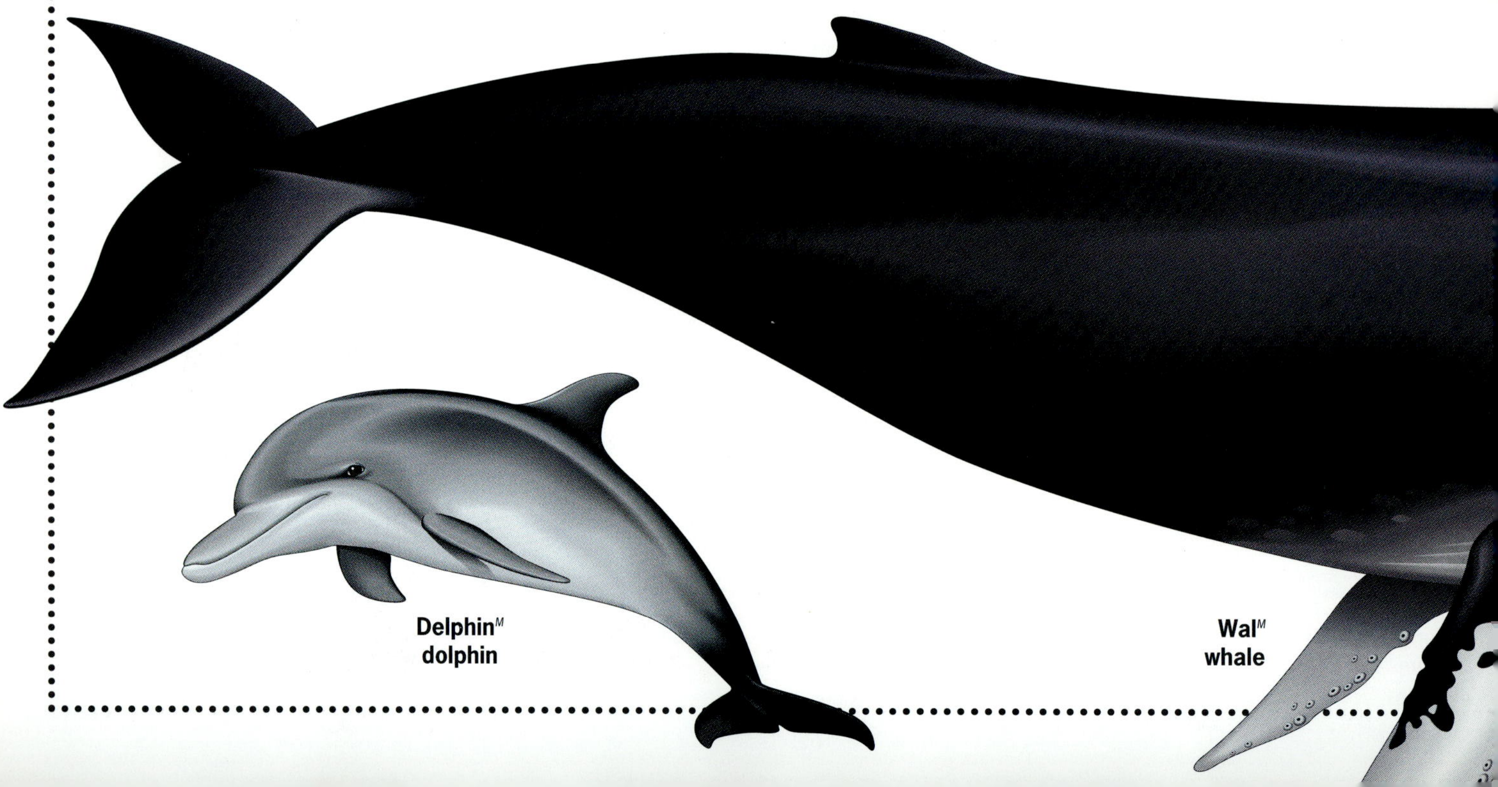

Wal^M
whale

Delphin^M
dolphin

Känguruh[N]
kangaroo

Elefant[M]
elephant

Dromedar[N]
dromedary; Arabian camel

Zebra[N]
zebra

Hirsch[M]
white-tailed deer

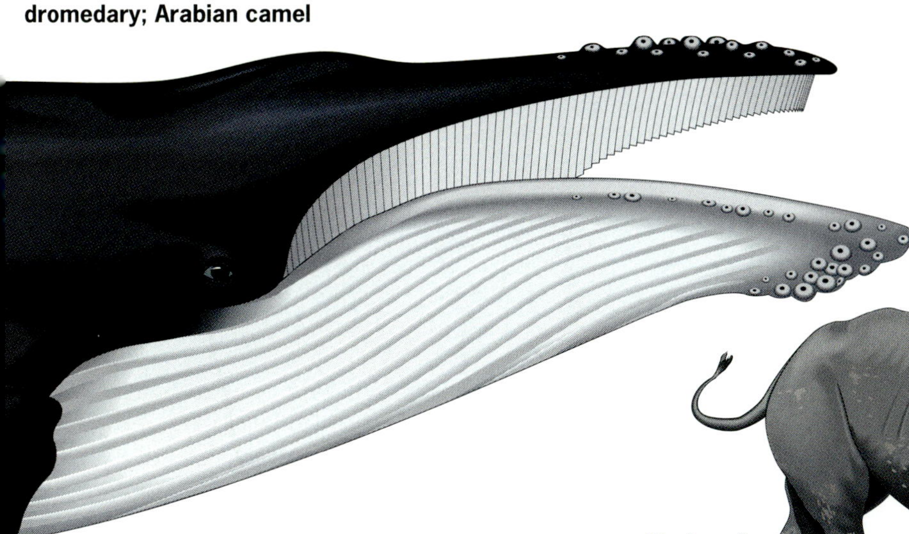

Nashorn[N]
rhinoceros

VOGEL[M]
BIRD

WICHTIGSTE SCHNABELARTEN[F]
PRINCIPAL TYPES OF BILLS

Wasservogel[M]
aquatic bird

Insektenfresser[M]
insectivorous bird

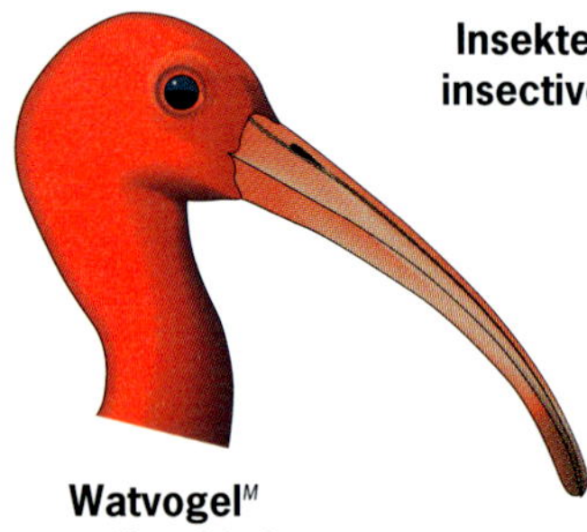

Watvogel[M]
wading bird

Körnerfresser[M]
granivorous bird

Raubvogel[M]
bird of prey

DIE WICHTIGSTEN FUSSFORMEN[F]
PRINCIPAL TYPES OF FEET

Raubvogel[M]
bird of prey

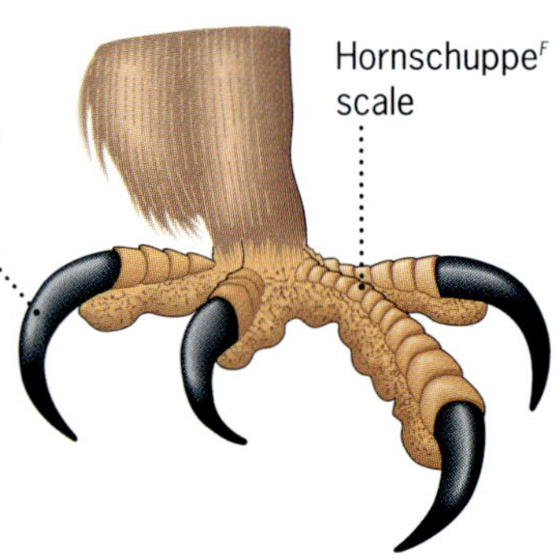

Wasservogel[M]
aquatic bird

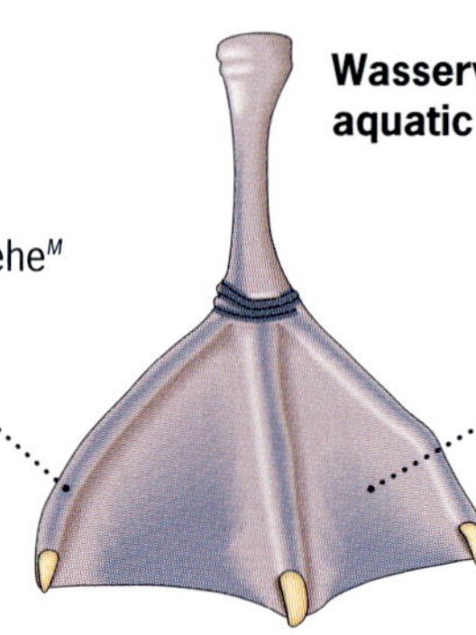

Wasservogel[M]
aquatic bird

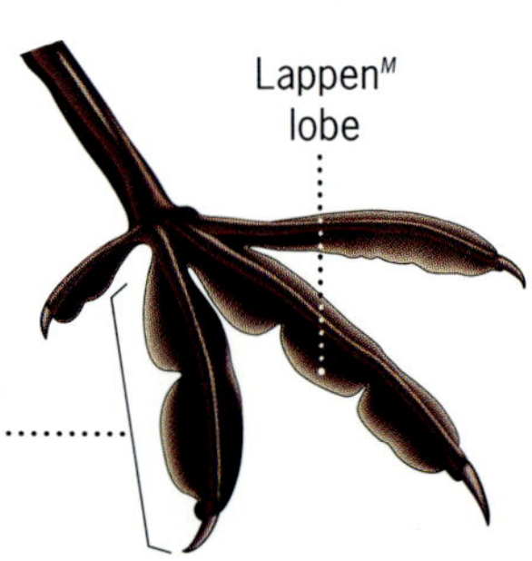

Baumvogel[M]
perching bird

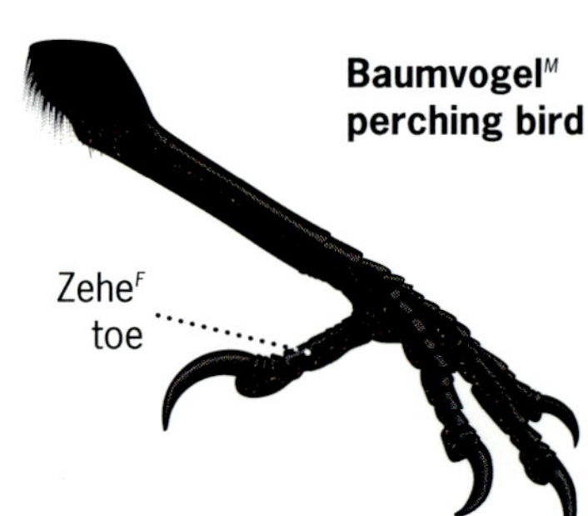

MORPHOLOGIE[F]
MORPHOLOGY

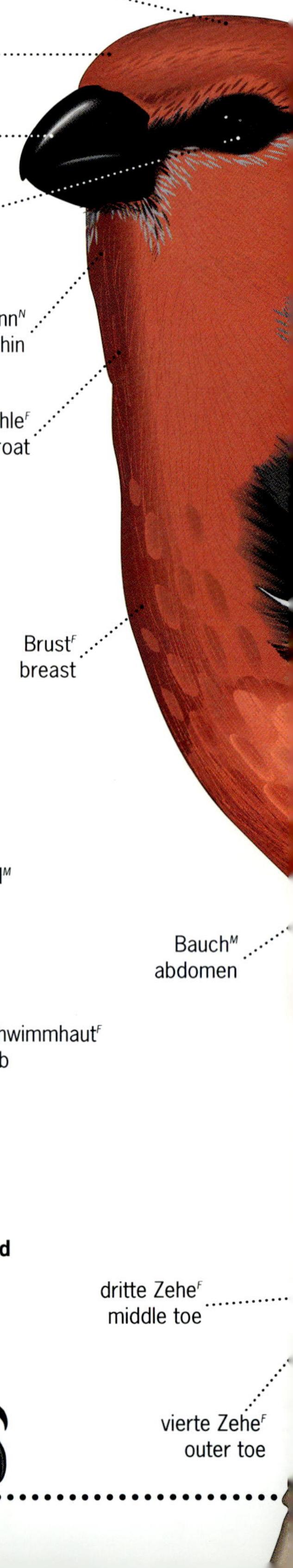

Vogelnest[N]
bird's nest

Vogelhäuschen[N]
birdhouse

Vogelfütterer[M]
bird feeder

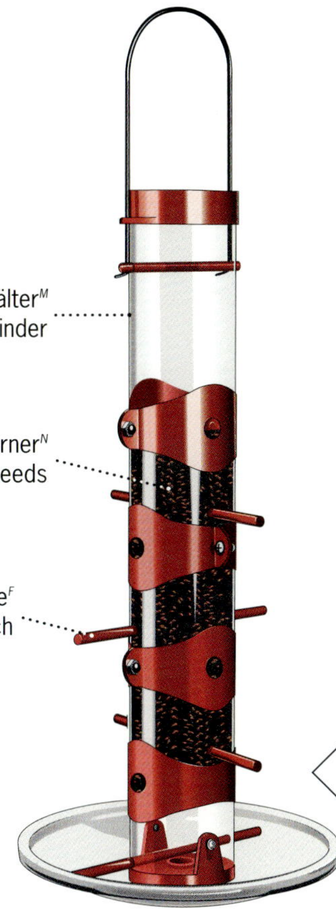

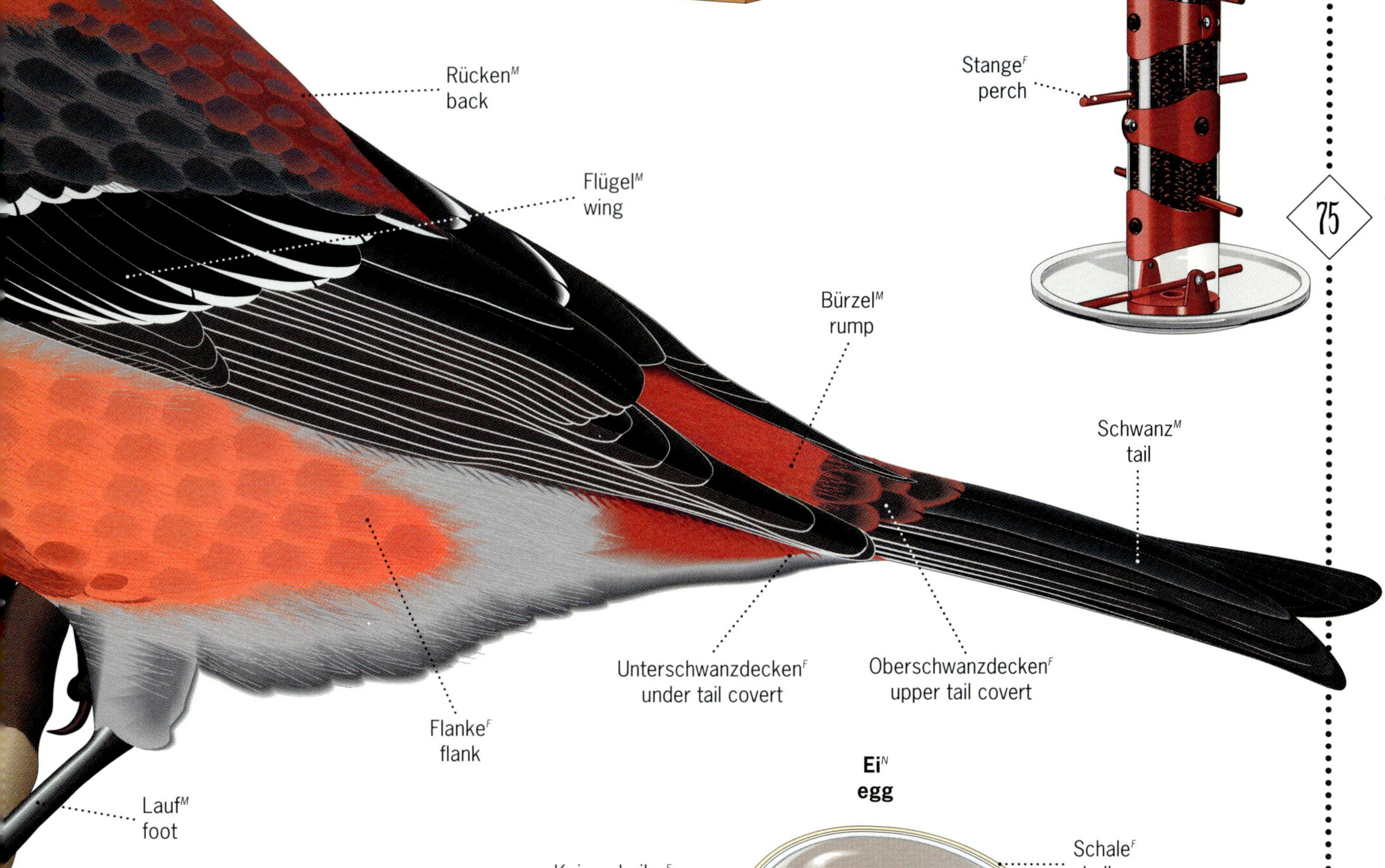

Ei[N]
egg

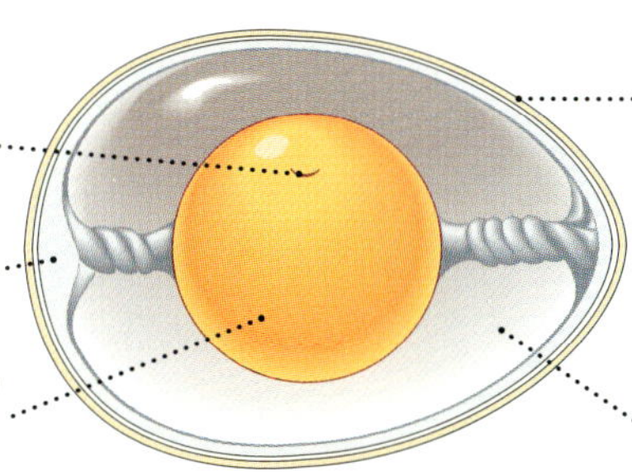

VERSCHIEDENE VOGELARTEN[F]
EXAMPLES OF BIRDS

Rotkehlchen[N]
robin

Blauhäher[M]
blue jay

Kolibri[M]
hummingbird

Nachtigall[F]
nightingale

Eule[F]
owl

Pfau[M]
peacock

MENSCHLICHER KÖRPER[M], VORDERANSICHT[F]
HUMAN BODY, ANTERIOR VIEW

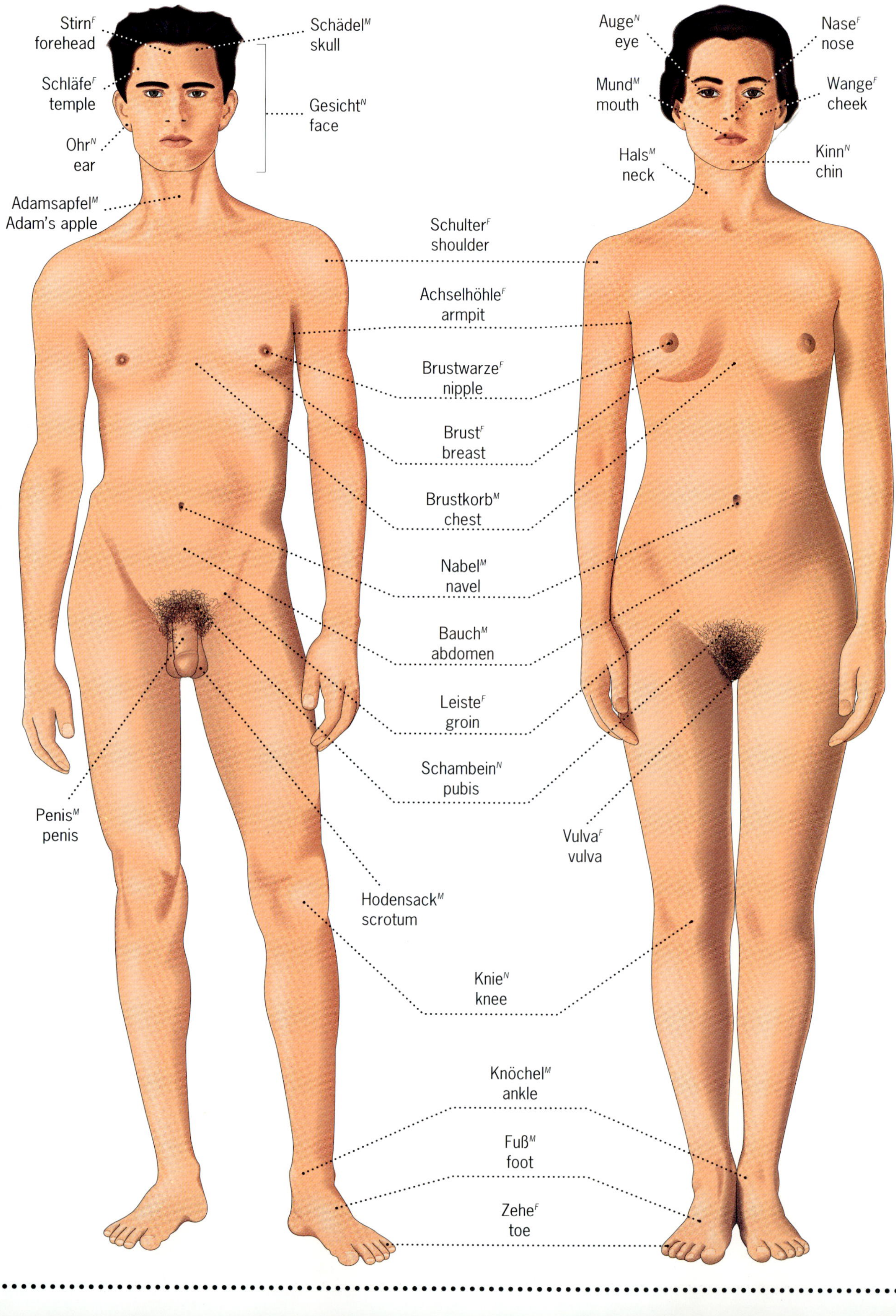

MENSCHLICHER KÖRPER^{M}, RÜCKENANSICHT^{F}
HUMAN BODY, POSTERIOR VIEW

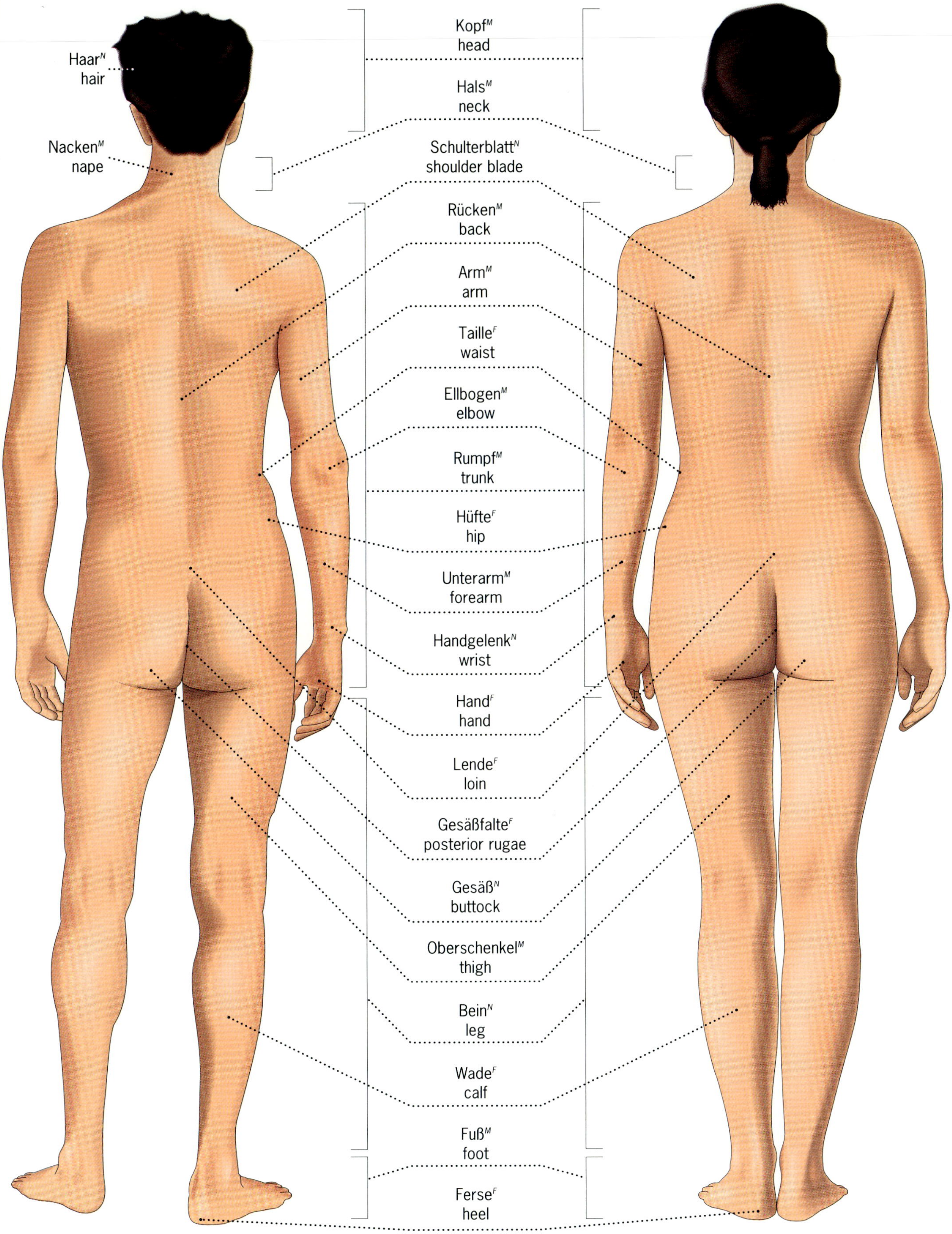

SKELETT^N
SKELETON

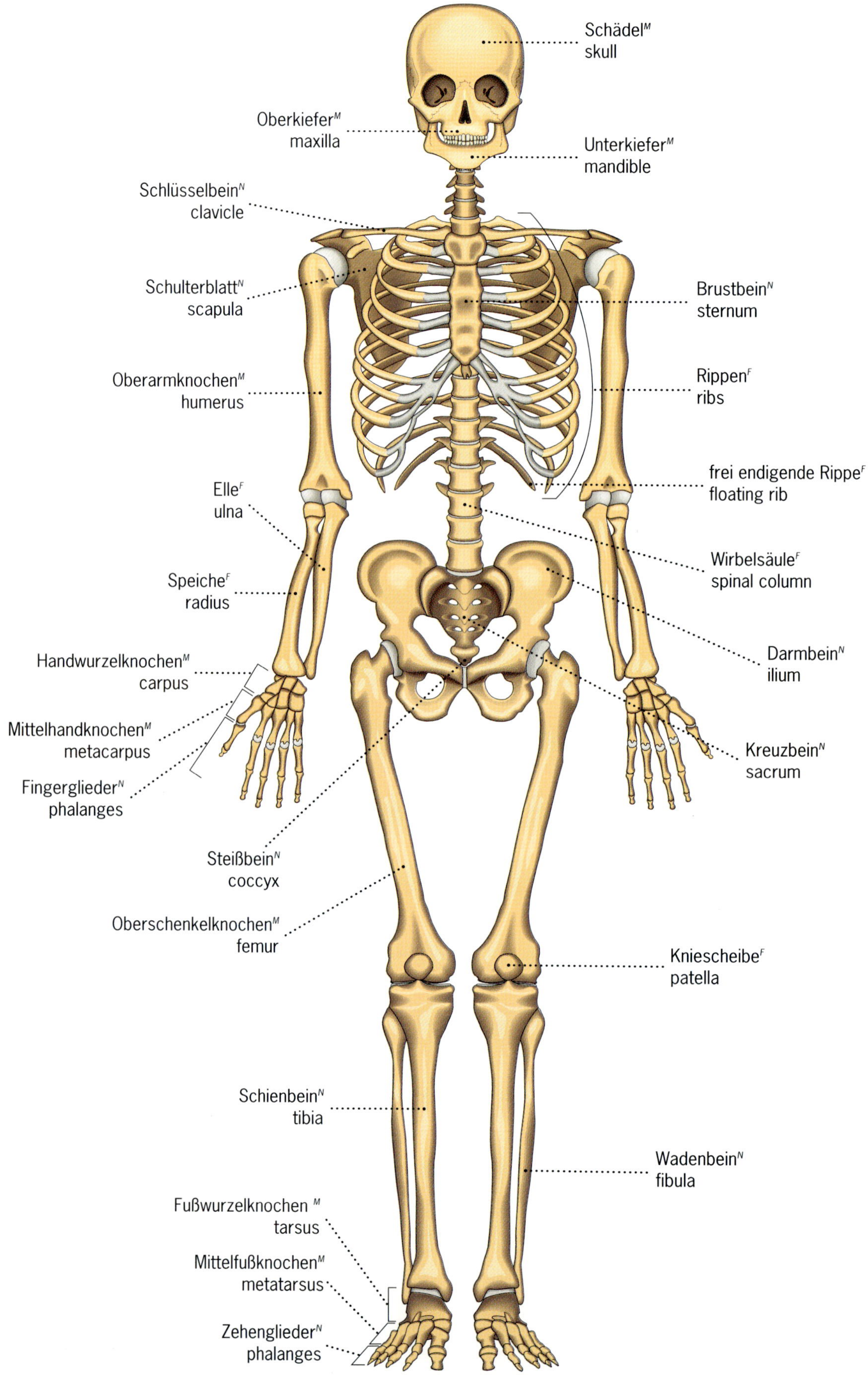

ANATOMIE^F DES MENSCHEN^M
HUMAN ANATOMY

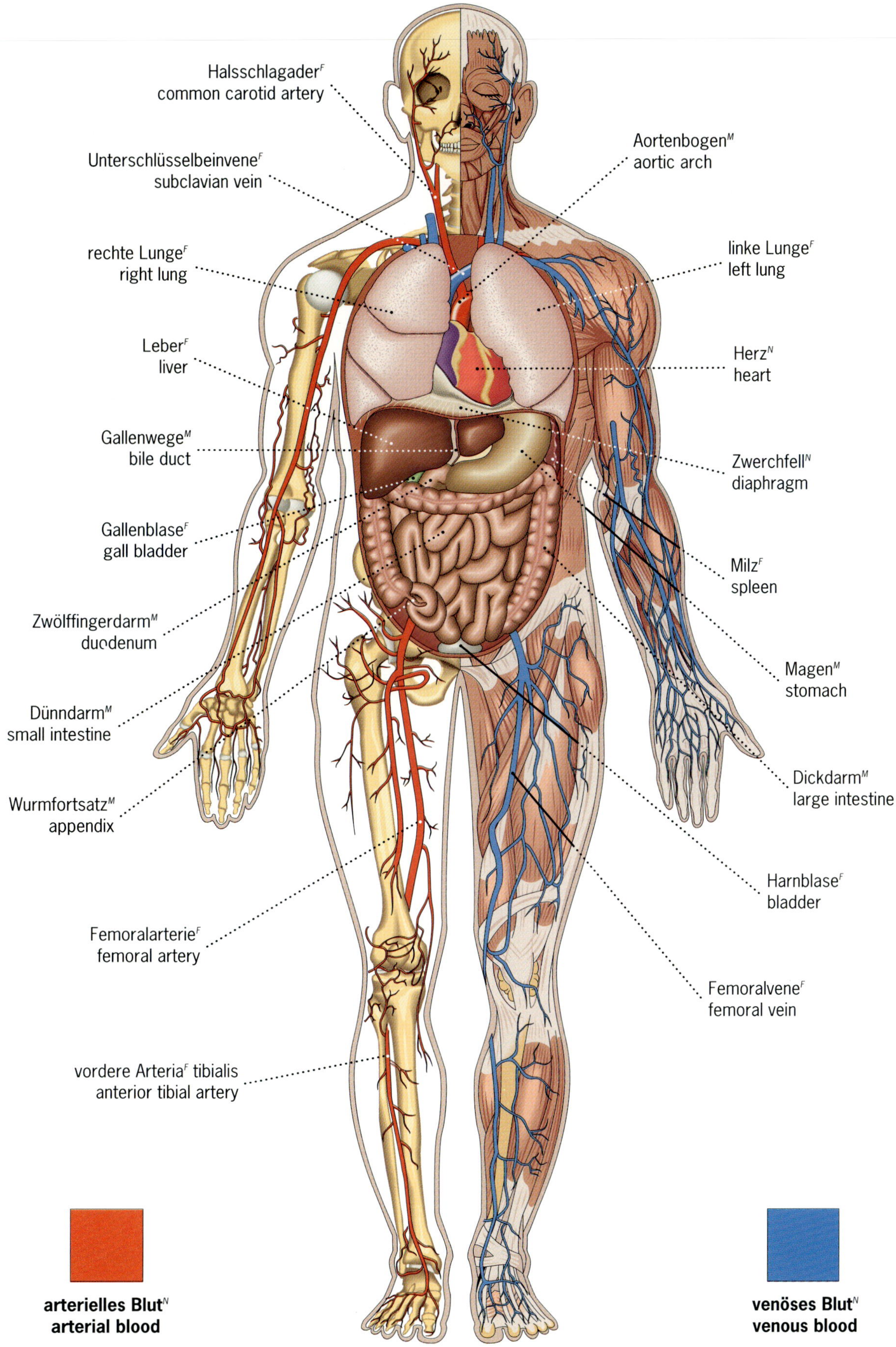

AUGE^N: DAS SEHORGAN^N
EYE: THE ORGAN OF SIGHT

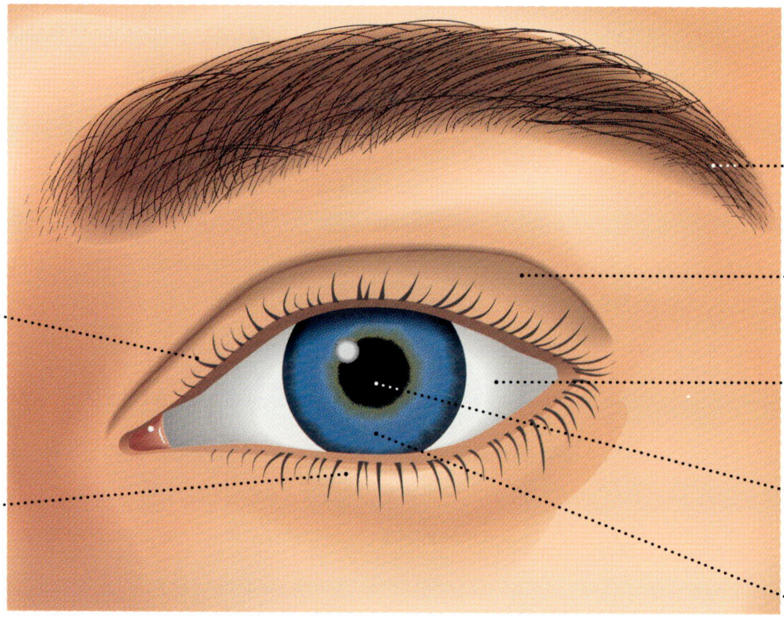

HAND^F: DAS TASTORGAN^N
HAND: THE ORGAN OF TOUCH

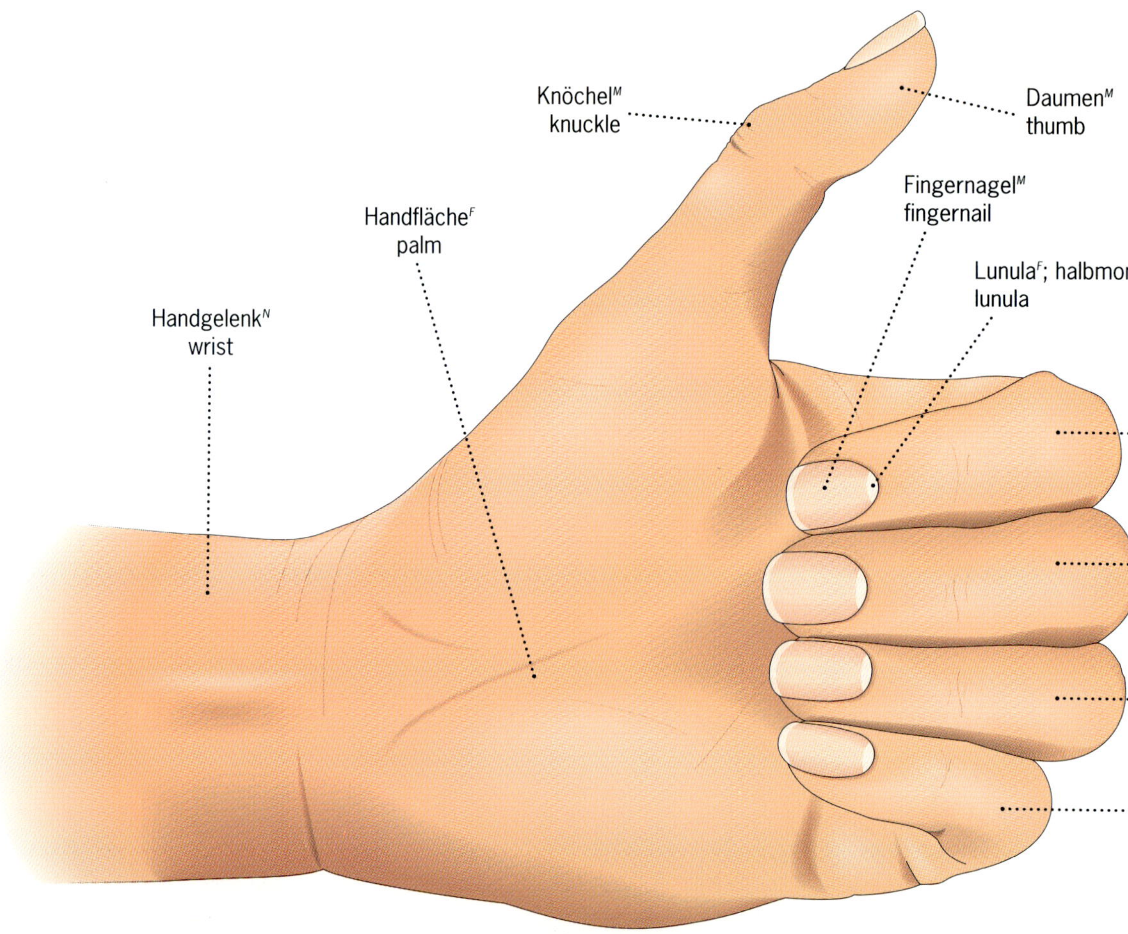

OHR^N: DAS HÖRORGAN^N
EAR: THE ORGAN OF HEARING

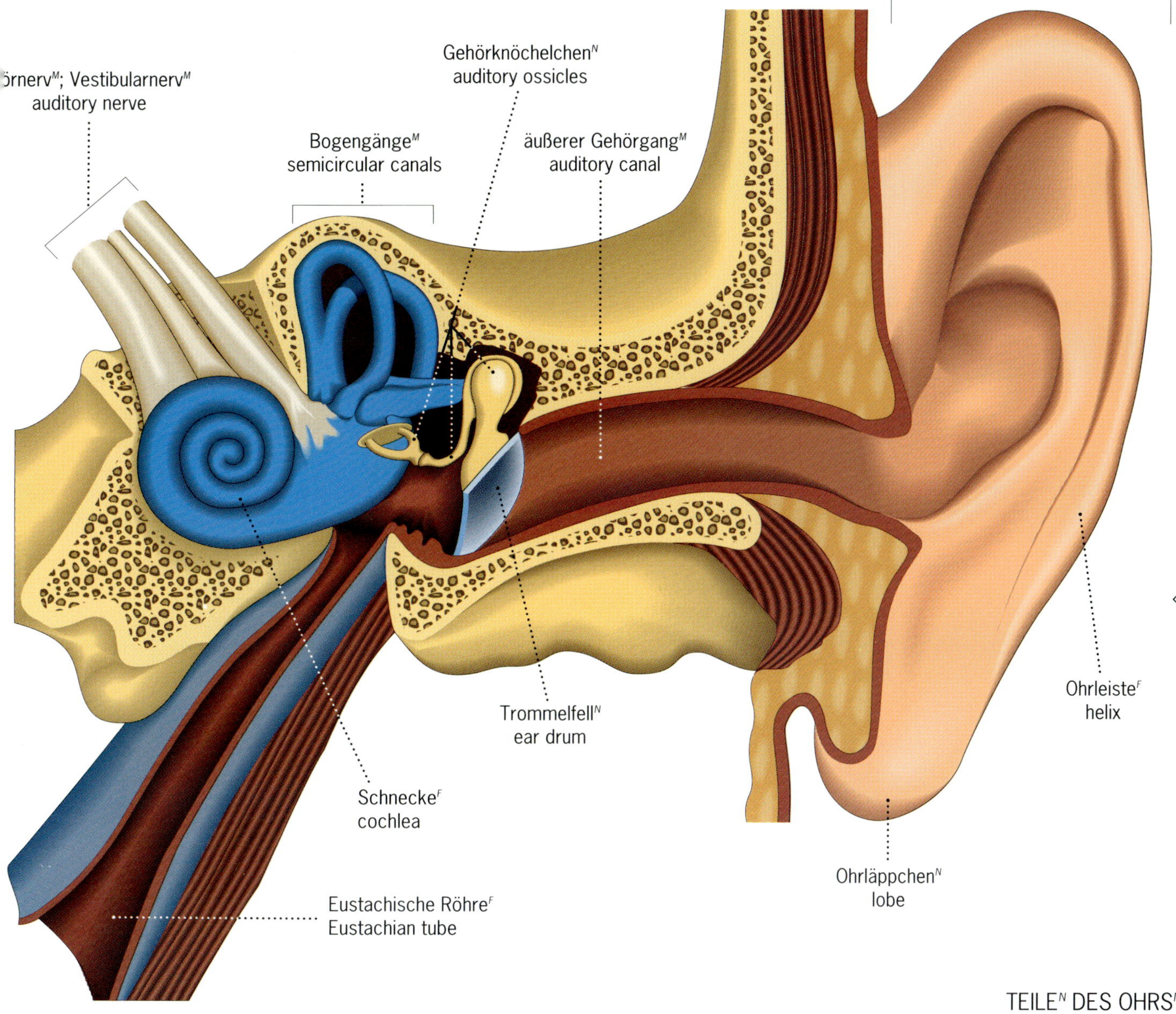

TEILE^N DES OHRS^N
PARTS OF THE EAR

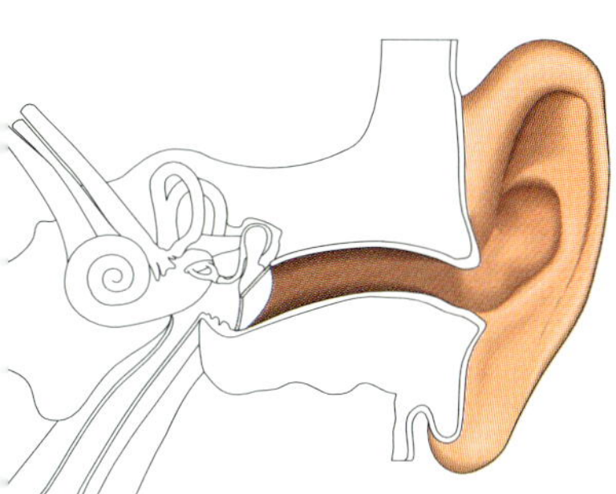

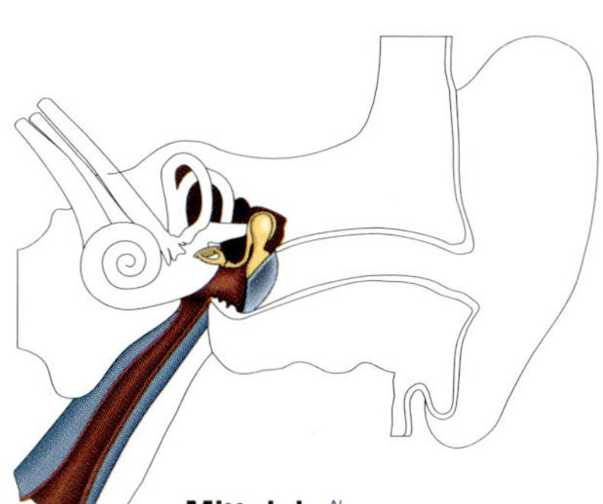

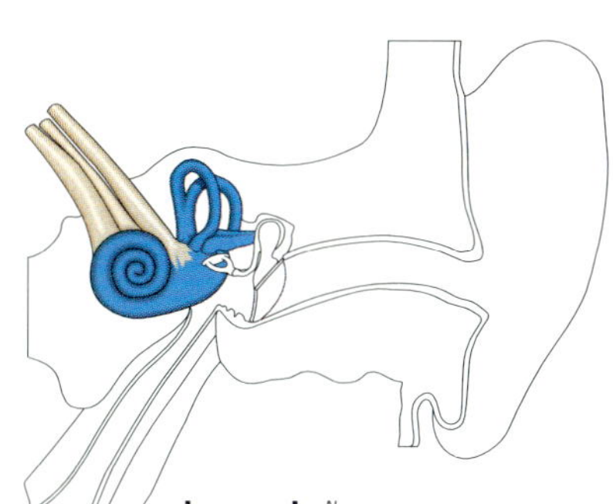

NASE[F]: DAS RIECHORGAN[N]
NOSE: THE ORGAN OF SMELL

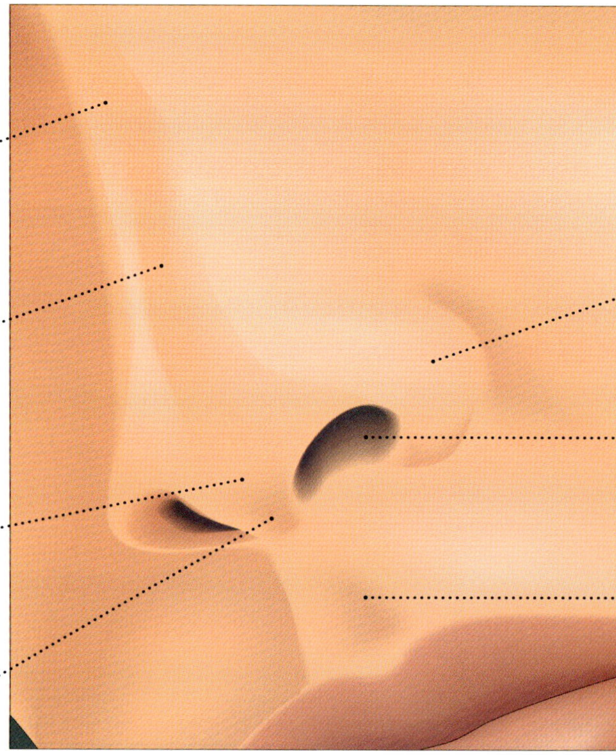

MUND[M]: DAS GESCHMACKSORGAN[N]
MOUTH: THE ORGAN OF TASTE

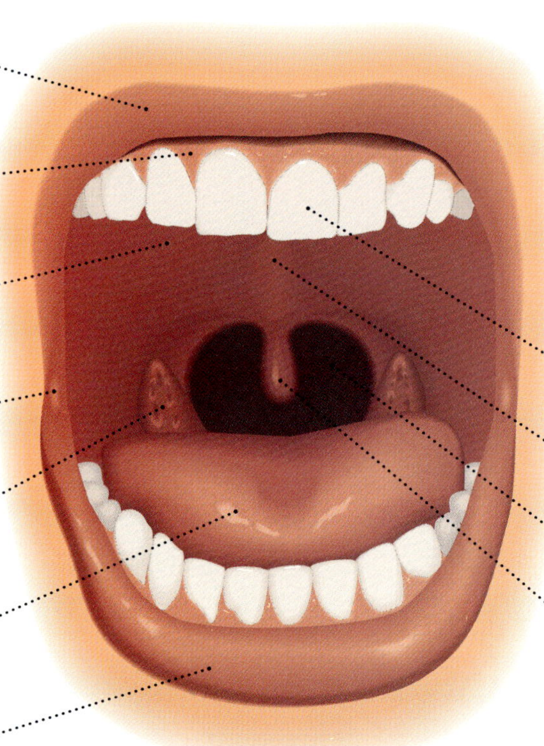

Geschmacksempfindungen[F]
taste sensations

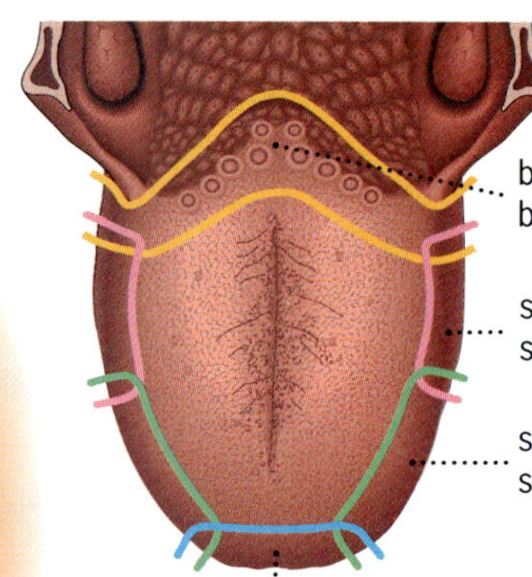

MENSCHLICHES GEBISS^N
HUMAN DENTURE

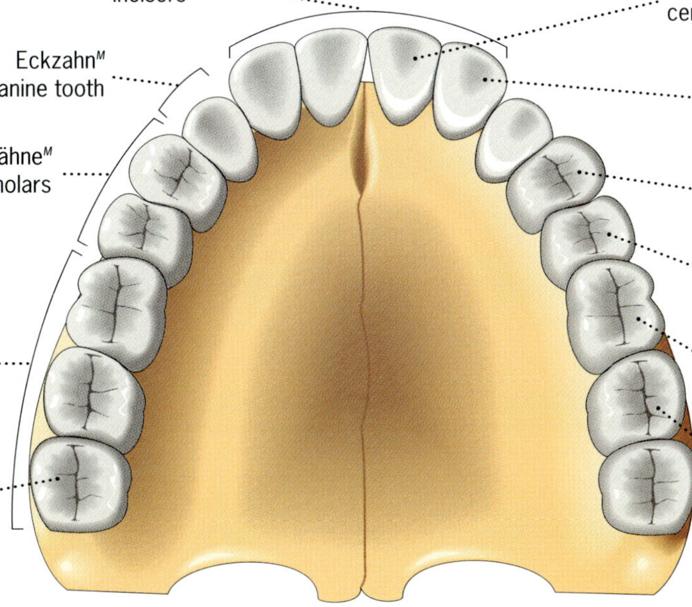

Längsschnitt^M durch einen Mahlzahn^M
cross section of a molar

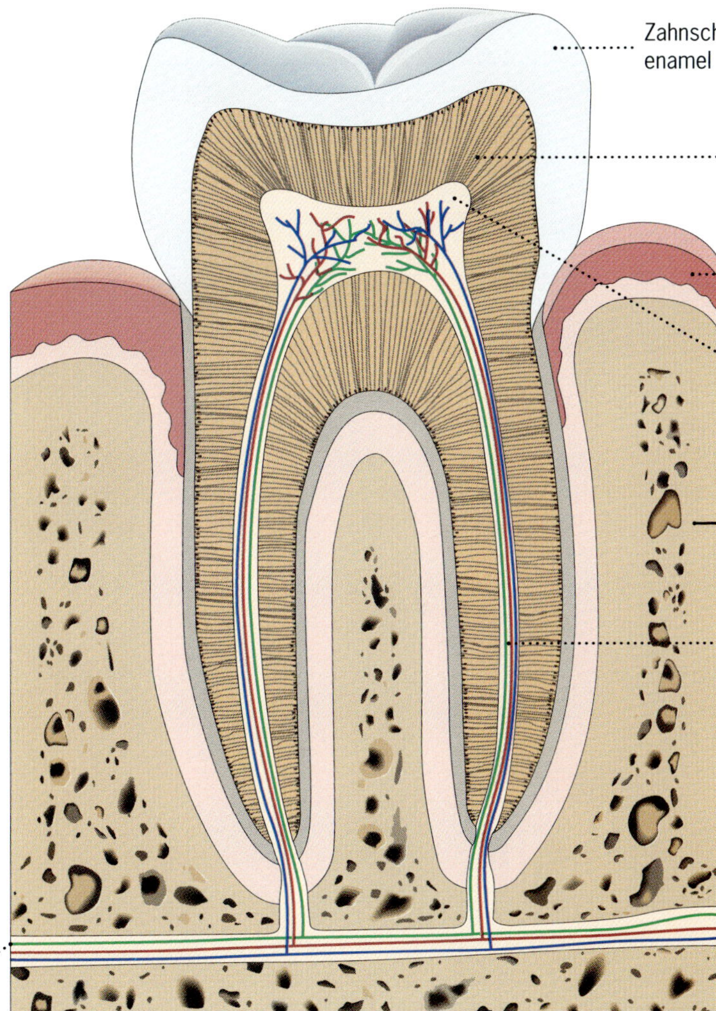

TRADITIONELLE WOHNHÄUSER[N]
TRADITIONAL HOUSES

Iglu[M;N]
igloo

Wigwam[M]
wigwam

Blockhaus[N]
log cabin

Lehmhütte[F]
mud hut

Pfahlbau[M]
house on stilts

Tipi[N]
tepee

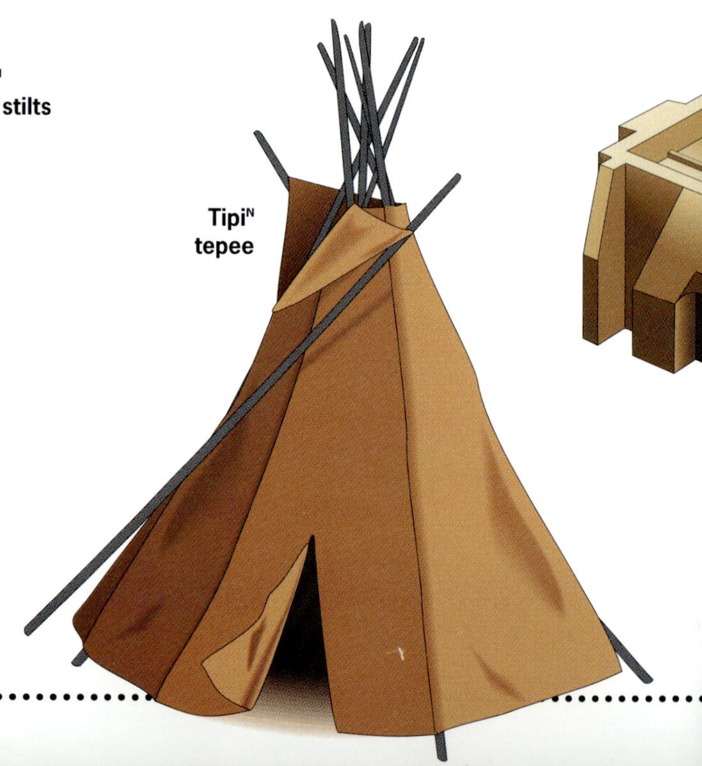

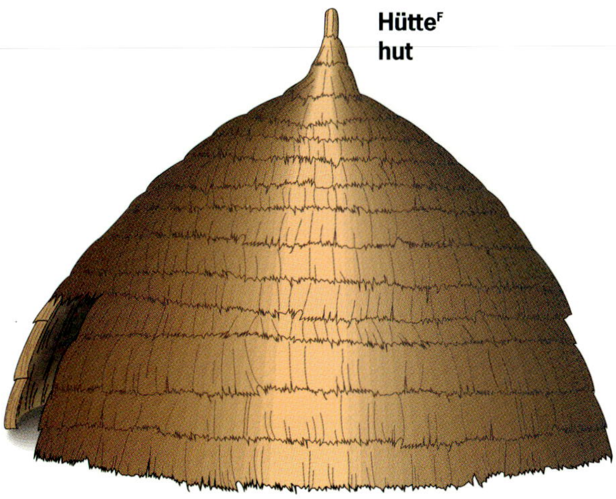

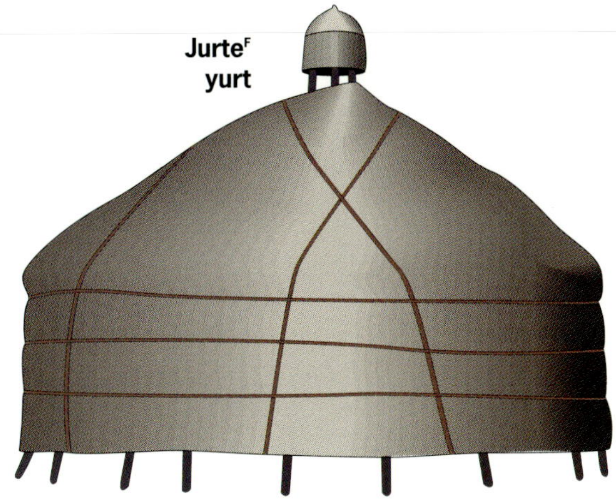

MOSCHEE[F]
MOSQUE

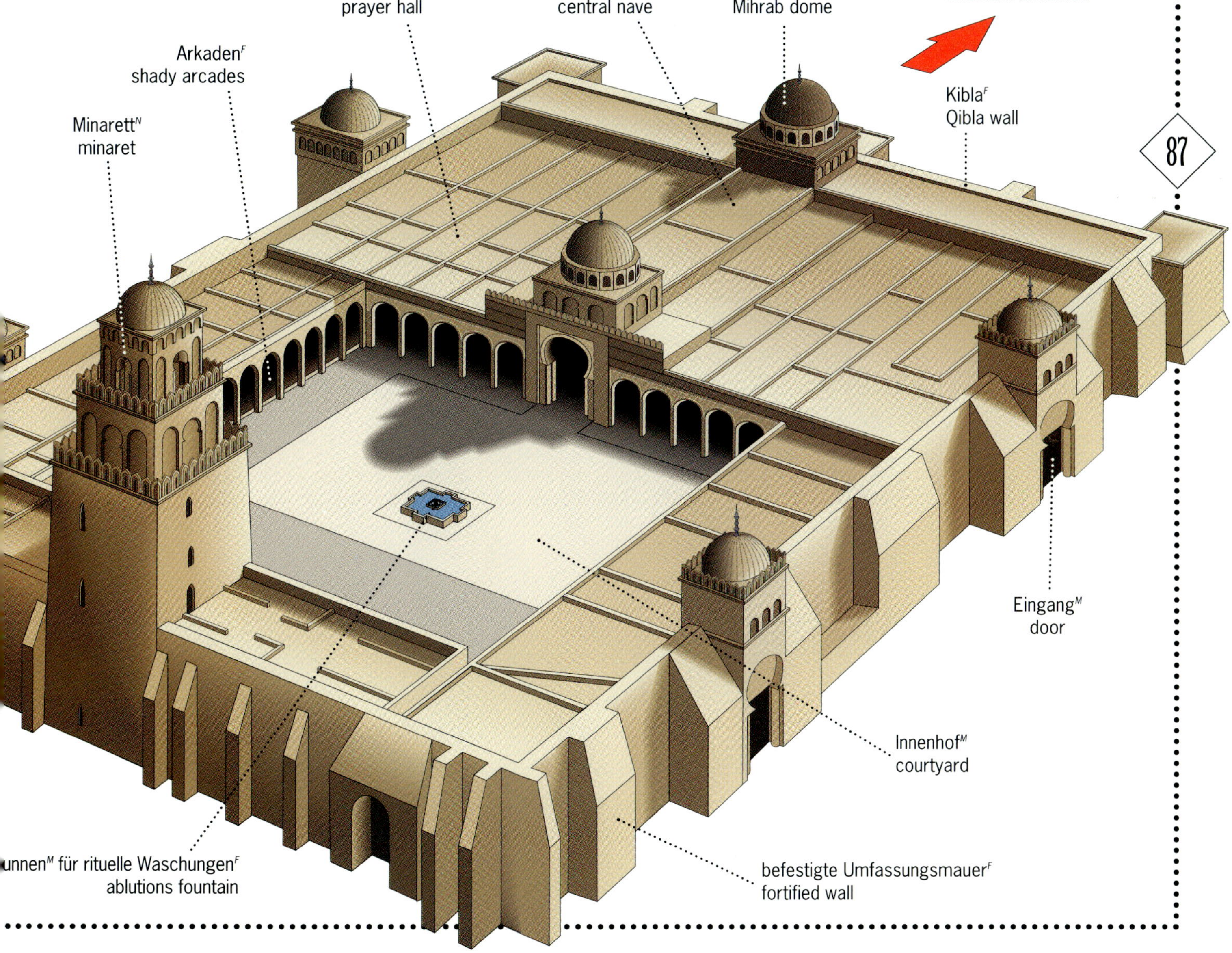

BURG[F]
CASTLE

Gußlochreihe[F]
machicolation

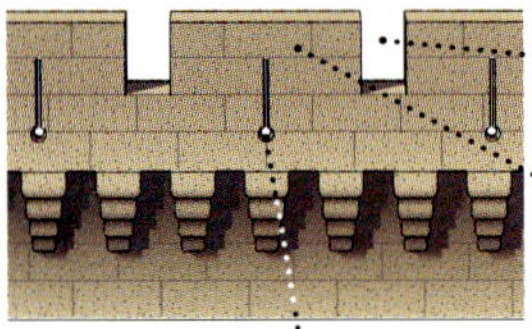

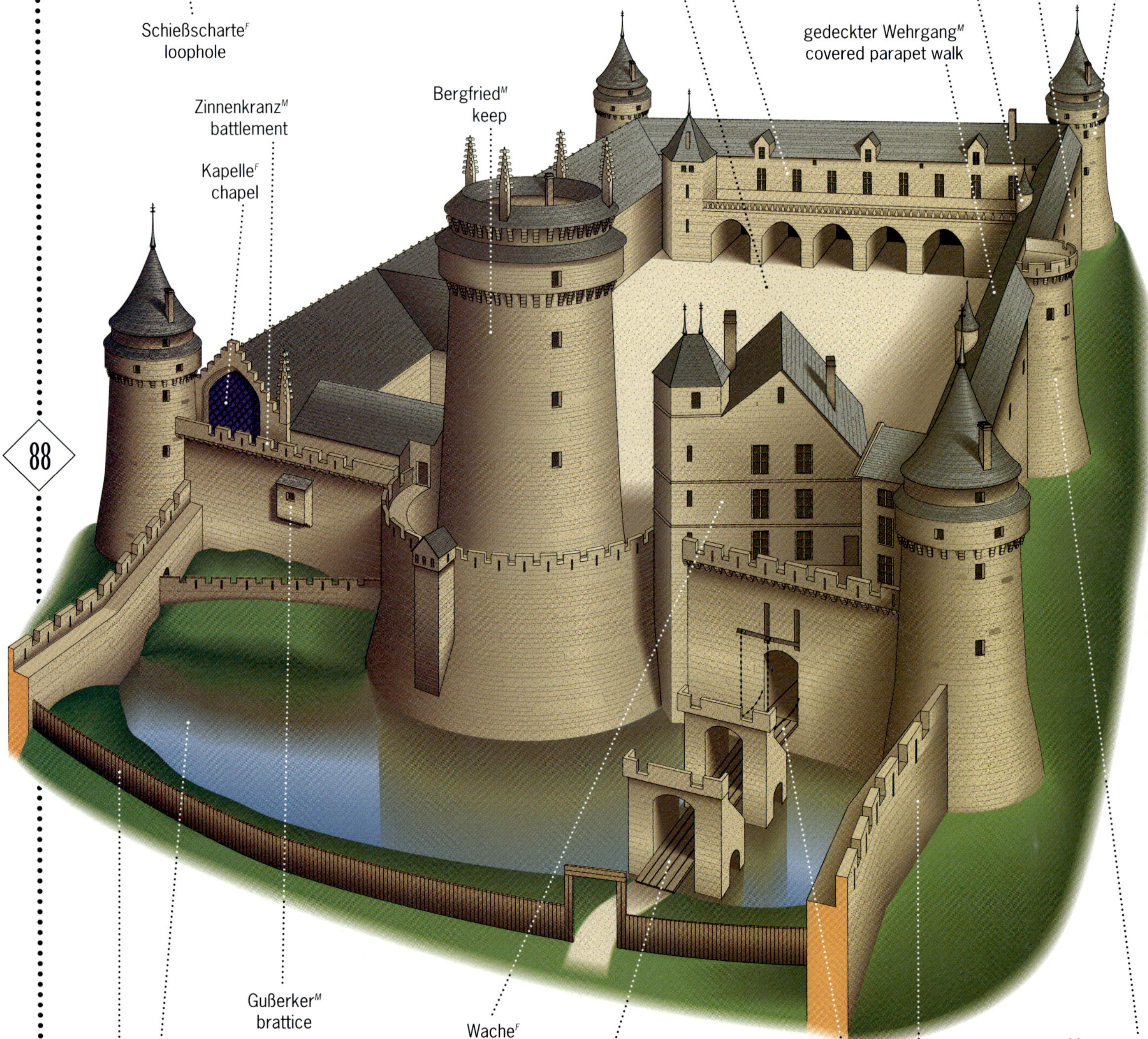

GOTISCHER DOM[M]
GOTHIC CATHEDRAL

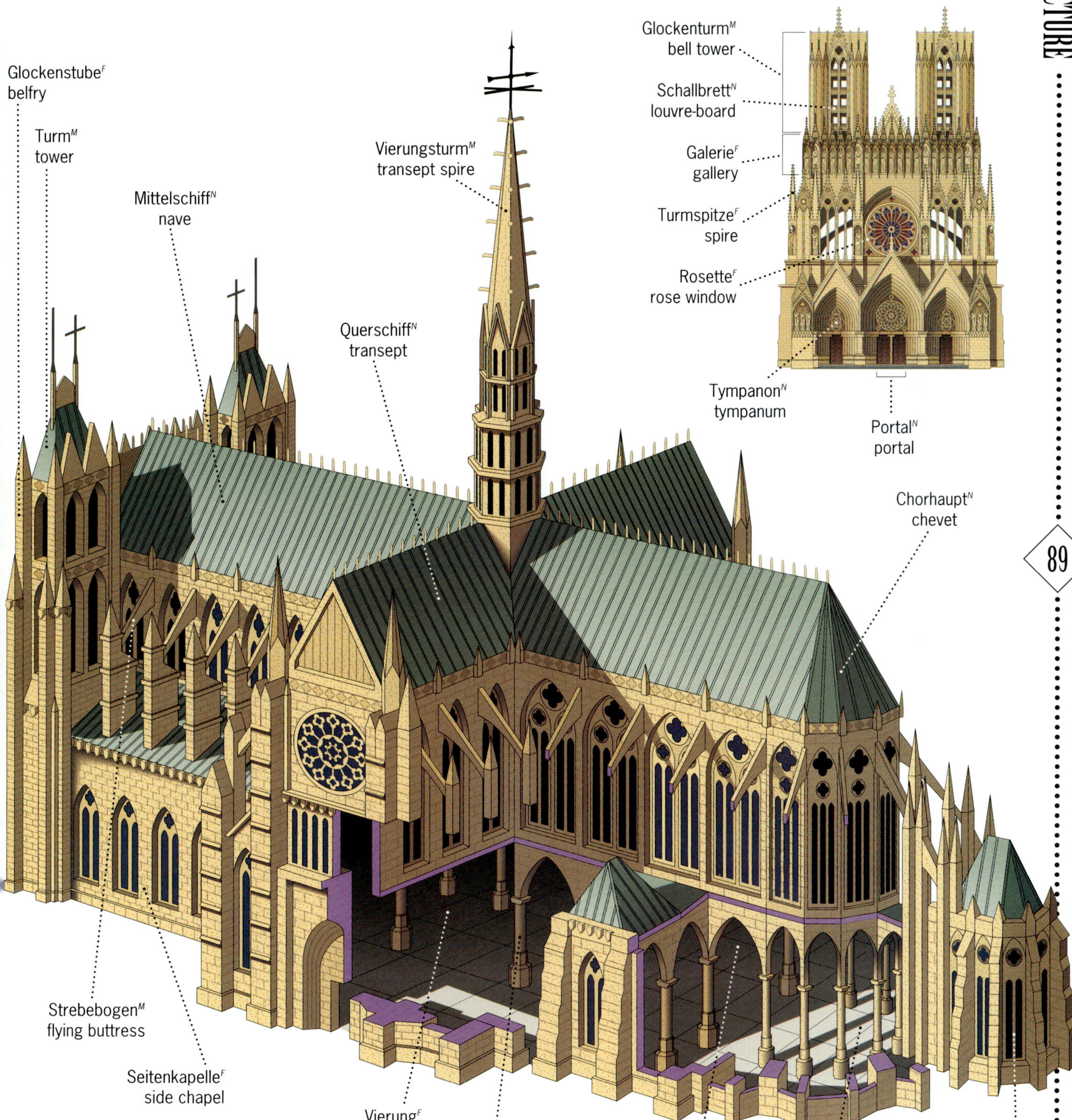

CITY[F]
CITY CENTRE

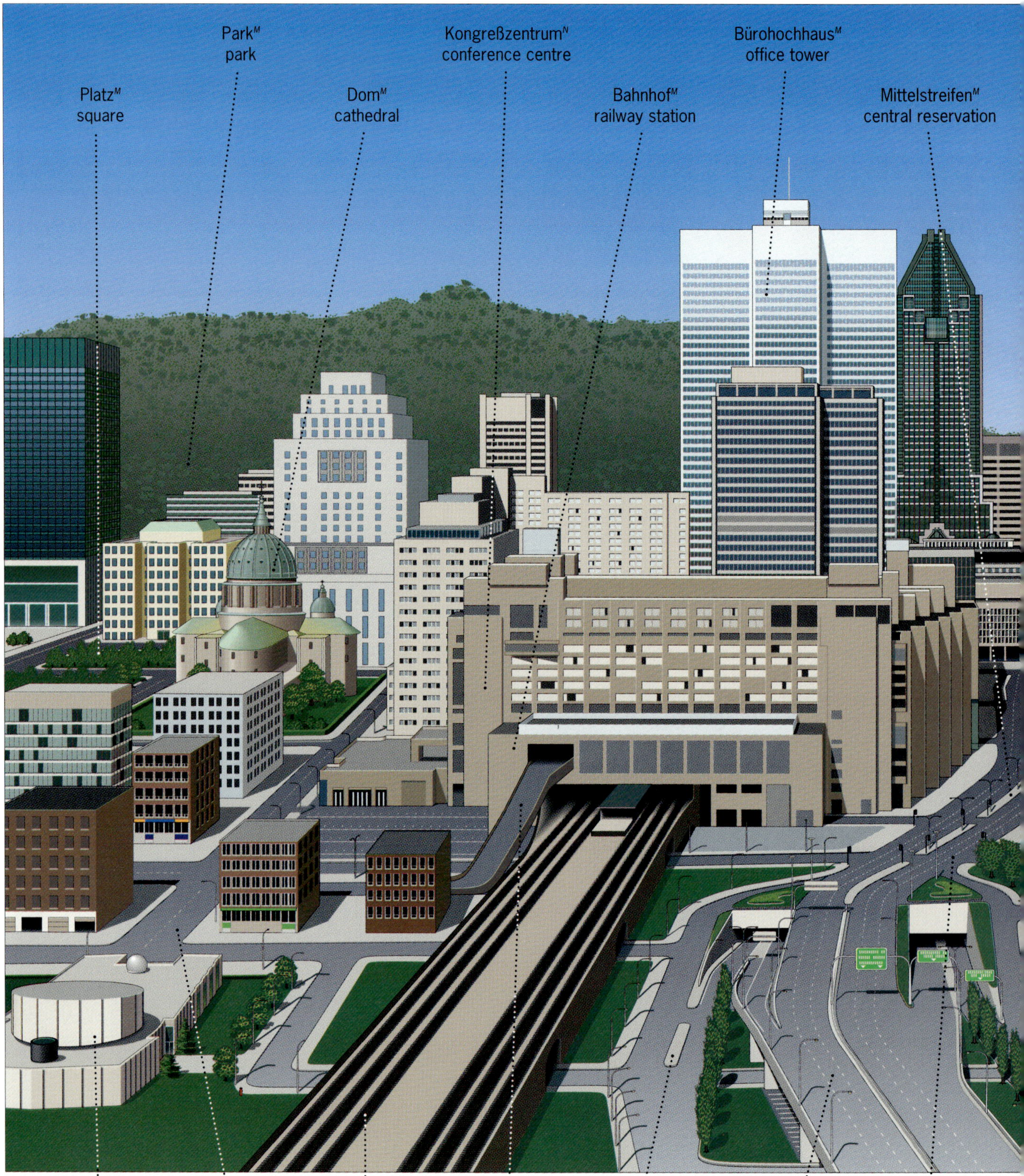

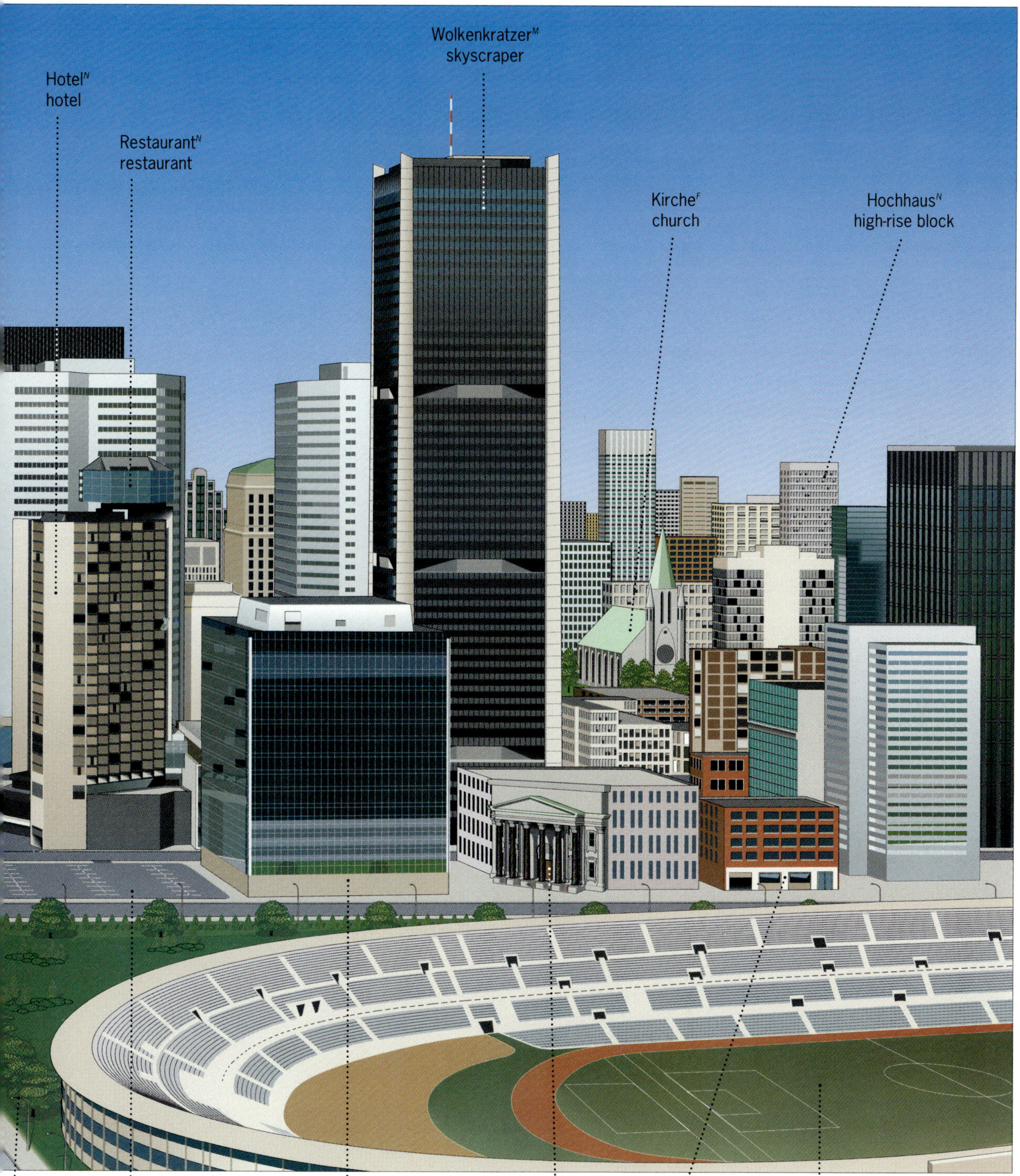
Wolkenkratzer[M]
skyscraper
Hotel[N]
hotel
Restaurant[N]
restaurant
Kirche[F]
church
Hochhaus[N]
high-rise block
Parkplatz[M]
car park
Bürogebäude[N]
office building
Straßenlaterne[F]
street lamp
Museum[N]
museum
Geschäftshaus[N]
commercial premises
Stadion[N]
stadium

HAUS[N]
HOUSE

Außenansicht[F] eines Hauses[N]
exterior of a house

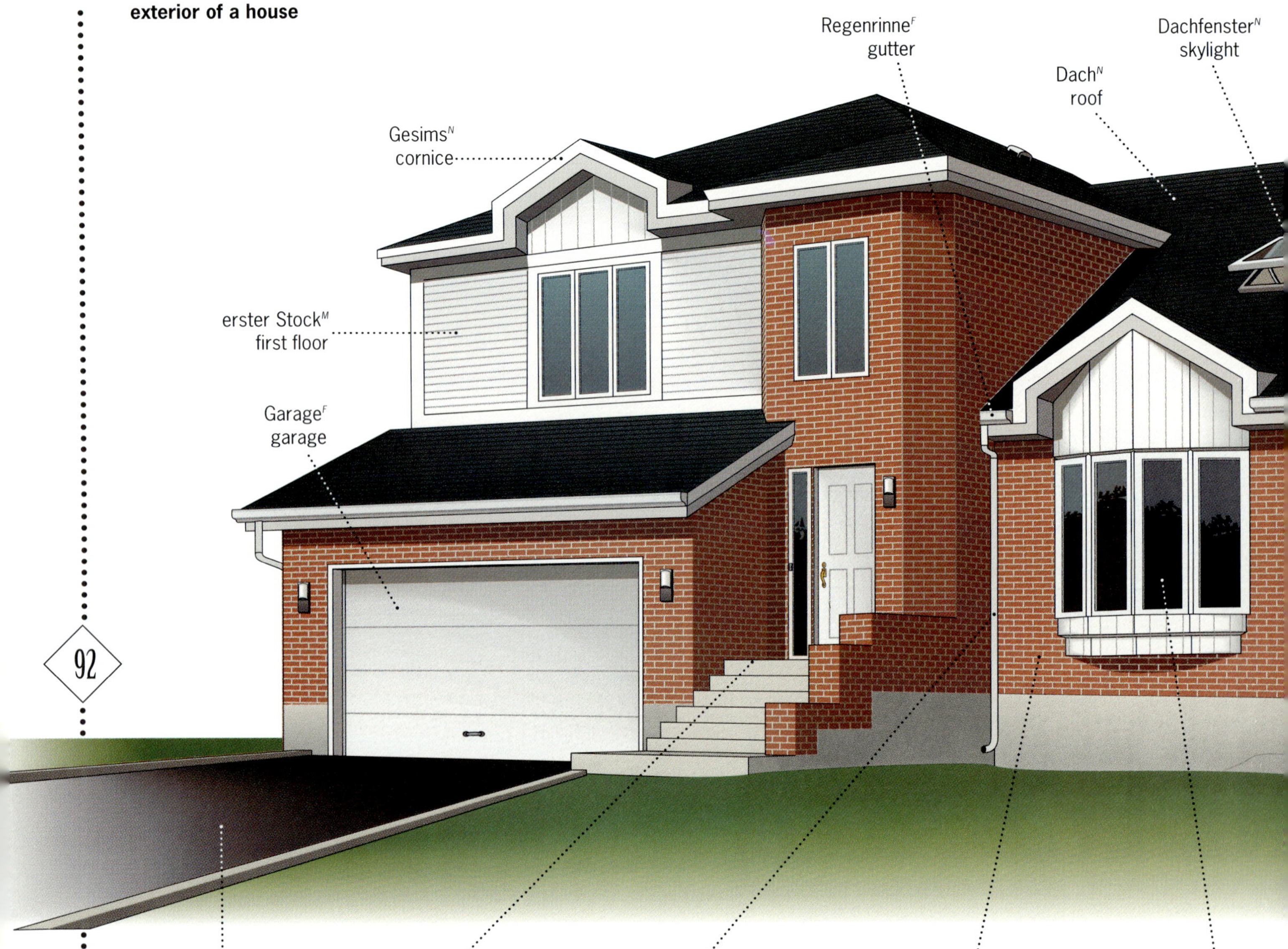

TÜRFORMEN[F]
TYPES OF DOORS

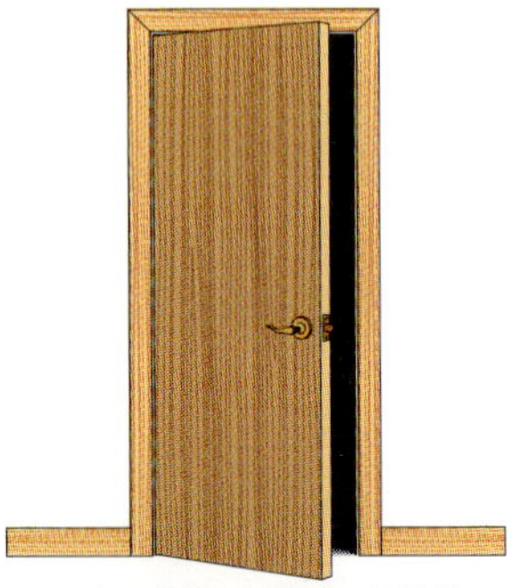

herkömmliche Tür[F]
conventional door

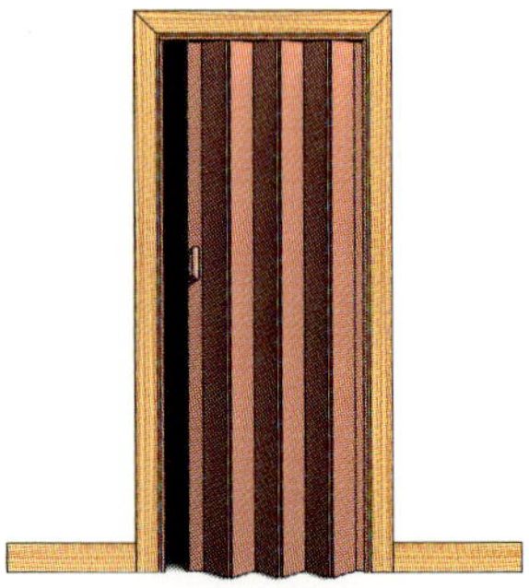

Schiebefalttür[F]
sliding folding door

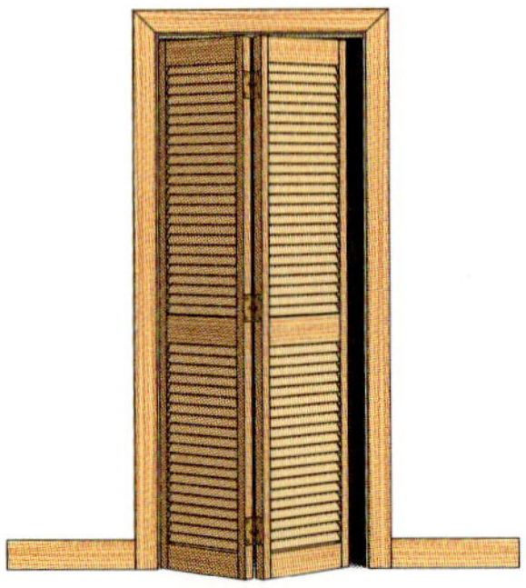

Falttür[F]
folding door

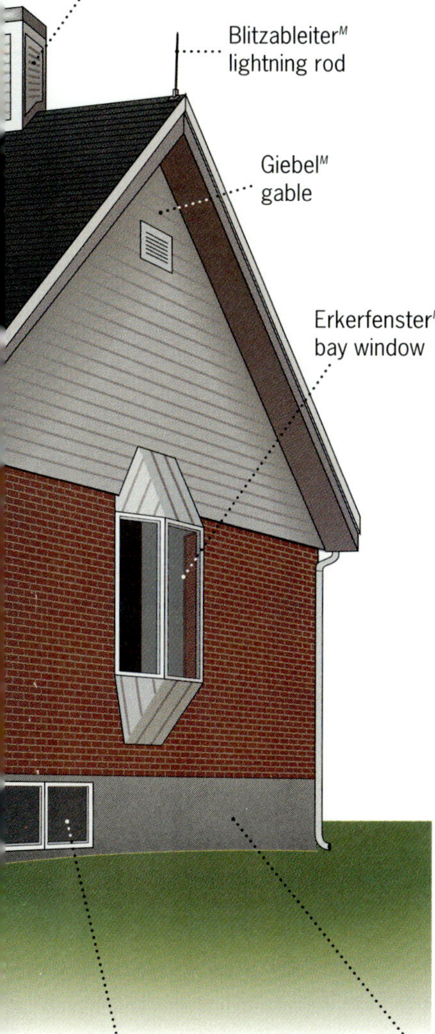

Schloß[N]
lock

Tür[F]
door

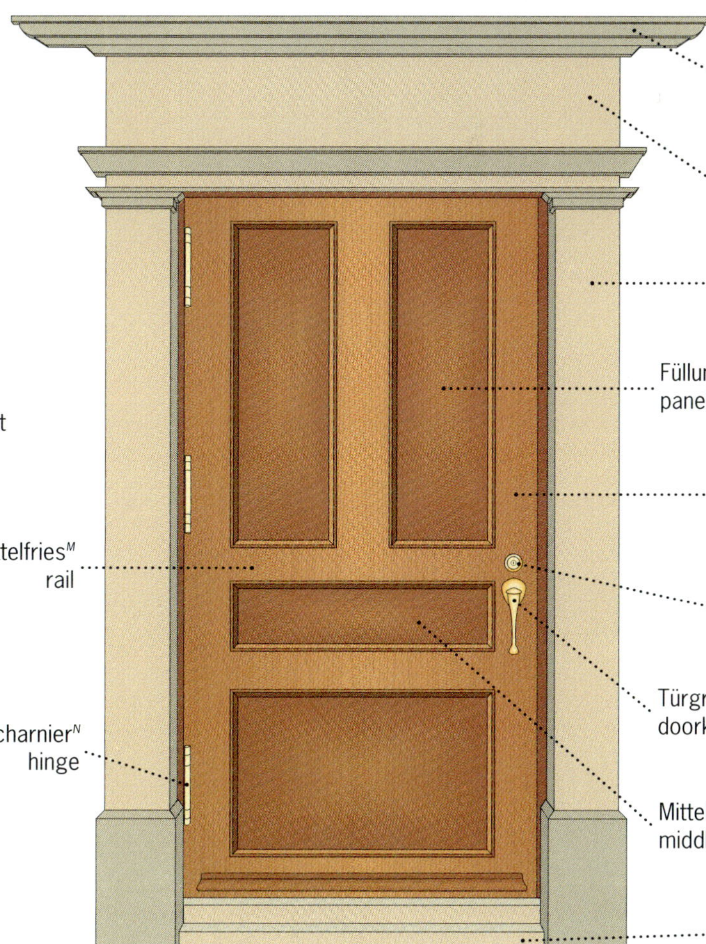

Schiebetür[F]
sliding door

FENSTER[N]
WINDOW

FENSTERTYPEN[M]
TYPES OF WINDOWS

Drehflügel[M], zweiflügelig, nach innen öffnend
casement window (inward opening)

Drehflügel[M], zweiflügelig, nach außen öffnend
casement window (outward opening)

Schwingflügel[M]
horizontal pivoting window

horizontales Schiebefenster
sliding window

Schiebefaltfenster[N]
sliding folding window

Wendeflügel[M]
vertical pivoting window

vertikales Schiebefenster[N]
sash window

Jalousiefenster[N]
louvred window

BETT[N]
BED

Teile[N]
parts

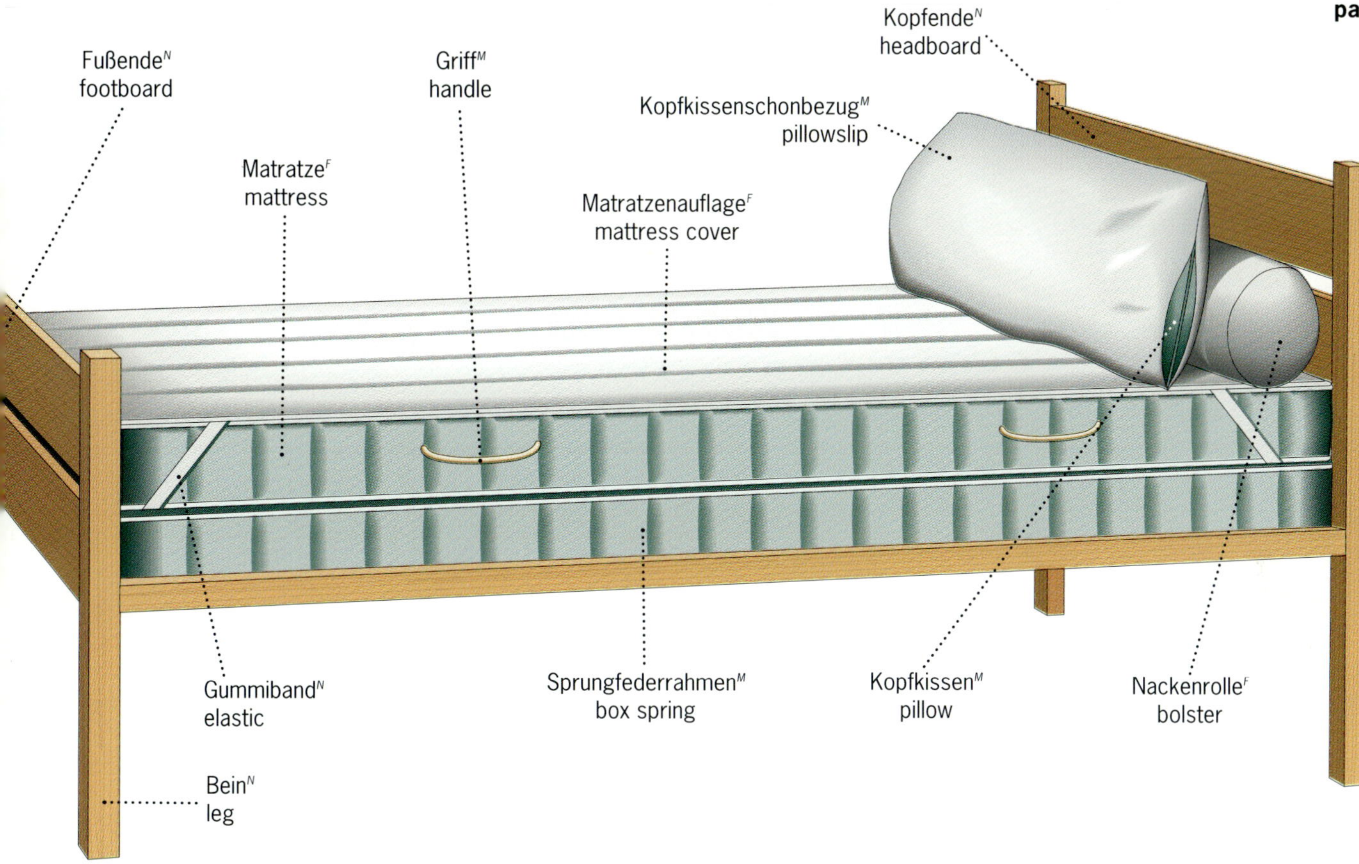

Bettwäsche[F]
linen

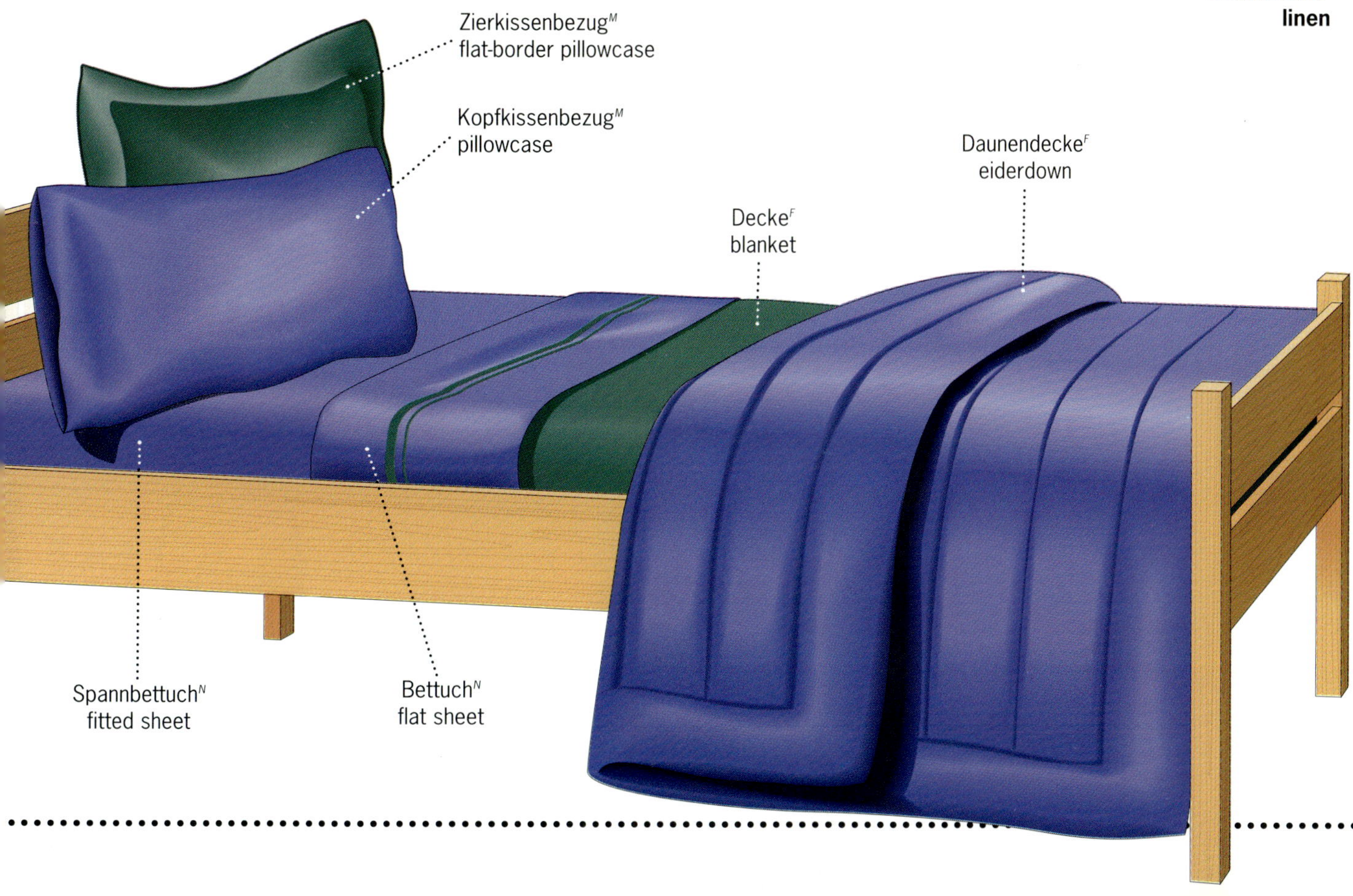

SITZMÖBEL[N]
SEATS

Dreisitzersofa[N]
three–seater sofa or settee

Zweisitzersofa[N]
two-seater sofa or settee

Sessel[M]
armchair

Puff[M]
footstool; pouffe

Bank[F]
bench

Barhocker[M]
bar stool

Hocker[M]
stool

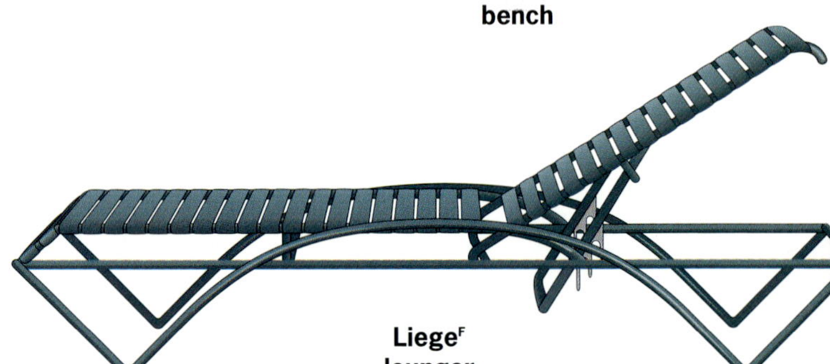

Liege[F]
lounger

Klappstuhl[M]
folding chair

Schaukelstuhl[M]
rocking chair

Stapelstühle[M]
stacking chairs

TISCH^M UND STÜHLE^F
TABLE AND CHAIRS

Stuhl^M
side chair

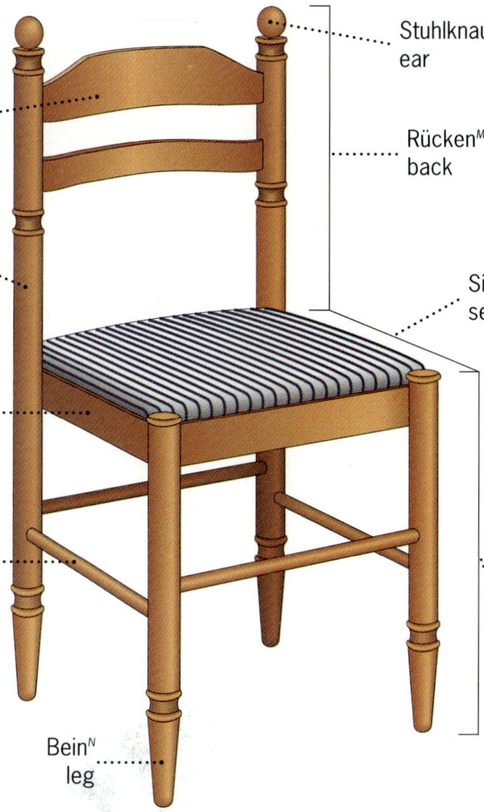

Armlehnstuhl^M
carver

Tisch^M
table

LAMPEN[F]
LIGHTS

Strahler[M]
spotlight

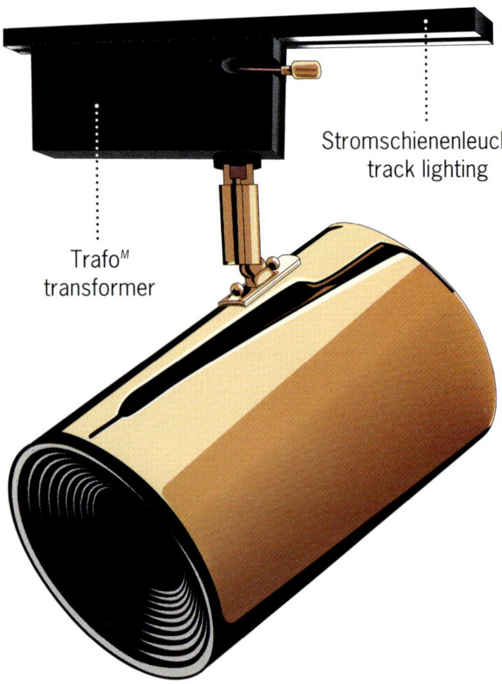

Standleuchte[F]
standard lamp

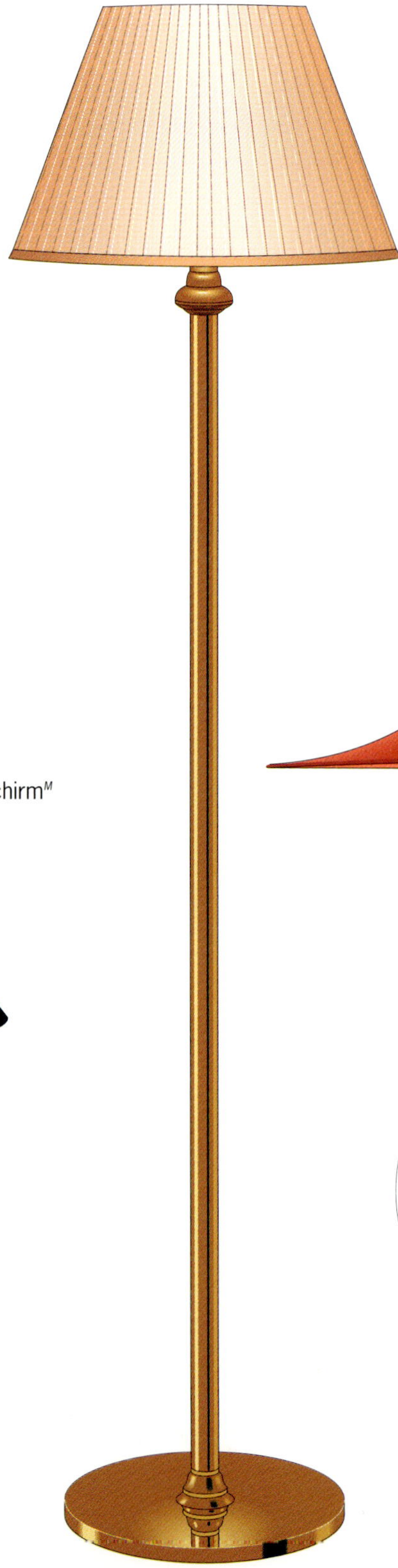

Deckenleuchte[F]
ceiling fitting

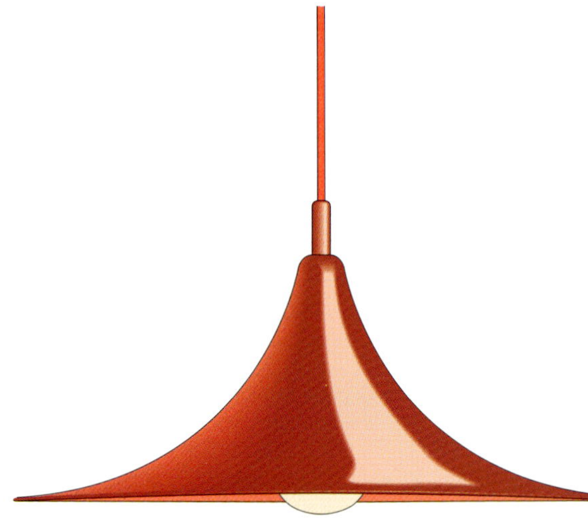

Pendelleuchte[F]
hanging pendant

Tischleuchte[F]
table lamp

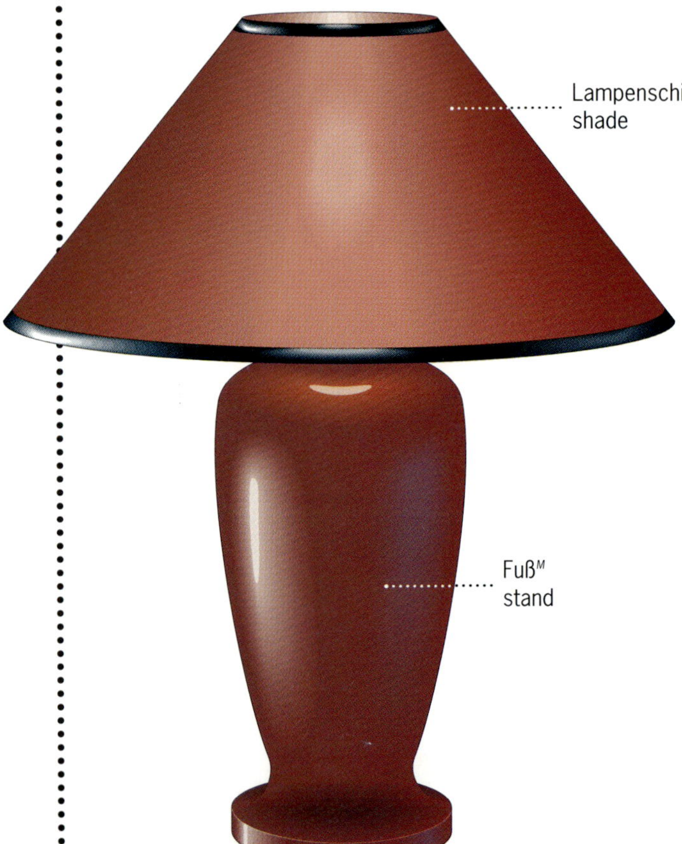

Wandleuchte[F]
wall fitting

BELEUCHTUNG[F]
LIGHTING

lühlampe[F]; Glühbirne[F]
ncandescent lamp; light bulb

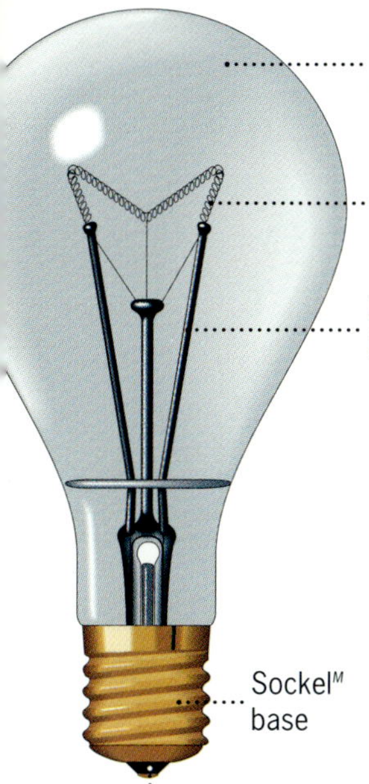

Kolben[M]
bulb

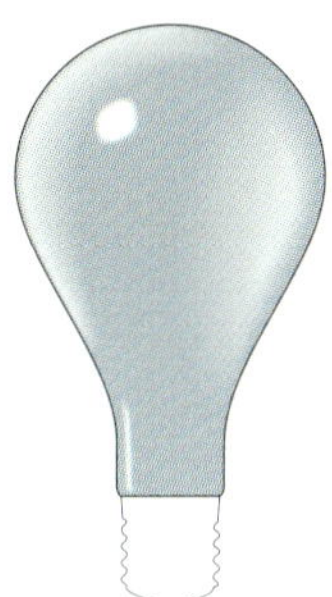

Schraubfassung[F]
screw base

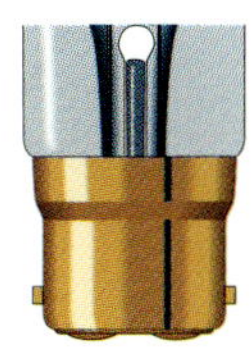

Bajonettfassung[F]
bayonet base

Energiesparlampe[F]
energy saving bulb

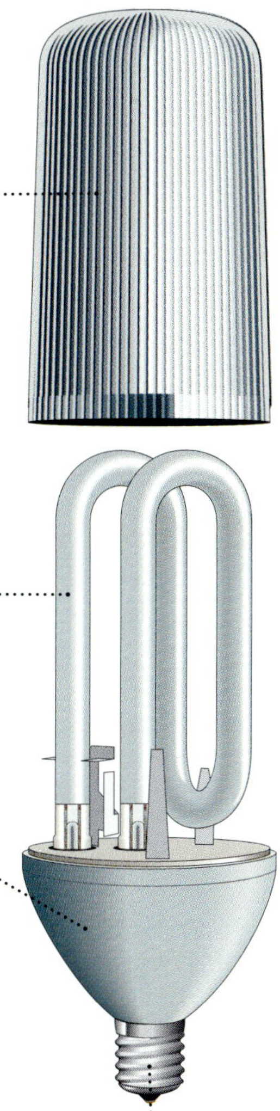

olfram-Halogenlampe[F]
ungsten-halogen lamp

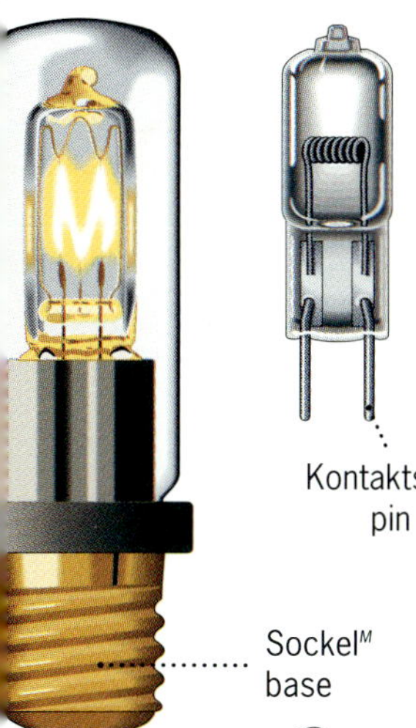

Leuchtstoffröhre[F]
fluorescent tube

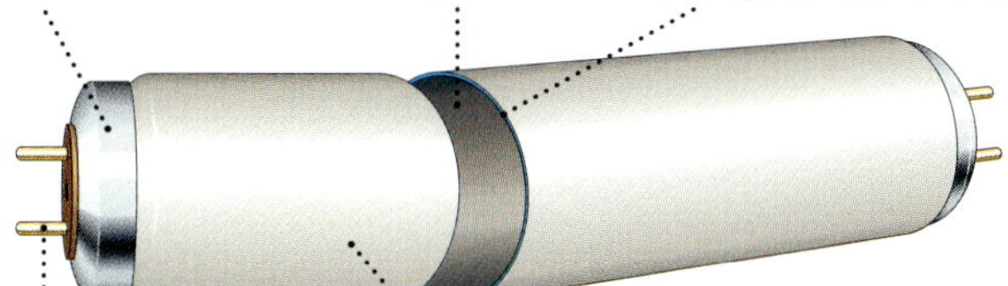

Stecker[M]
European plug

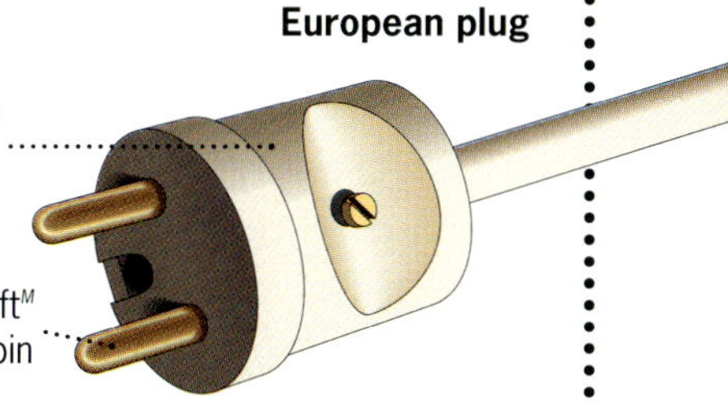

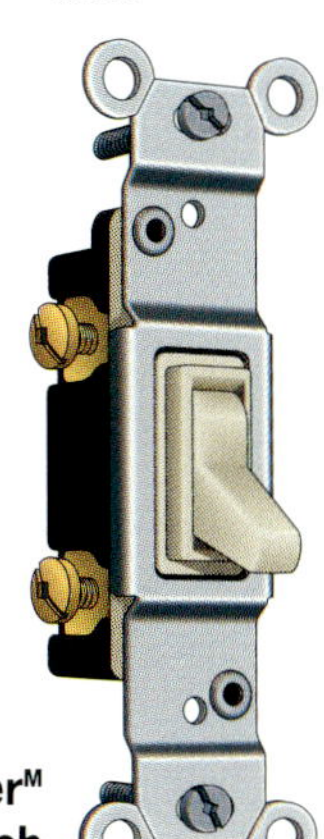

Schalter[M]
switch

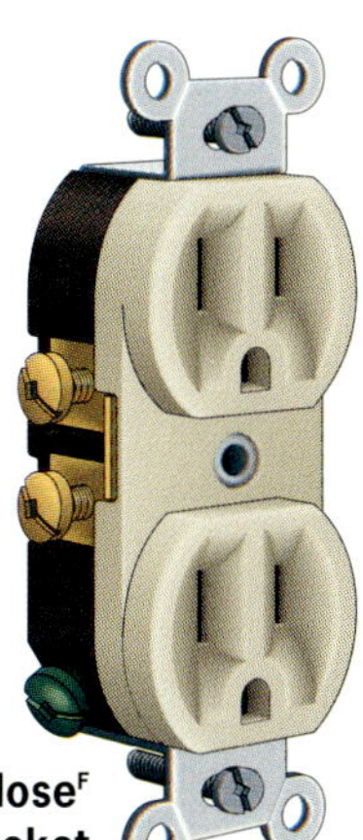

dreipolige Steckdose[F]
three-pin socket

amerikanischer dreipoliger Stecker[M]
American plug

GLÄSER[N]
GLASSWARE

Sektschale[F]
champagne glass

Weißweinglas[N]
white wine glass

Rotweinglas[N]
red wine glass

Sektkelch[M]
champagne flute

Wasserglas[N]
tumbler; glass

Bierkrug[M]
beer mug

kleine Karaffe[F]
carafe

Karaffe[F]
decanter

GESCHIRR[N]
DINNERWARE

Mokkatasse[F]
coffee cup

Tasse[F]
cup

Henkelbecher[M]
mug

Milchkännchen[N]
cream jug

Zuckerdose[F]
sugar bowl

Pfefferstreuer[M]
pepperpot

Salzstreuer[M]
saltcellar

Butterdose[F]
butter dish

Dessertschale[F]
cereal bowl

Suppenteller[M]
soup bowl

Salatschale[F]
salad dish

flacher Teller[M]
dinner plate

Salatteller[M]
salad plate

Dessertteller[M]
bread and butter plate; side plate

Salatschüssel[F]
salad bowl

Teekanne[F]
teapot

Preßfilterkanne[F]
coffee plunger

Suppenterrine[F]
soup tureen

Wasserkrug[M]
water jug

BESTECK[N]
CUTLERY

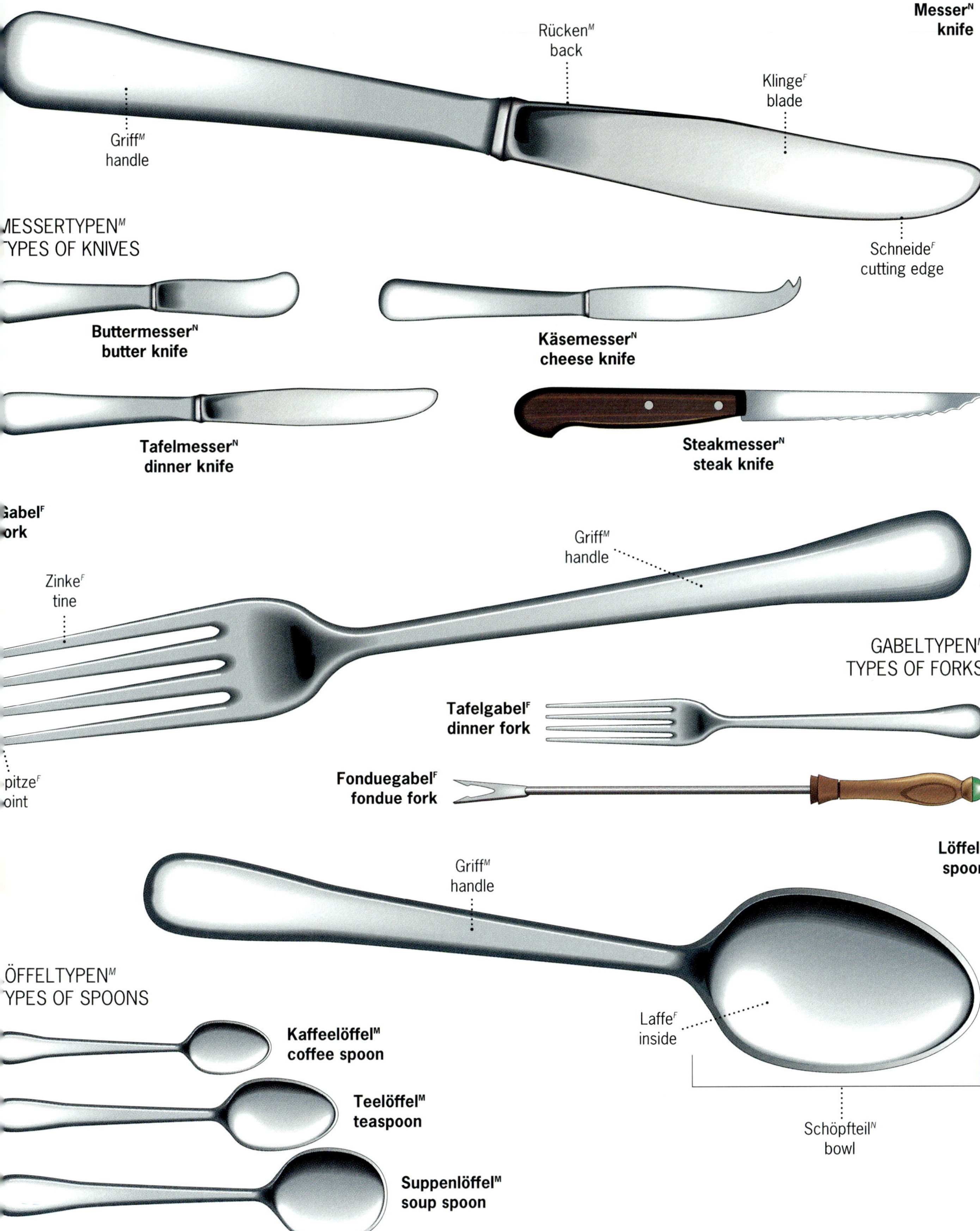

KÜCHENUTENSILIEN[N]
KITCHEN UTENSILS

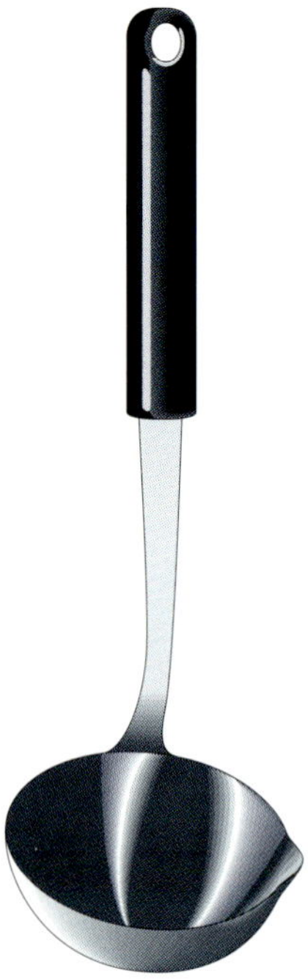

Schöpflöffel[M]
ladle

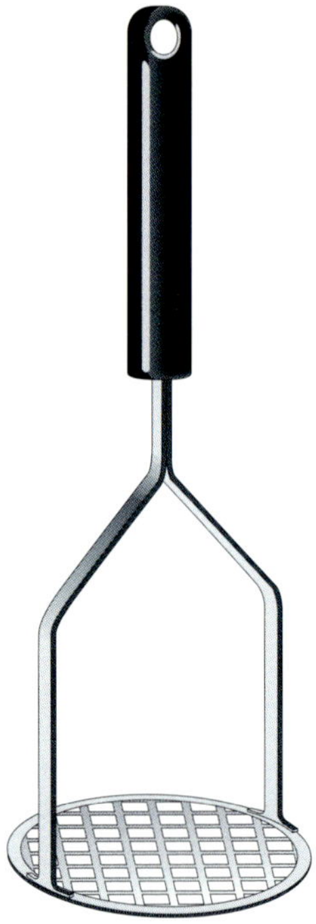

Kartoffelstampfer[M]
potato masher

Palette[F]
spatula

Schneebesen[M]
whisk

Rad-Schneeschläger[M]
egg beater

Meßlöffel[M]
measuring spoons

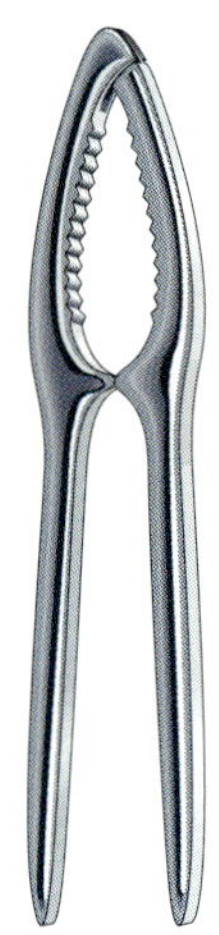

Nußknacker[M]
nutcracker

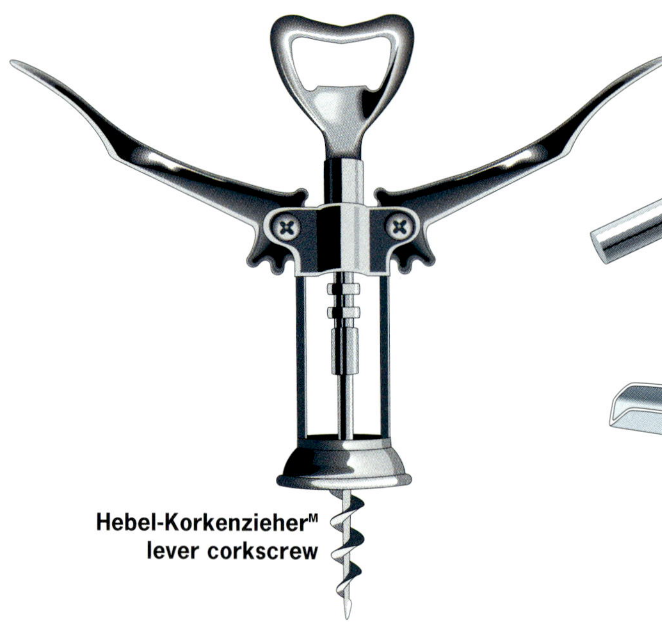

Hebel-Korkenzieher[M]
lever corkscrew

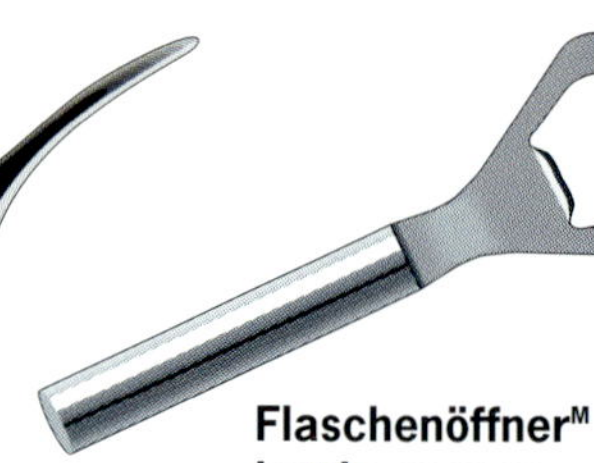

Flaschenöffner[M]
bottle opener

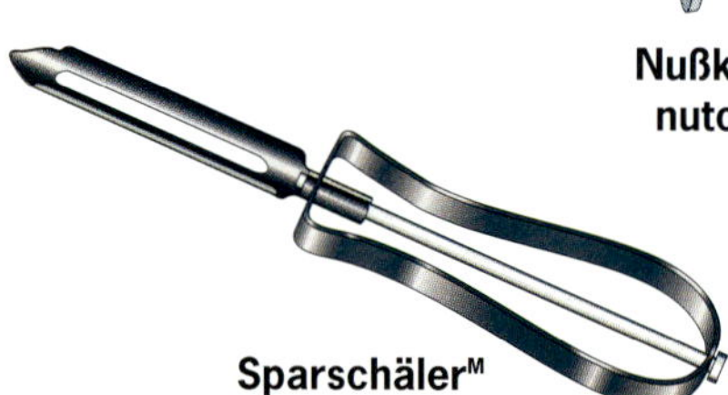

Sparschäler[M]
peeler

Nudelholz[N]
rolling pin

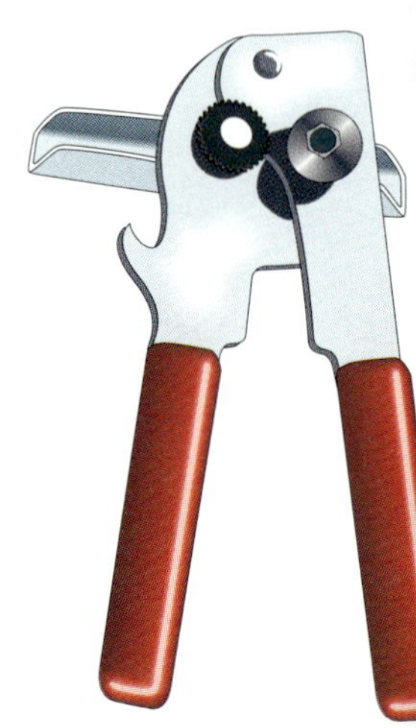

Dosenöffner[M]
tin opener

Spaghettizange[F]
spaghetti tongs

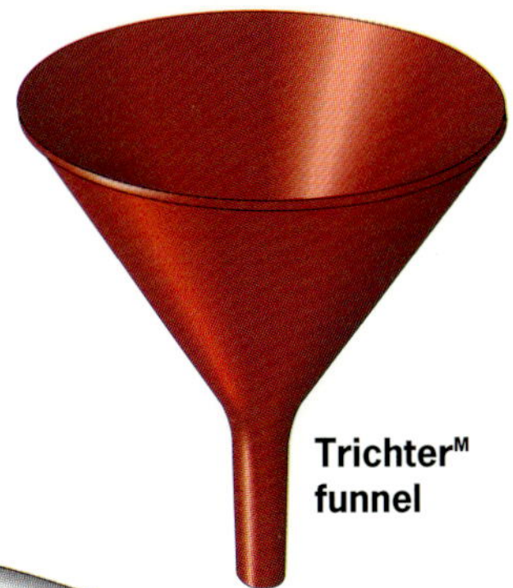

Trichter[M]
funnel

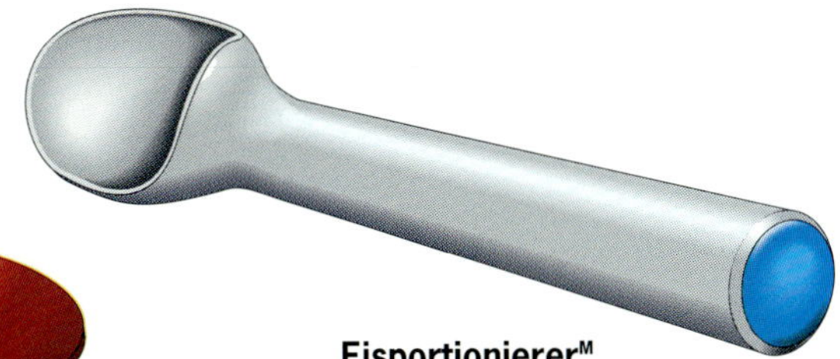

Eisportionierer[M]
ice-cream scoop

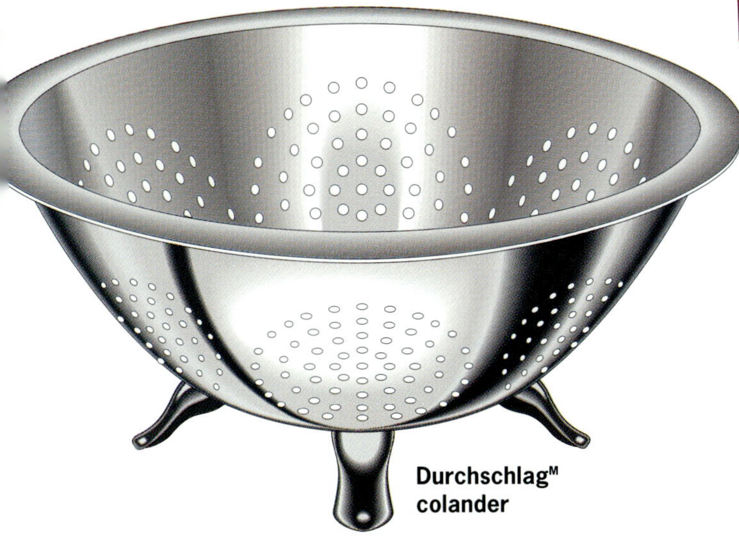

Durchschlag[M]
colander

Zitronenpresse[F]
lemon squeezer

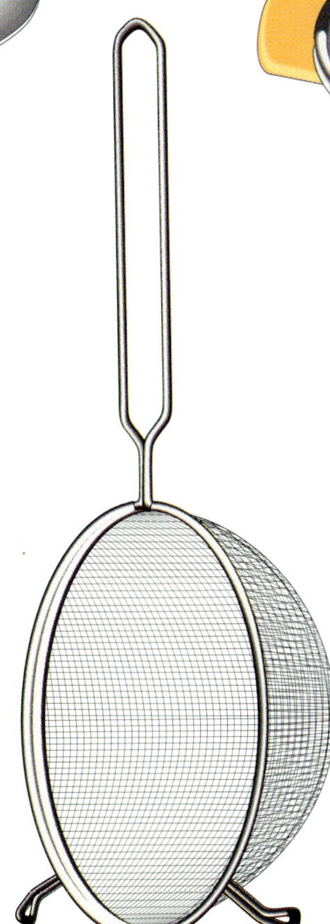

Sieb[N]
strainer

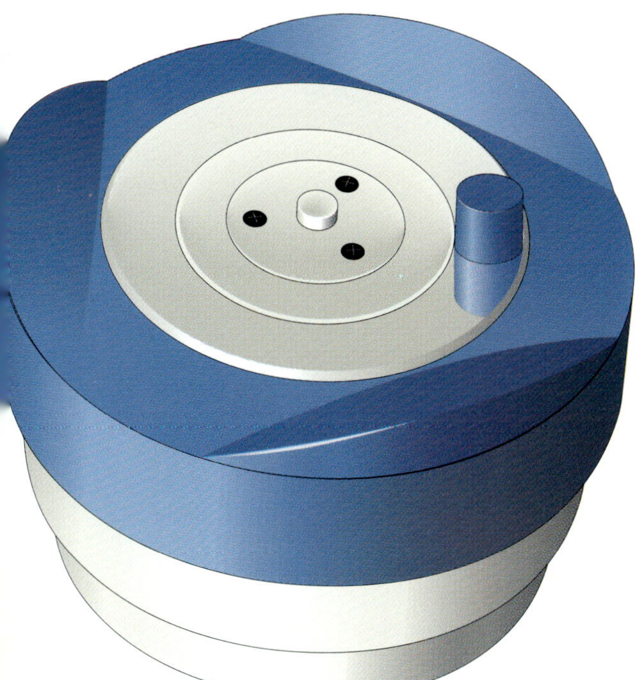

Salatschleuder[F]
salad spinner

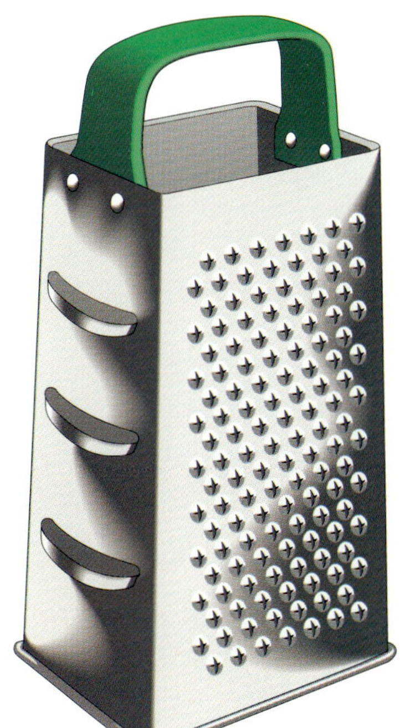

Reibe[F]
grater

KOCHGERÄTE[N]
COOKING UTENSILS

Suppentopf[M]
stockpot; casserole

Bratpfanne[F]
frying pan

Schmorpfanne[F]
sauté pan

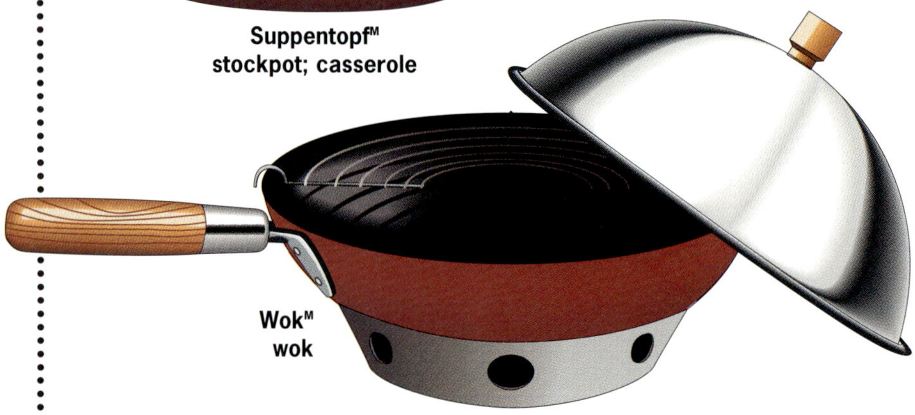

Wok[M]
wok

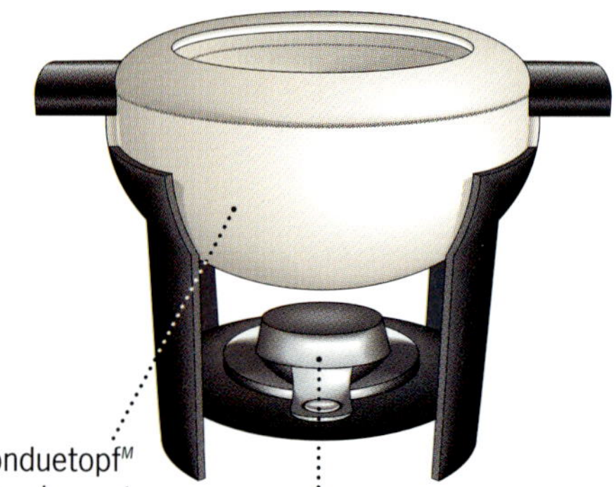

Fondue-Set[N]
fondue set

Wasserbadtopf[M]
double boiler

Stielkasserolle[F]
saucepan

Dampfeinsatz[M]
vegetable steamer

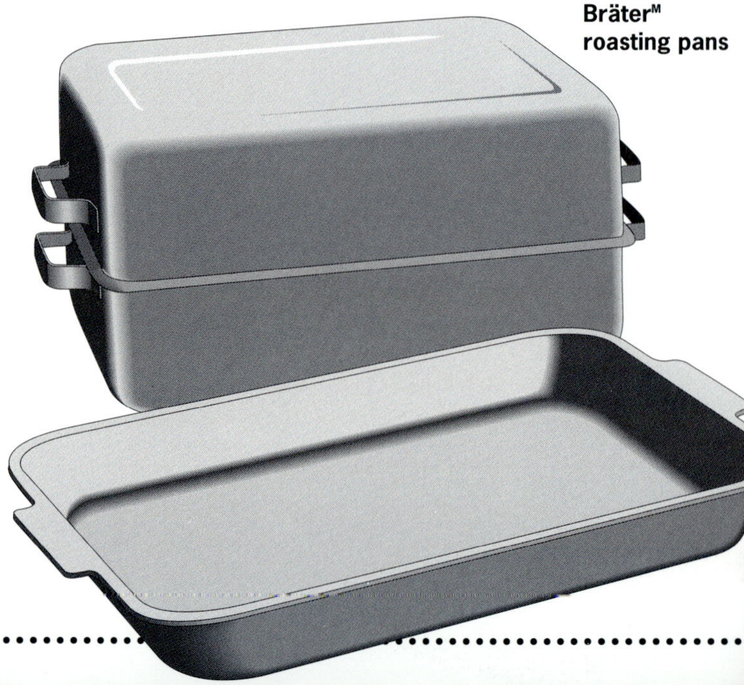

Bräter[M]
roasting pans

Dampfkochtopf[M]
pressure cooker

HAUSHALTSGERÄTE[N]
DOMESTIC APPLIANCES

Kaffeemaschine[F]
automatic filter coffee maker

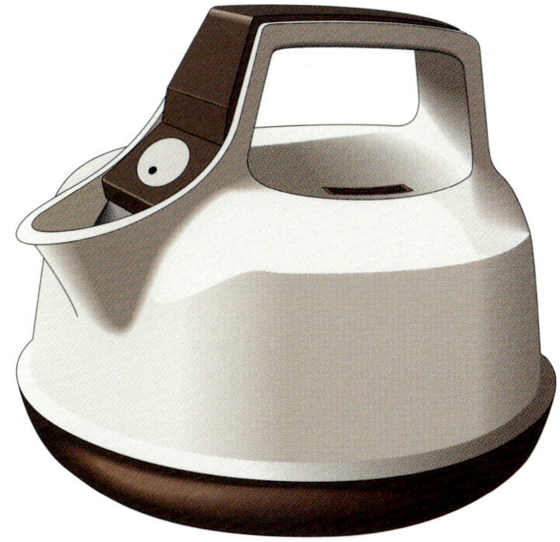

Wasserkessel[M]
kettle

Handrührgerät[N]
hand mixer

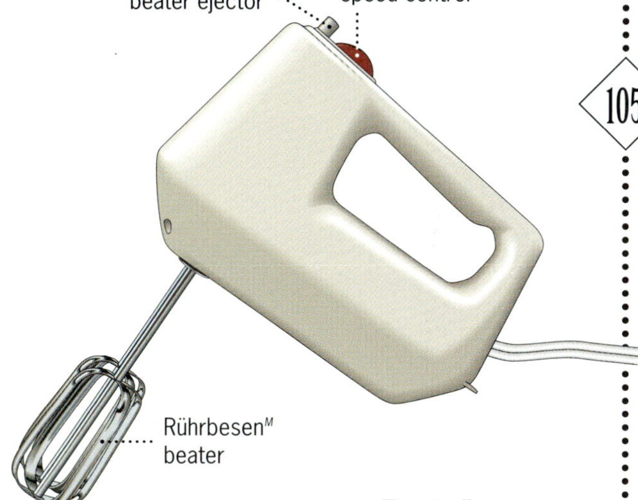

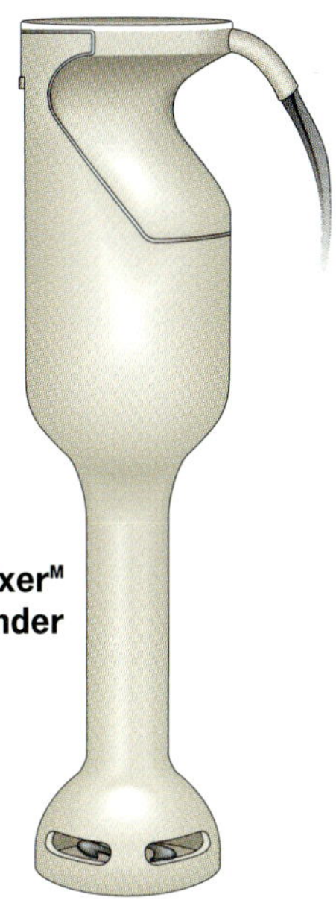

Stabmixer[M]
hand blender

Mixer[M]
blender

Toaster[M]
toaster

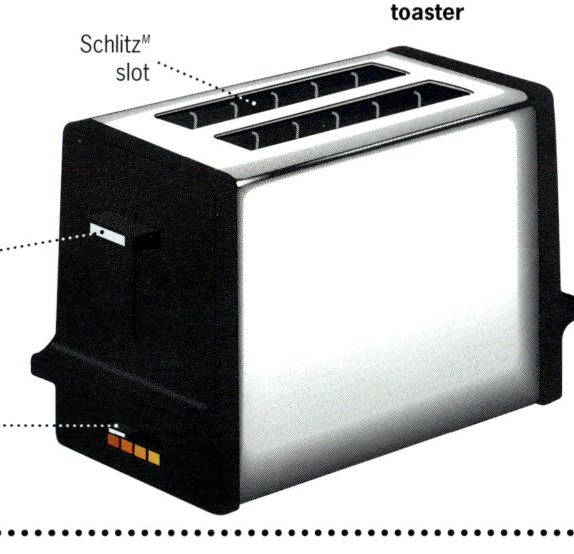

KÜHL-GEFRIER-KOMBINATION^F
FRIDGE FREEZER

GERÄTE[N] ZUM KOCHEN
COOKING APPLIANCES

Mikrowellengerät[N]
microwave oven

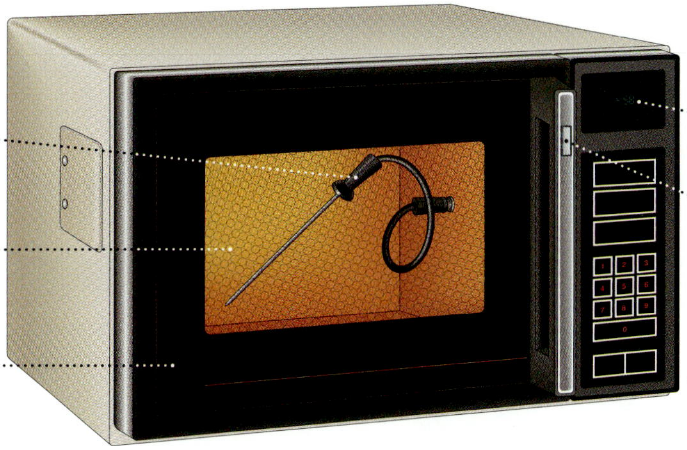

Elektroherd[M]
electric cooker

SCHREINERWERKZEUG[N]
CARPENTRY TOOLS

Zimmermannshammer[M]
claw hammer

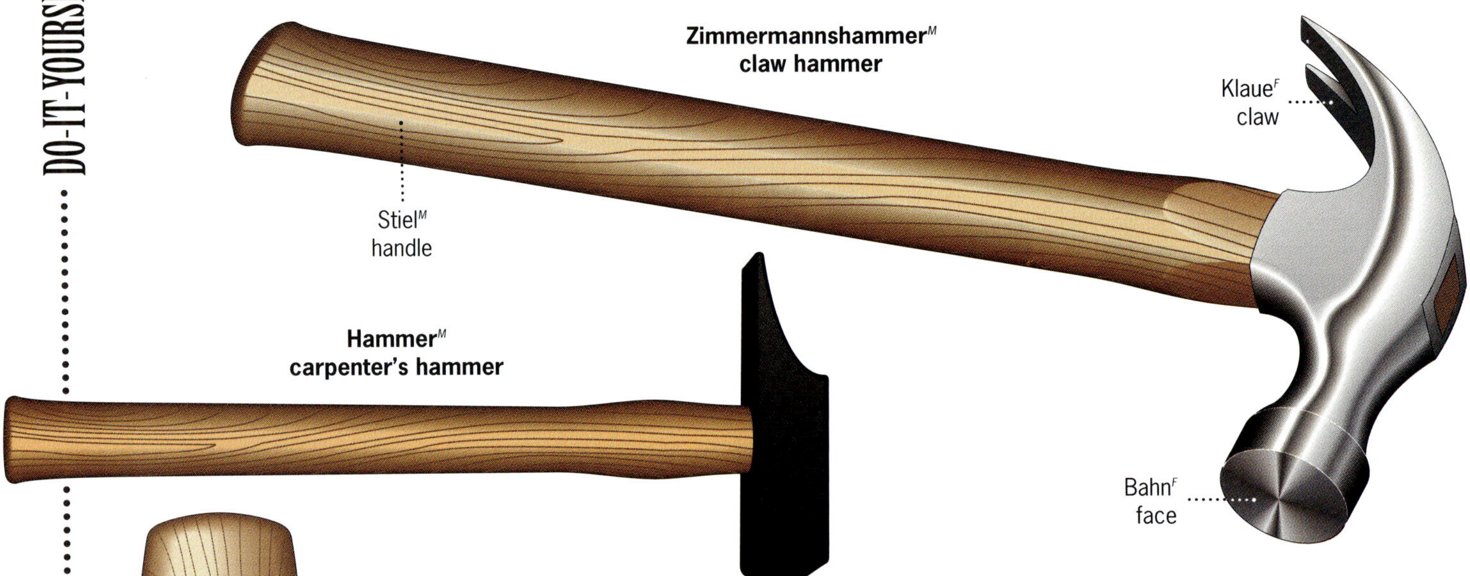

Hammer[M]
carpenter's hammer

Holzhammer[M]
mallet

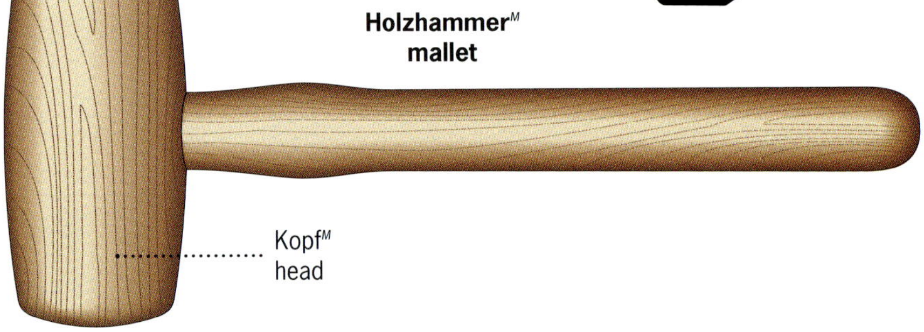

Meßband
tape measure

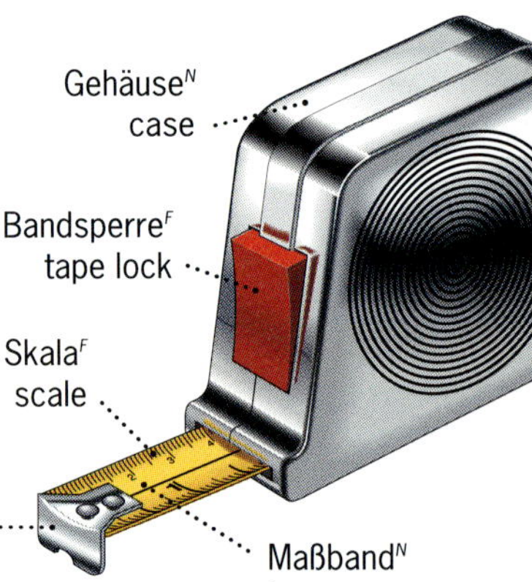

Nagel[M]
nail

Schraube[F]
screw

Schraubenzieher
screwdriver

Schraubzwinge
G-clamp

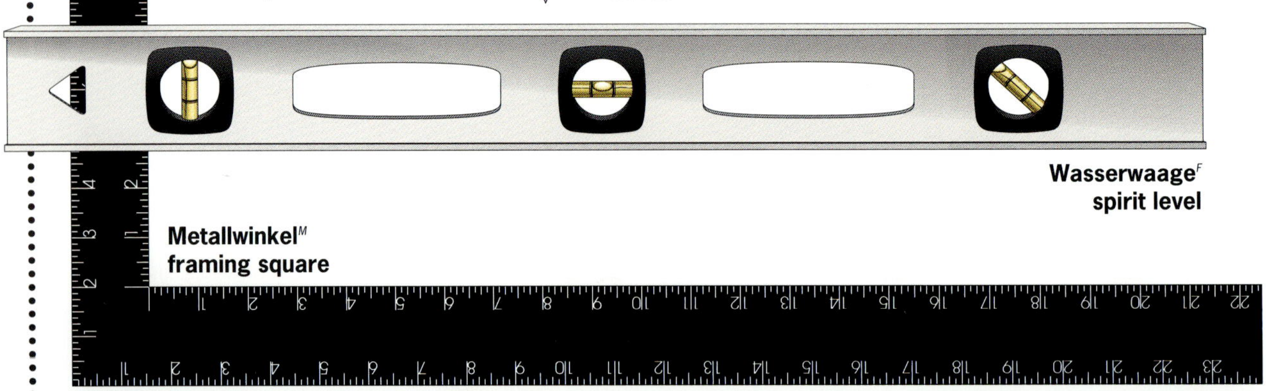

Wasserwaage[F]
spirit level

Metallwinkel[M]
framing square

Fuchsschwanz[M]
handsaw

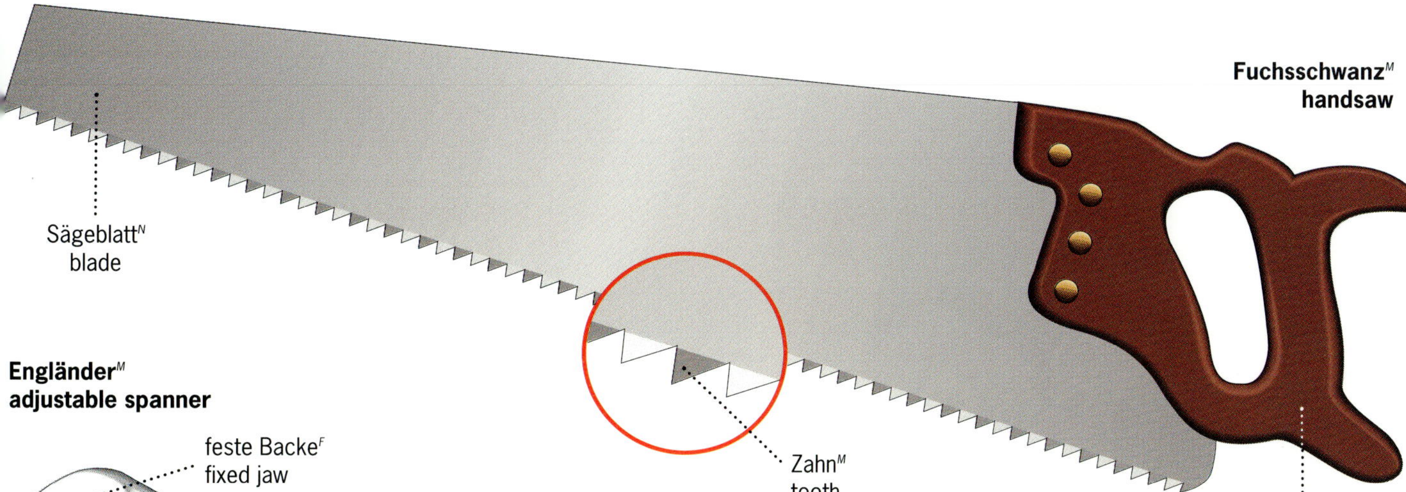

Engländer[M]
adjustable spanner

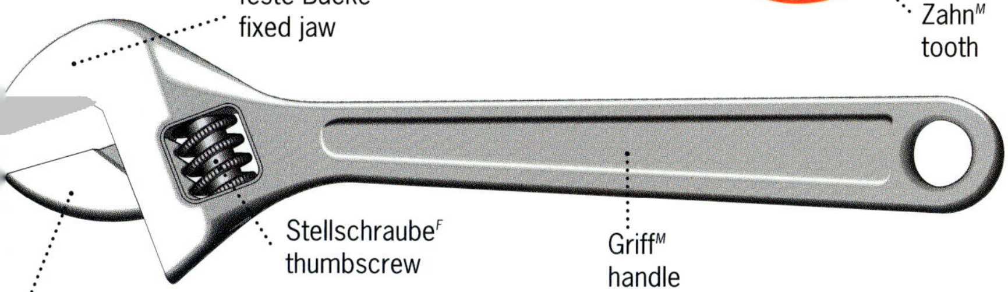

Gripzange[F]
adjustable pliers

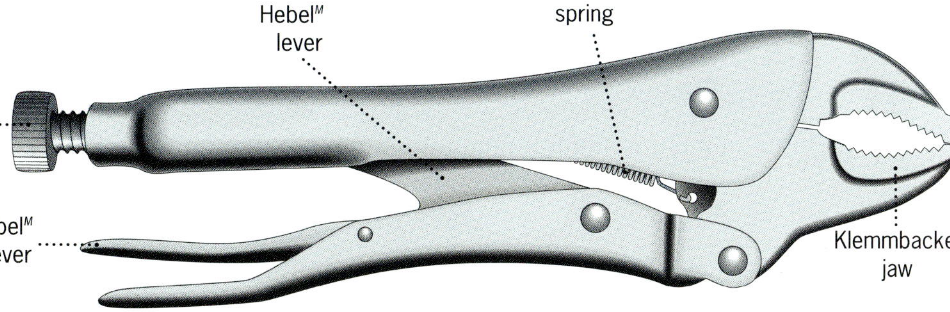

Wasserpumpenzange[F]
rib joint pliers

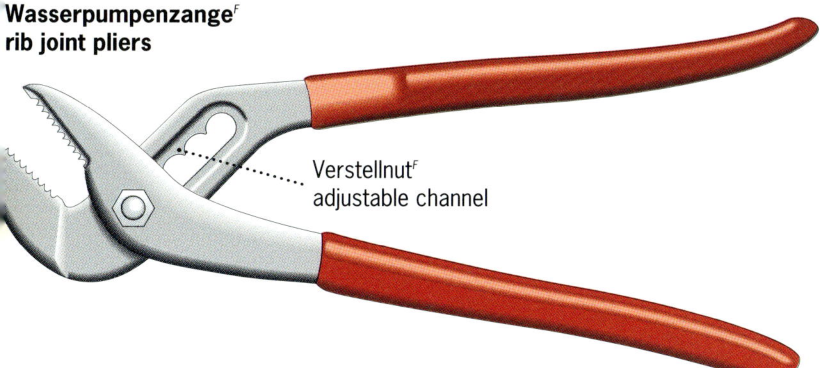

Schraubenbolzen[M]
bolt

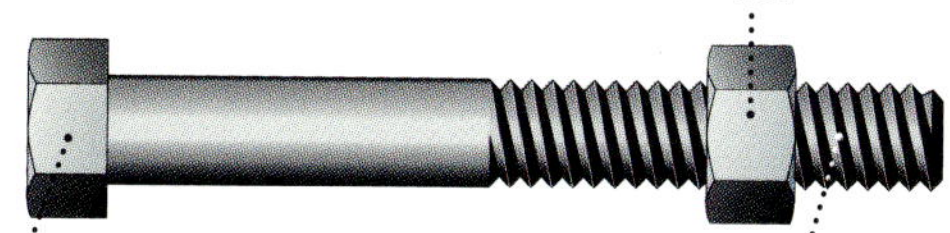

Spitzzange[F]
long-nose pliers

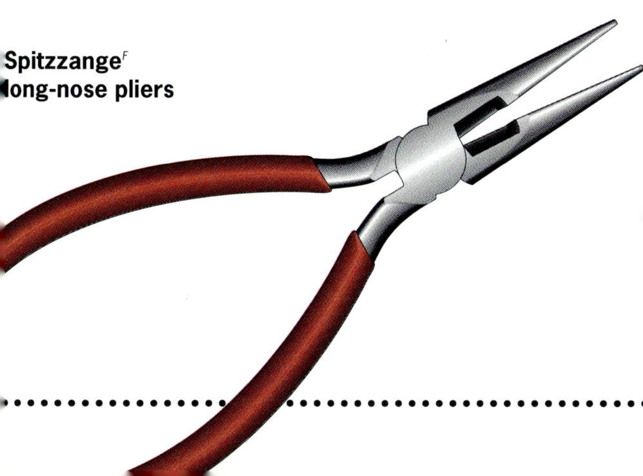

Kombizange[F]
slip joint pliers

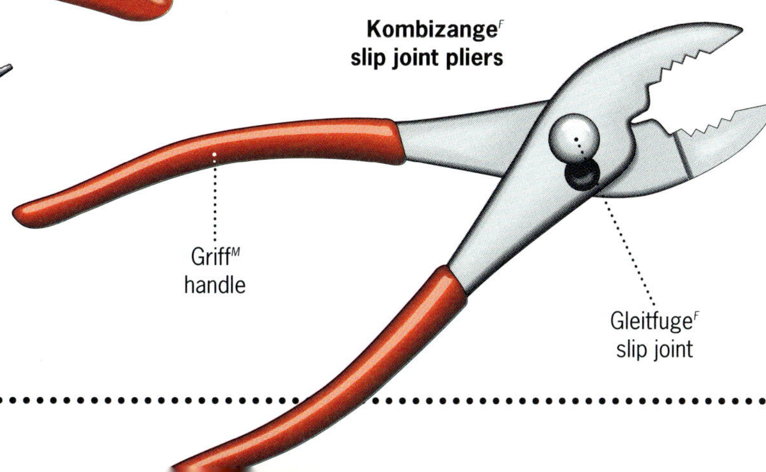

DO-IT-YOURSELF

ELEKTROWERKZEUGE^N
ELECTRICAL TOOLS

elektrische Bohrmaschine^F
electric drill

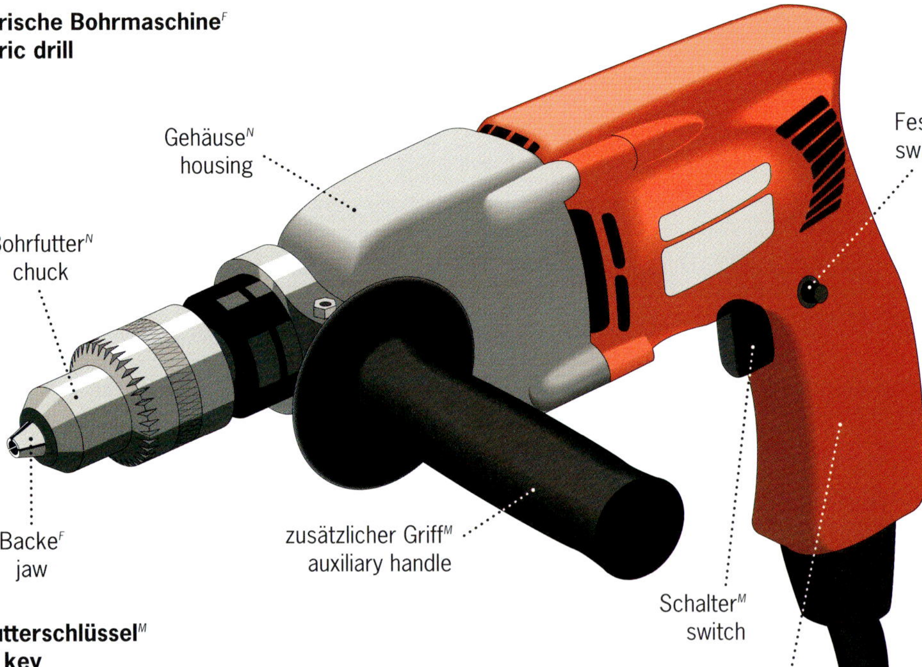
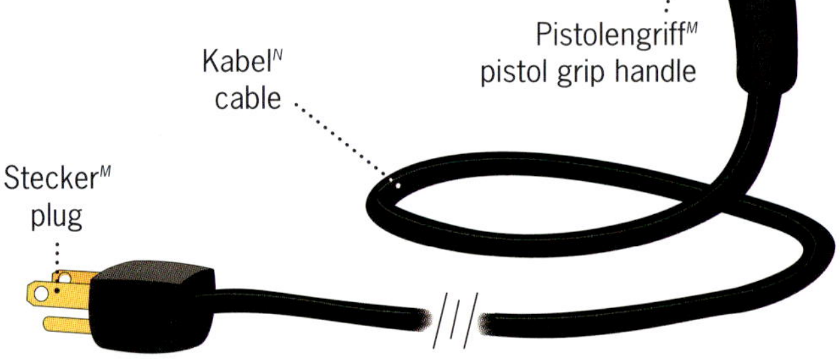

Bohrfutterschlüssel^M
chuck key

Spiralbohrer^M
twist drill

Schlangenbohrer^M
auger bit

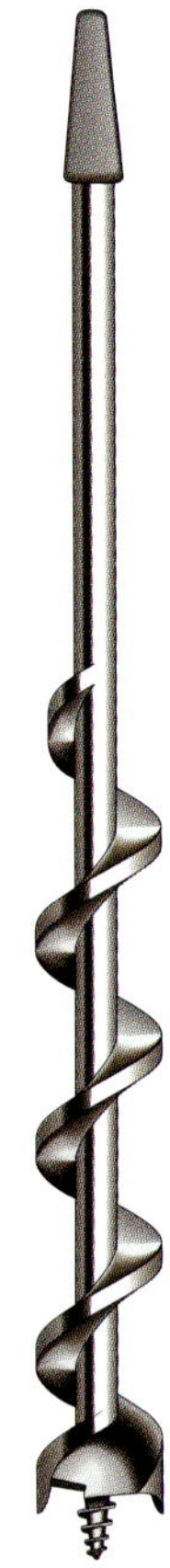

Handkreissäge^F
circular saw

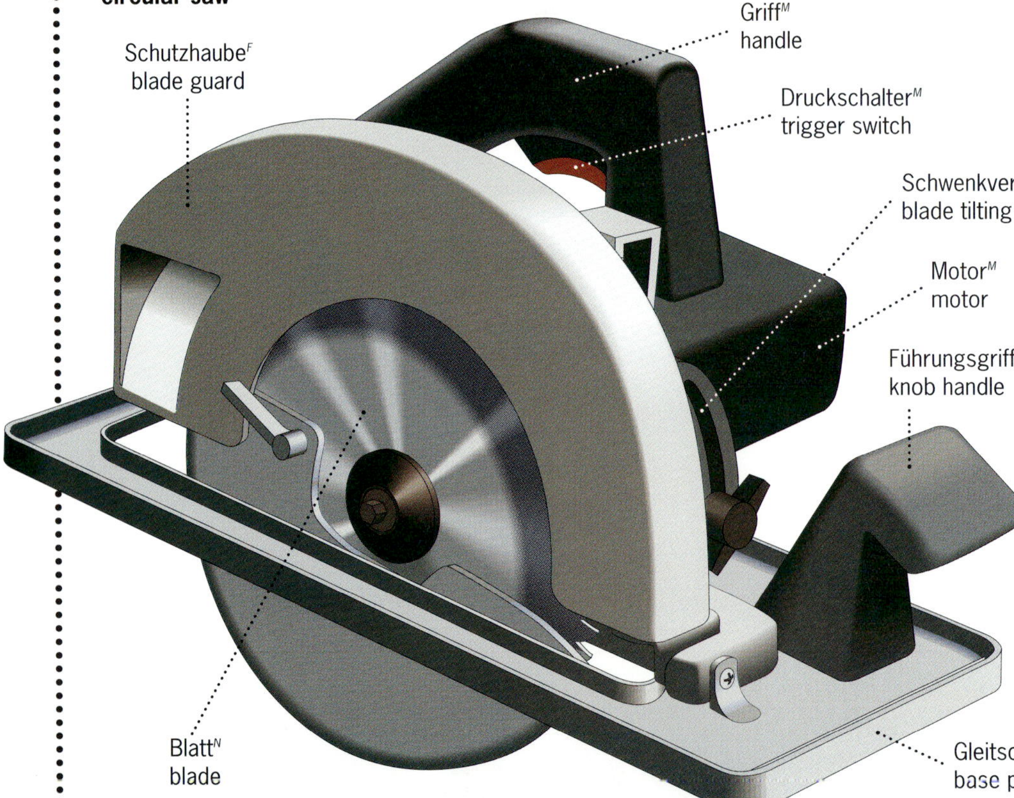

Kreissägeblatt^N
circular saw blade

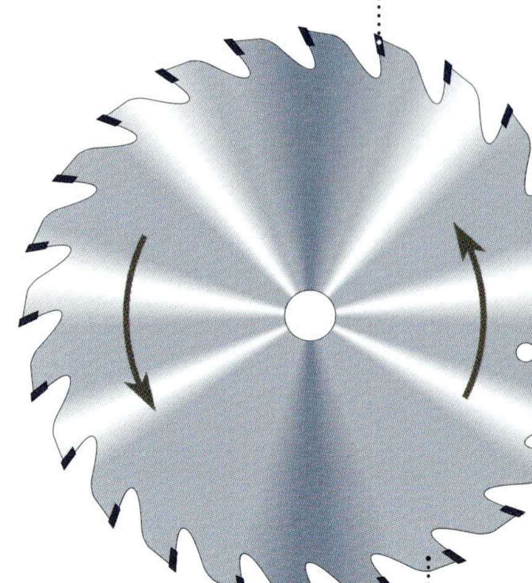

MALERBEDARF[M]
PAINTING UPKEEP

Farbroller[M]
paint roller

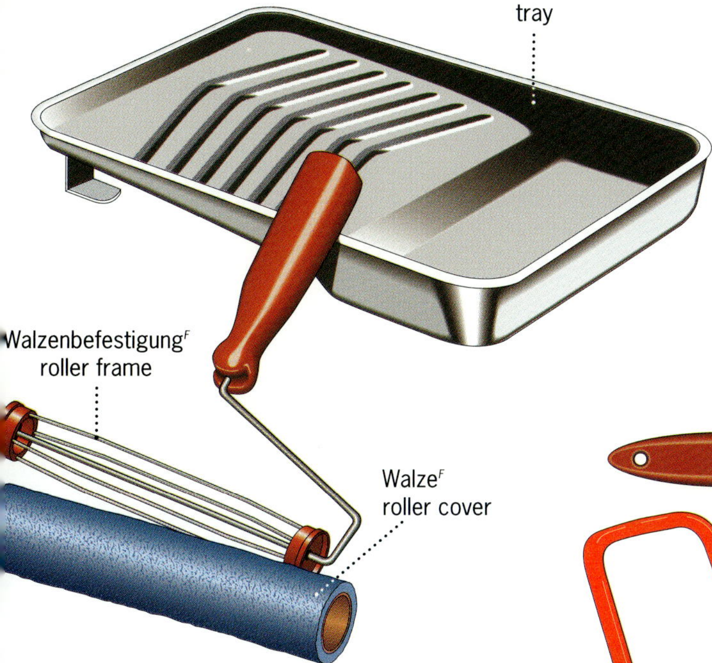

Schaber[M]
scraper

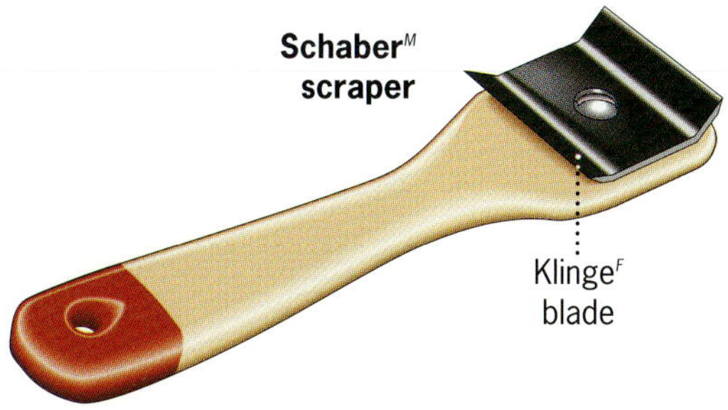

Pinsel[M]
brush

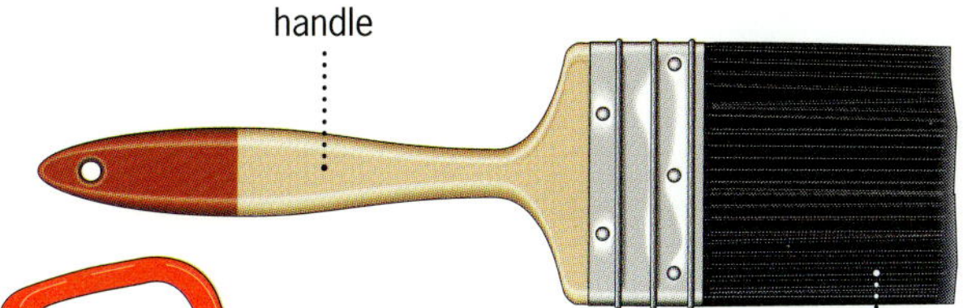

Stehleiter[F]
stepladder

Trittleiter[F]
platform ladder

Ausziehleiter[F]
extension ladder

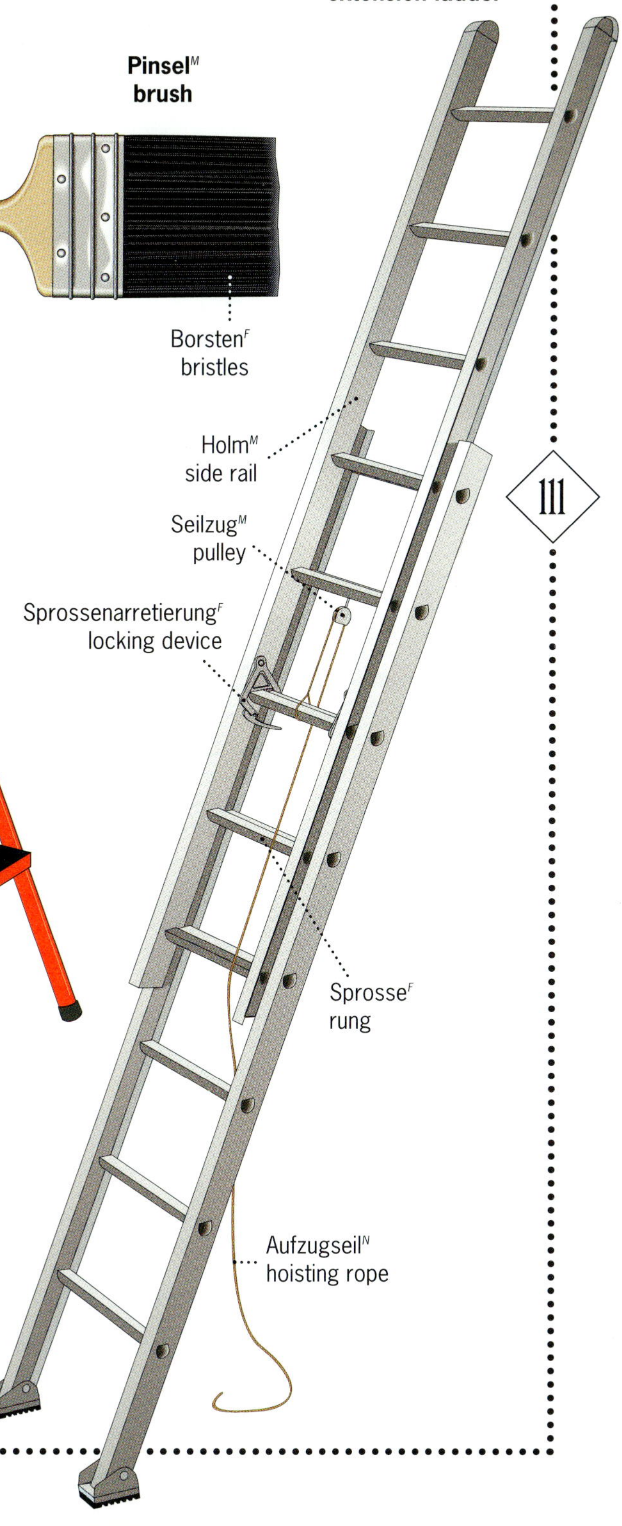

HERRENKLEIDUNG[F]
MEN'S CLOTHING

Hemd[N]
shirt

Hosenträger[M]
braces

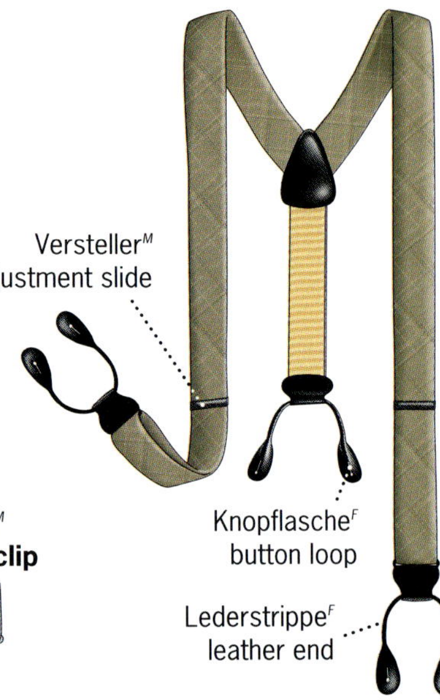

Clip[M]
brace clip

Krawatte[F]
tie

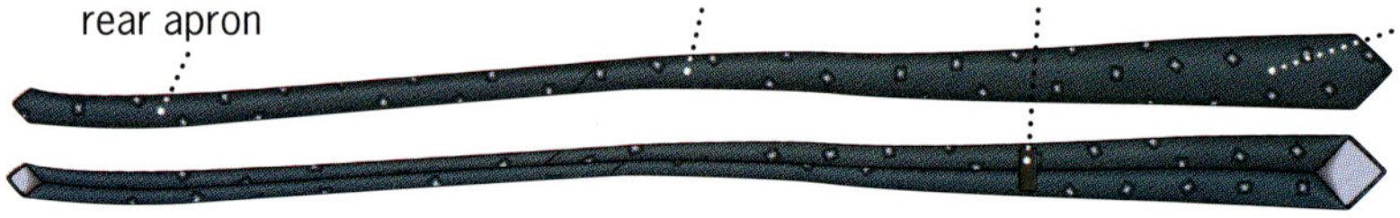

Hose[F]
trousers

Gürtel[M]
belt

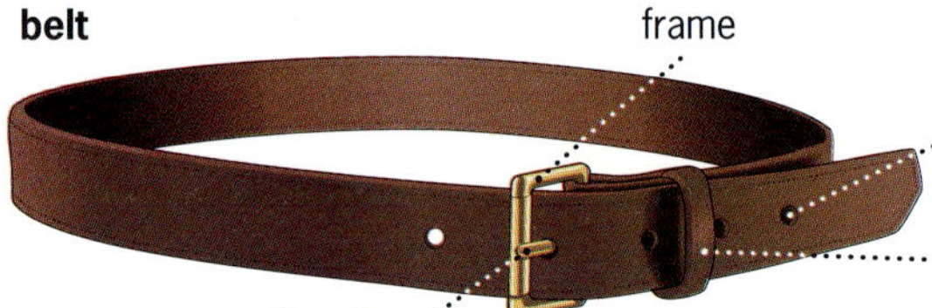

Boxershorts[F]
boxer shorts

Trägerhemd[N]
vest

Slip[M]
briefs

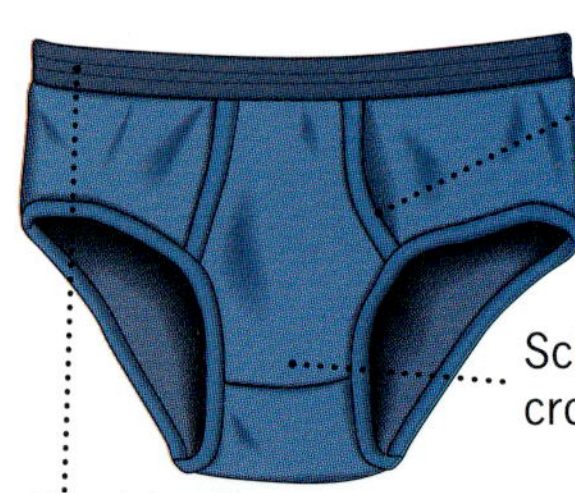

Zweireiher[M]
double-breasted jacket

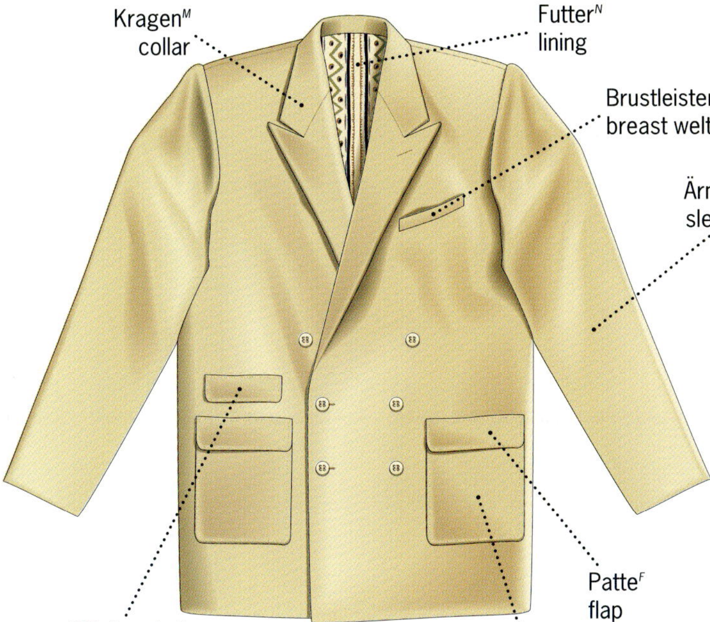

Dufflecoat[M]
duffle coat

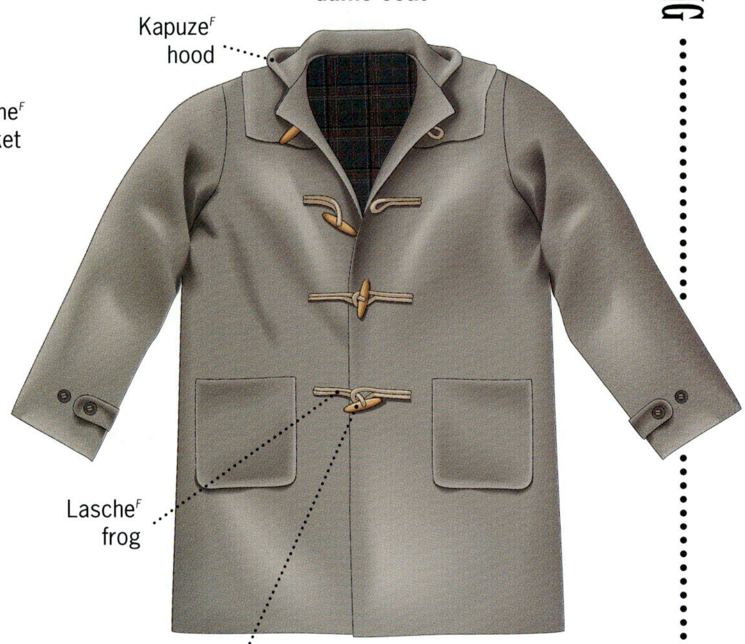

Schirmmütze[F]
cap

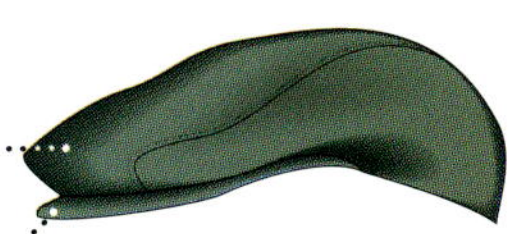

Pudelmütze[F]
bobble hat

Jagdkappe[F]
hunting cap

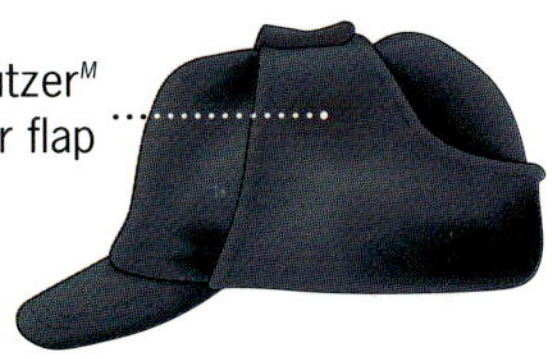

Fliegerjacke[F]
bomber jacket

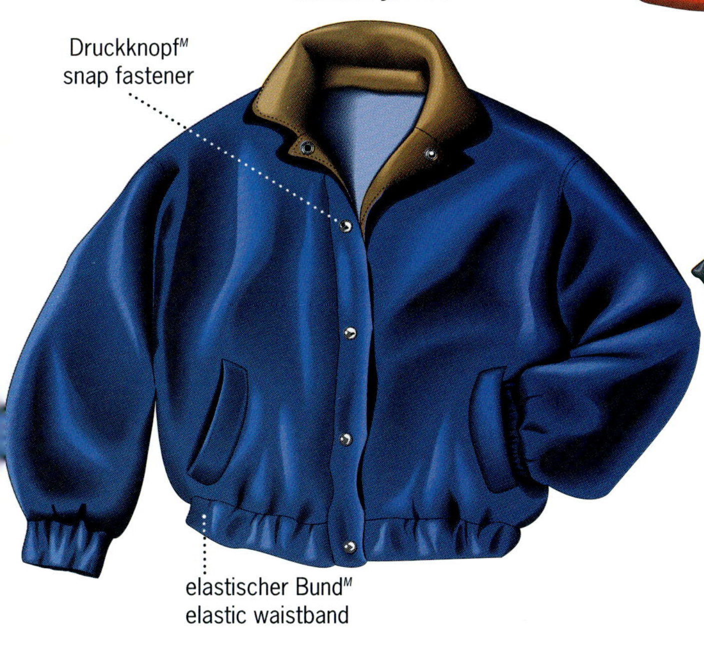

Windjacke[F]
windcheater

DAMENKLEIDUNG[F]
WOMEN'S CLOTHING

Toque[F]
toque

Strickmütze[F]
knitted hat

Kapuzenmütze[F]
balaclava

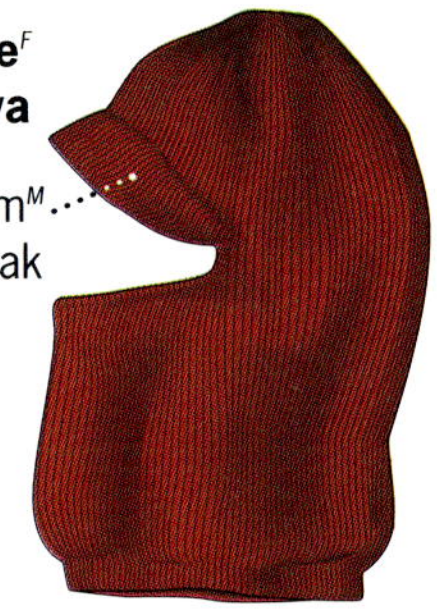

Baskenmütze[F]
beret

Bluse[F]
blouse

Zweireiher[M]
double-breasted jacket

Kostüm[N]
suit

Mantel[M]
overcoat

Poncho[M]
poncho

Kleid[N]
dress

Jeans^{F}
jeans

Steghose^{F}
ski pants

Shorts^{F}
shorts

Bermudashorts^{F}
Bermuda shorts

gerader Rock^{M}
straight skirt

Hosenrock^{M}
culottes

Faltenrock^{M}
pleated skirt

DAMENKLEIDUNG[F]
WOMEN'S CLOTHING

Schlafanzug[M]
pyjamas

BH[M]
bra

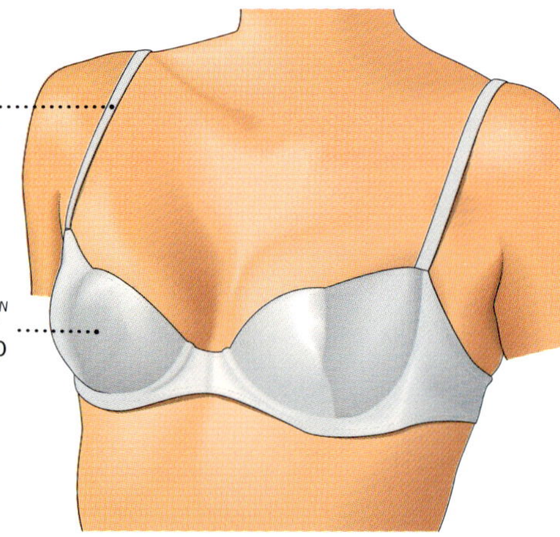

Slip[M]
pants

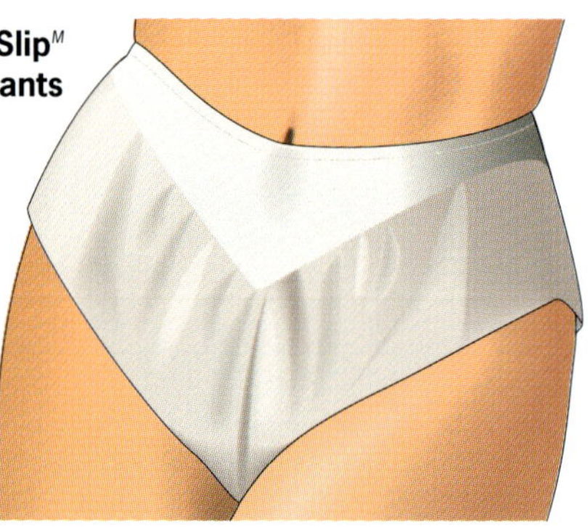

Bademantel[M]
dressing gown

Unterrock[M]
waist slip

PULLOVER^M SWEATERS

Strickjacke^F
cardigan

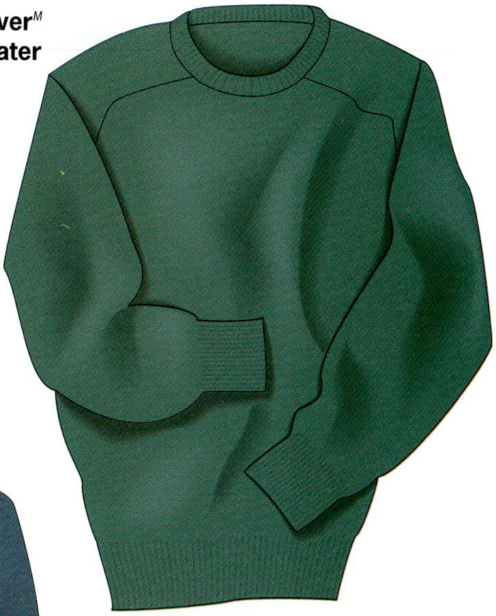

kragenloser Pullover^M
crew neck sweater

Rollkragenpullover^M
polo neck

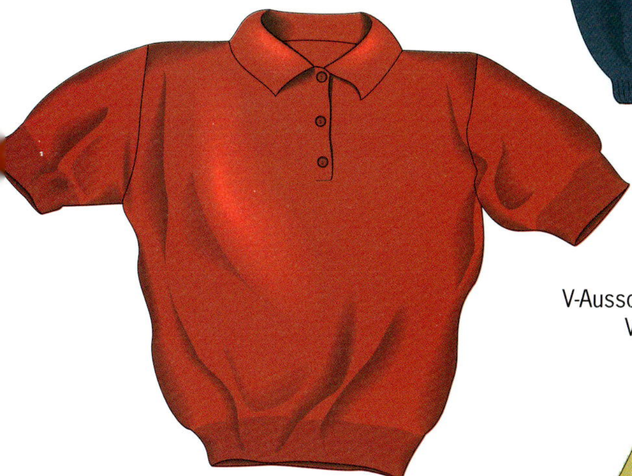

Polohemd^N
polo shirt

Pullunder^M
slipover

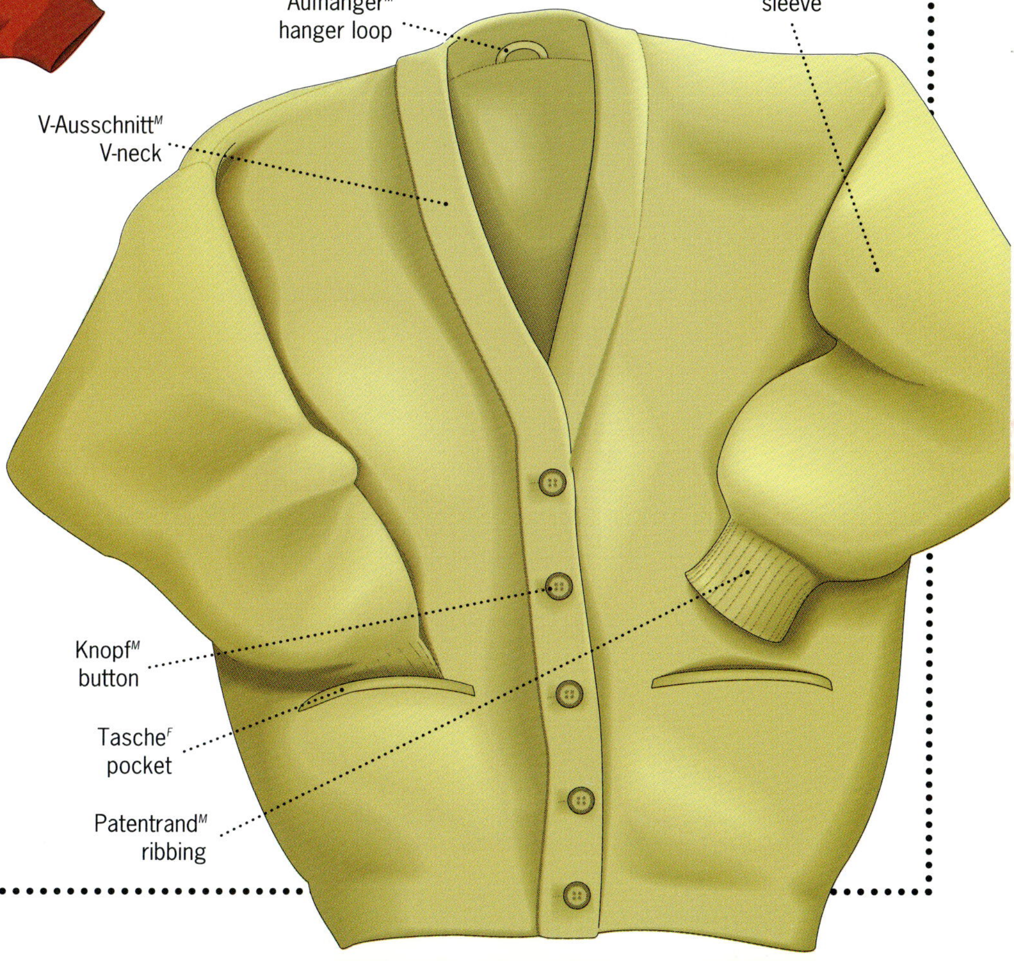

Strickjacke^F mit V-Ausschnitt^M
V-neck cardigan

HANDSCHUHE^M UND STRÜMPFE^M
GLOVES AND STOCKINGS

Handschuhe^M
gloves

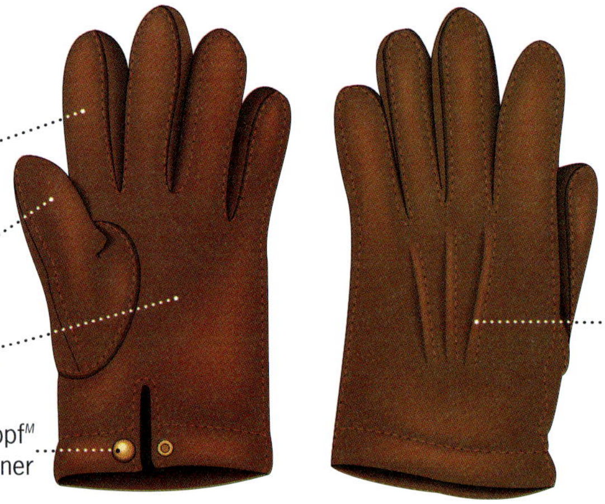

Autohandschuh^M
driving glove

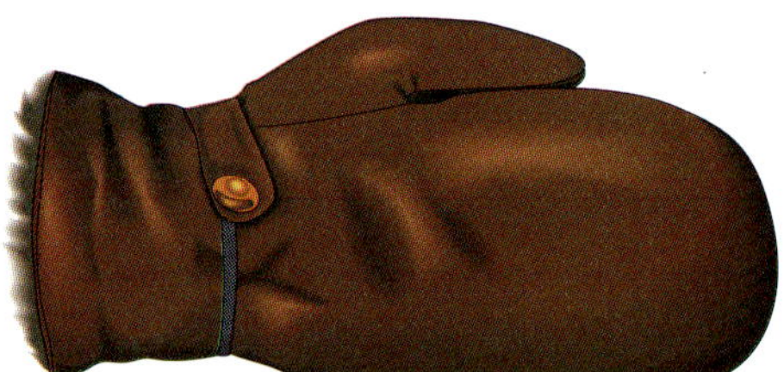

Fäustling^M
mitten

Socke^F
sock

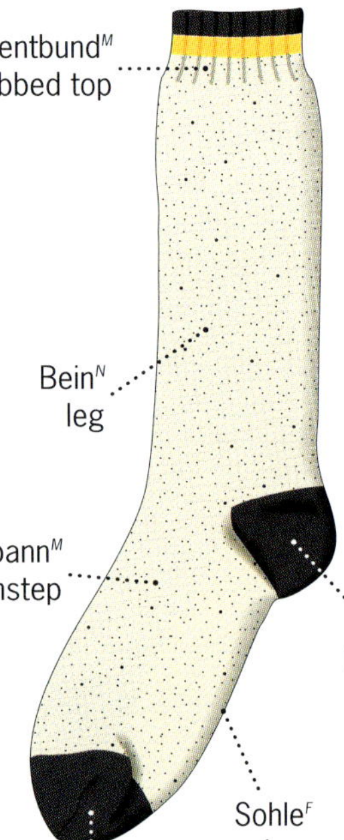

Kurzsocke^F
short sock

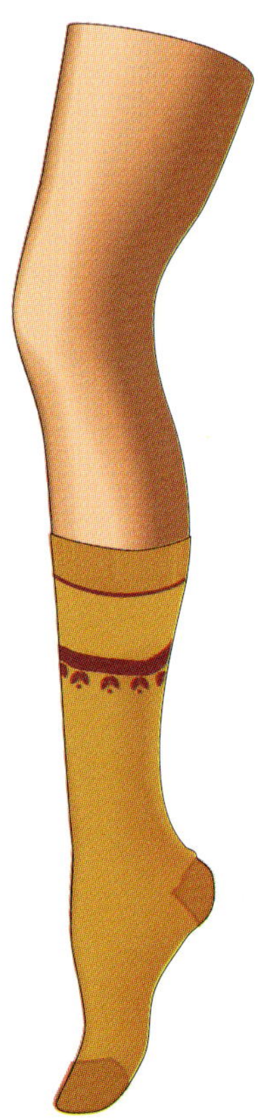

Socke^F
sock

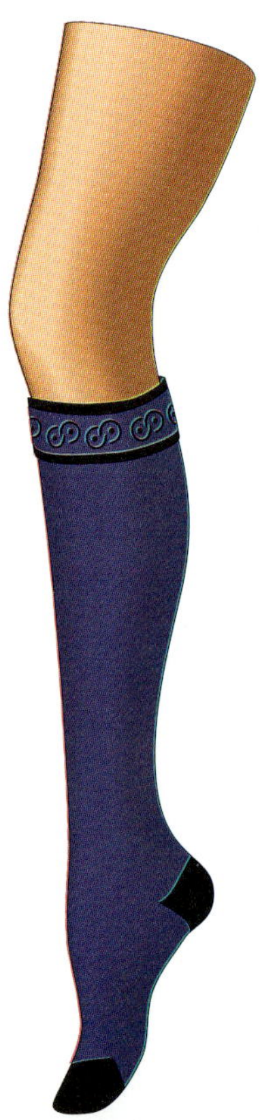

Kniestrumpf^M
knee-high sock

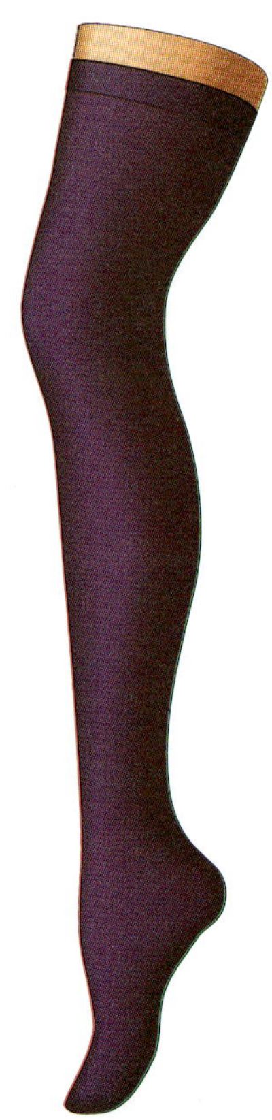

Strumpf^M
stocking

Strumpfhose^F
tights

SCHUHE[M]
SHOES

Wanderstiefel[M]
walking boot

Riemchensandalette[F]
slingback

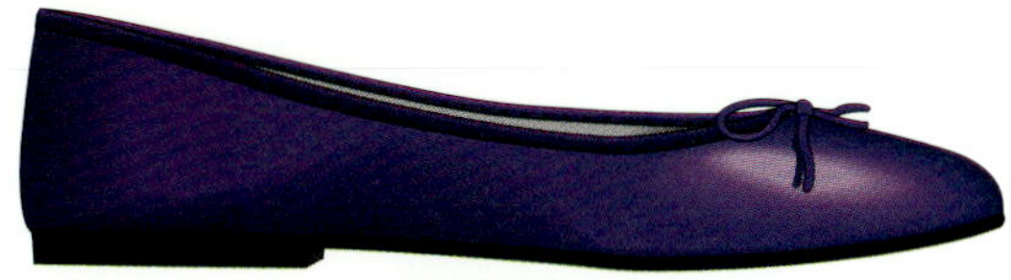

Ballerinaschuh[M]
pump

Freizeitschuh[M]
deck shoe

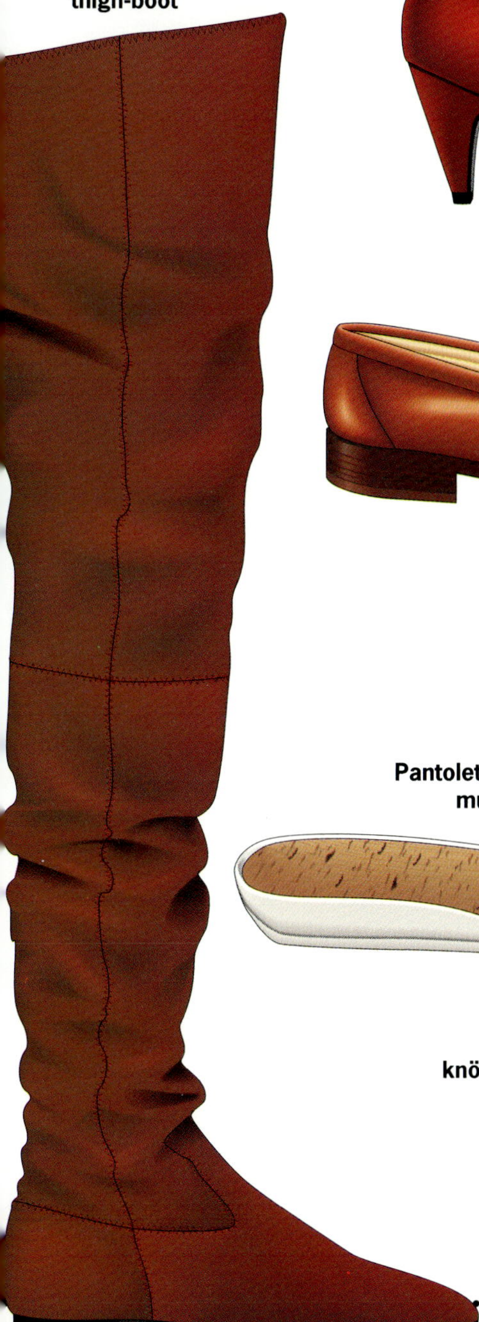

Schaftstiefel[M]
thigh-boot

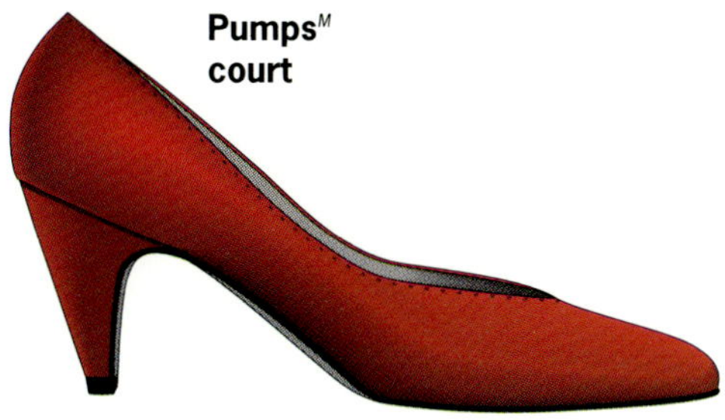

Pumps[M]
court

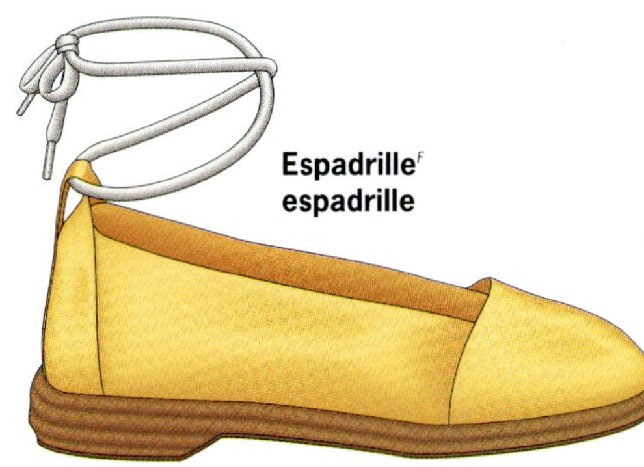

Espadrille[F]
espadrille

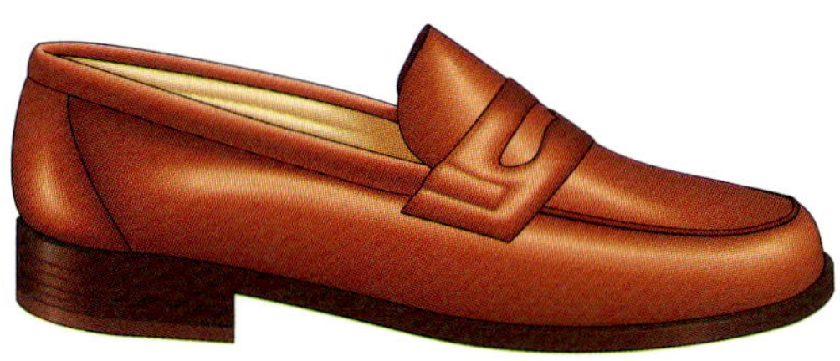

Slipper[M]
slip-on; loafer

Mokassin[M]
moccasin

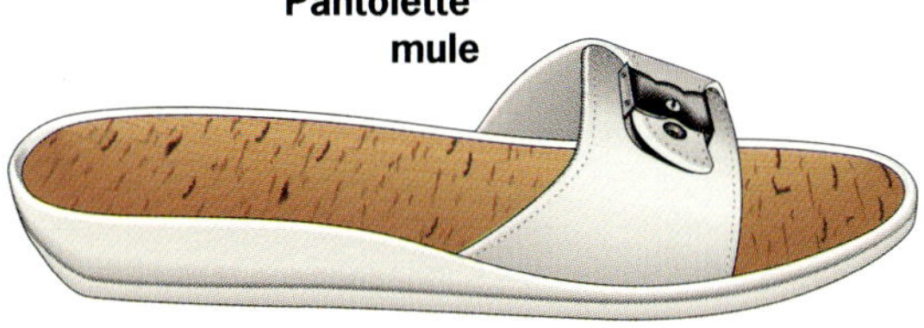

Pantolette[F]
mule

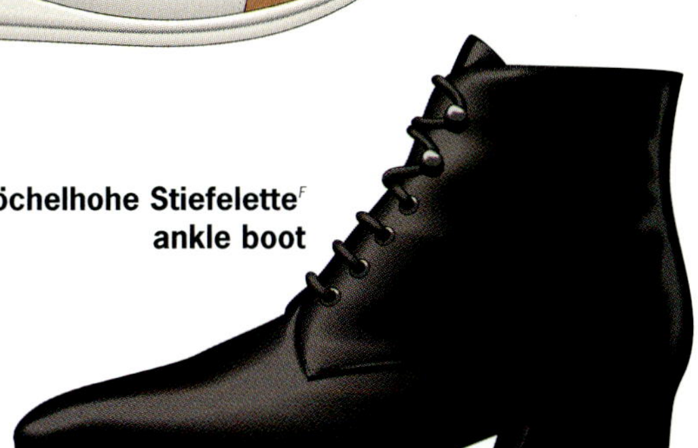

knöchelhohe Stiefelette[F]
ankle boot

Stiefel[M]
boot

SPORTKLEIDUNG^{F}
SPORTSWEAR

SPORTKLEIDUNG^{F}
EXERCISE WEAR

Trägerhemd^{N}
singlet

Badeanzug^{M}
swimsuit

Trikot^{N}
leotard

TRAININGSANZUG^{M}
TRACK SUIT

Sweatshirt^{N}
sweatshirt

Anorak^{M}
anorak

Sweatshirt^{N} mit Kapuze^{F}
hooded sweatshirt

Regenhose^{F}
overtrousers

Trainingshose^{F}
trousers

SPORTKLEIDUNG[F]
EXERCISE WEAR

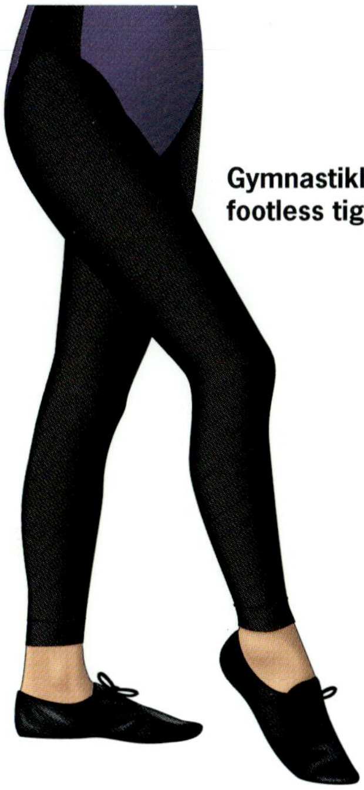

Gymnastikhose[F] ohne Fuß[M]
footless tights

Legwarmer[M]
leg-warmer

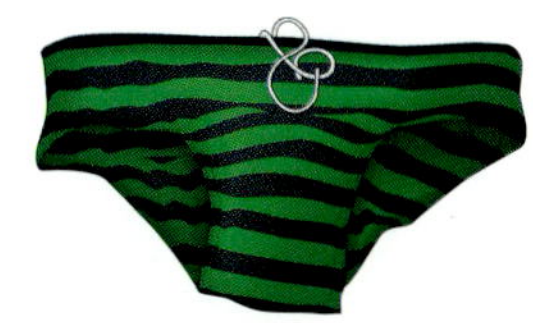

Badehose[F]
swimming trunks

Boxershorts[F]
boxer shorts

Joggingschuh[M]
running shoe; trainer

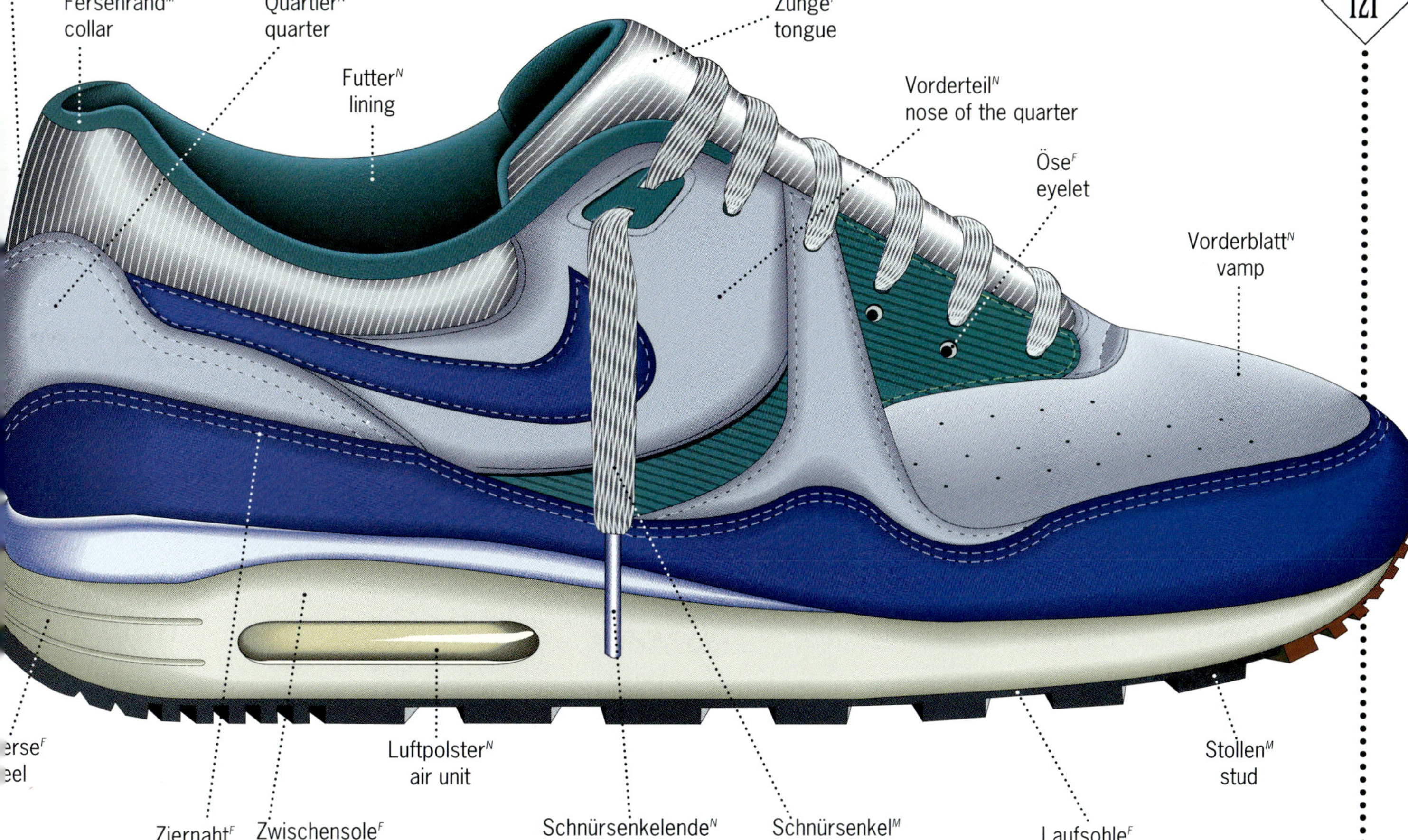

ZAHNPFLEGE[F]
DENTAL CARE

Zahnbürste[F]
toothbrush

Massagespitze[F]
stimulator tip

Griff[M]
handle

Borsten[F]
bristles

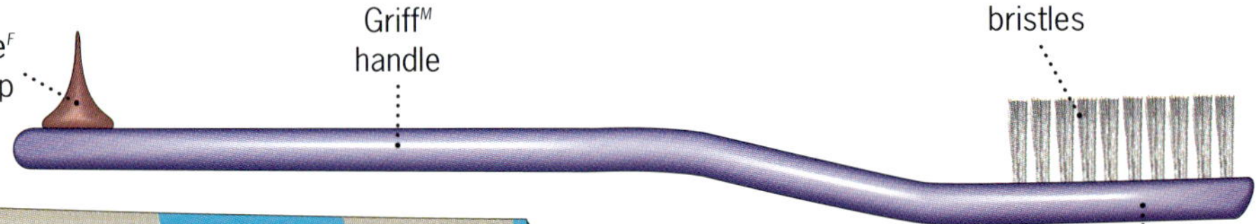

Kopf[M]
head

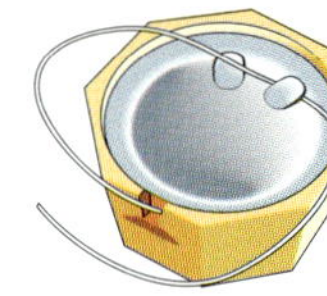

Zahnseide[F]
dental floss

Zahnpasta[F]
toothpaste

HAARPFLEGE[F]
HAIRDRESSING

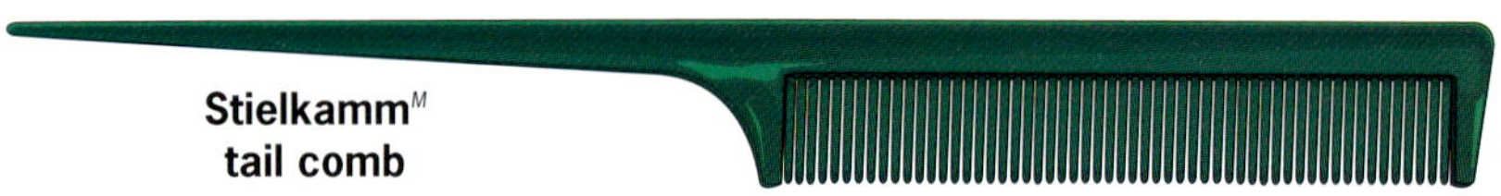

Stielkamm[M]
tail comb

Griffkamm[M]
rake comb

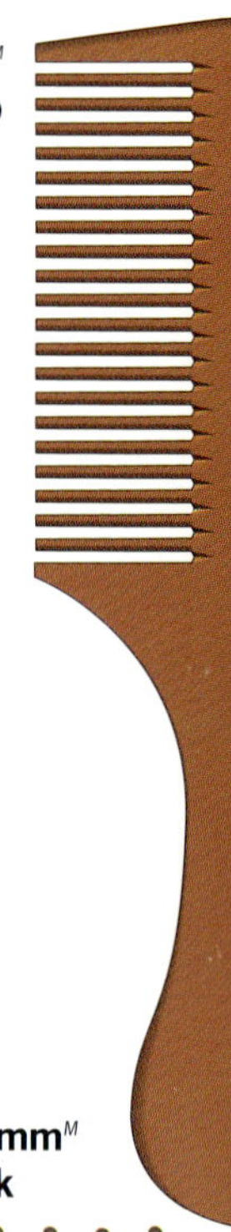

Fön[M]
hair-dryer

Gebläse[N]
fan

Temperaturschalter[M]
heat selector switch

Gehäuse[N]
barrel

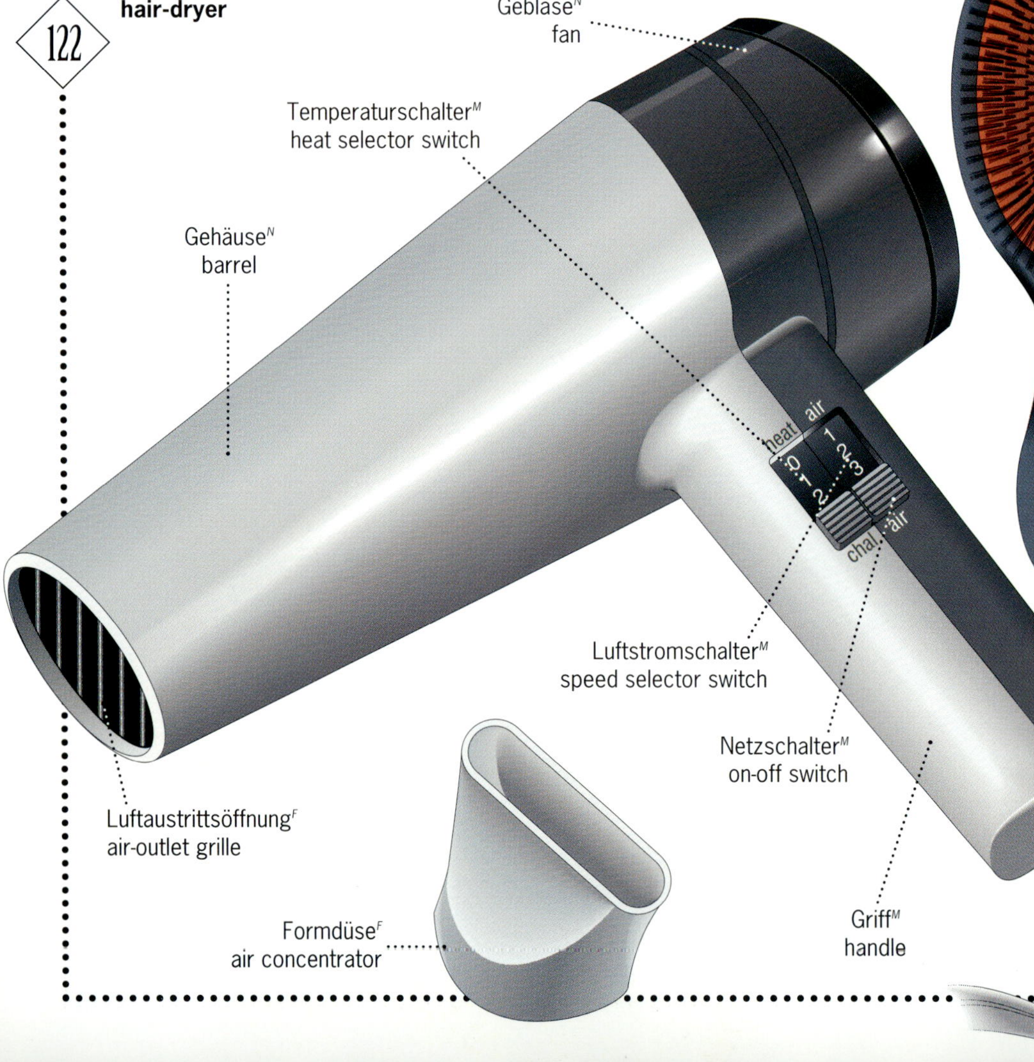

Haarbürste[F]
hairbrush

Strähnenkamm[M]
Afro pick

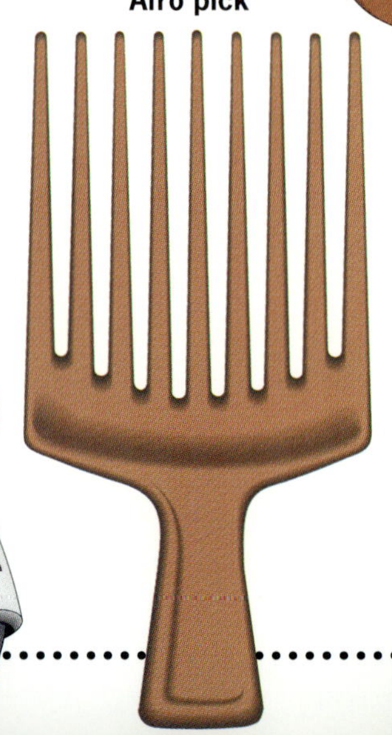

Luftstromschalter[M]
speed selector switch

Netzschalter[M]
on-off switch

Luftaustrittsöffnung[F]
air-outlet grille

Formdüse[F]
air concentrator

Griff[M]
handle

LEDERWAREN[F]
LEATHER GOODS

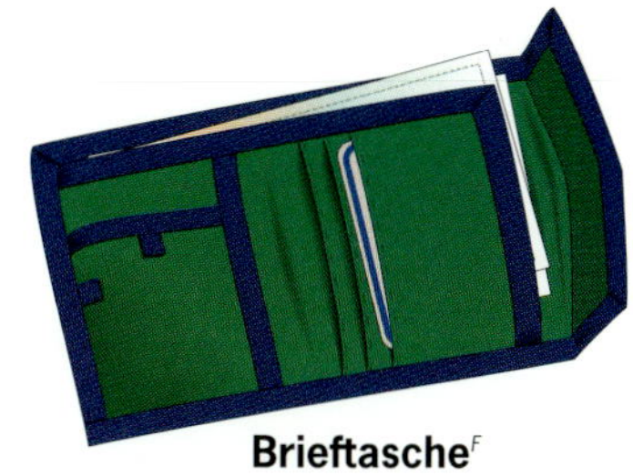

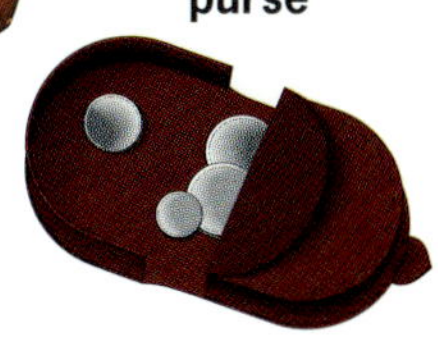

BRILLE[F]
GLASSES; SPECTACLES

SCHIRM[M]
UMBRELLA

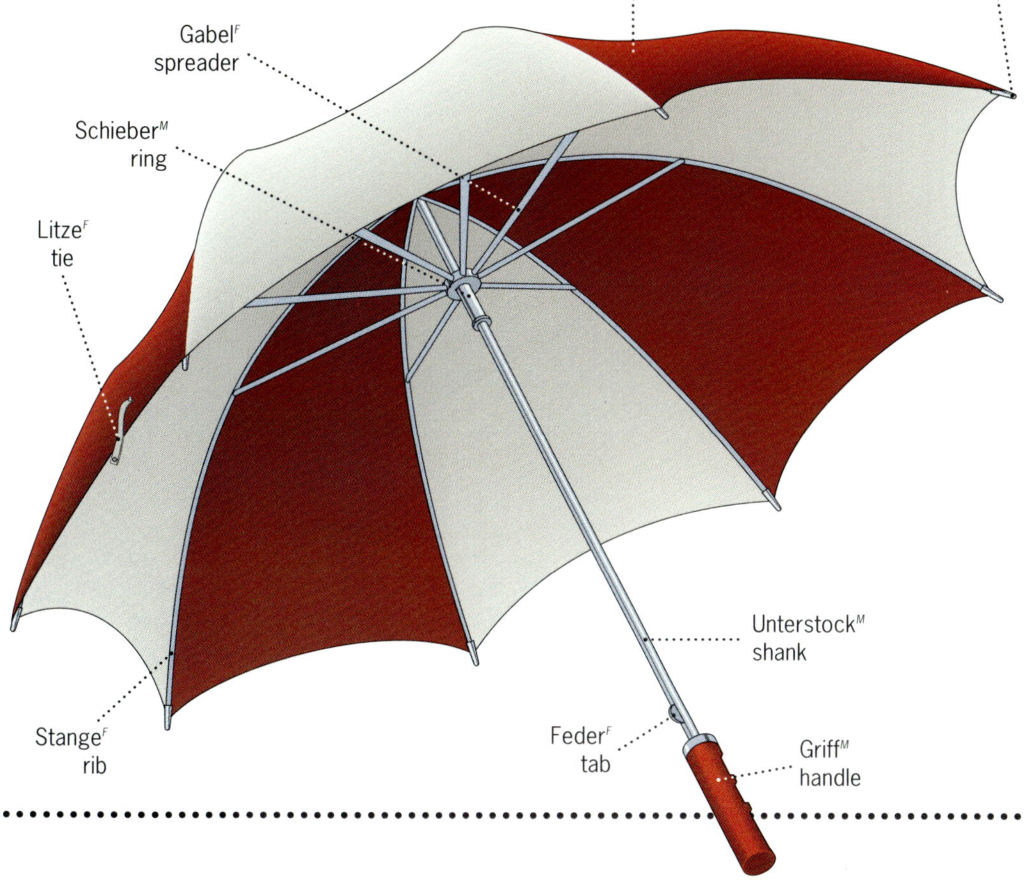

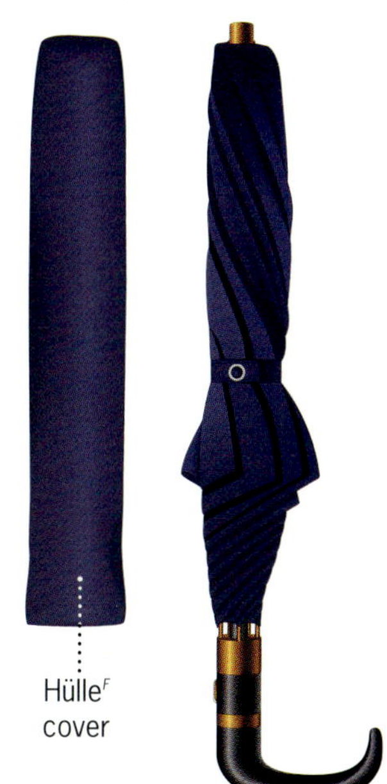

TELEFONIEREN[N]
COMMUNICATION BY TELEPHONE

Telefonapparat[M]
telephone set

Anrufbeantworter[M]
telephone answering machine

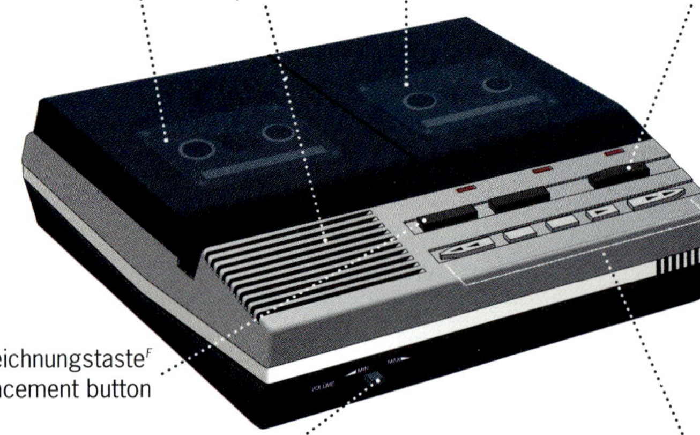

öffentlicher Fernsprecher[M]
pay phone

Tastentelefon[N]
push-button telephone

mobiles Zellfunktelefon[N]
portable cellular telephone

schnurloses Telefon[N]
cordless telephone

FOTOGRAFIE[F]
PHOTOGRAPHY

einäugige Spiegelreflexkamera[F]
single lens reflex (slr) camera

Elektronenblitz[M]
electronic flash

Patronenfilm[M]
cartridge film

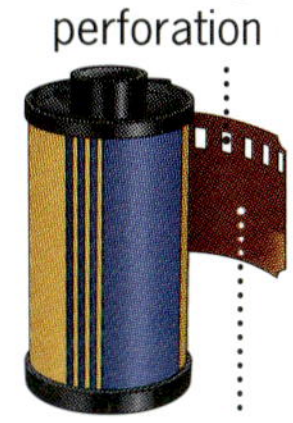

Sucherkamera[F]
rangefinder; compact camera

Sofortbildkamera[F]
Polaroid® Land camera

Pocket-Instamatic Kamera[F]
pocket camera

Kassettenfilm[M]
cassette film

Filmkassette[F]
film pack

FERNSEHEN[N]
TELEVISION

Fernsehapparat[M]
television set

Fernbedienung[F]
remote control

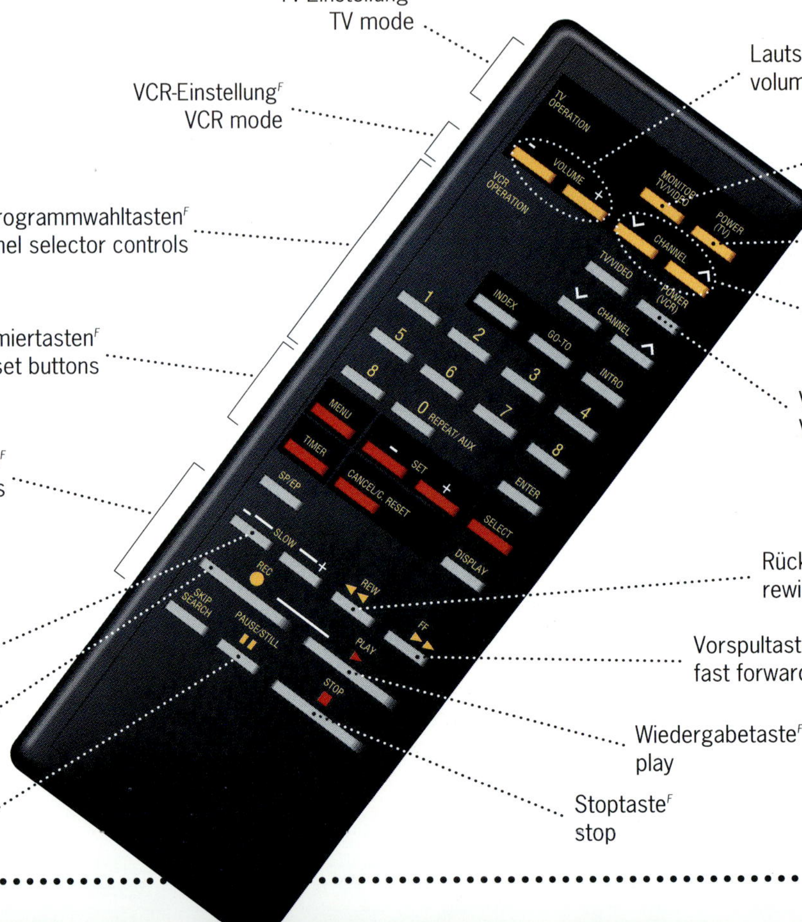

VIDEO^N VIDEO

Videorecorder^M videocassette recorder

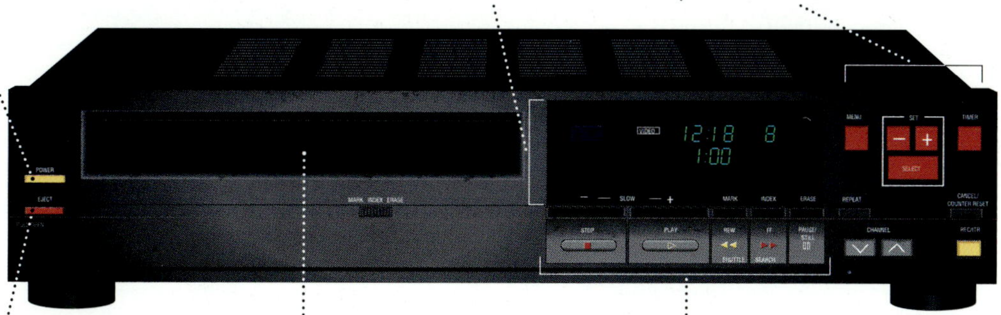

Videokamera^F video camera

HI-FI-ANLAGE[F]
HI-FI SYSTEM

SYSTEMBAUSTEINE[M]
SYSTEM COMPONENTS

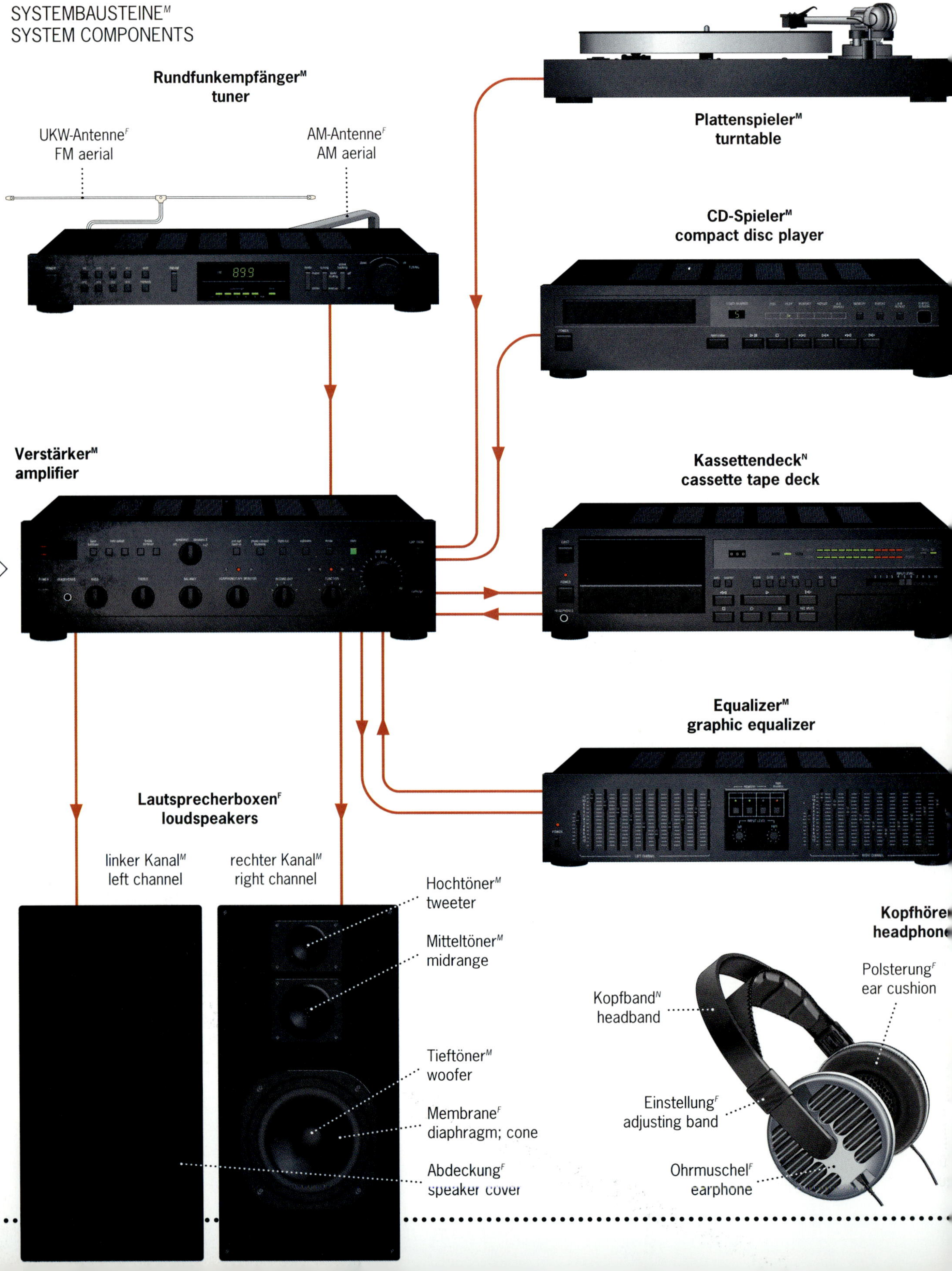

TRAGBARE TONWIEDERGABESYSTEME[N]
PORTABLE SOUND SYSTEMS

Radiorecorder[M] mit CD-Spieler[M]
portable CD radio cassette recorder

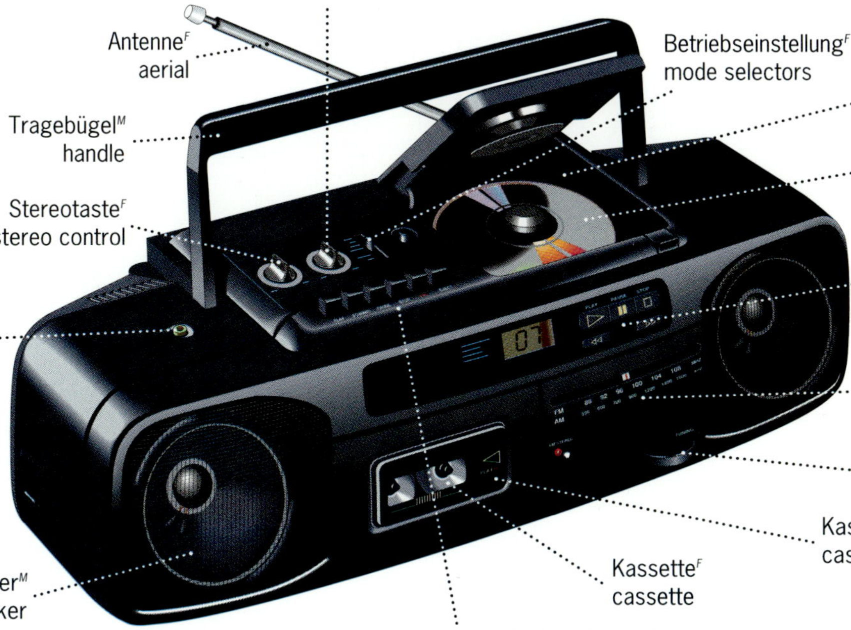

Walkman[M]®
Walkman®

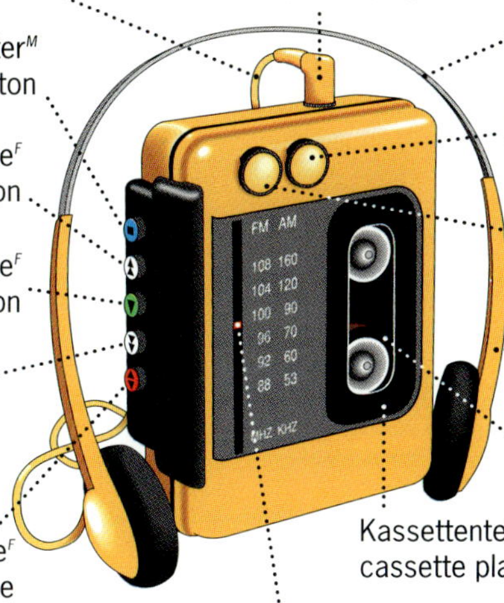

Compact Disc[F]
compact disc

Kassette[F]
Cassette

Schallplatte[F]
record

AUTO[N]
CAR

Karosserie[F]
body

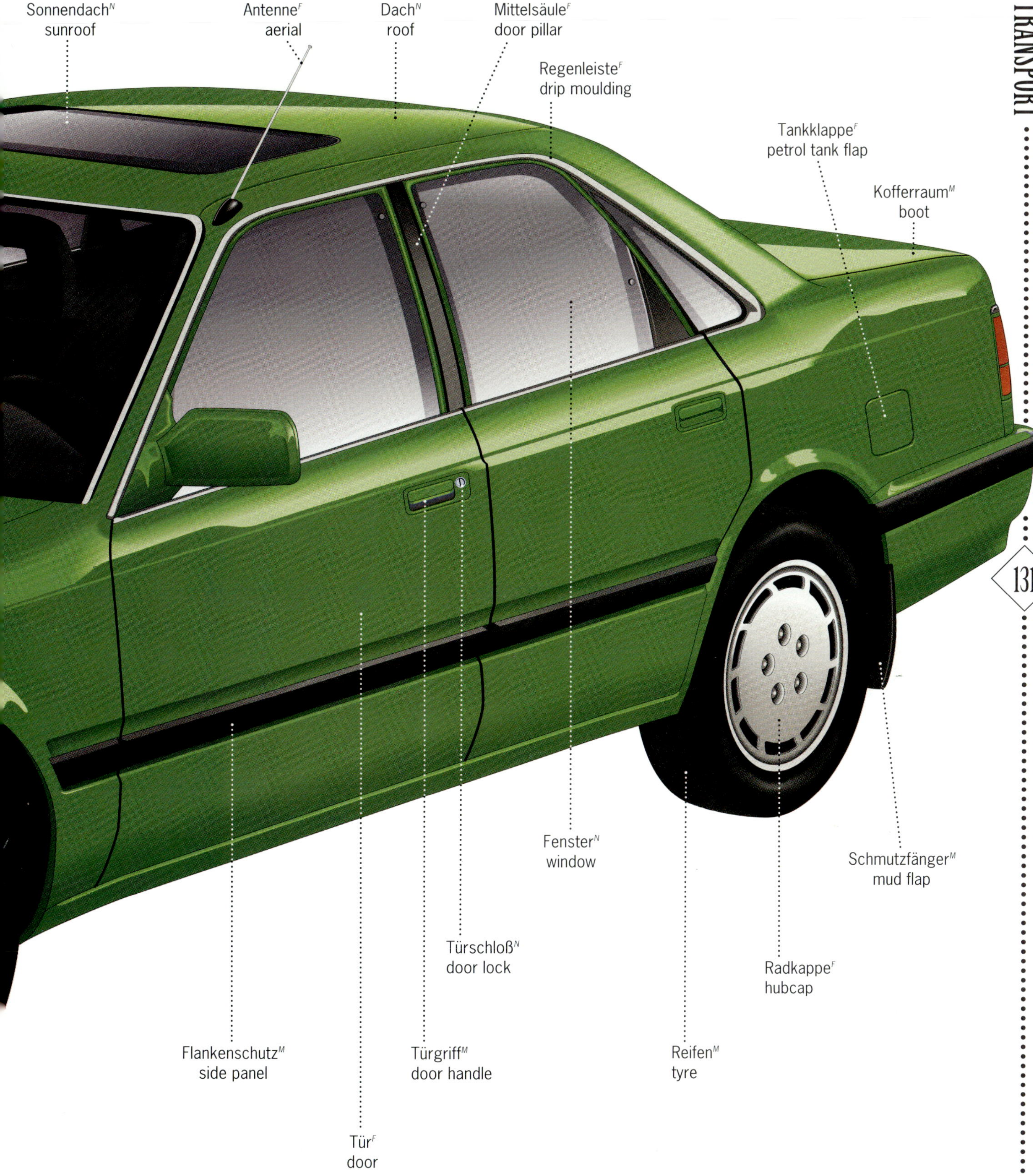
SonnendachN
sunroof
AntenneF
aerial
DachN
roof
MittelsäuleF
door pillar
RegenleisteF
drip moulding
TankklappeF
petrol tank flap
KofferraumM
boot
FensterN
window
SchmutzfängerM
mud flap
TürschloßN
door lock
RadkappeF
hubcap
FlankenschutzM
side panel
TürgriffM
door handle
ReifenM
tyre
TürF
door

AUTO[N]
CAR

Armaturenbrett[N]
dashboard

Scheibenwischerschalter[M]
wiper switch

Rückspiegel[M]
rearview mirror

Kosmetikspiegel[M]
vanity mirror

Instrumententafel[F]
instrument panel

Sonnenblende[F]
sun visor

Zündschloß[N]
ignition switch

Zeituhr[F]
clock

Hupe[F]
horn

Luftdüse[F]
air vent

Lenkrad[N]
steering wheel

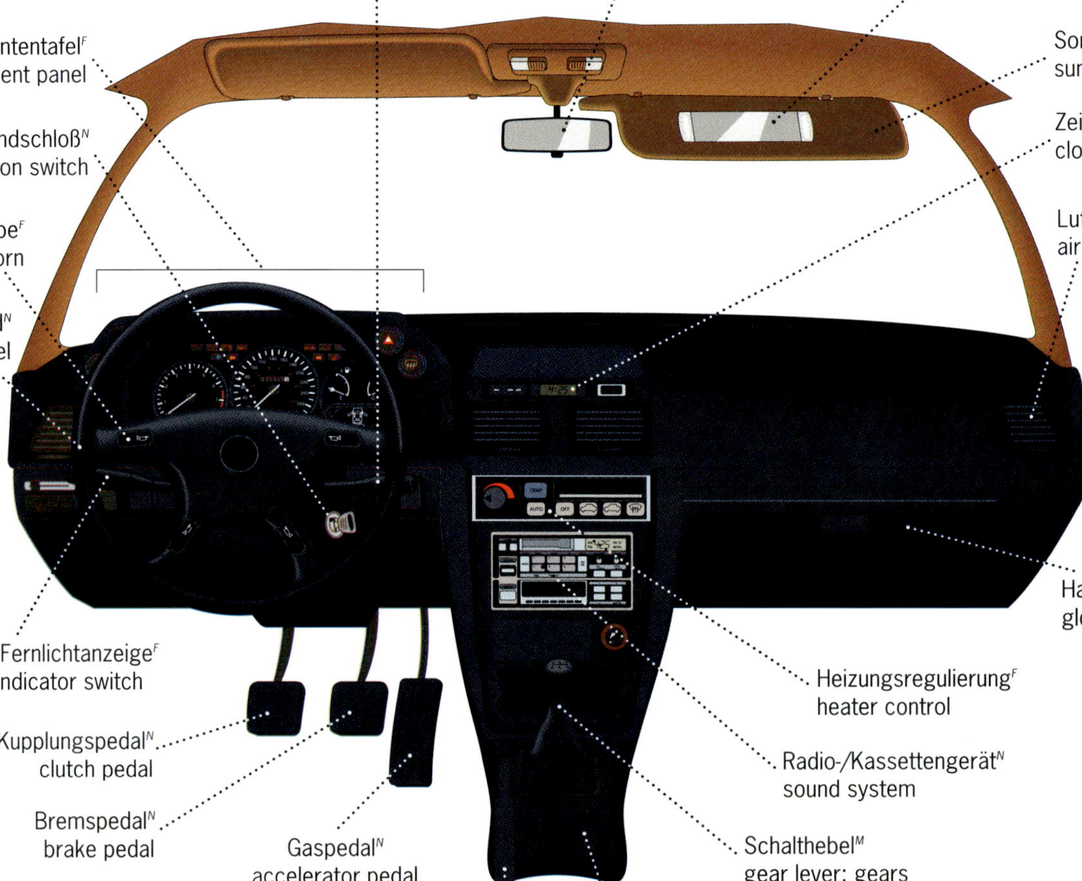

Handschuhfach[N]
glove compartment

Blinker- und Fernlichtanzeige[F]
headlight/indicator switch

Heizungsregulierung[F]
heater control

Kupplungspedal[N]
clutch pedal

Radio-/Kassettengerät[N]
sound system

Bremspedal[N]
brake pedal

Gaspedal[N]
accelerator pedal

Schalthebel[M]
gear lever; gears

Handbremse[F]
handbrake

Mittelkonsole[F]
centre console

Instrumententafel[F]
instrument panel

Warnleuchten[F]
warning lights

Blinklichtkontrolle[F]
indicator light

Kraftstoffanzeige[F]
fuel gauge

Fernlichtanzeige[F]
main beam indicator light

Temperaturanzeige[F]
temperature gauge

Drehzahlmesser[M]
rev(olution) counter

Gesamtkilometerzähler[M]
mileometer

Tageskilometerzähler[M]
trip mileometer

Tachometer[M]
speedometer

FAHRZEUGBELEUCHTUNG[F]
CAR LIGHTS

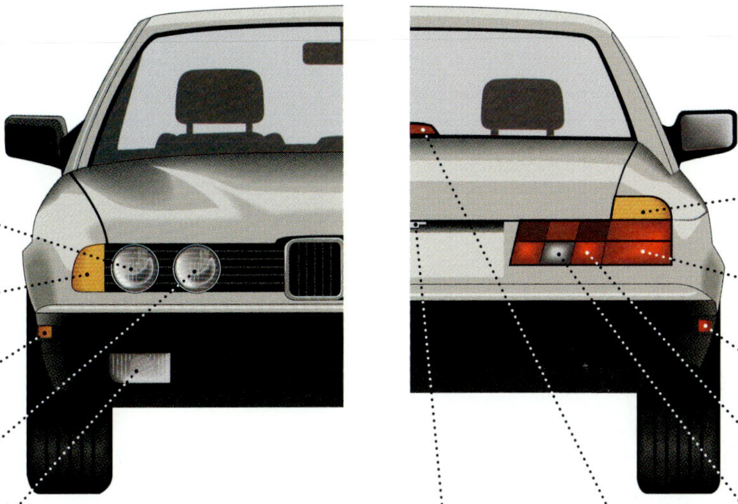

Frontleuchten[F]
front lights

Abblendlicht[N]
dipped headlights

Fahrtrichtungsanzeiger[M]
indicator

Begrenzungsleuchte[F]
side light

Fernlicht[N]
main beam headlights

Nebelscheinwerfer[M]
fog lamp

Nummernschildbeleuchtung[F]
number plate light

Bremsleuchte[F]
brake light

Heckleuchten[F]
rear lights

Fahrtrichtungsanzeiger[M]
indicator

Rücklicht[N]
rear light

Begrenzungsleuchte[F]
side light

Bremsleuchte[F]
brake light

Rückfahrscheinwerfer[M]
reversing light

KAROSSERIEFORMEN[F]
TYPES OF CAR BODIES

Coupé[N]
coupé

Sportwagen[M]
sports car

Schrägheckmodell[N]
hatchback

Pickup[M]
pickup truck

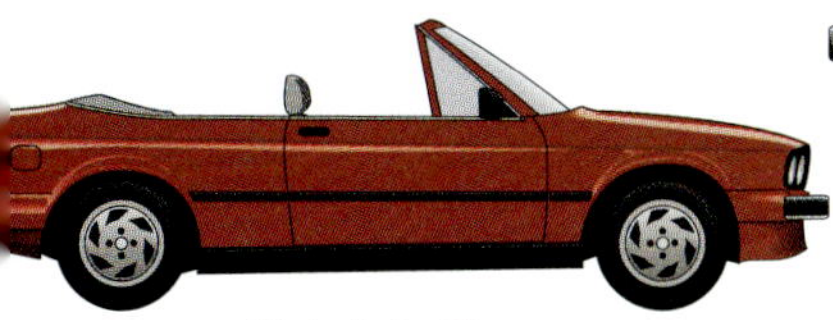

Kabriolett[N]
convertible

Kombiwagen[M]
estate car

viertürige Limousine[F]
four-door saloon

Großraumlimousine[F]
estate wagon

Geländewagen[M]
four-wheel drive vehicle

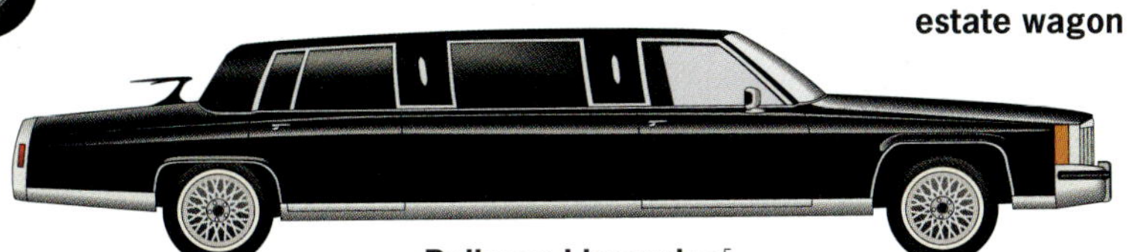

Pullman-Limousine[F]
limousine

LASTKRAFTWAGEN[M]
LORRY

Sattelzugmaschine[F]
tractor unit

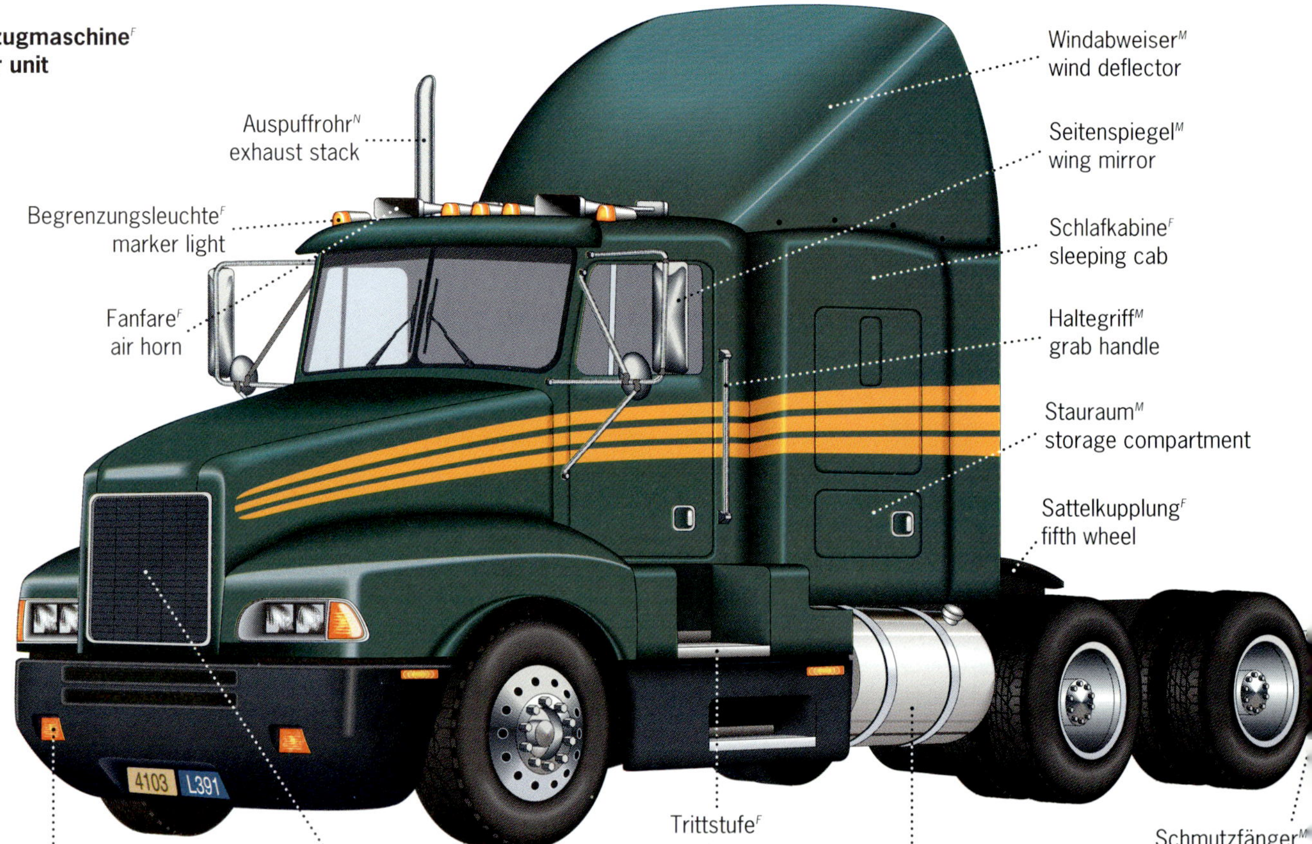

Tankstelle[F]
petrol station

MOTORRAD[N]
MOTORCYCLE

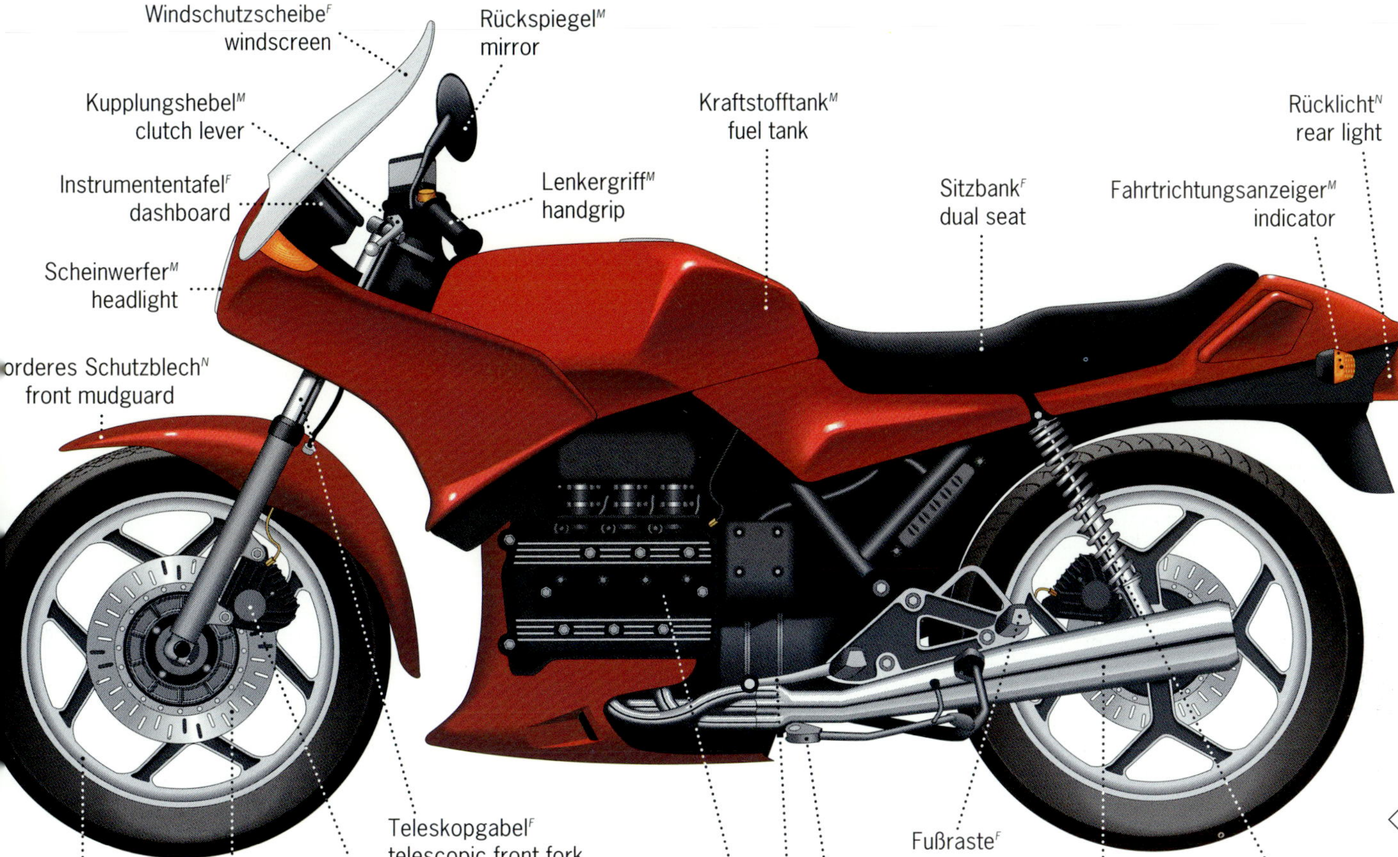

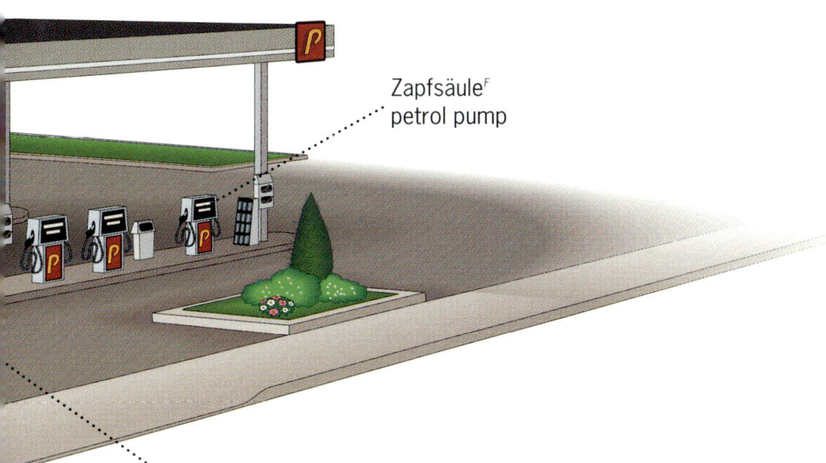

Schutzhelm[M]; Sturzhelm[M]
protective helmet; crash helmet

FAHRRAD[N]
BICYCLE

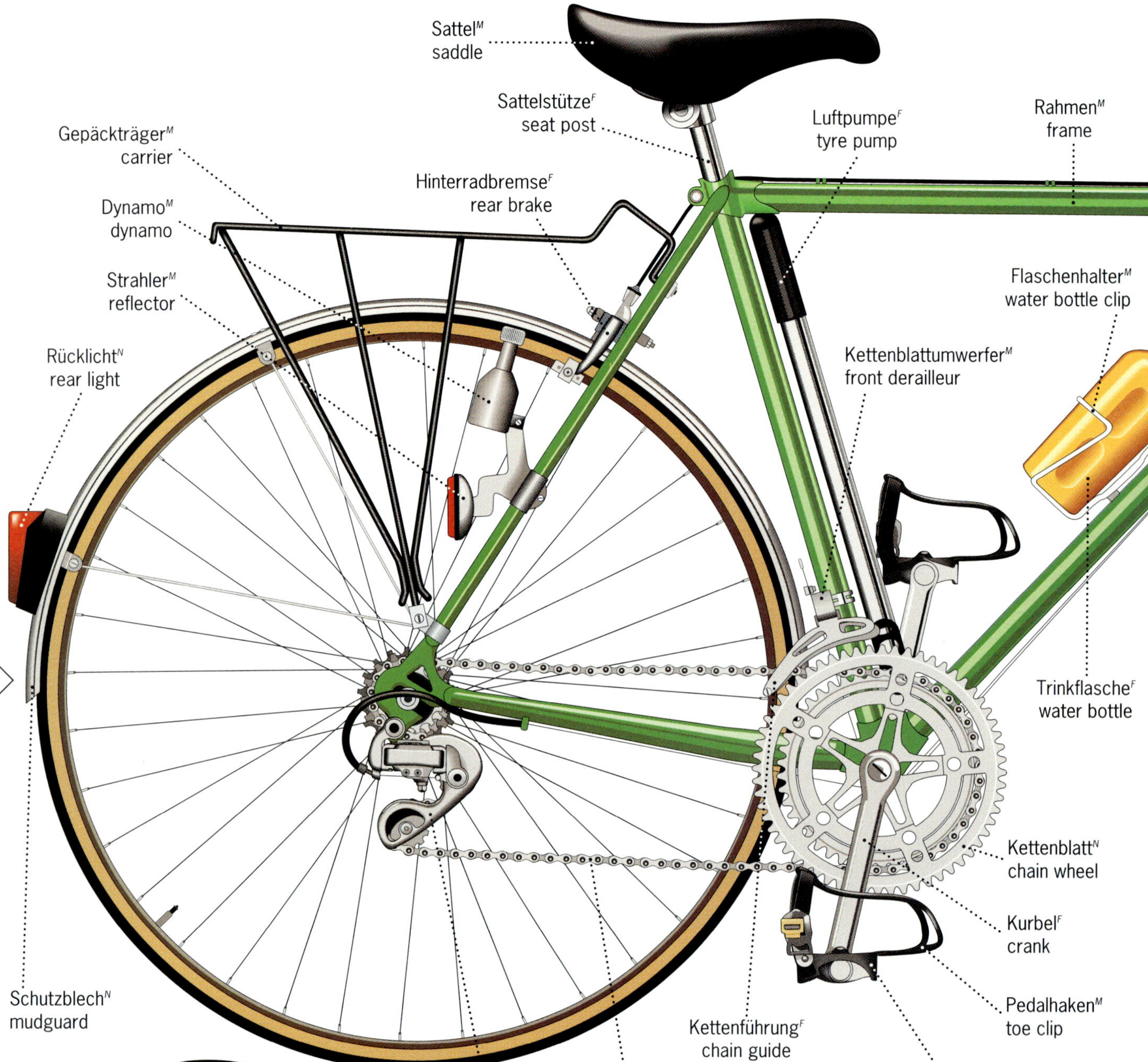

Fahrradtasche[F]
pannler bag

Bügelschloß
lock

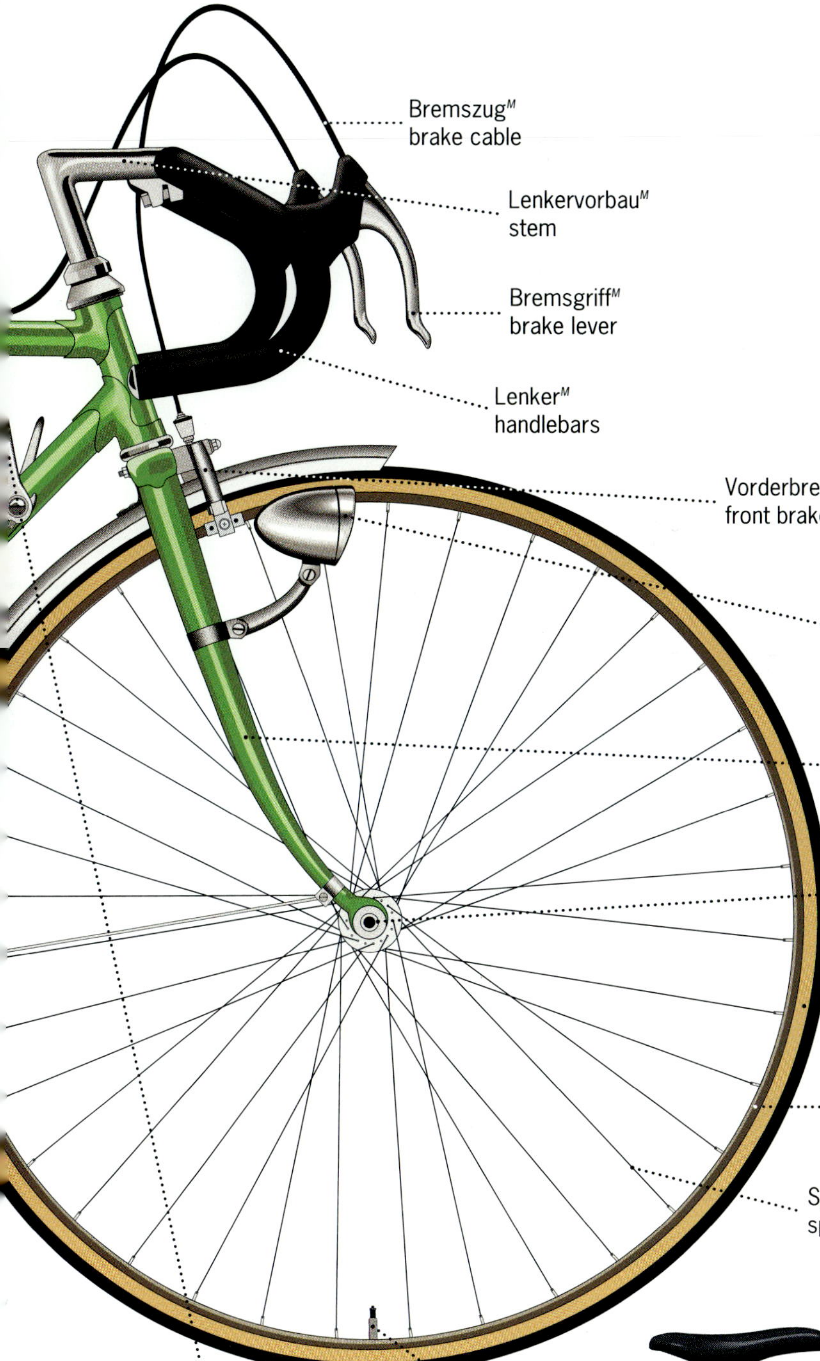

Fahrradhelm[M]
protective helmet

Mountainbike[N]
mountain bike

DIESELELEKTRISCHE LOKOMOTIVE[F]
DIESEL-ELECTRIC LOCOMOTIVE

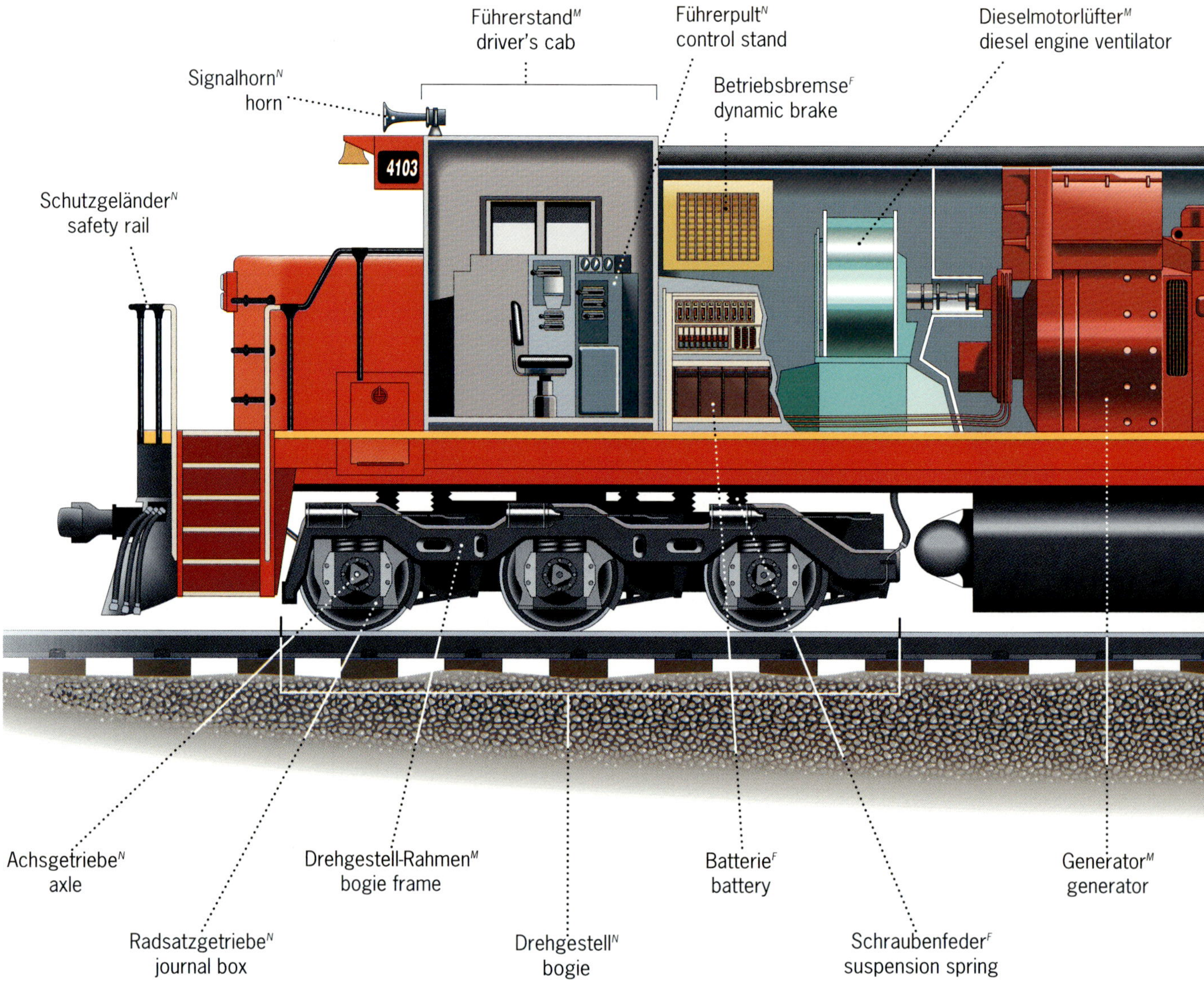

VERSCHIEDENE GÜTERWAGEN[M]
TYPES OF FREIGHT WAGONS

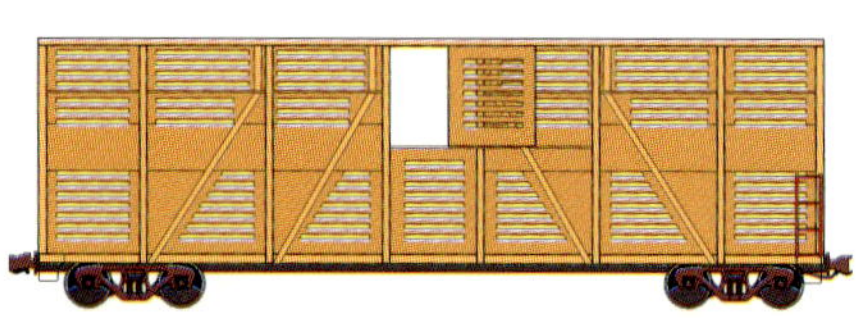
Verschlagwagen[M]
livestock van

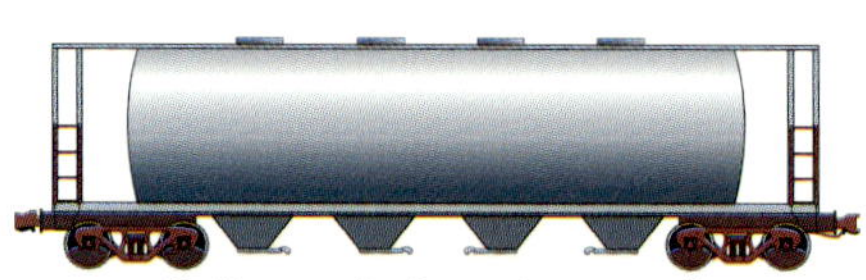
Selbstentladetankwagen[M]
hopper wagon

Drehgestellkastenwagen[M]
bogie wagon

Autotransportwagen[M]
bogie car-transporter wagon

Containerflachwagen[M]
container flat wagon

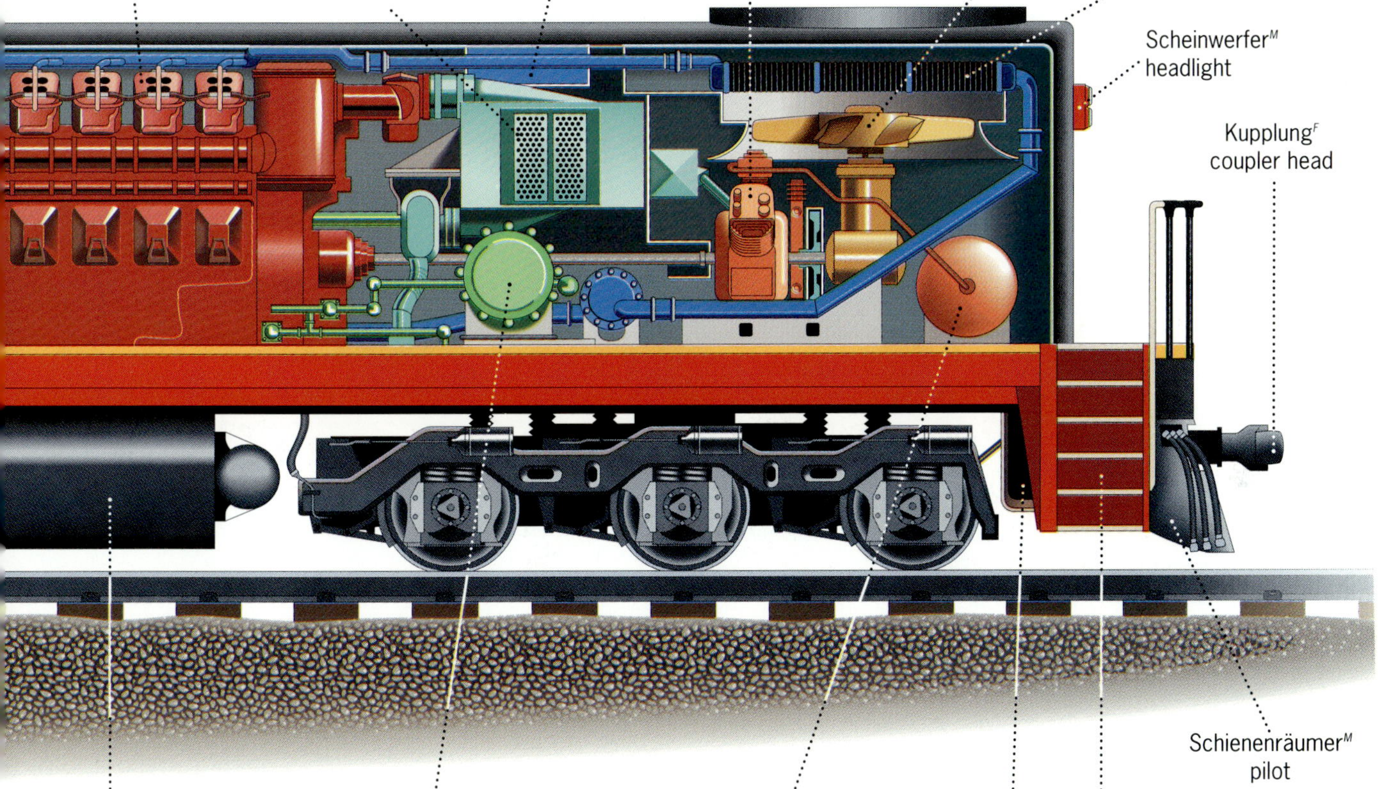

Stirnwandflachwagen[M]
bulkhead flat wagon

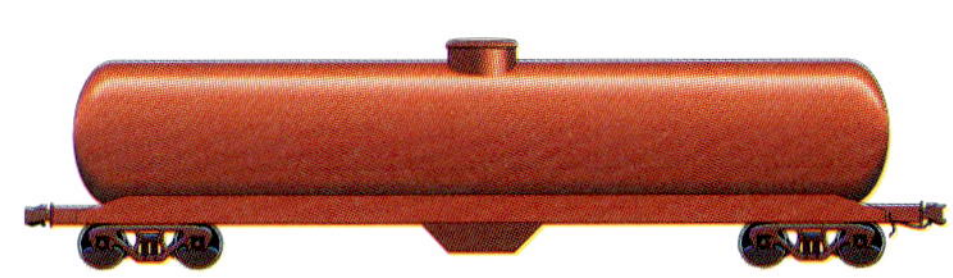

Kesselwagen[M]
bogie tank wagon

Drehgestellflachwagen[M]
bogie flat wagon

Tiefladewagen[M]
bogie well wagon

offener Güterwagen[M]
bogie open wagon

Spezialflachwagen[M] für den Transport[M] von Schwerfahrzeugen[N]
piggyback flat wagon

Kühlwagen[M]
refrigerator van

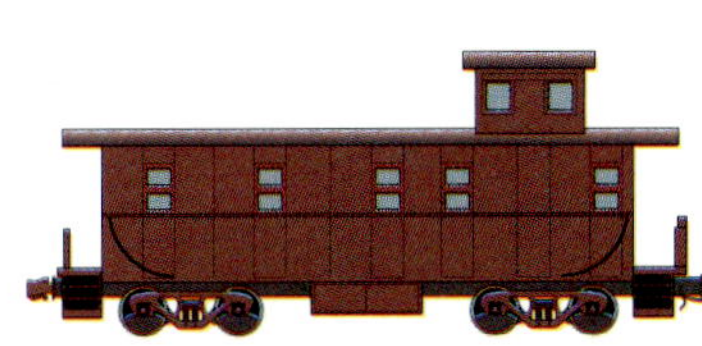

Bremswagen[M]
brake van

BAHNÜBERGANG[M]
LEVEL CROSSING

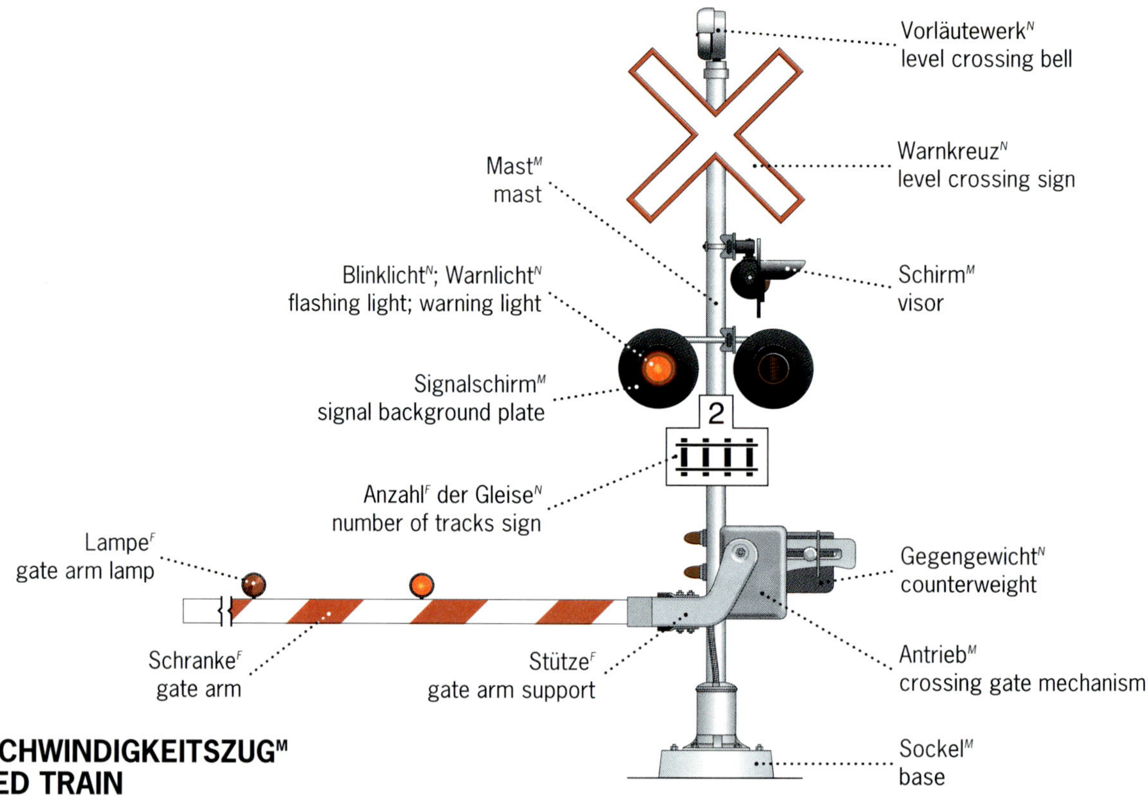

HOCHGESCHWINDIGKEITSZUG[M]
HIGH-SPEED TRAIN

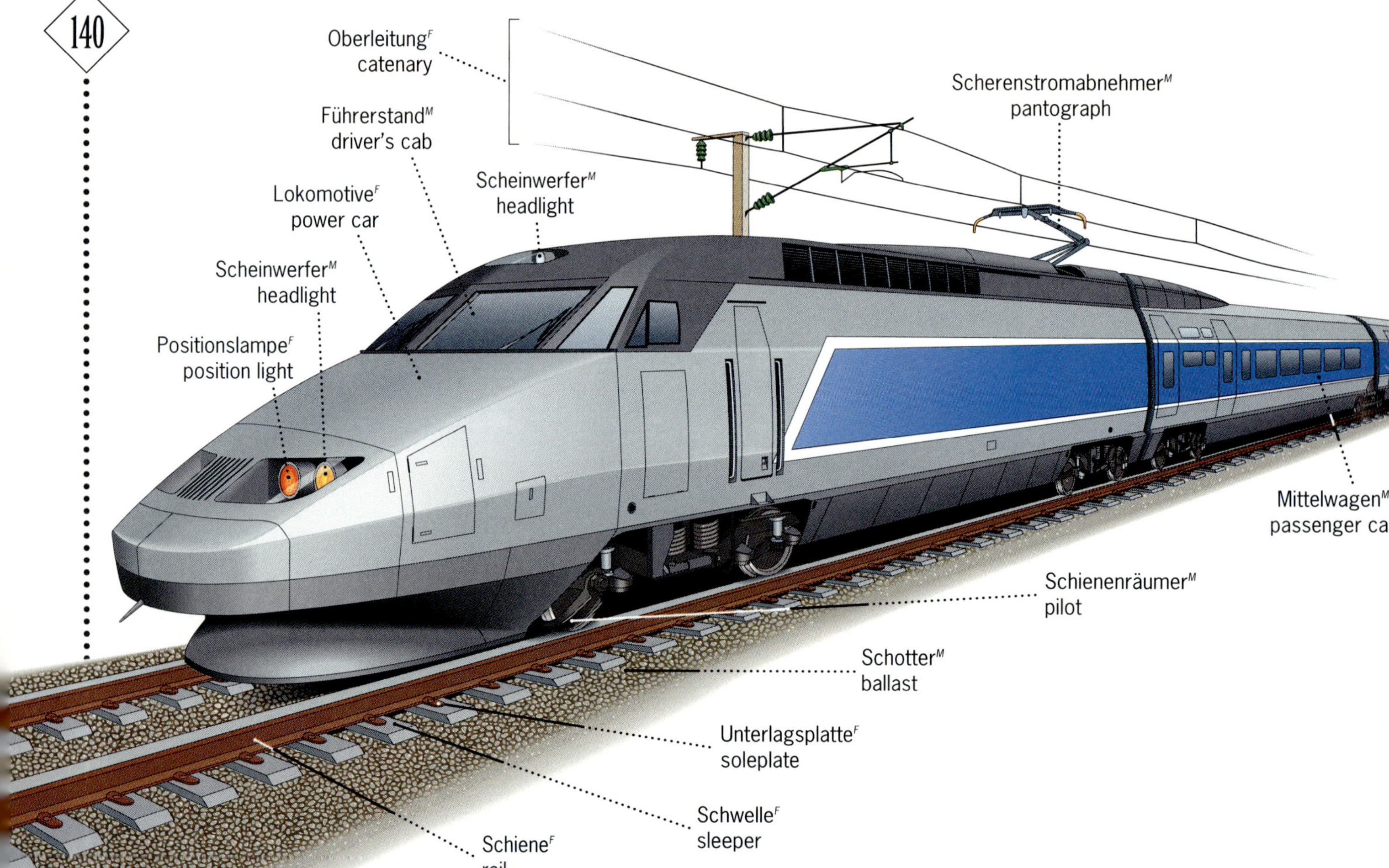

VIERMASTBARK[F]
FOUR-MASTED BARQUE

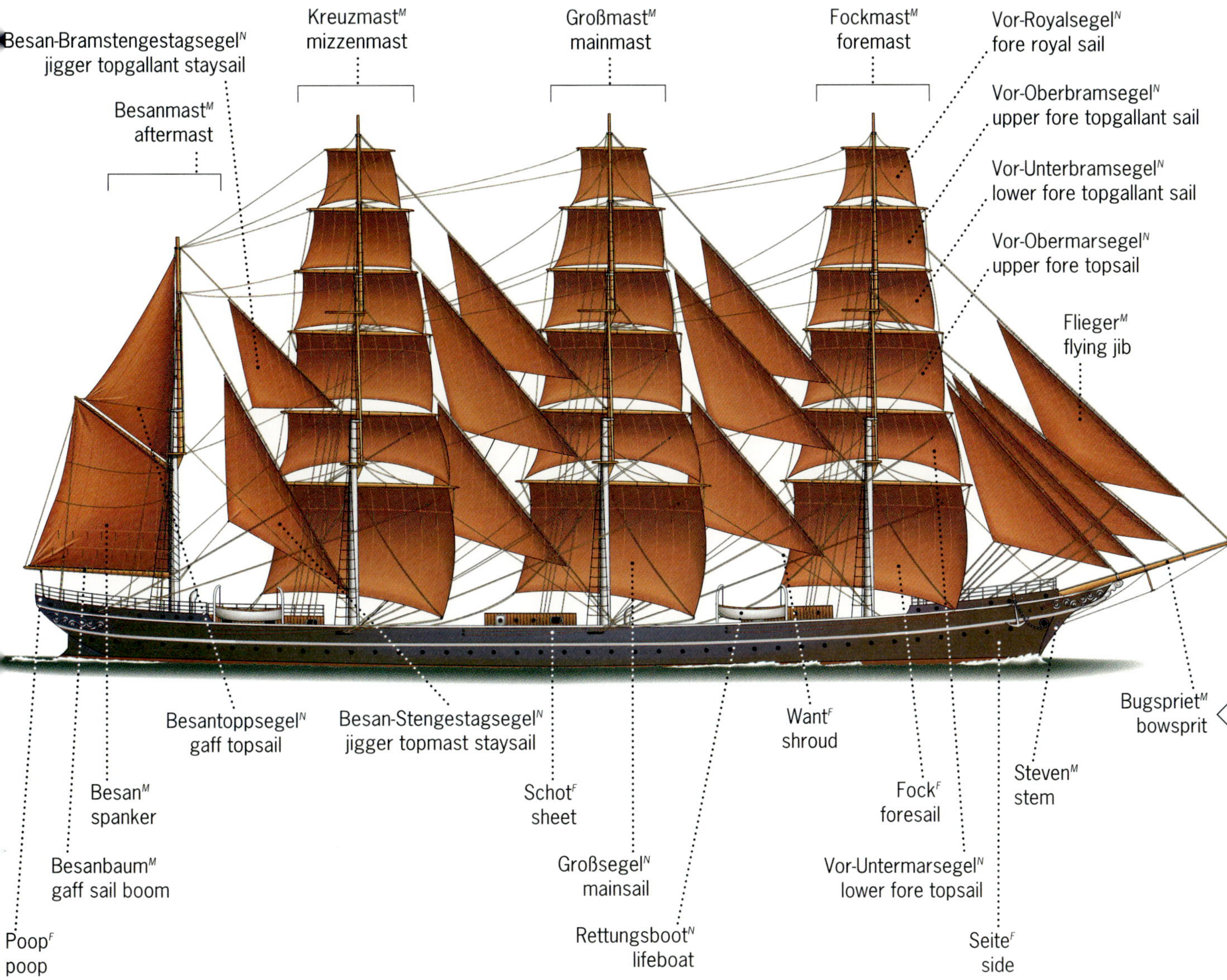

LUFTKISSENFAHRZEUG[N]
HOVERCRAFT

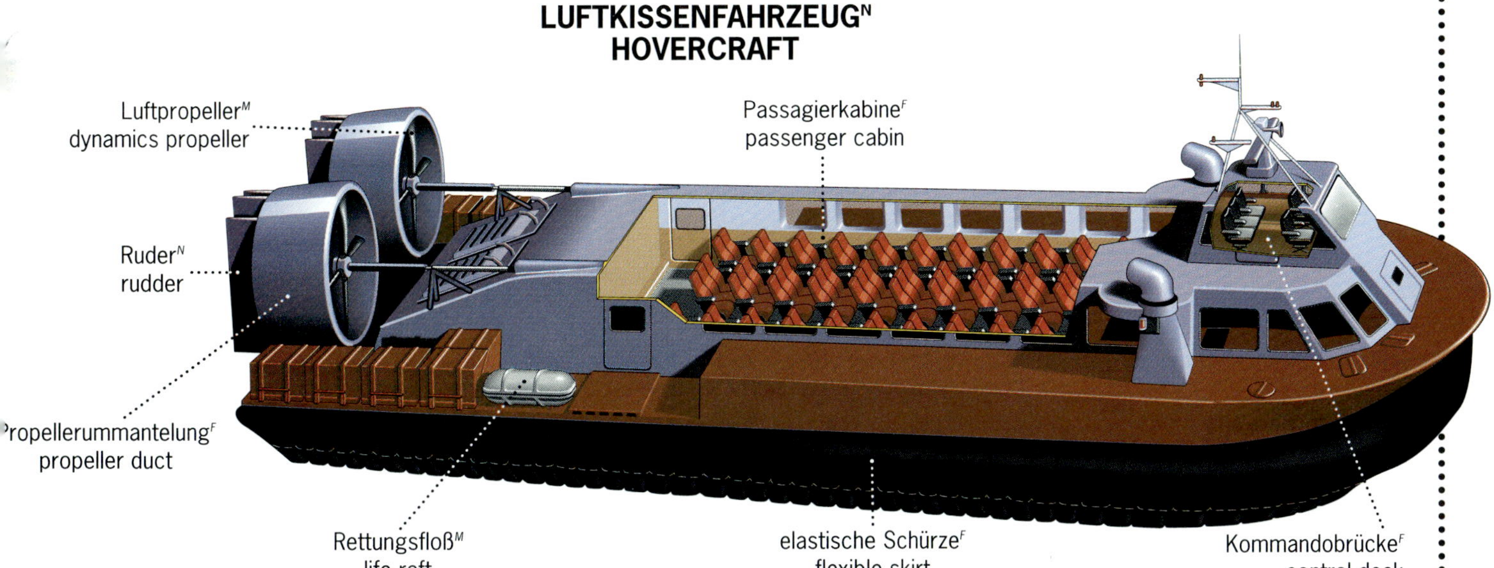

KREUZFAHRTSCHIFF[N]
CRUISE LINER

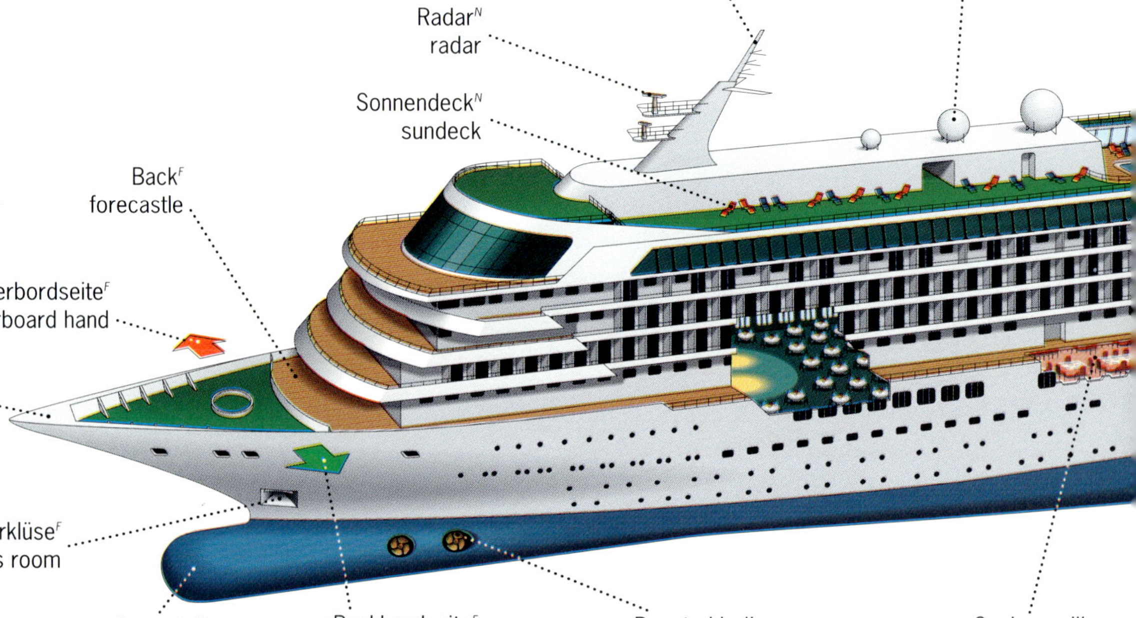

HAFEN[M]
HARBOUR

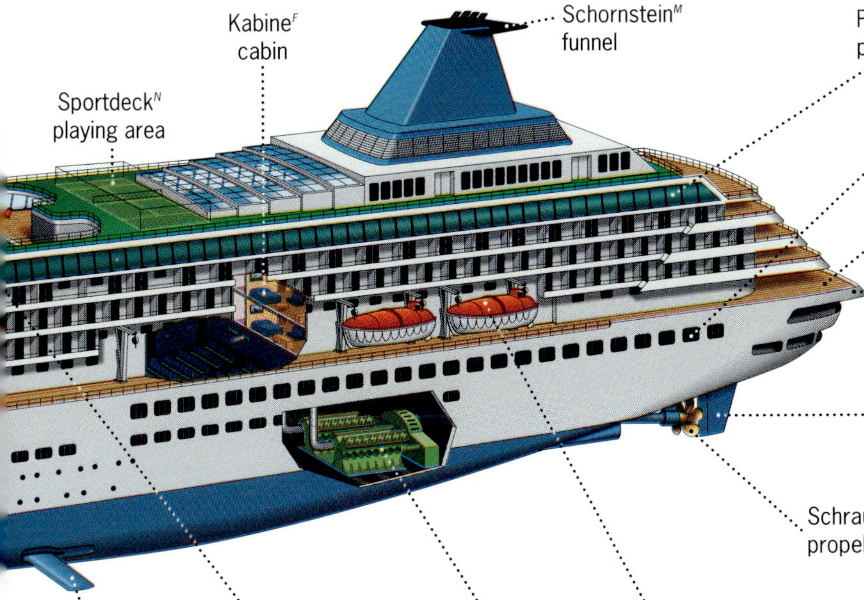
Kabine[F]
cabin
Schornstein[M]
funnel
Promenadendeck[N]
promenade deck
Sportdeck[N]
playing area
Bullauge[N]
porthole
Achterdeck[N]
quarter-deck
Heck[N]
stern
Ruder[N]
rudder
Schraube[F]
propeller
Maschinenraum[M]
engine room
Rettungsboot[N]
lifeboat
Stabilisator[M]
stabilizer fin
Swimmingpool[M]
swimming pool

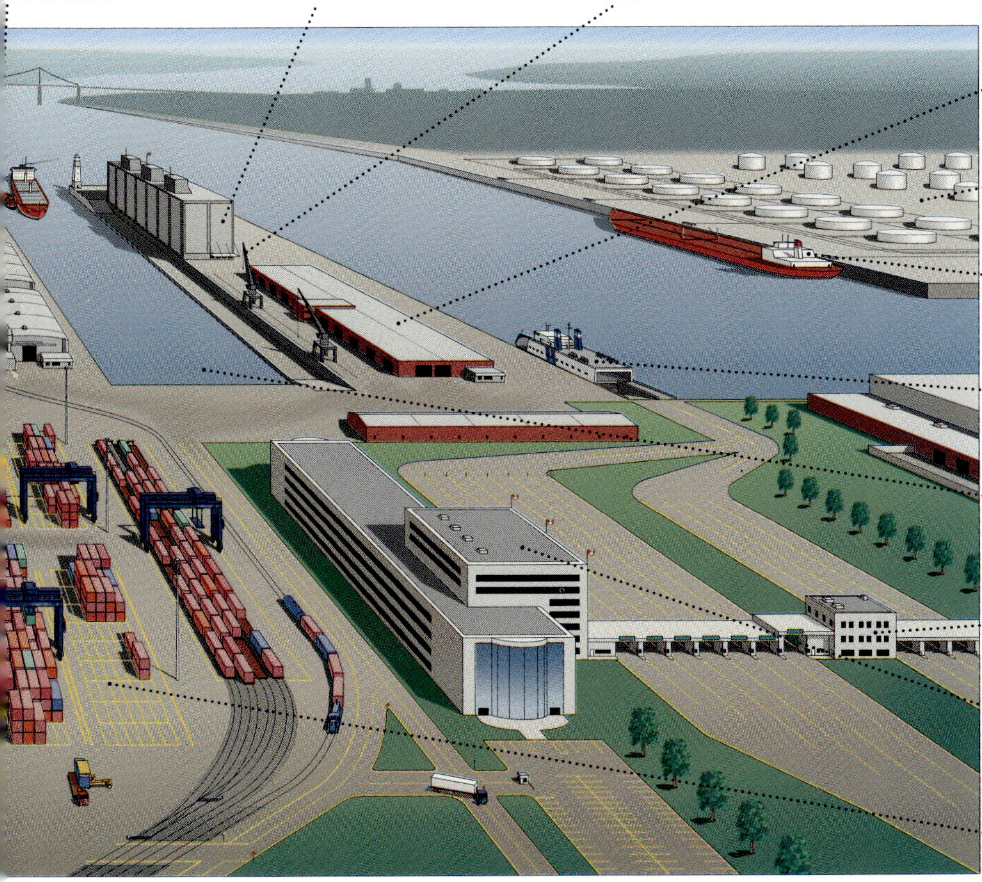
Transitlagerschuppen[M]
transit shed
Kühlhaus[N]
cold shed
Laufkran[M]
quayside crane
Passagierterminal[M;N]
passenger terminal
Ölterminal[M;N]
oil terminal
Öltanker[M]
oil tanker
Fähre[F]
ferryboat
Dock[N]
dock
Hafenzollamt[N]
customs house
Bürogebäude[N]
office building
Containerterminal[M;N]
container terminal

FLUGZEUG[N]
PLANE

TRAGFLÜGELFORMEN[F]
TYPES OF WING SHAPES

Pfeilflügel[M]
swept-back wing

Rechteckflügel[M]
straight wing

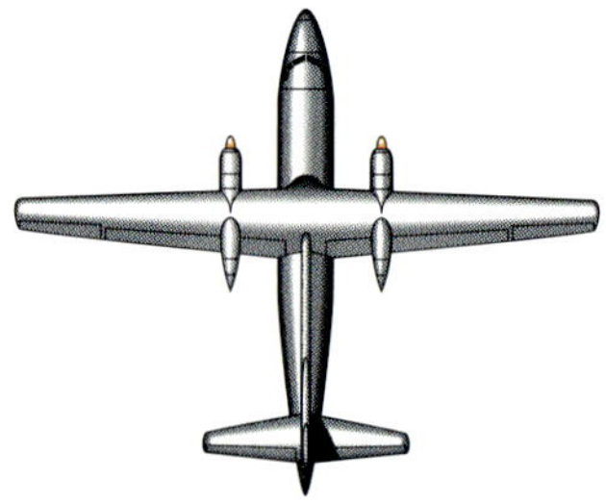

Trapezflügel[M]
tapered wing

Schwenkflügel[M]
variable geometry wing

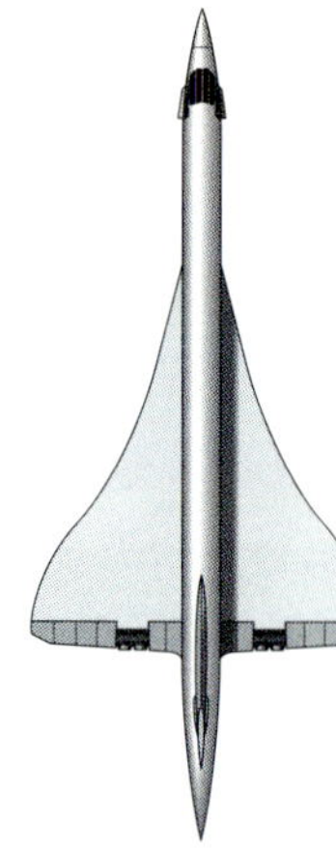

Deltaflügel[M]
delta wing

Langstrecken-Düsenflugzeug[N]
long-range jet

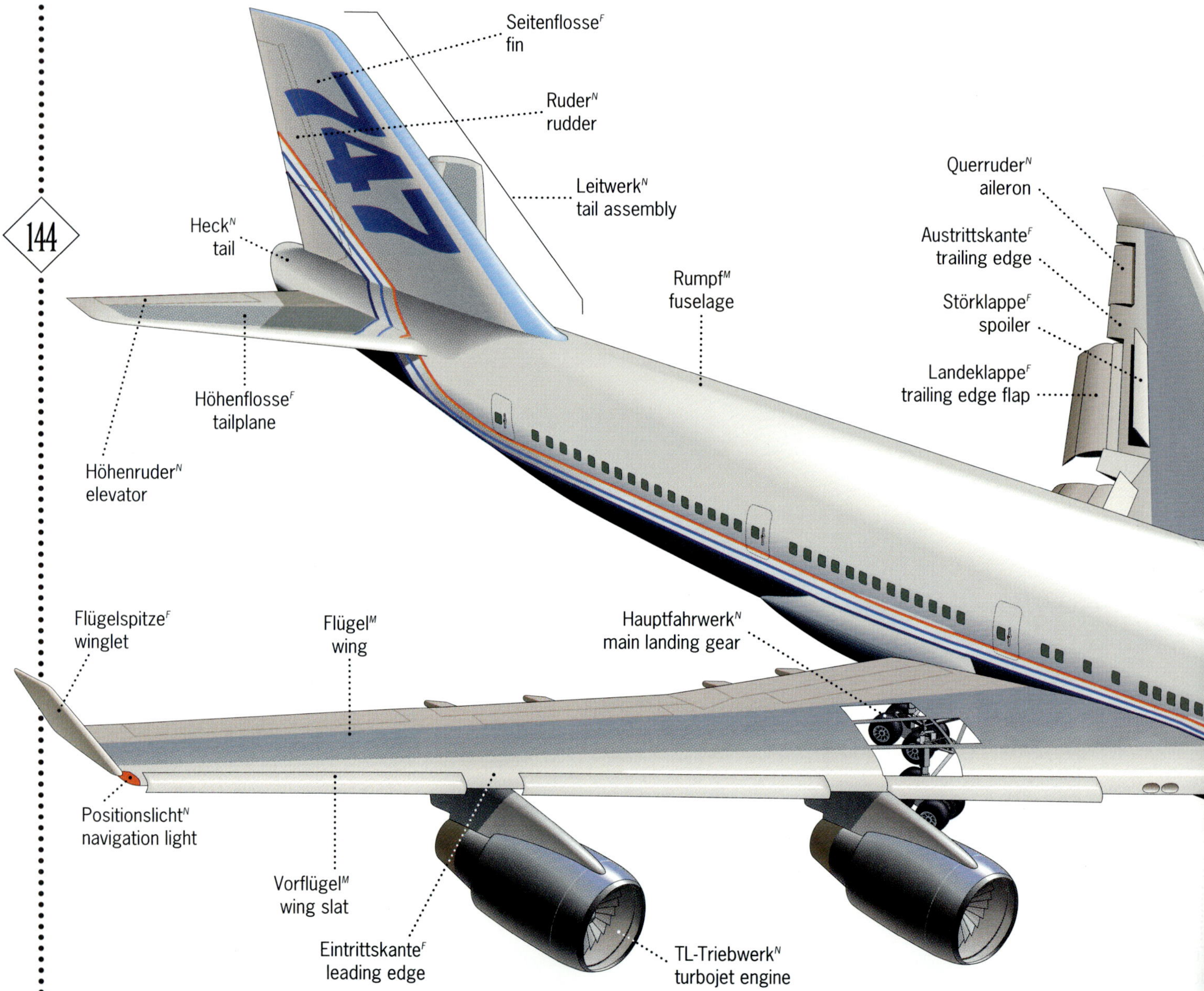

HUBSCHRAUBER[M]
HELICOPTER

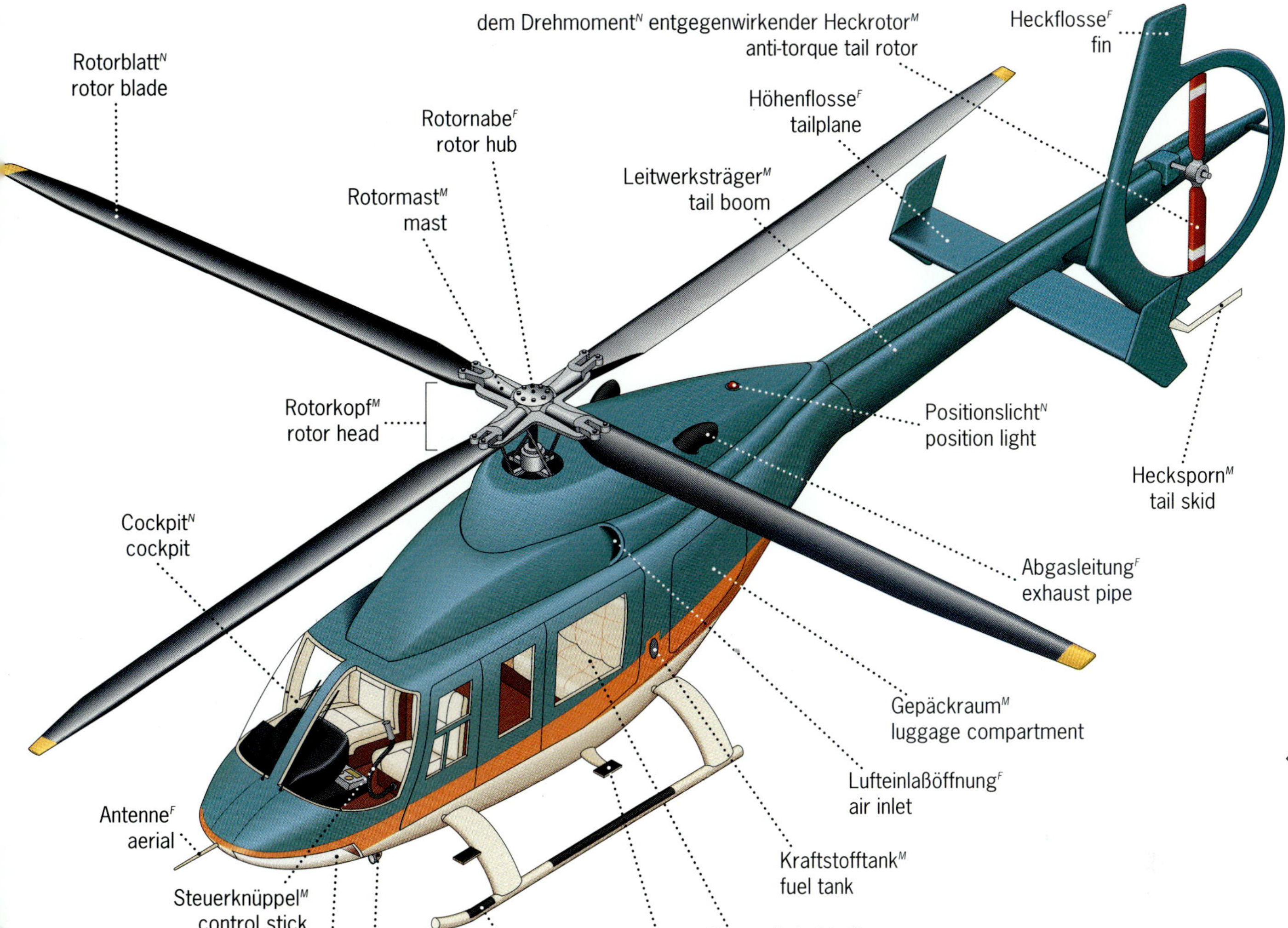

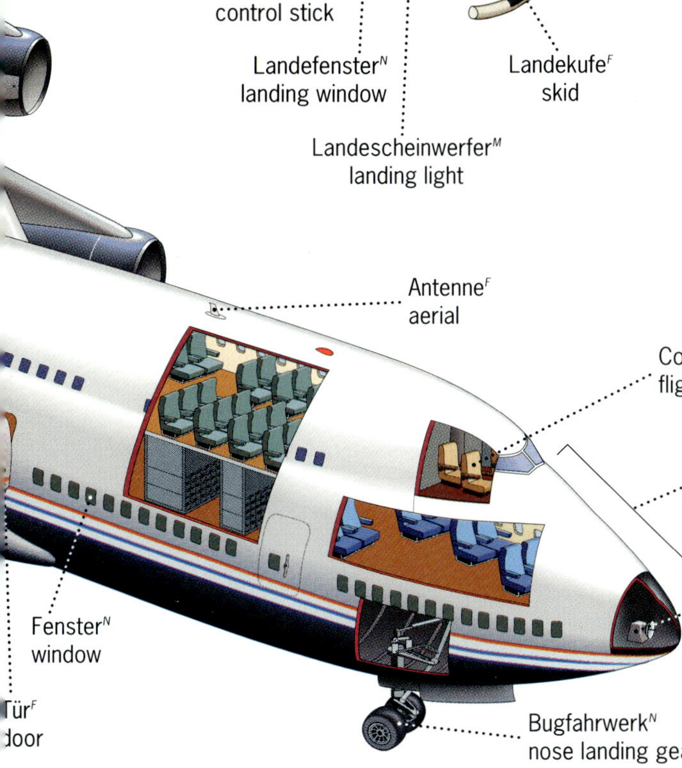

LEITWERKSFORMEN[F]
TYPES OF TAIL SHAPES

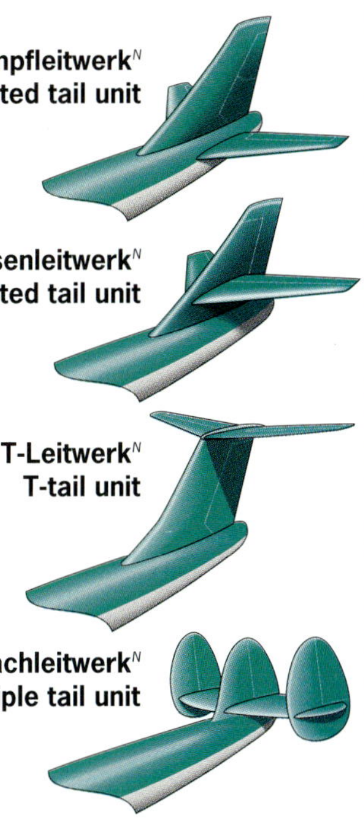

FLUGHAFEN[M]
AIRPORT

FLUGHAFEN-BODENAUSRÜSTUNG[F]
AIRPORT GROUND EQUIPMENT

Abschleppstange[F]
tow bar

Schlepper[M]
tow lorry

Containerhubwagen[M]
container/pallet loader

Gangway[F]
universal step

Gepäcktransporter[M]
baggage transporter

Bremsklötze[M]
wheel chock

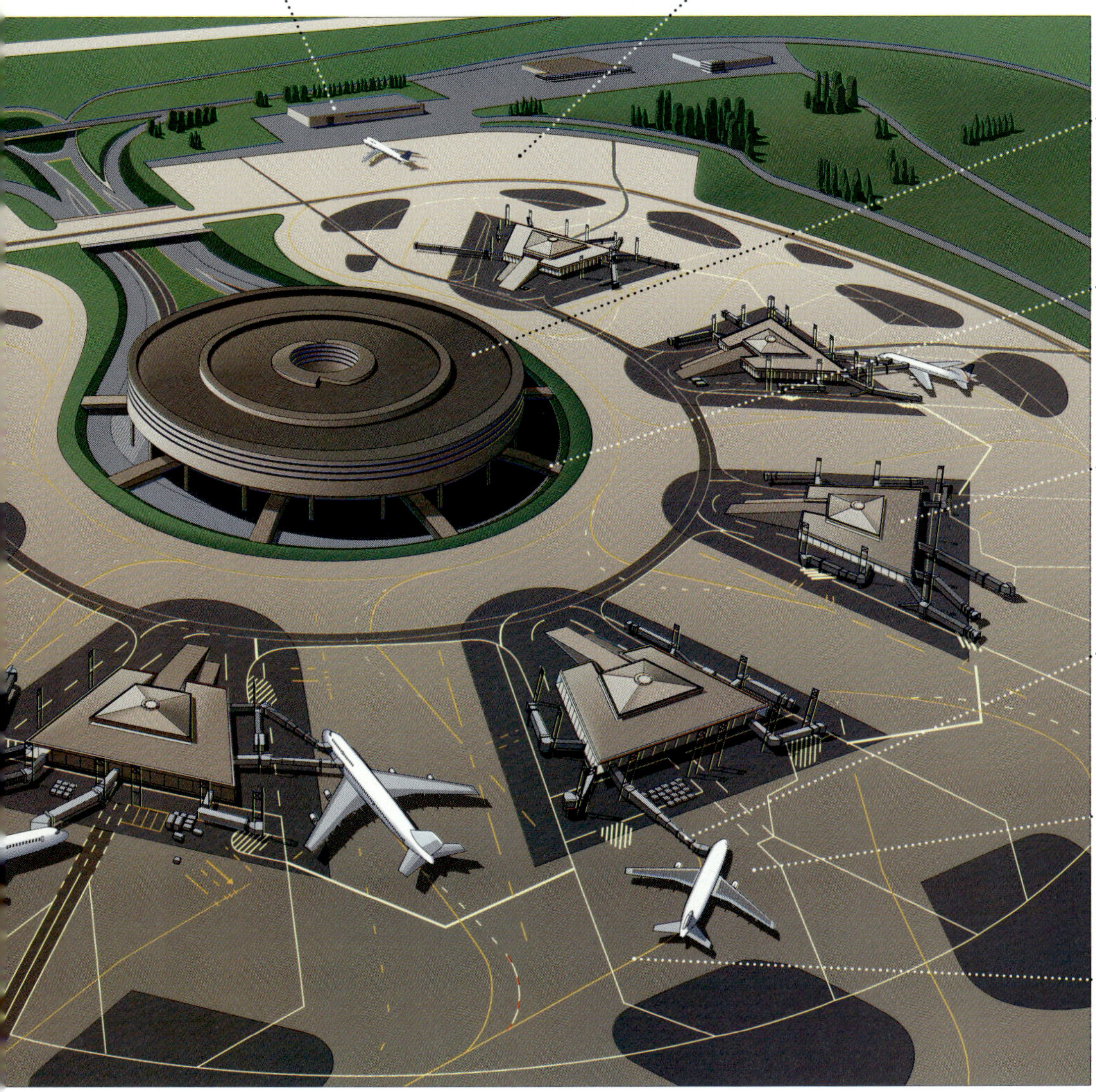

Gepäckanhänger[M]
baggage trailer

Gepäckwagentraktor[M]
tow tractor

Passagiertransferfahrzeug[N]
passenger transfer vehicle

Küchenwagen[M]
catering vehicle

RAUMFÄHRE^F
SPACE SHUTTLE

Raumfähre^F beim Start^M
space shuttle at takeoff

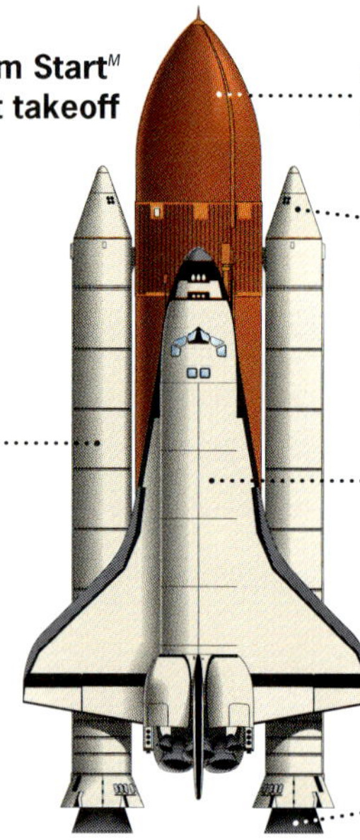

Raumfähre^F in der Umlaufbahn^F
space shuttle in orbit

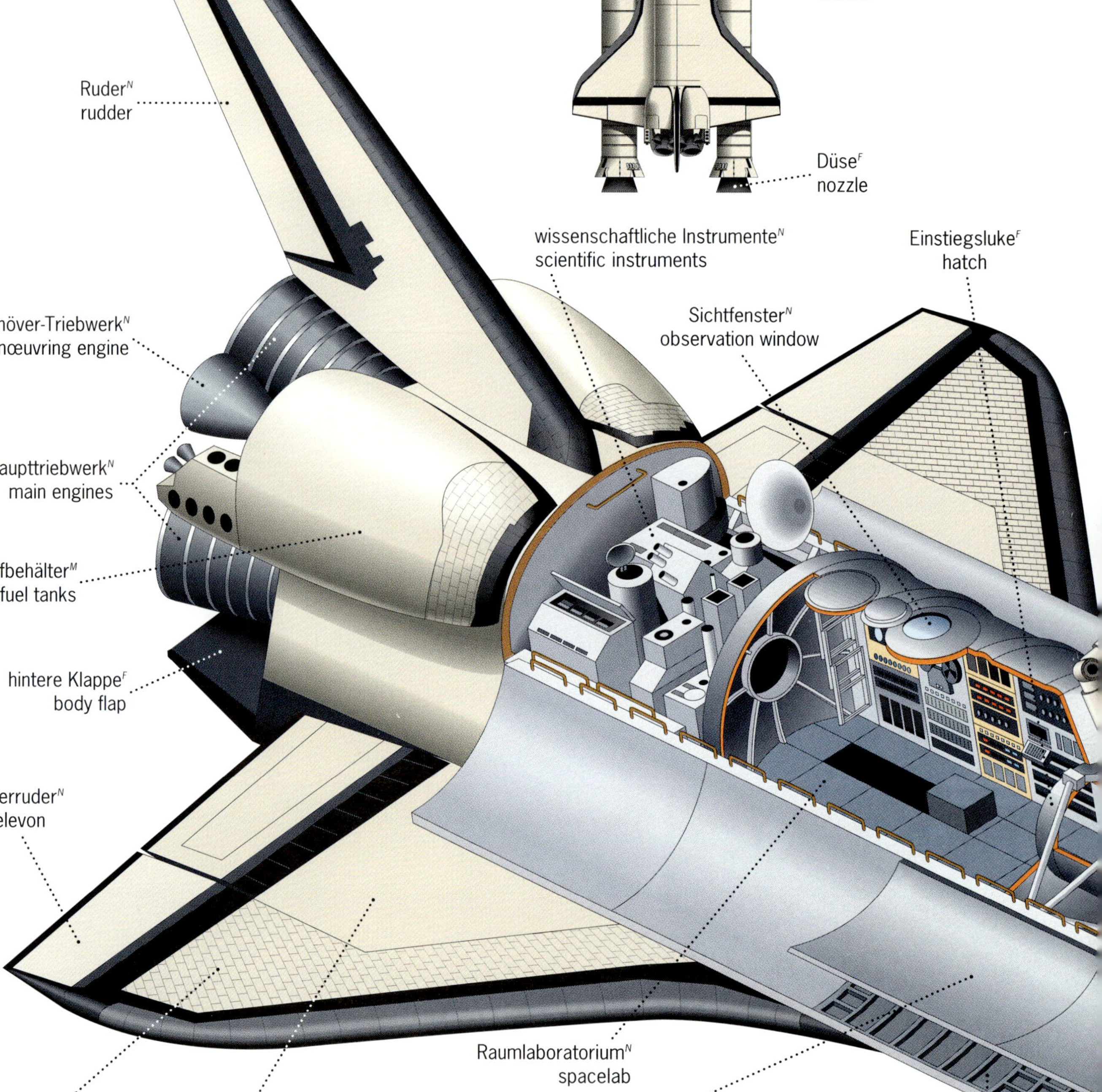

RAUMANZUG^M^ SPACESUIT

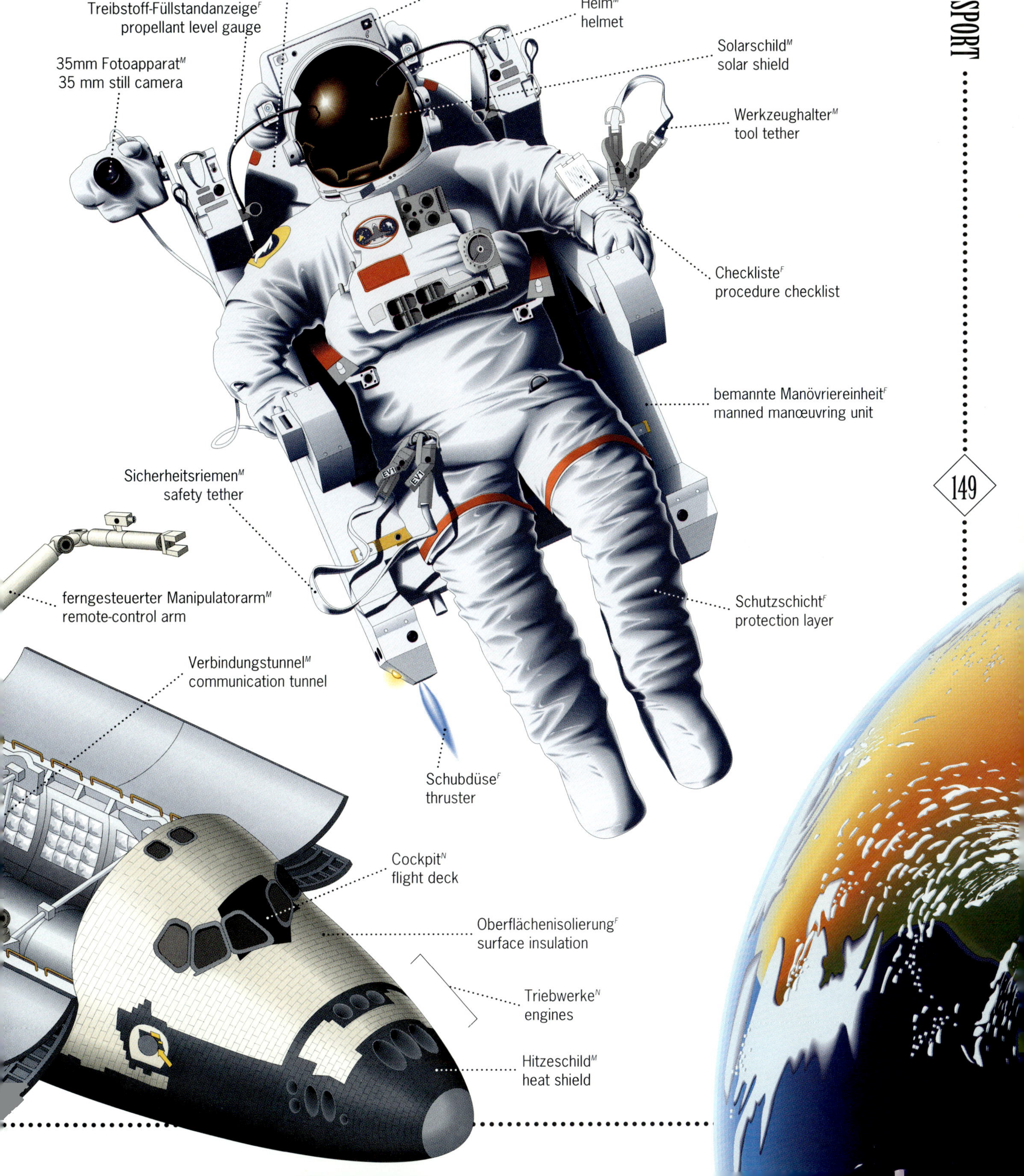

SCHULBEDARF^M
SCHOOL SUPPLIES

Bleistift^M
pencil

Kugelschreiber^M
ballpoint pen

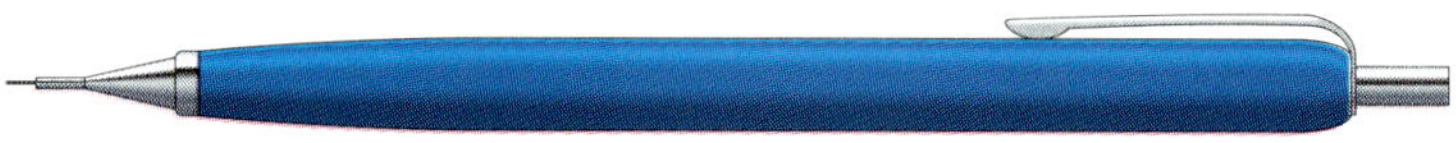

Druckbleistift^M
mechanical pencil

Radierstift^M
pencil rubber

Füllfederhalter^M
fountain pen

Radierminenhalter^M
rubber holder

Marker^M
marker

Radiergummi^M
rubber

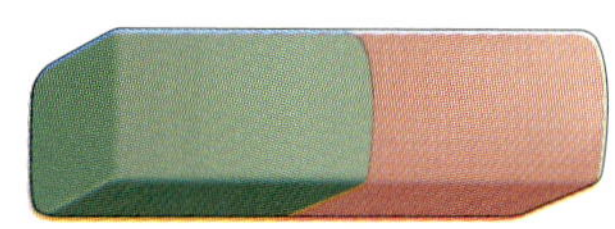

Klebestift^M
glue stick

Leuchtstift^M; Textmarker^M
highlighter pen

Foldback-Klemme^F
fold back clip

Entklammerer^M
staple remover

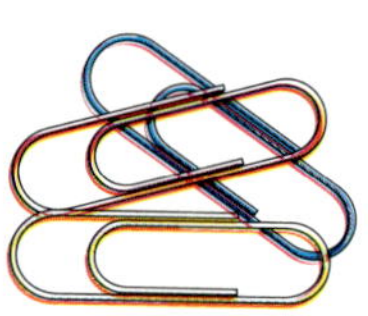

Büroklammern^F
paper clips

Reißnägel^M
drawing pins

Hefter^M
stapler

Bleistiftspitzer^M
pencil sharpener

Heftklammern^F
staples

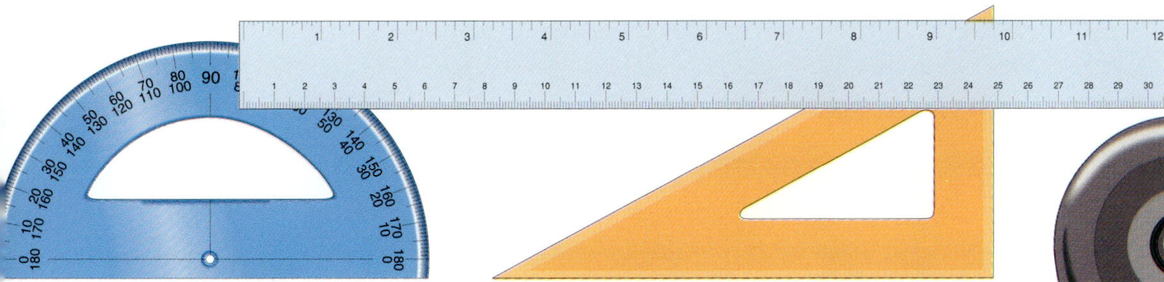

Lineal[N]
ruler

Winkelmesser[M]
protractor

Zeichendreieck[N]
set square

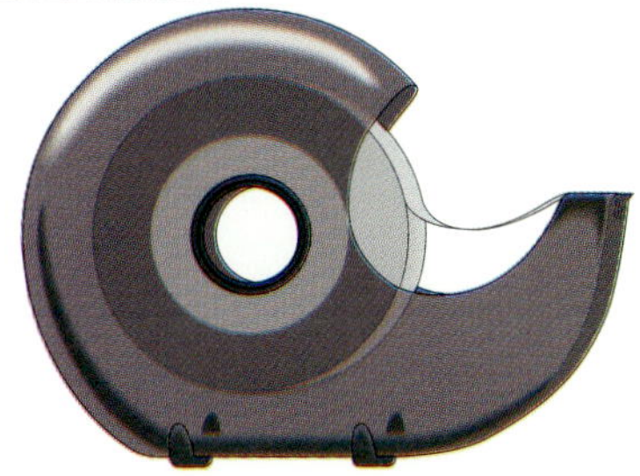

Klebefilmabroller[M]
tape dispenser

Ringbuch[N]
ring binder

Spiralheft[N]
iral bound notebook

Ringbucheinlagen[F]
loose-leaf file paper

Schulheft[N]
exercise book

Notizblock[M]
notepad

Schulranzen[M]
schoolbag

Aktentasche[F]
briefcase

SCHULBEDARF^M
SCHOOL EQUIPMENT

Tafel^F
blackboard

Overheadprojektor^M; Tageslichtprojektor^M
overhead projector

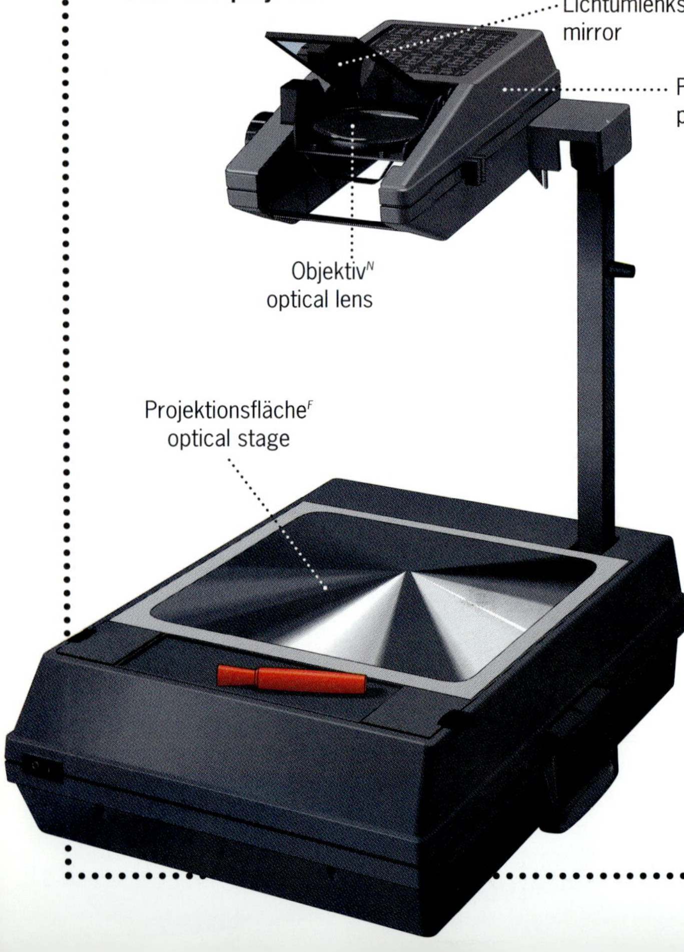

Globus^M
globe of Earth

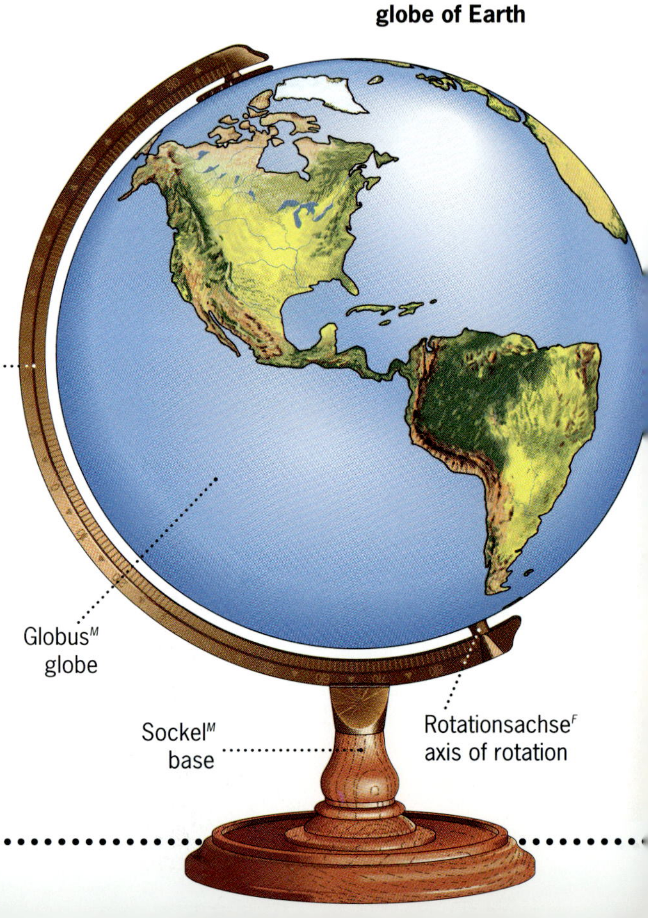

Diaprojektor[M]
slide projector

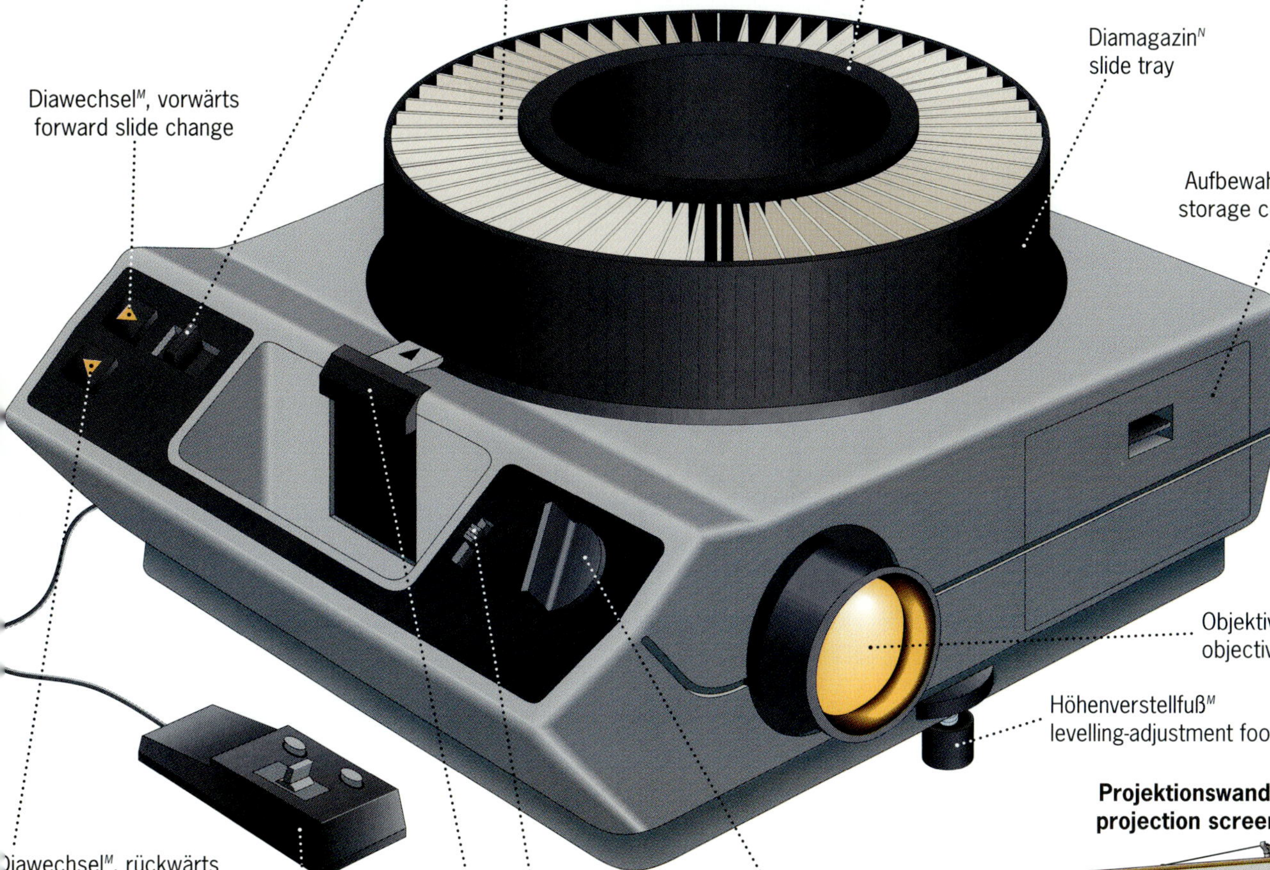

Projektionswand[F]
projection screen

DIA[N]
SLIDE

Diapositiv[N]
transparency

Diarähmchen[N]
slide mount

SCHULAUSRÜSTUNG[F]
SCHOOL EQUIPMENT

Taschenrechner[M]
pocket calculator

Personalcomputer[M]
personal computer

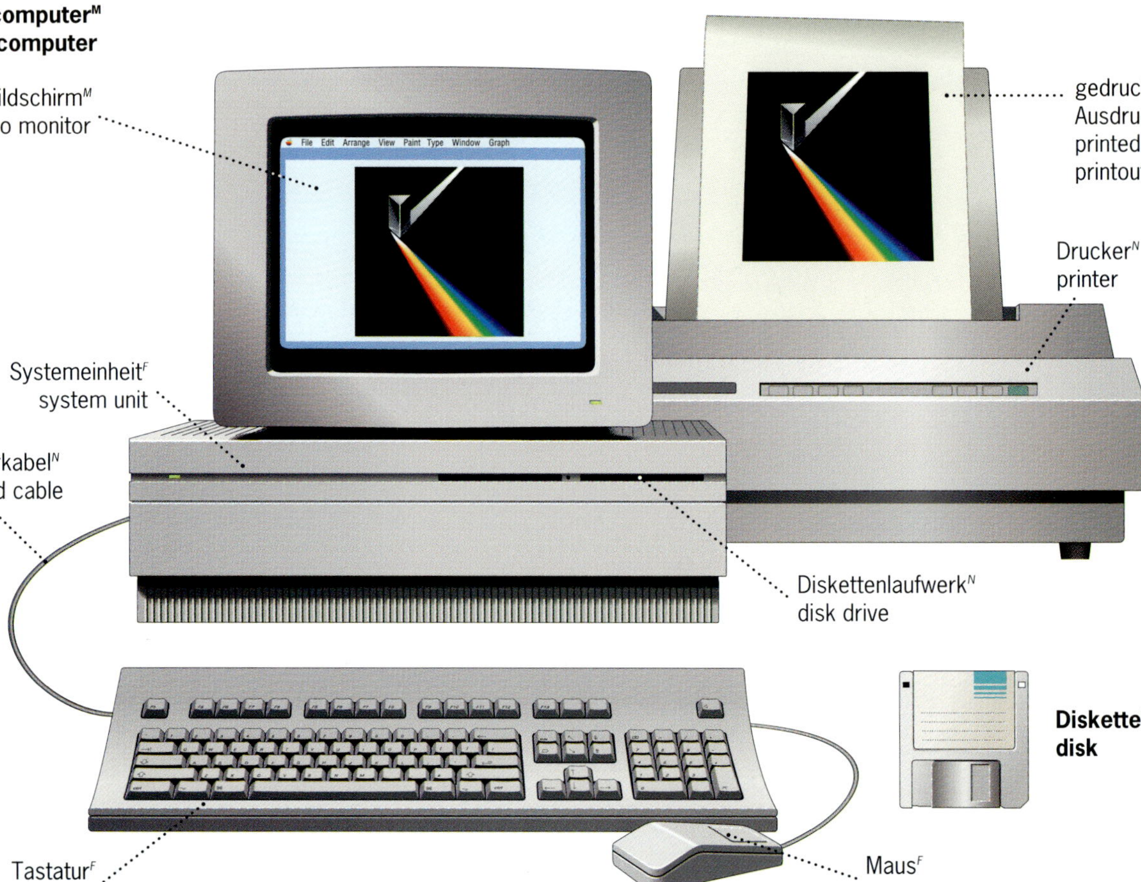

Diskette[F]
disk

upe[F]
nagnifying glass

Reagenzglas[N]
est tube

Mikroskop[N]
microscope

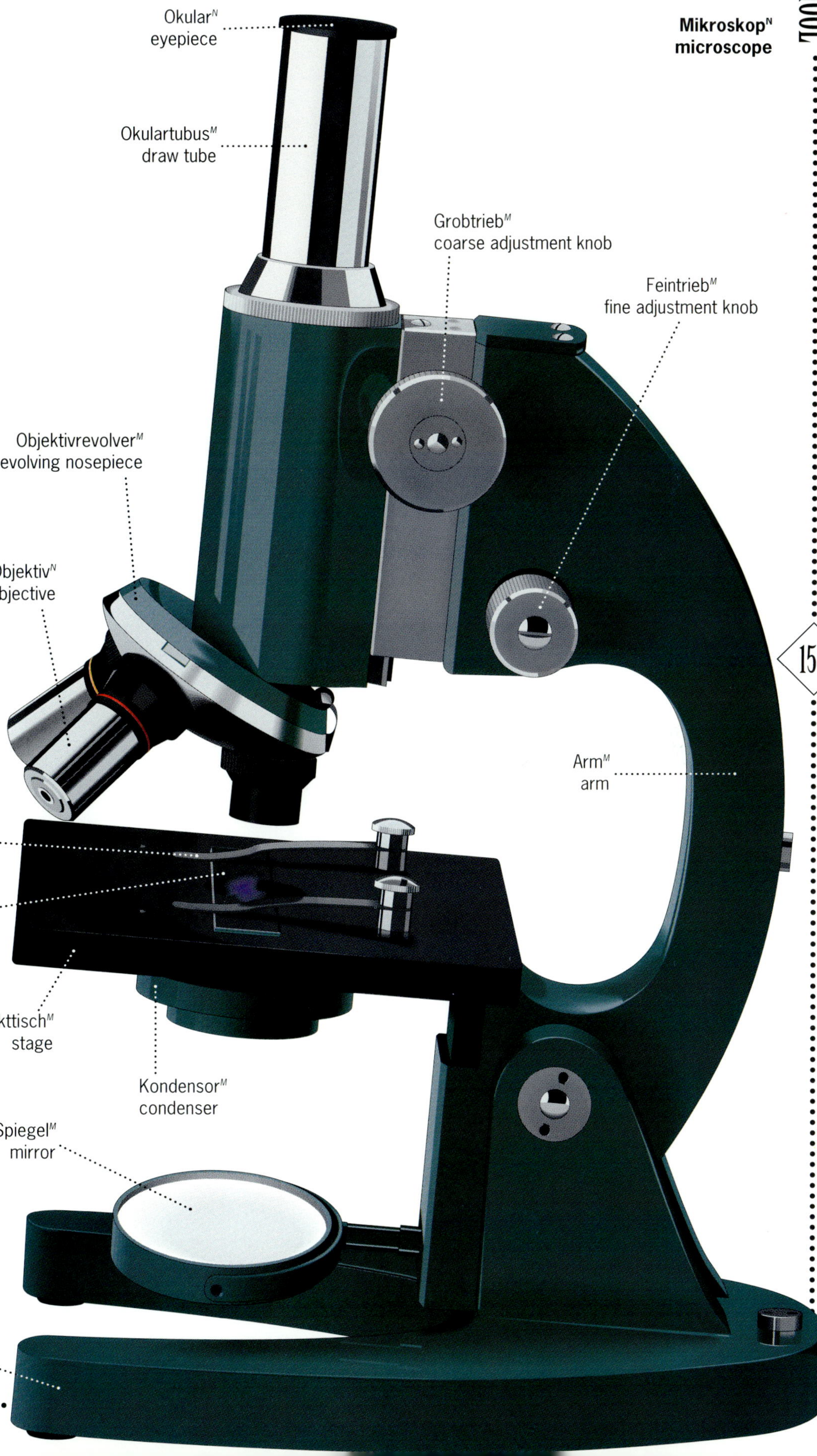

GEOMETRIE[F]
GEOMETRY

FLÄCHEN[F]
PLANE SURFACES

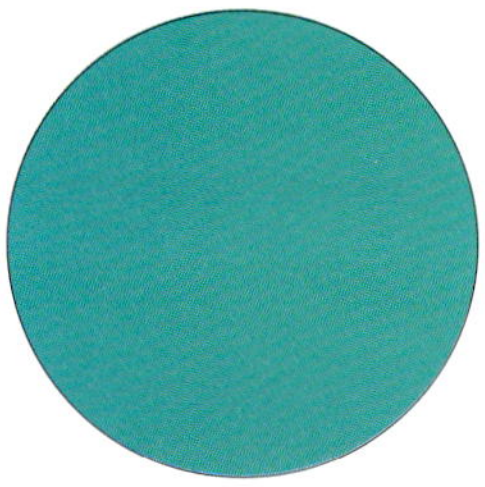

Kreis[M]
circle

Quadrat[N]
square

Dreieck[N]
triangle

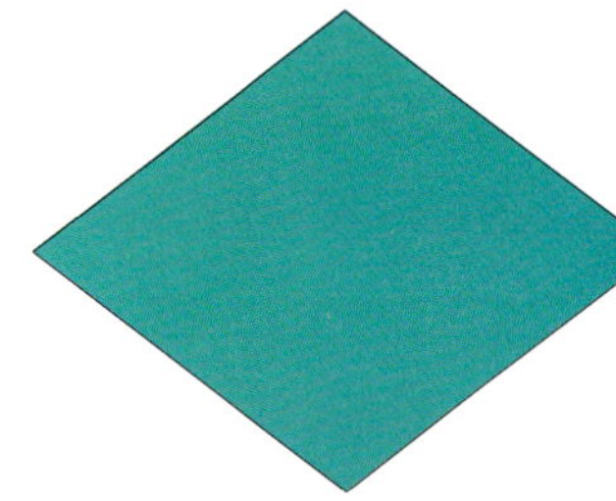

Raute[F]; Rhombus[M]
rhombus

Rechteck[N]
rectangle

Trapez[N]
trapezoid

Parallelogramm[N]
parallelogram

KÖRPER[M]
SOLIDS

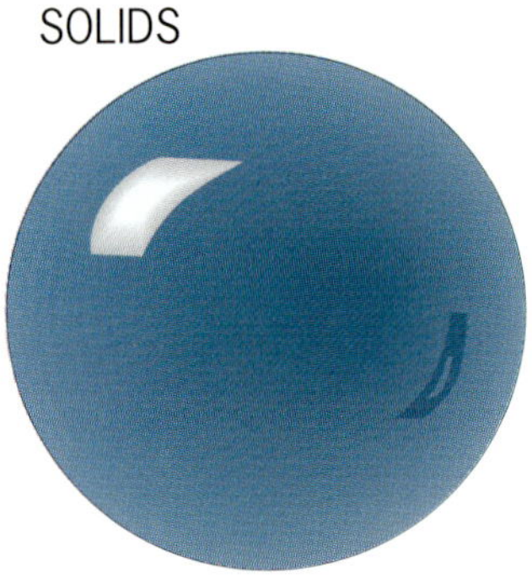

Kugel[F]
sphere

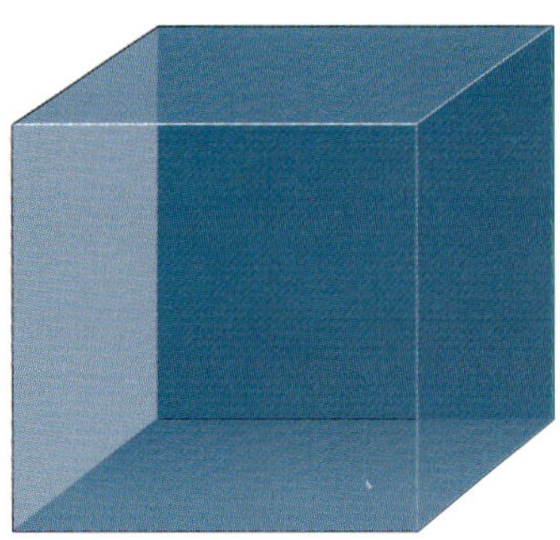

Würfel[M]
cube

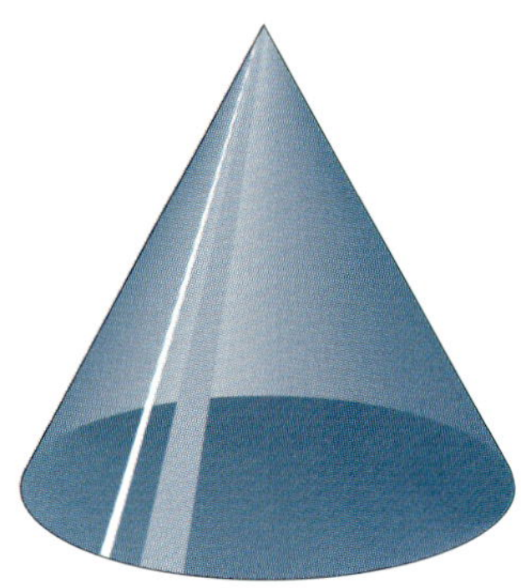

Kegel[M]
cone

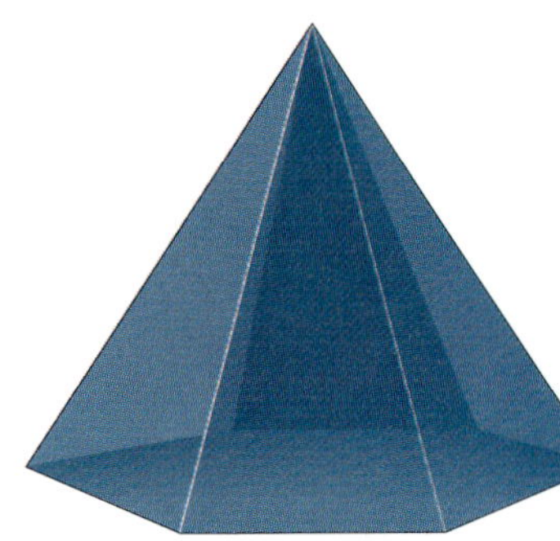

Pyramide[F]
pyramid

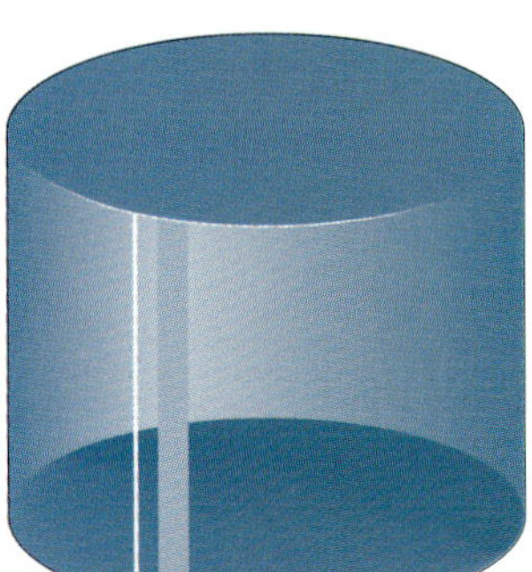

Zylinder[M]
cylinder

Parallelepiped[N]
parallelepiped

Prisma[N]
prism

ZEICHNEN[N]
DRAWING

Sekundärfarben[F]
secondary colours

FARBKREIS[M]
COLOUR CIRCLE

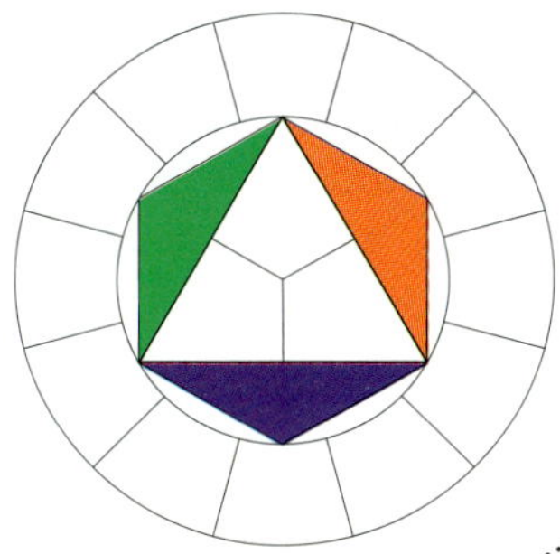

Primärfarben[F]
primary colours

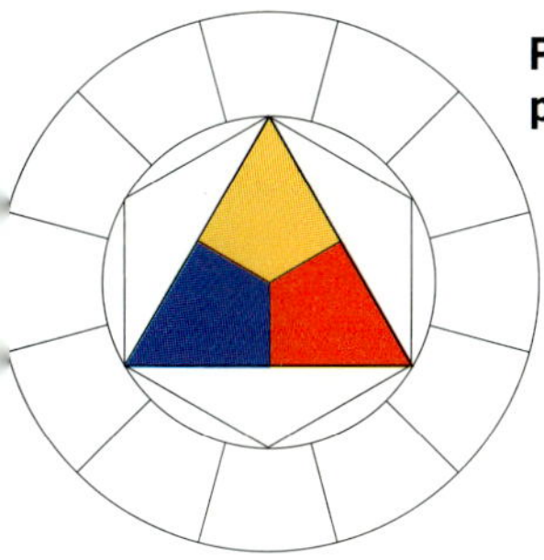

Tertiärfarben[F]
tertiary colours

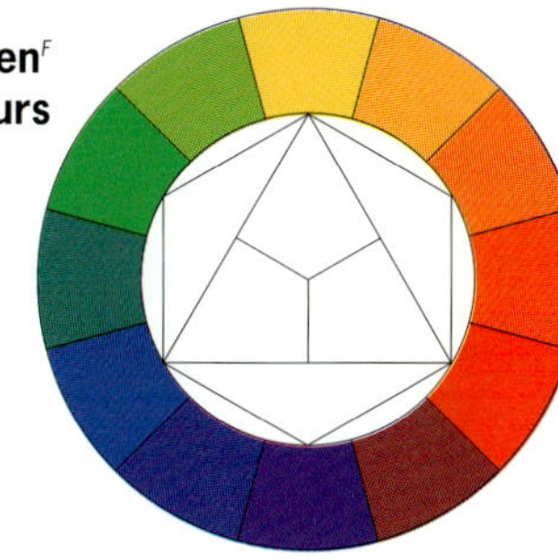

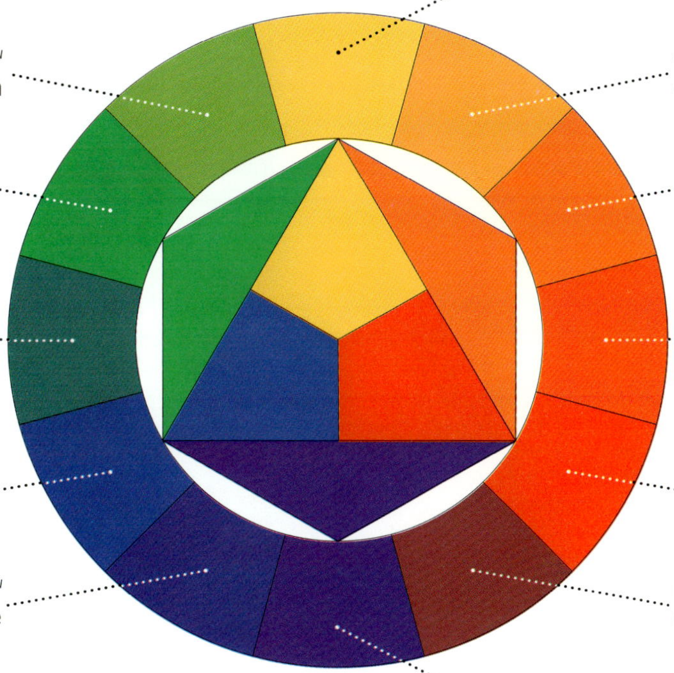

Pinsel[M]
paintbrush

Flachpinsel[M]
flat brush

Buntstifte[M]
colouring pencils

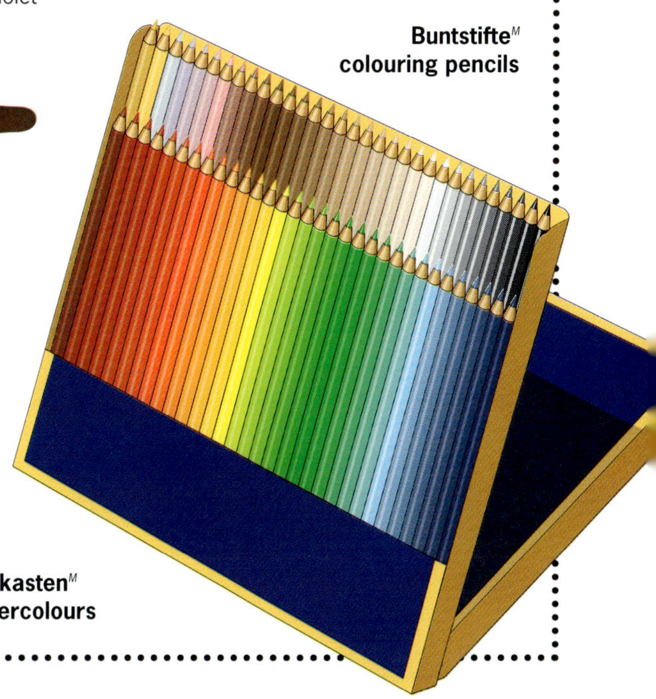

Wachsmalkreiden[F]
wax crayons

Malkasten[M]
watercolours

TRADITIONELLE MUSIKINSTRUMENTE[N]
TRADITIONAL MUSICAL INSTRUMENTS

Balalaika[F]
balalaika

Mandoline[F]
mandolin

Zither[F]
zither

Lyra[F]
lyre

Panflöte[F]
panpipes

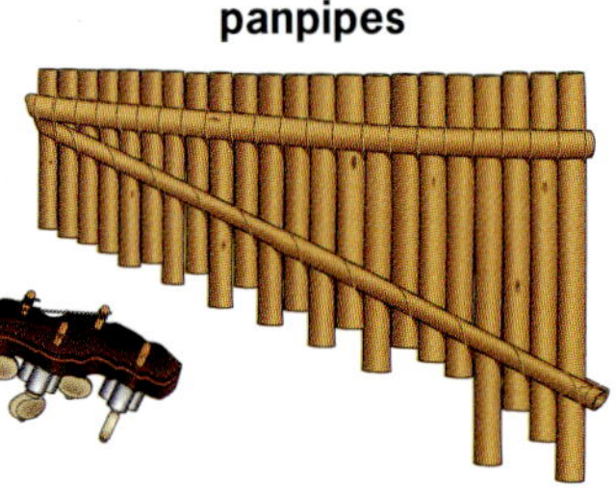

Banjo[N]
banjo

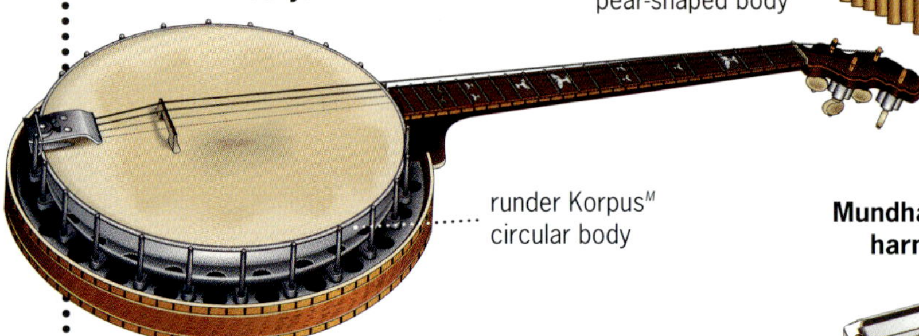

Mundharmonika[F]
harmonica

Akkordeon[N]
accordion

Dudelsack
bagpipe

TASTENINSTRUMENTE[N]
KEYBOARD INSTRUMENTS

Klavier[N]
upright piano

Notenständer[M]
music stand

Metronom[N]
metronome

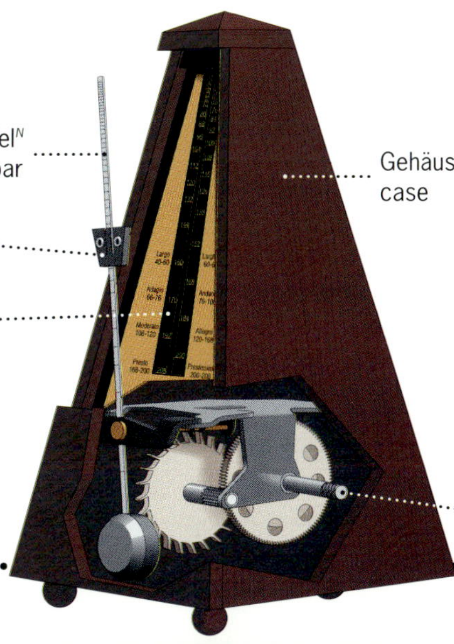

MUSIKZUBEHÖR[N]
MUSICAL ACCESSORIES

Stimmgabel[F]
tuning fork

MUSIKNOTATION[F]
MUSICAL NOTATION

Liniensystem[N]
staff

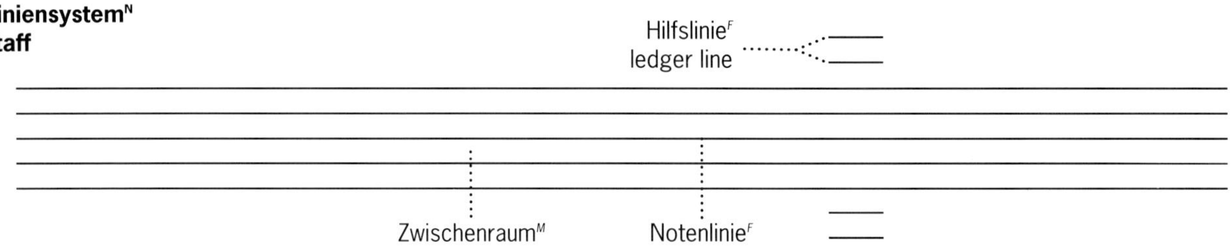

Notenschlüssel[M]
clefs

Taktarten[F]
time signatures

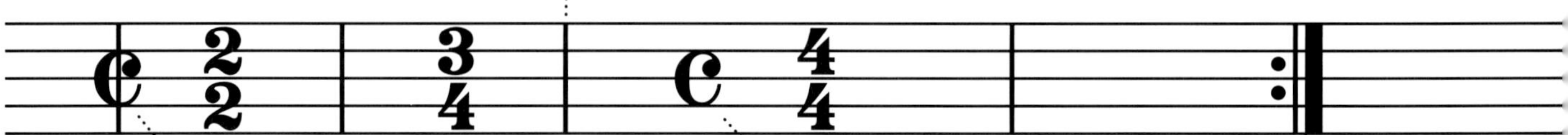

Tonleiter[F]
scale

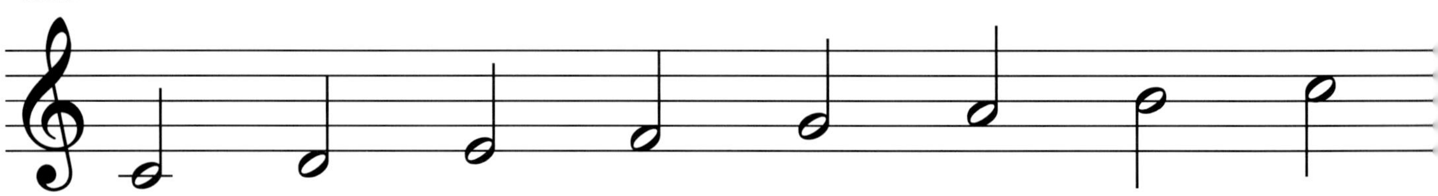

Intervalle[N]
intervals

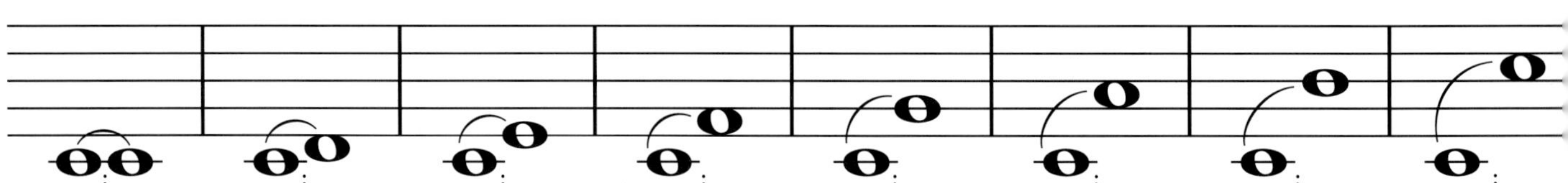

Notenwerte[M]
note symbols

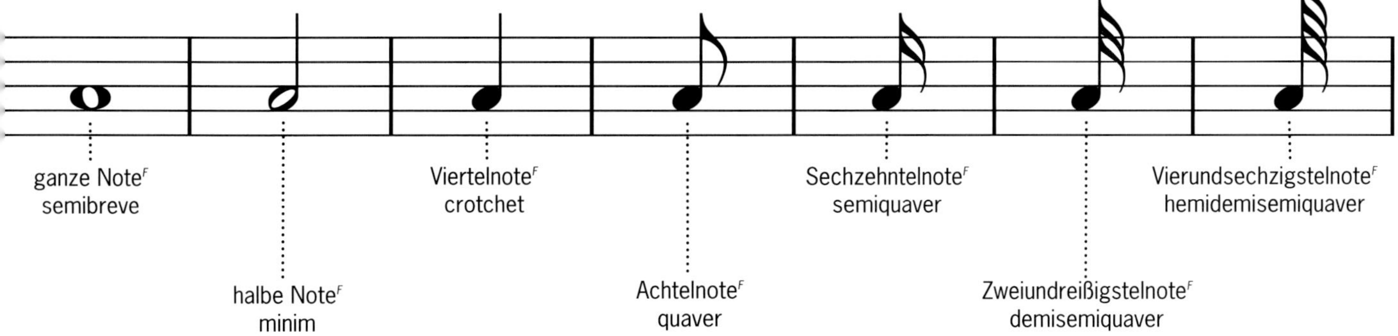

Pausenzeichen[N]
rest symbols

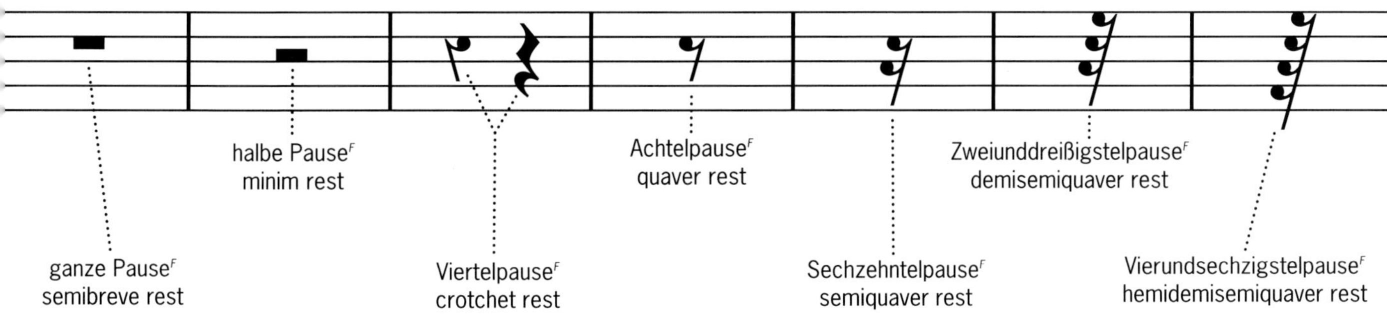

Versetzungszeichen[N]
accidentals

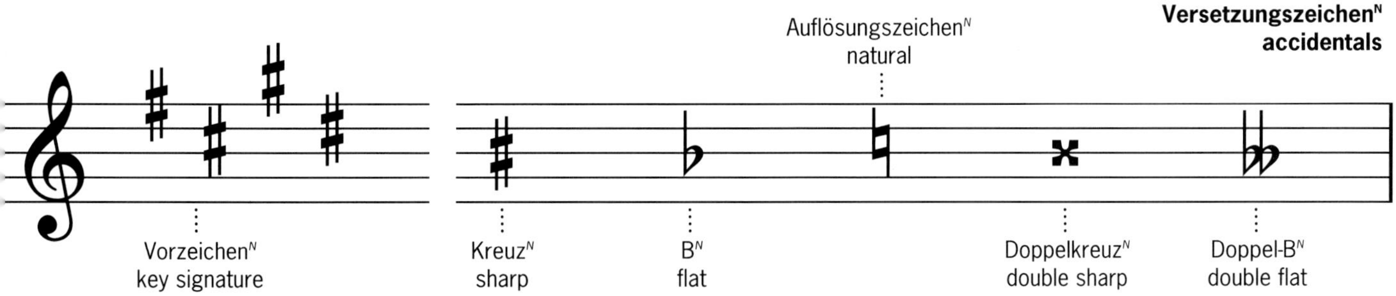

Verzierungen[F]
ornaments

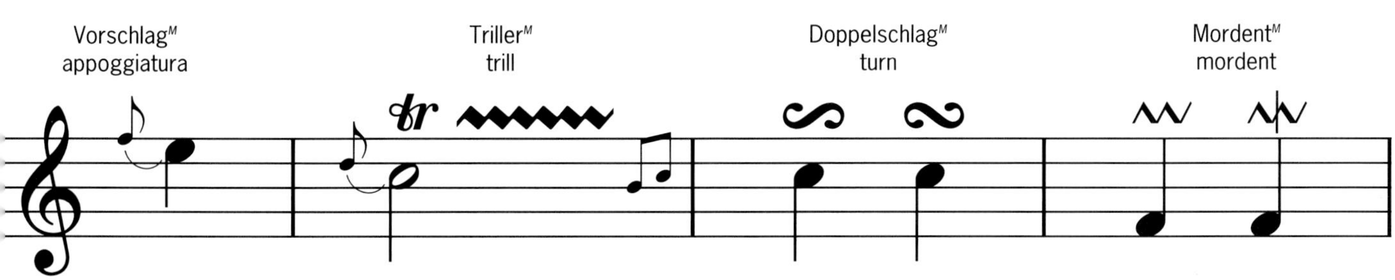

SAITENINSTRUMENTE[N]
STRINGED INSTRUMENTS

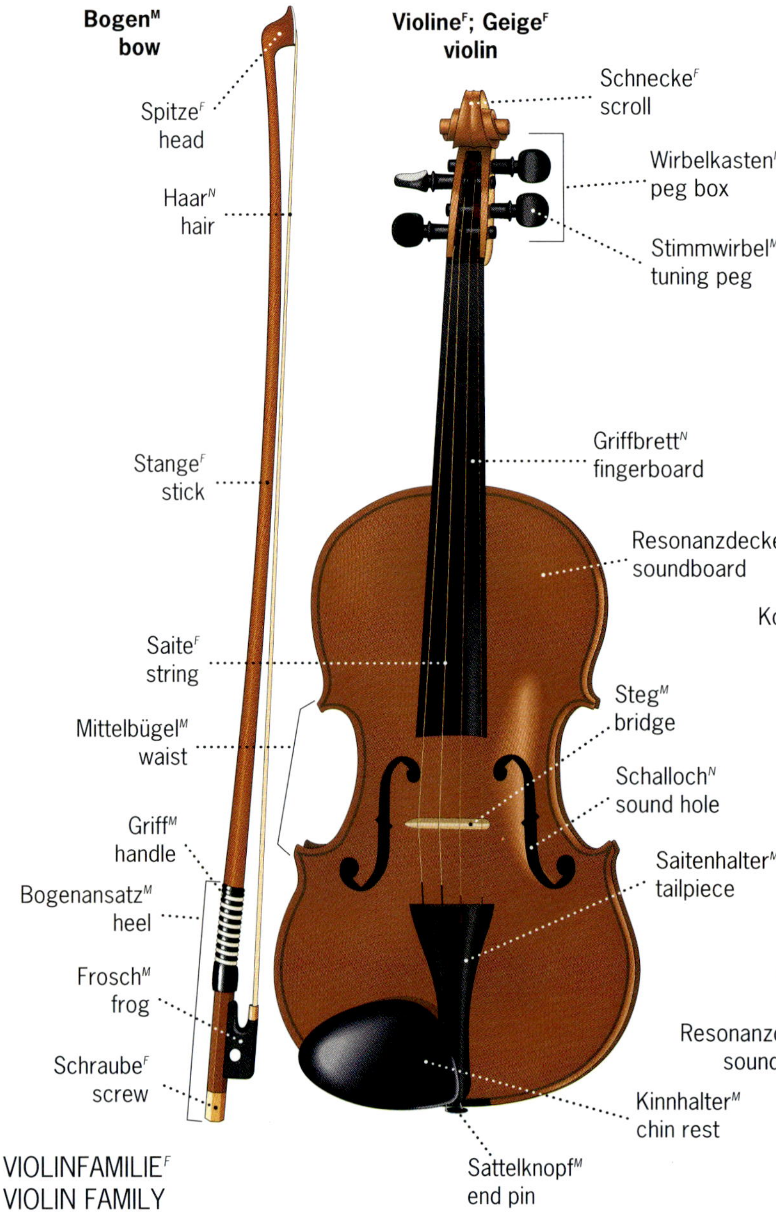

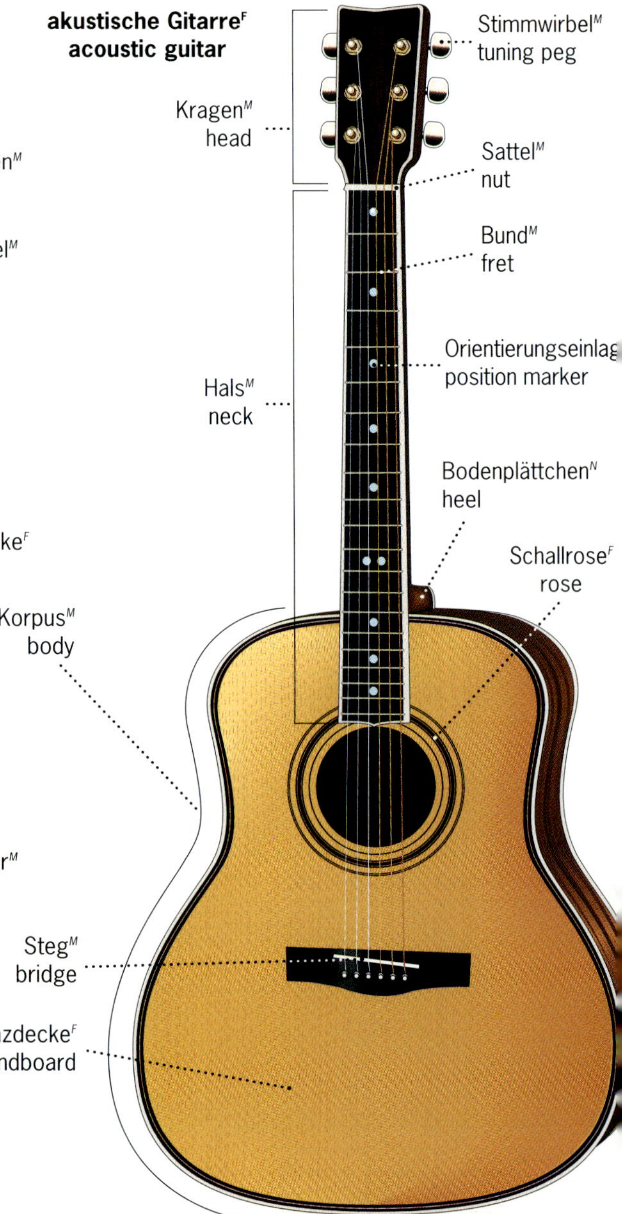

VIOLINFAMILIE[F]
VIOLIN FAMILY

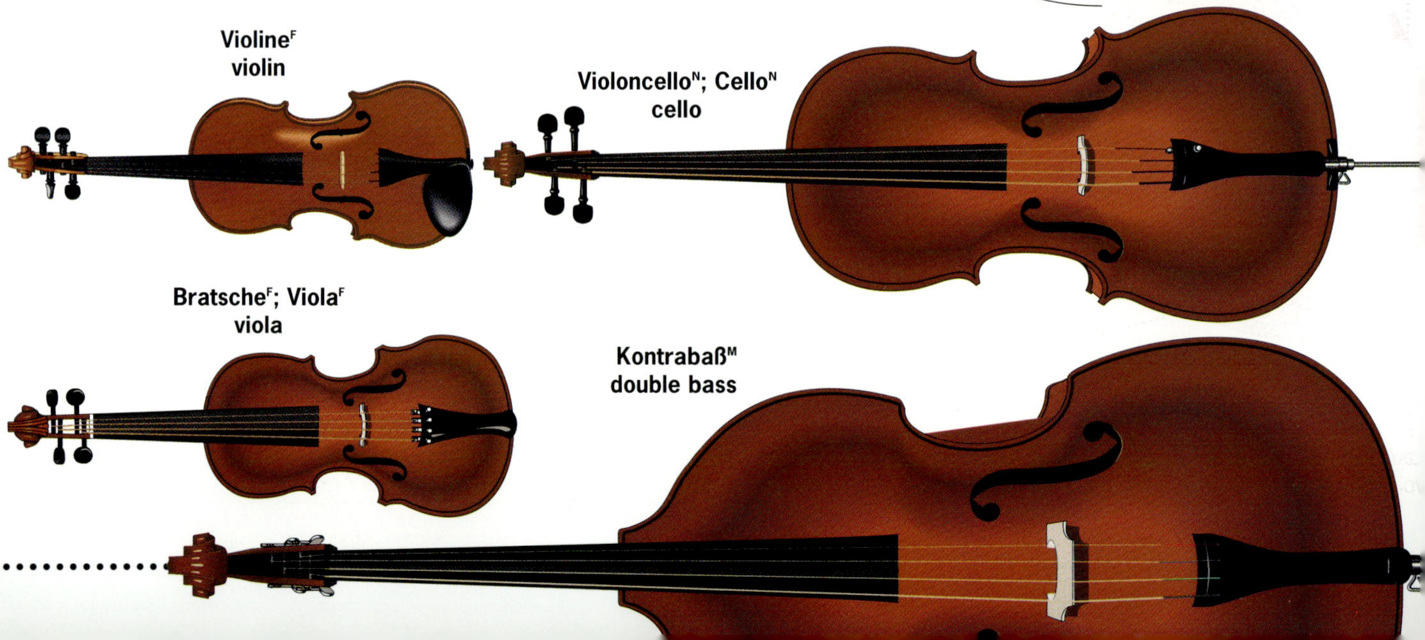

Elektrogitarre[F]
electric guitar

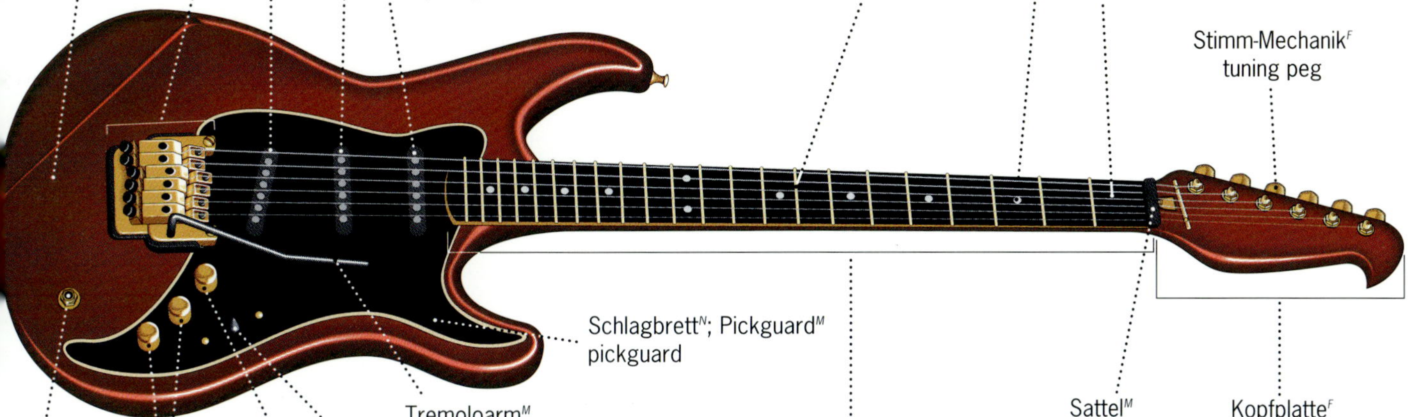

Baßgitarre[F]
bass guitar

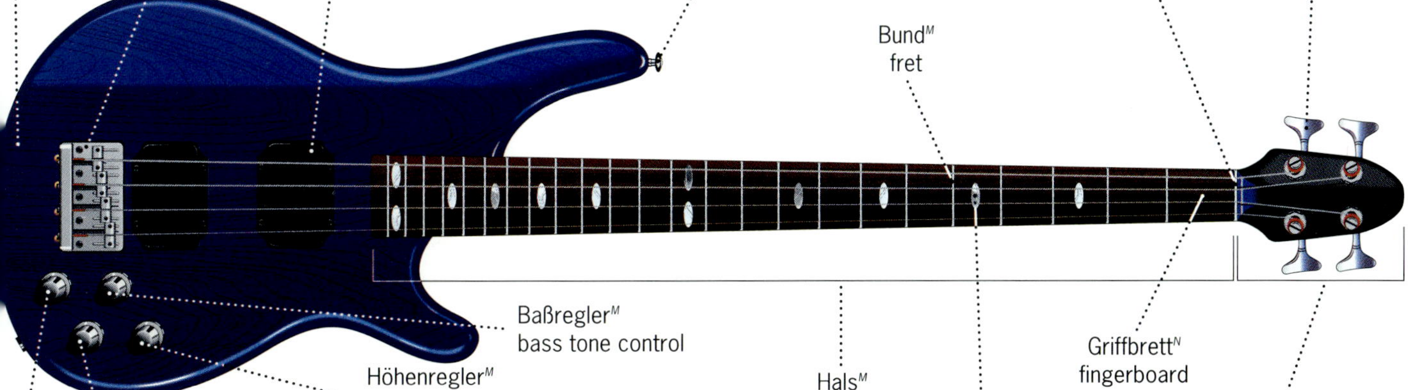

BLASINSTRUMENTE[N]
WIND INSTRUMENTS

Trompete[F]
trumpet

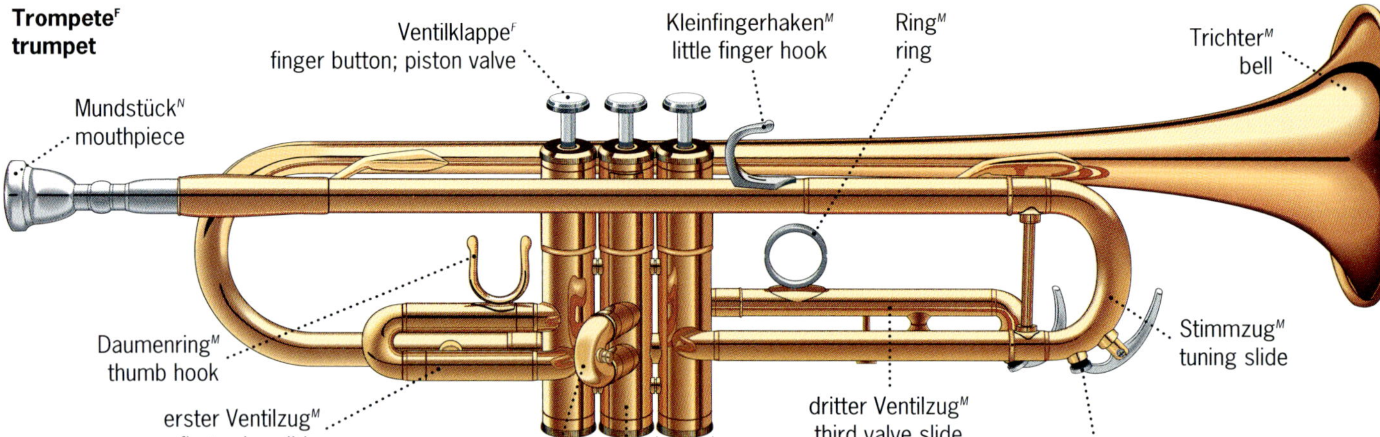

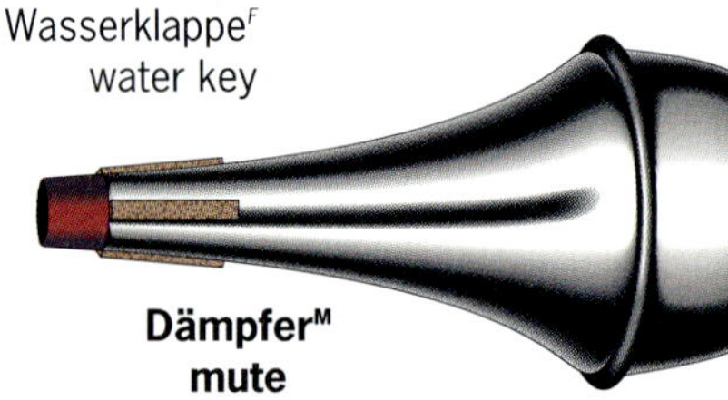

Dämpfer[M]
mute

FAMILIE[F] DER BLECHBLÄSER[M]
BRASS FAMILY

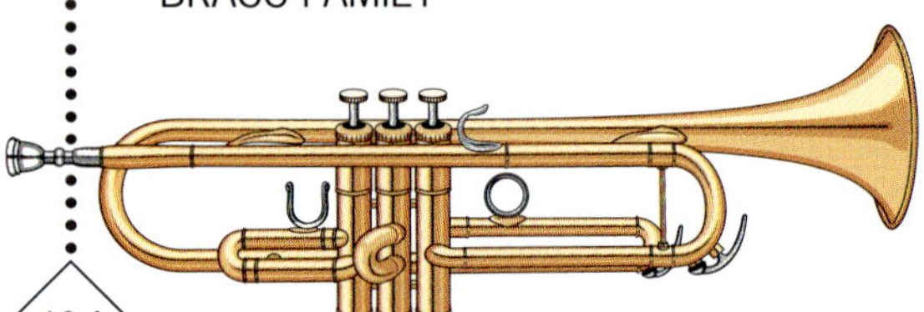

Trompete[F]
trumpet

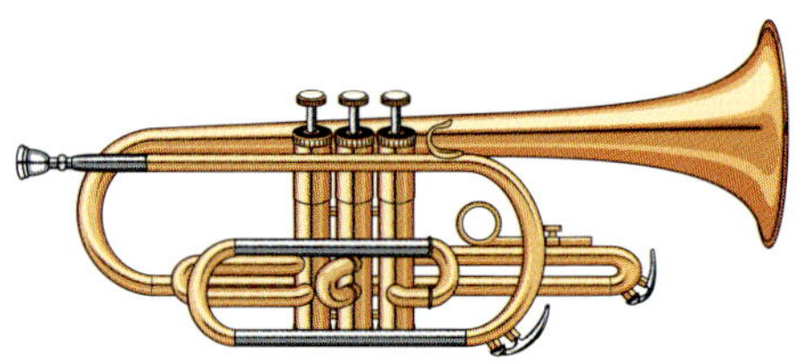

Kornett[N]
cornet

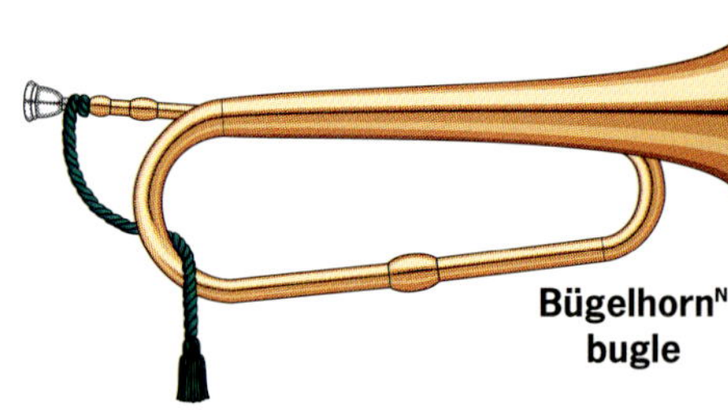

Bügelhorn[N]
bugle

Posaune[F]
trombone

Tuba[F]
tuba

Saxhorn[N]
saxhorn

Waldhorn[N]
French horn

BLÄTTER^N
REEDS
Rohrblatt^N
single reed
Doppelblatt^N
double reed
S-Bogen^M
crook
Blattschraube^F
ligature
Blatt^N
reed
Mundstück^N
mouthpiece
Oktavmechanik^F
octave mechanism
Saxophon^N
saxophone
Trichter^M
bell
Schallbecherstütze^F
bell brace
Korpus^M
body
Daumenauflage^F
thumb rest
Klappe^F
key
FAMILIE^F DER HOLZBLASINSTRUMENTE^N
WOODWIND FAMILY
Saxophon^N
saxophone
Pikkoloflöte^F
piccolo
Querflöte^F
flute
Blockflöte^F
recorder
Oboe^F
oboe
Klarinette^F
clarinet
Englischhorn^N
cor anglais
Fagott^N
bassoon

SCHLAGINSTRUMENTE[N]
PERCUSSION INSTRUMENTS

Trommeln[F]
drums

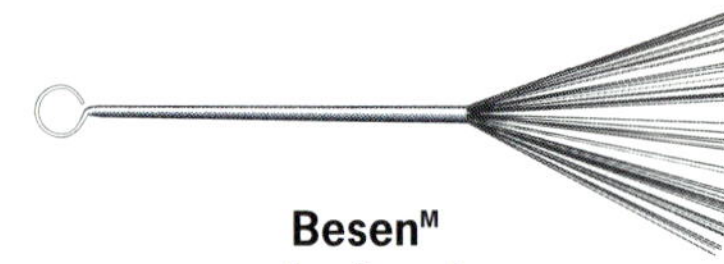

Besen[M]
wire brush

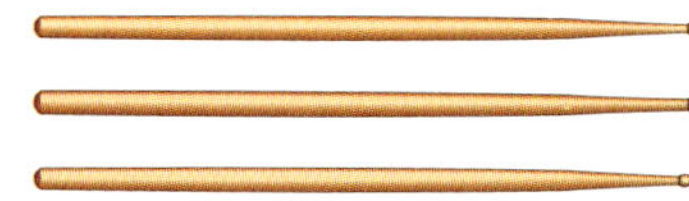

Stöcke[M]
sticks

Schlegel[M]
mallets

Triangel[M]
triangle

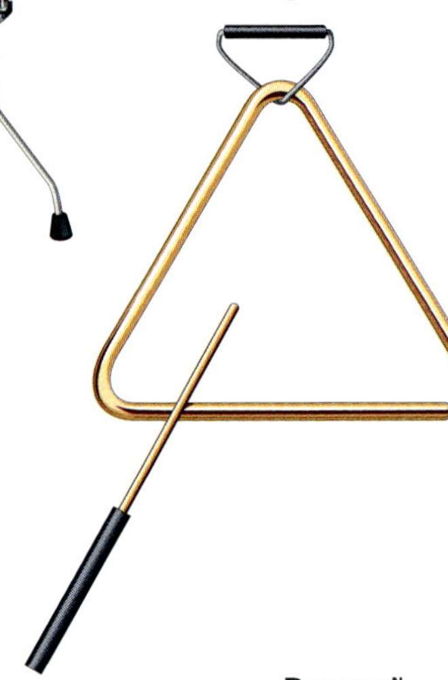

Schellenstab[M]
jingle stick

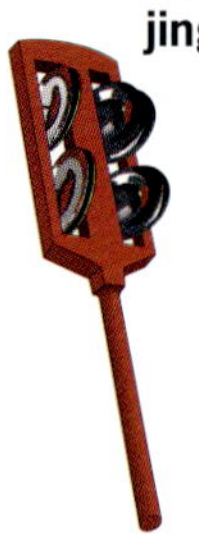

Glöckchen[N]
set of bells

Rollschellen[F]
sleigh bells

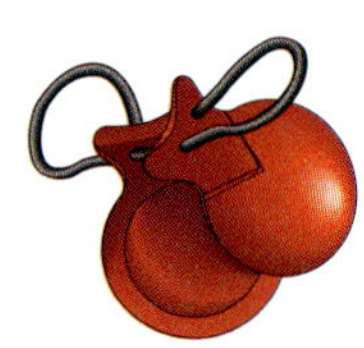

Kastagnetten[F]
castanets

Bongos[N]
bongos

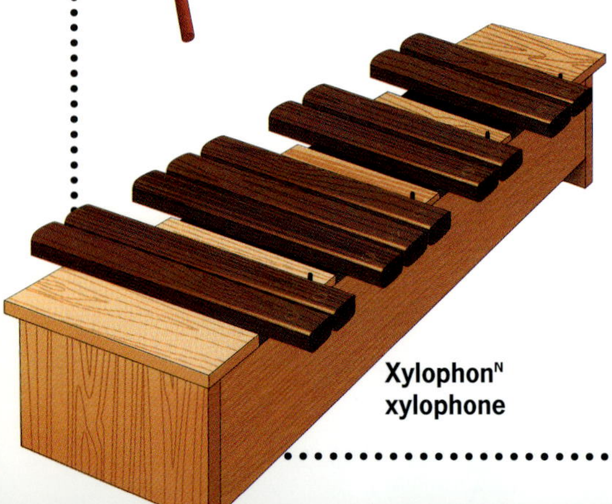

Xylophon[N]
xylophone

Rassel[F]
maracas

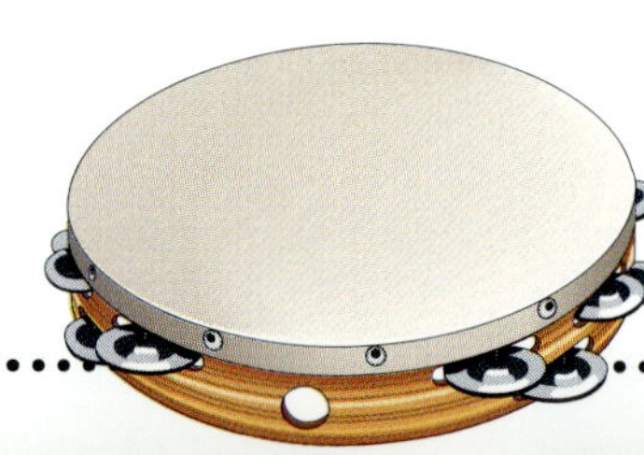

Tamburin[N]
tambourine

SINFONIEORCHESTER^{N}
SYMPHONY ORCHESTRA

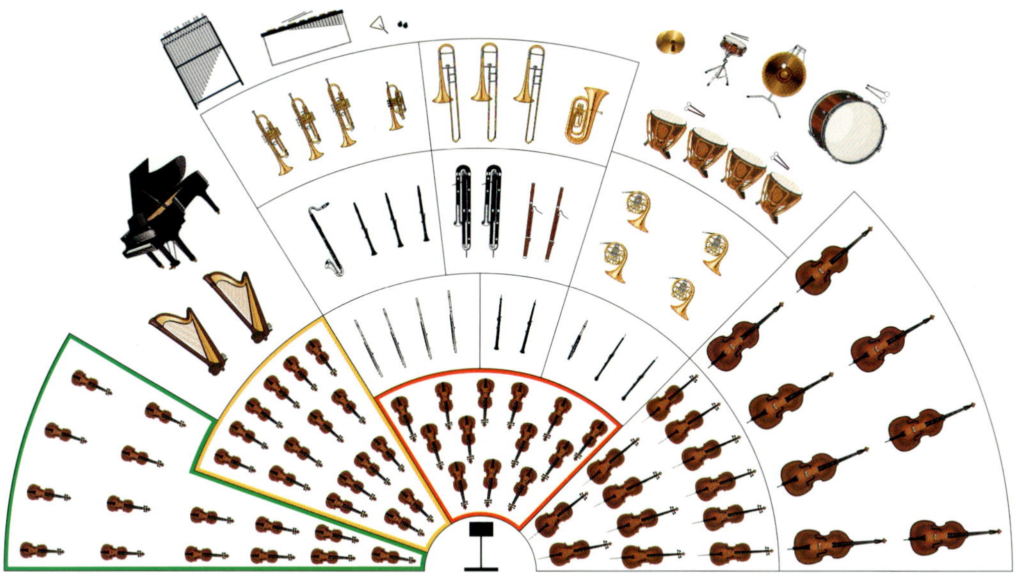

Podium^{N} des Dirigenten^{M}/der Dirigentin^{F}
conductor's podium

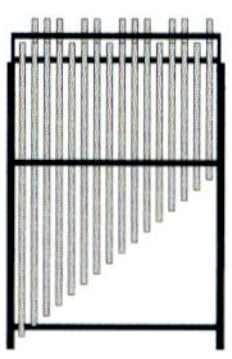
Röhrenglocken^{F}
tubular bells

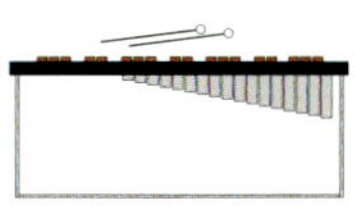
Xylophon^{N}
xylophone

Baßtrommel^{F}
bass drum

Harfe^{F}
harp

Flügel^{M}
piano

Querflöte^{F}
flute

Oboe^{F}
oboe

Pikkoloflöte^{F}
piccolo

Englischhorn^{N}
cor anglais

erste Violine^{F}
first violin

zweite Violine^{F}
second violin

Bratsche^{F}
viola

Cello^{N}
cello

Kontrabaß^{M}
double bass

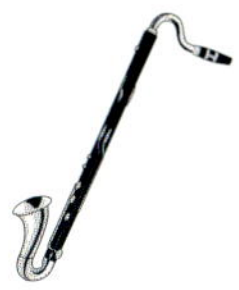
Baßklarinette^{F}
bass clarinet

Klarinette^{F}
clarinet

Kontrafagott^{N}
contrabassoon

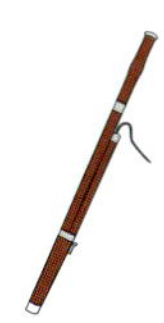
Fagott^{N}
bassoon

Waldhorn^{N}
French horn

Kornett^{N}
cornet

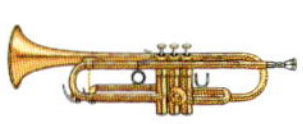
Trompete^{F}
trumpet

Posaune^{F}
trombone

Tuba^{F}
tuba

Triangel^{M}
triangle

kleine Trommel^{F}
snare drum

Becken^{N}
cymbals

Kastagnetten^{F}
castanets

Kesselpauke^{F}
kettledrum

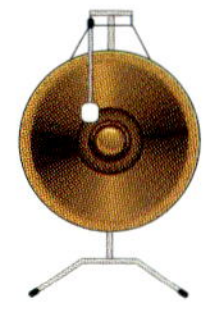
Gong^{M}
gong

BASEBALL^{M}
BASEBALL

Handschuh^{M}
fielder's glove

Schläger^{M}
bat

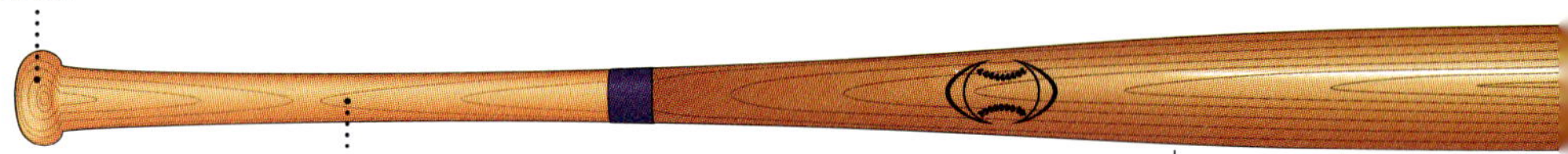

Baseball^{M}
baseball

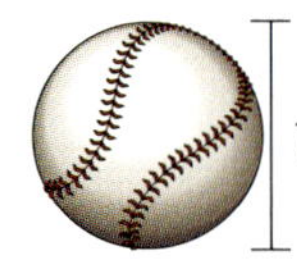

Schlagmann^{M}
batter

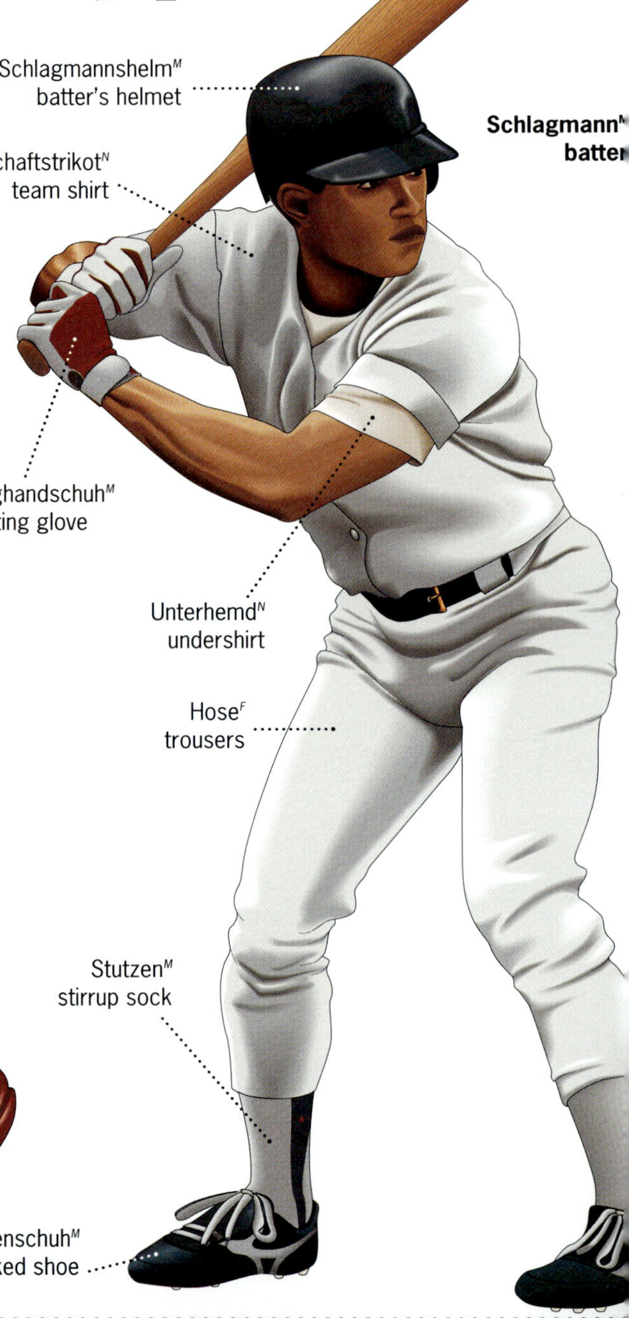

Fänger^{M}
catcher

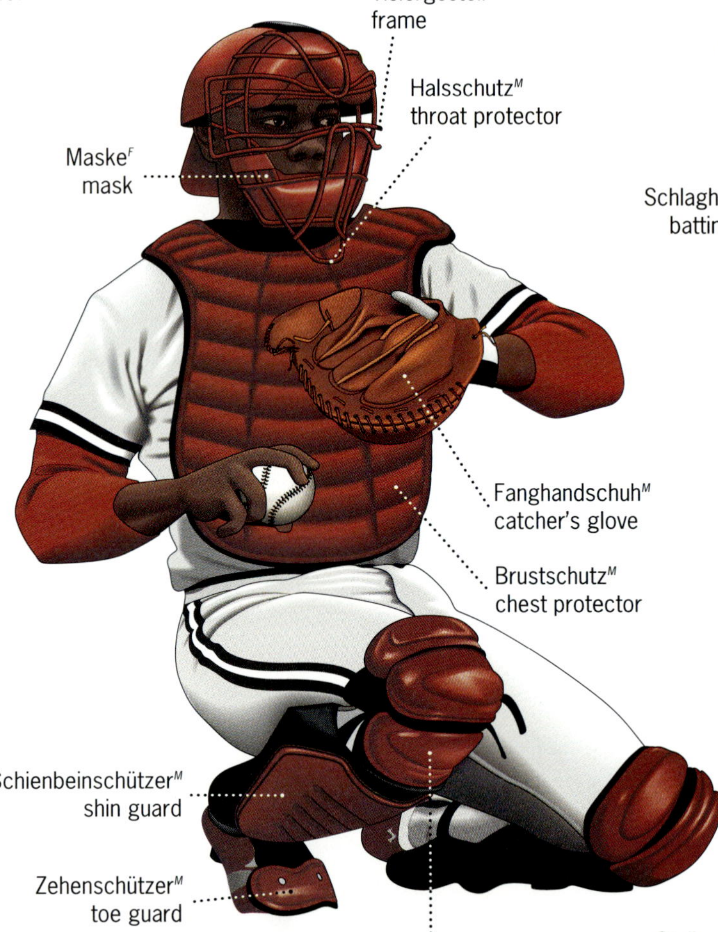

Spielfeld[N]
field

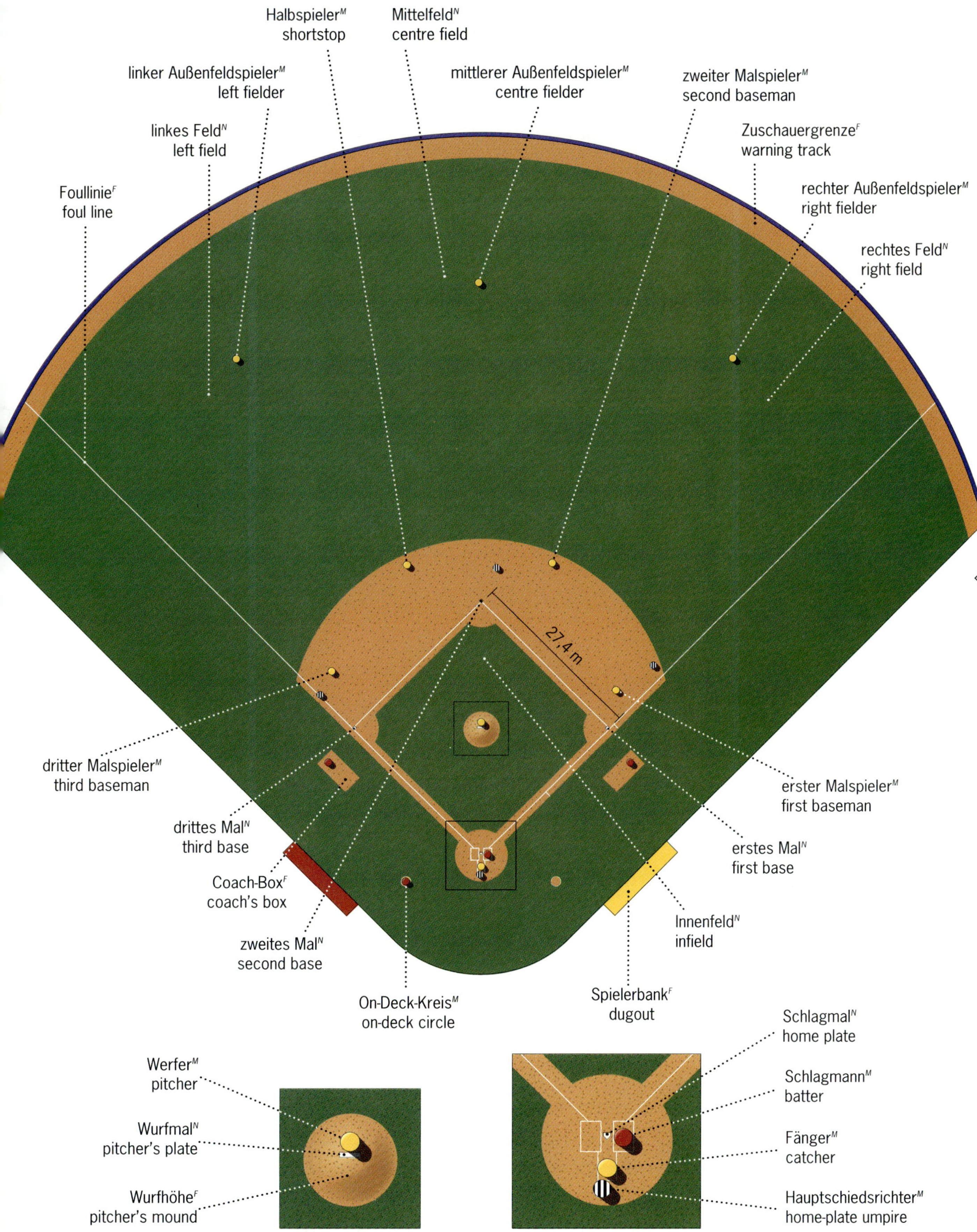

FOOTBALL[M]
AMERICAN FOOTBALL

Footballspieler[M]
American football player

Football[M]
football

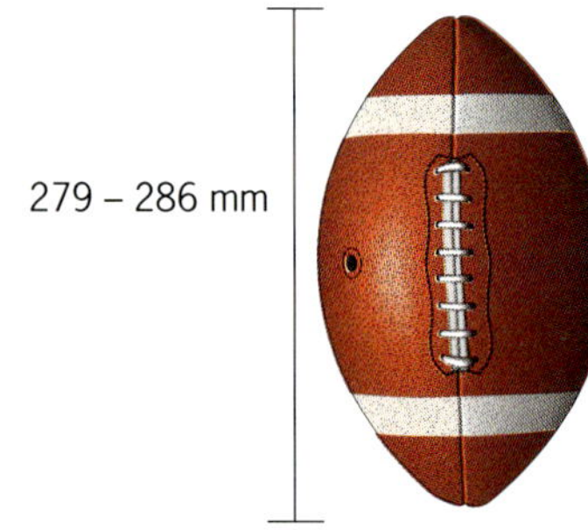

Schutzausrüstung
protective equipment

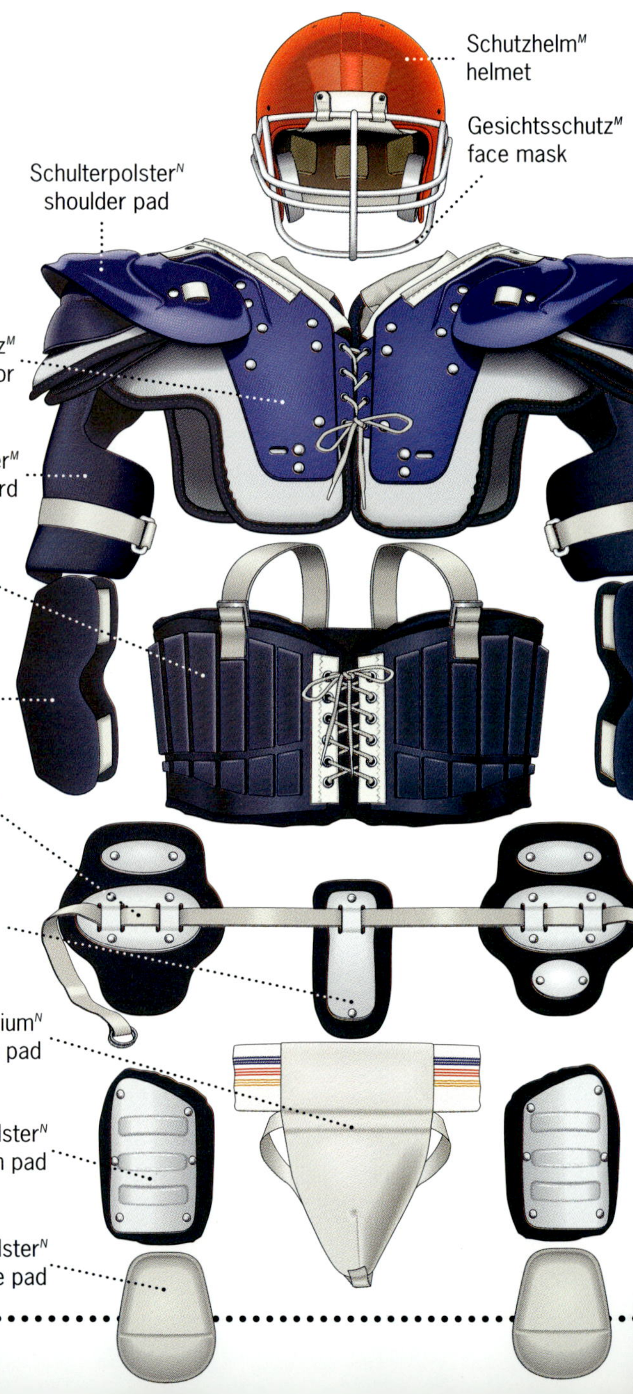

ScrimmageN
scrimmage

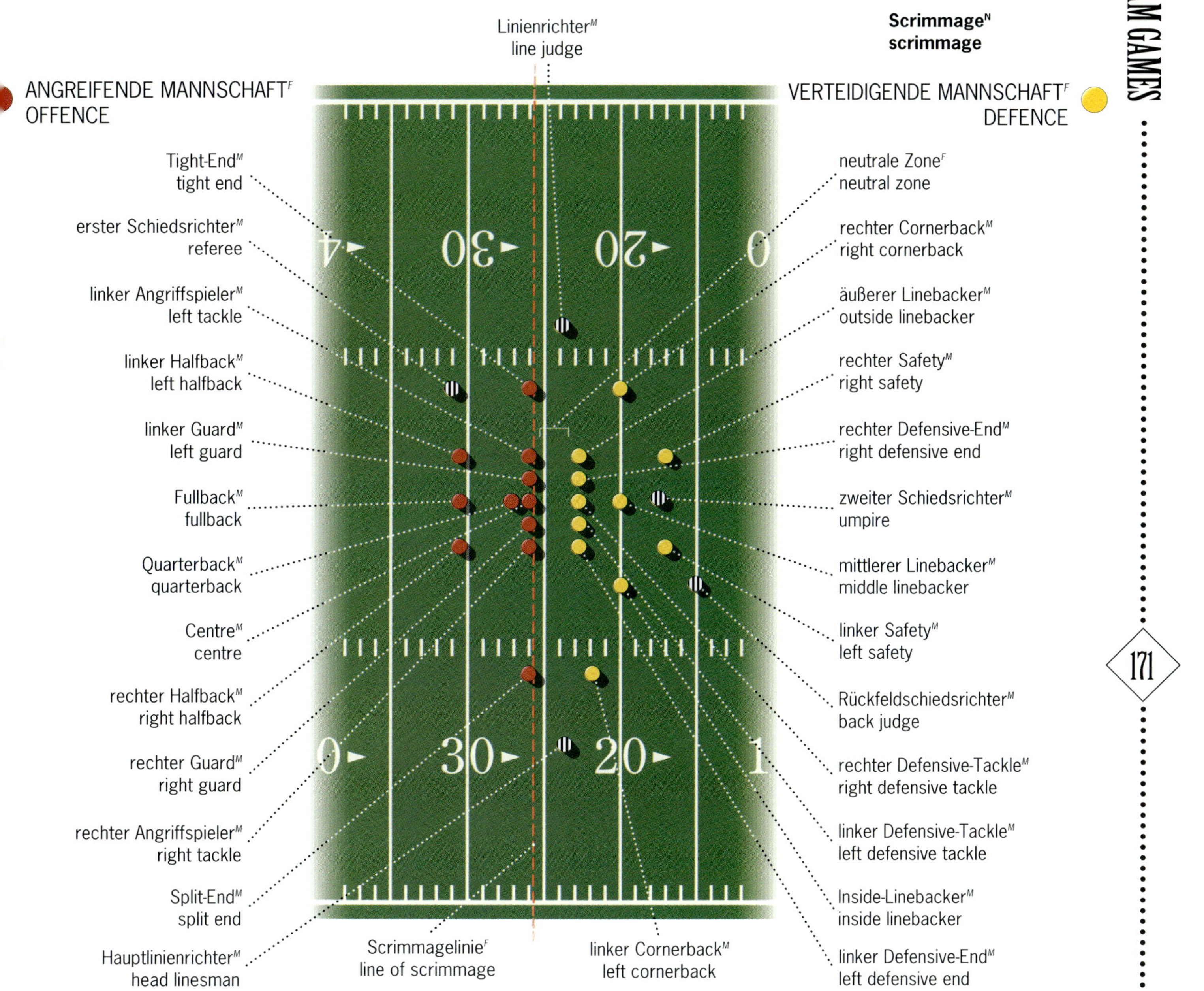

SpielfeldN für amerikanischen FootballM
playing field for American football

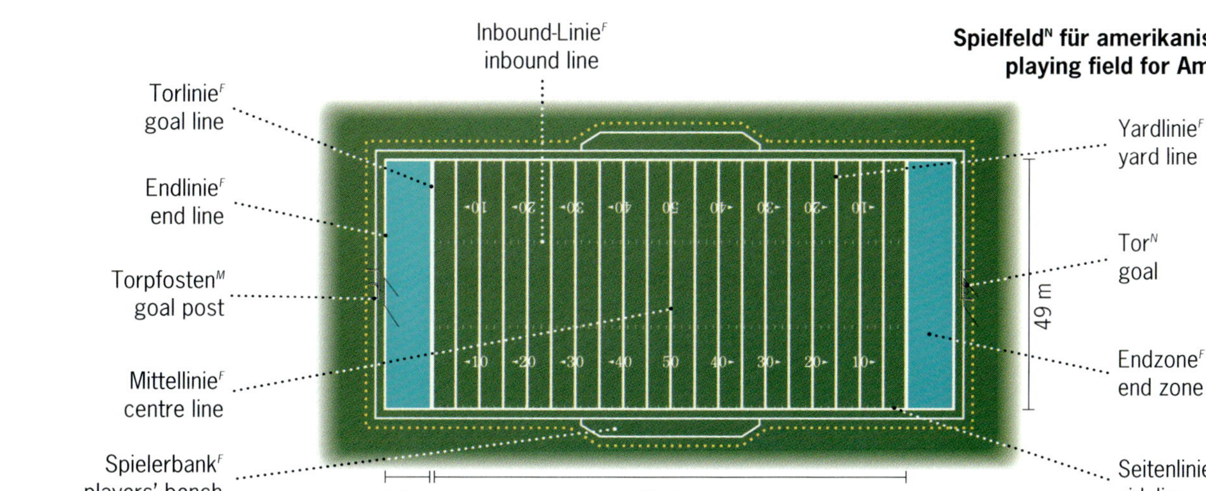

FUSSBALL[M]
SOCCER

Fußballspieler[M]
soccer player

Fußball[M]
soccer ball

Spielfeld[N]
playing field

CRICKET[N]
CRICKET

Cricketspieler[M]
cricket player

Mal[N]
wicket

Spielfeld[N]
field

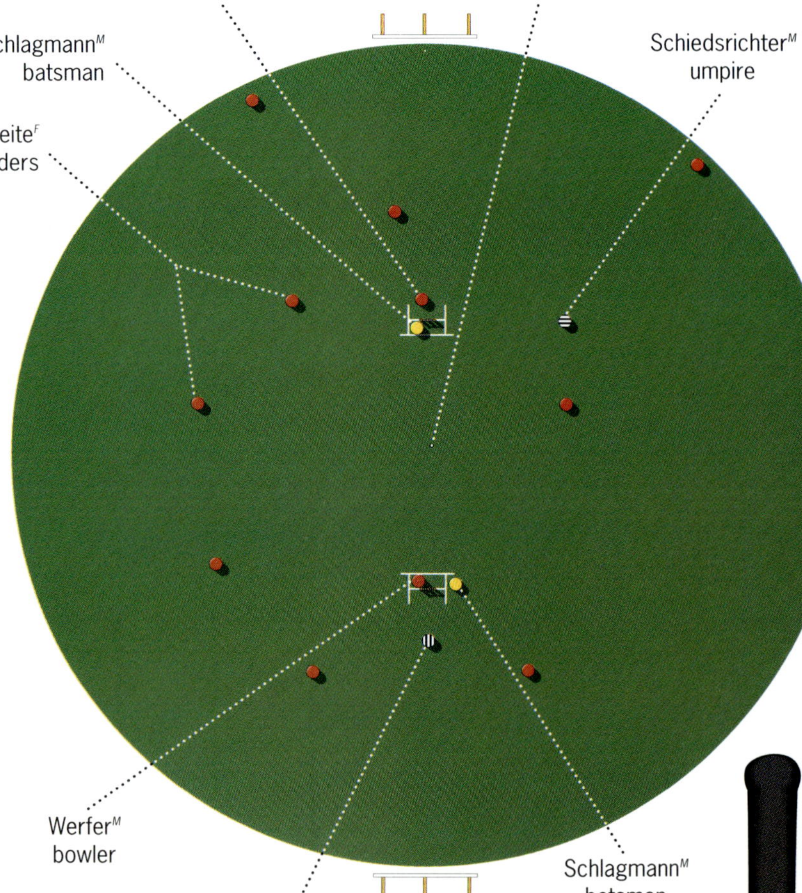

Cricketball[M]
cricket ball

Schlagholz[N]
bat

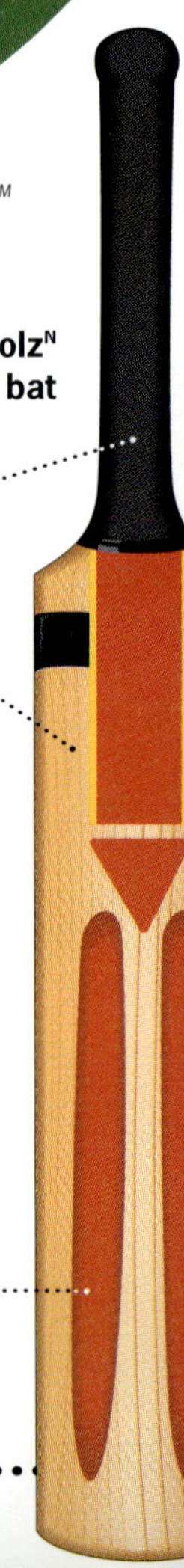

HOCKEY[N]
FIELD HOCKEY

Spielfeld[N]
playing field

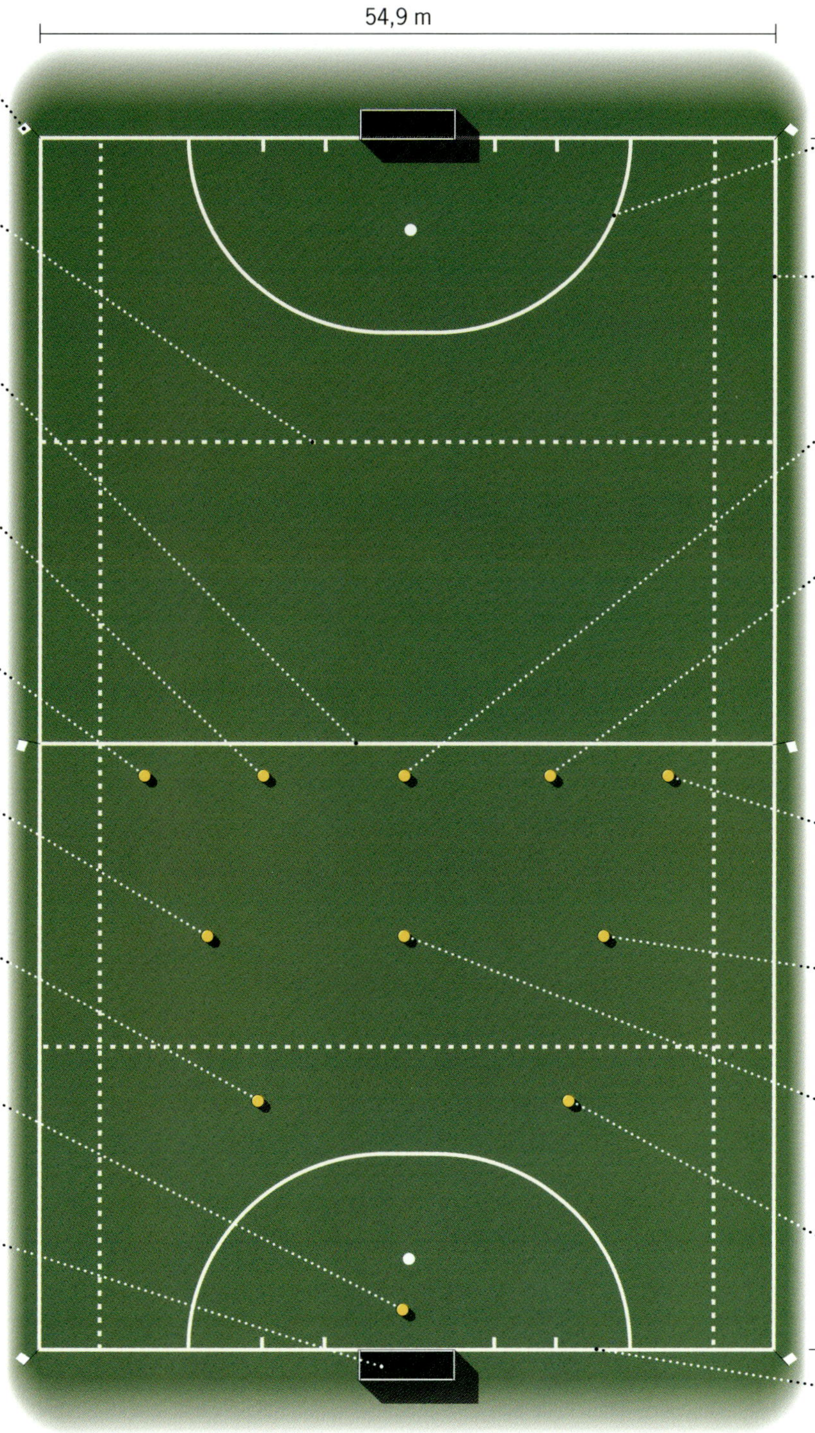

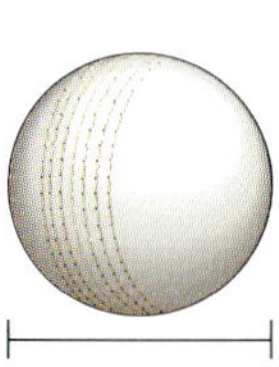

Hockeyball[M]
hockey ball

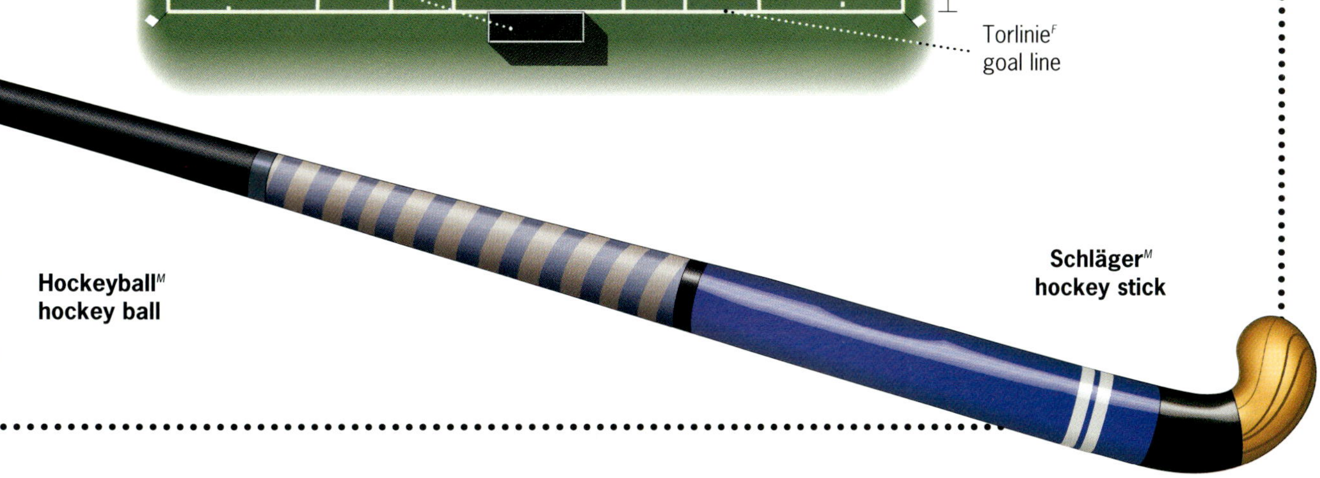

Schläger[M]
hockey stick

EISHOCKEY[N]
ICE HOCKEY

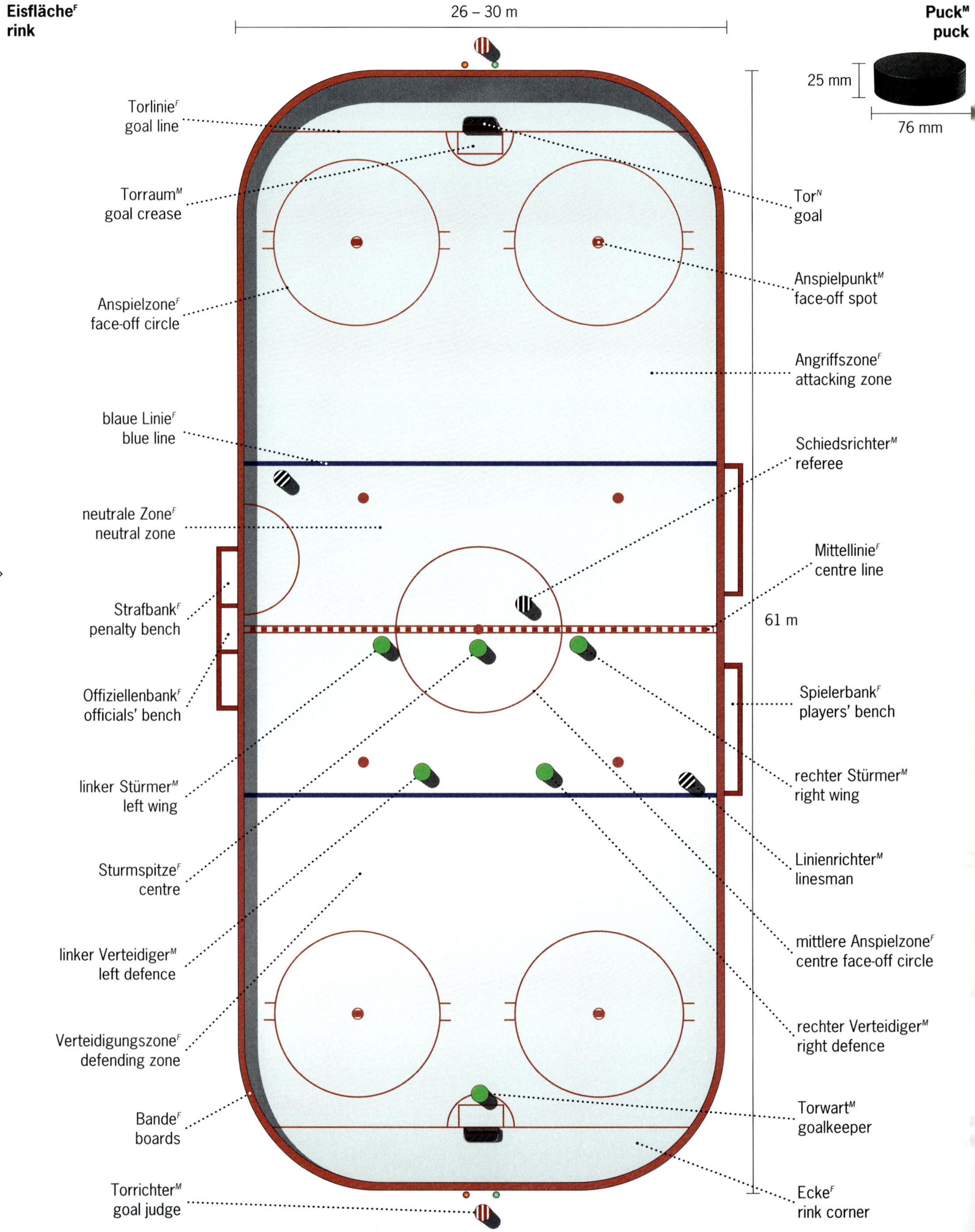

Eishockeyschläger[M]
player's stick

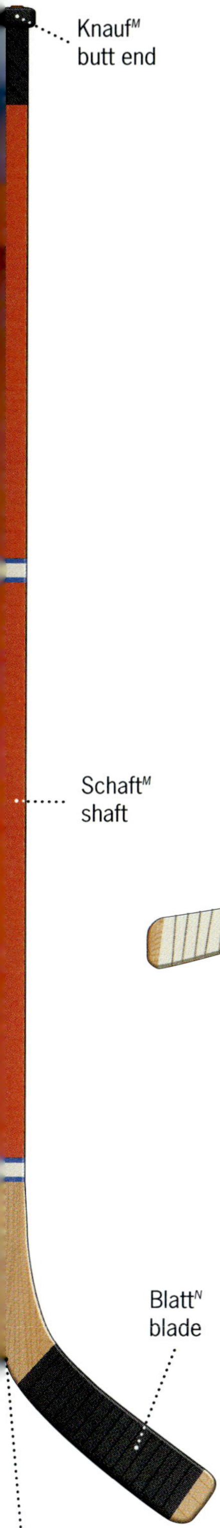

Eishockeyspieler[M]
ice hockey player

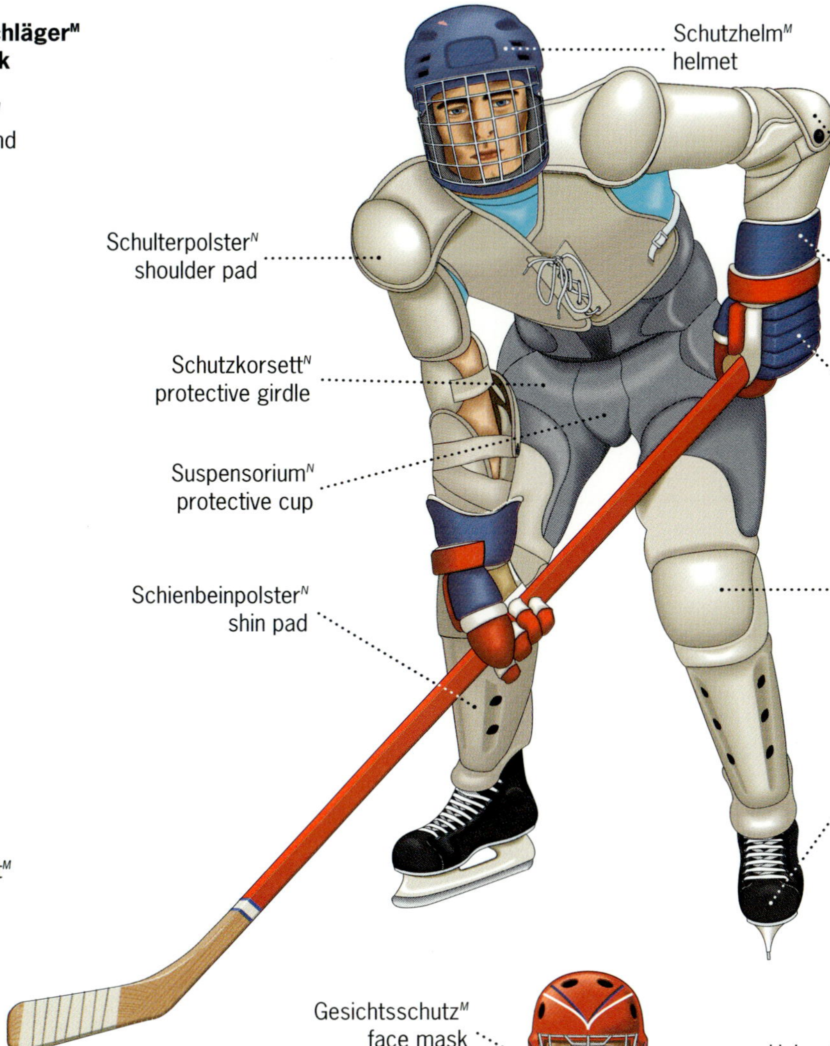

Torwart[M]
goalkeeper

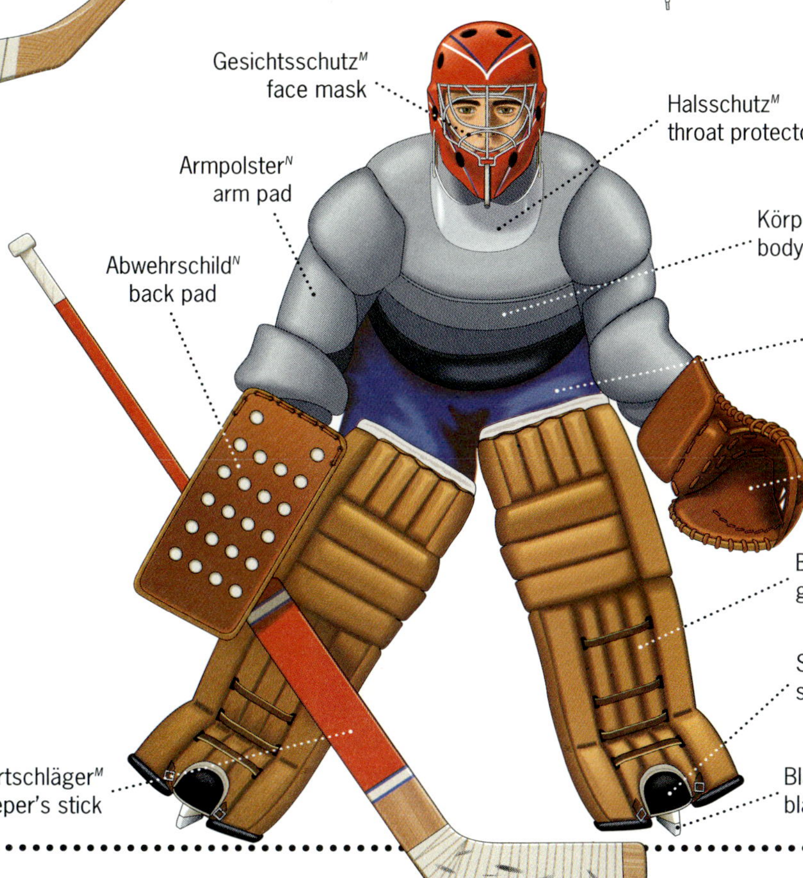

BASKETBALLSPIEL[N]
BASKETBALL

Spielfeld[N]
court

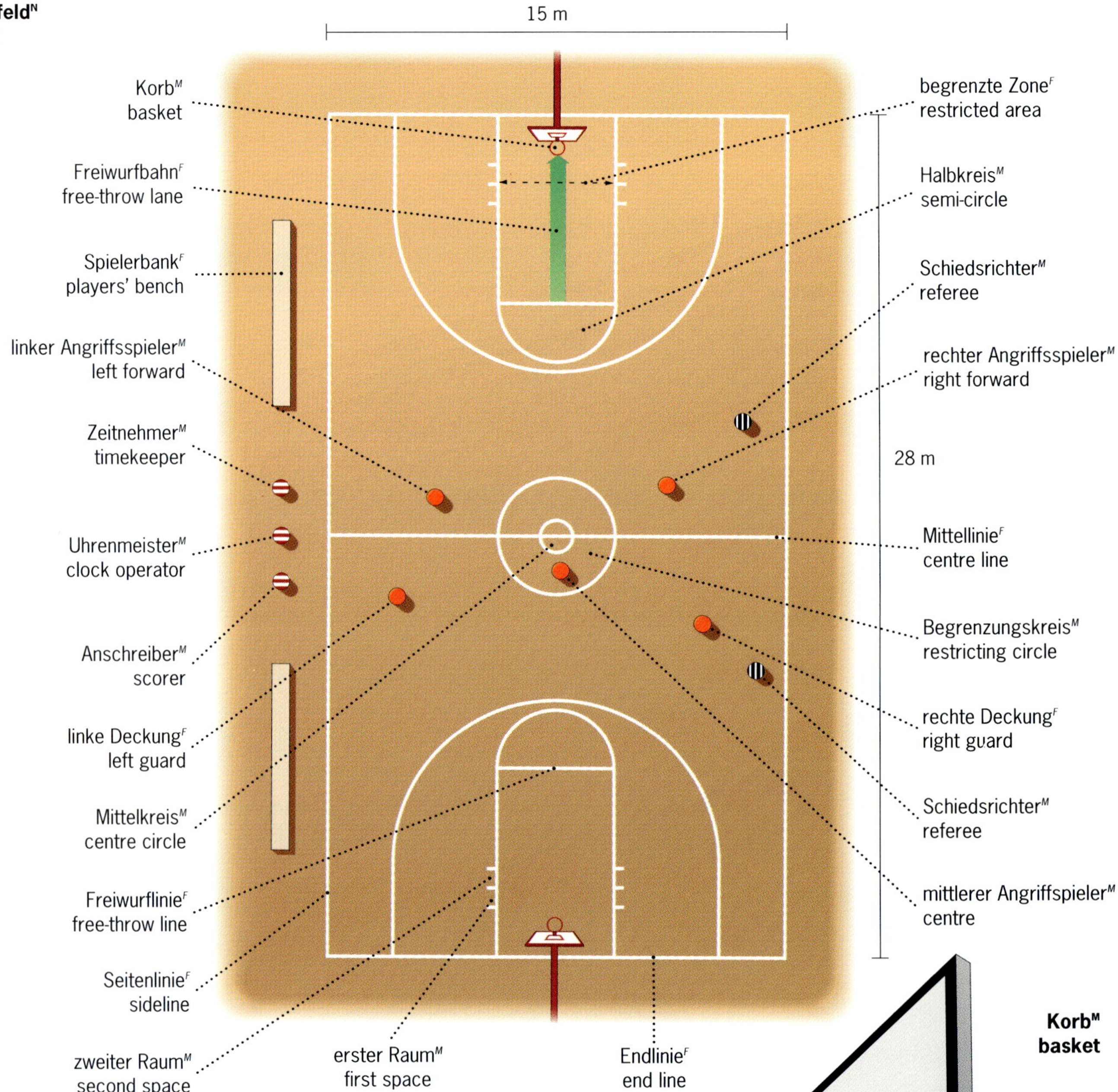

Basketball[M]
basketball

Korb[M]
basket

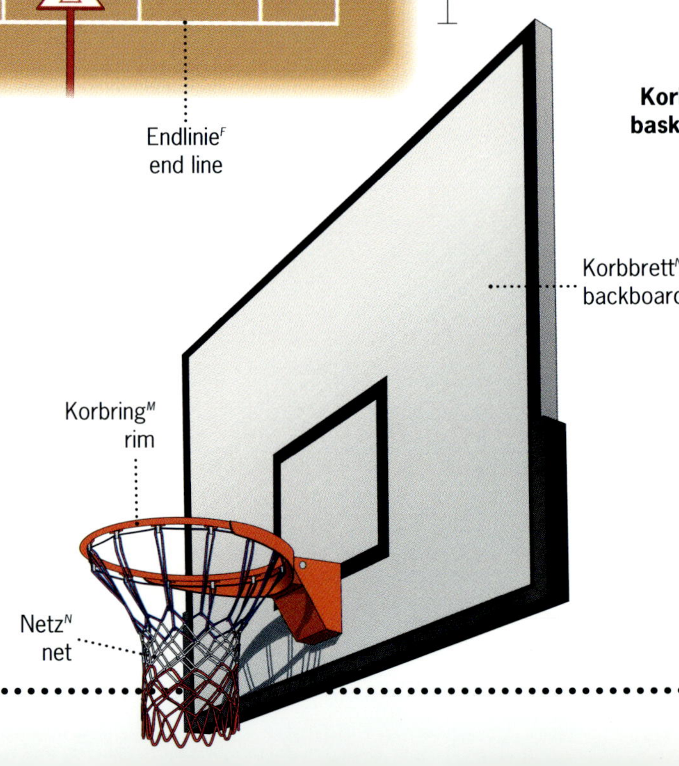

VOLLEYBALLSPIEL[N]
VOLLEYBALL

Spielfeld[N]
court

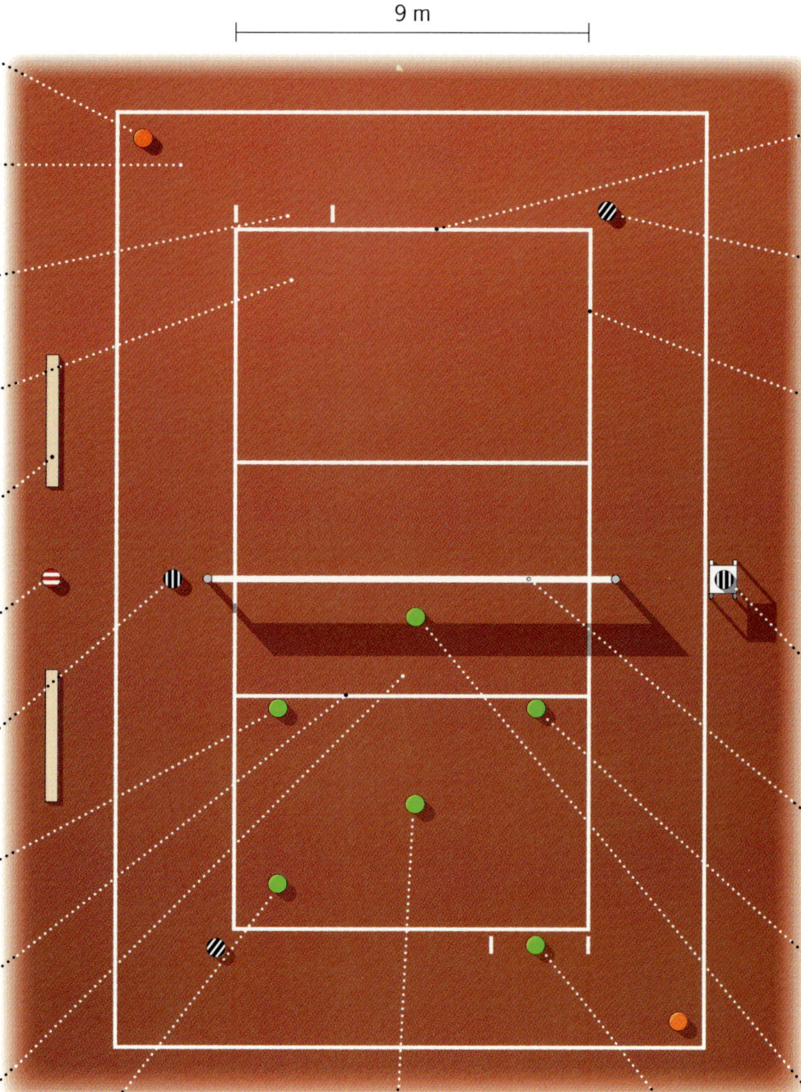

Volleyball[M]
volleyball

Netz[N]
net

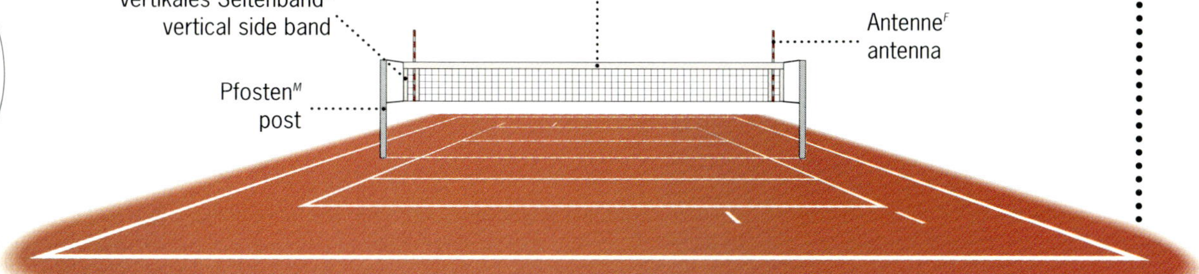

TENNIS^N TENNIS

Tennisplatz^M court

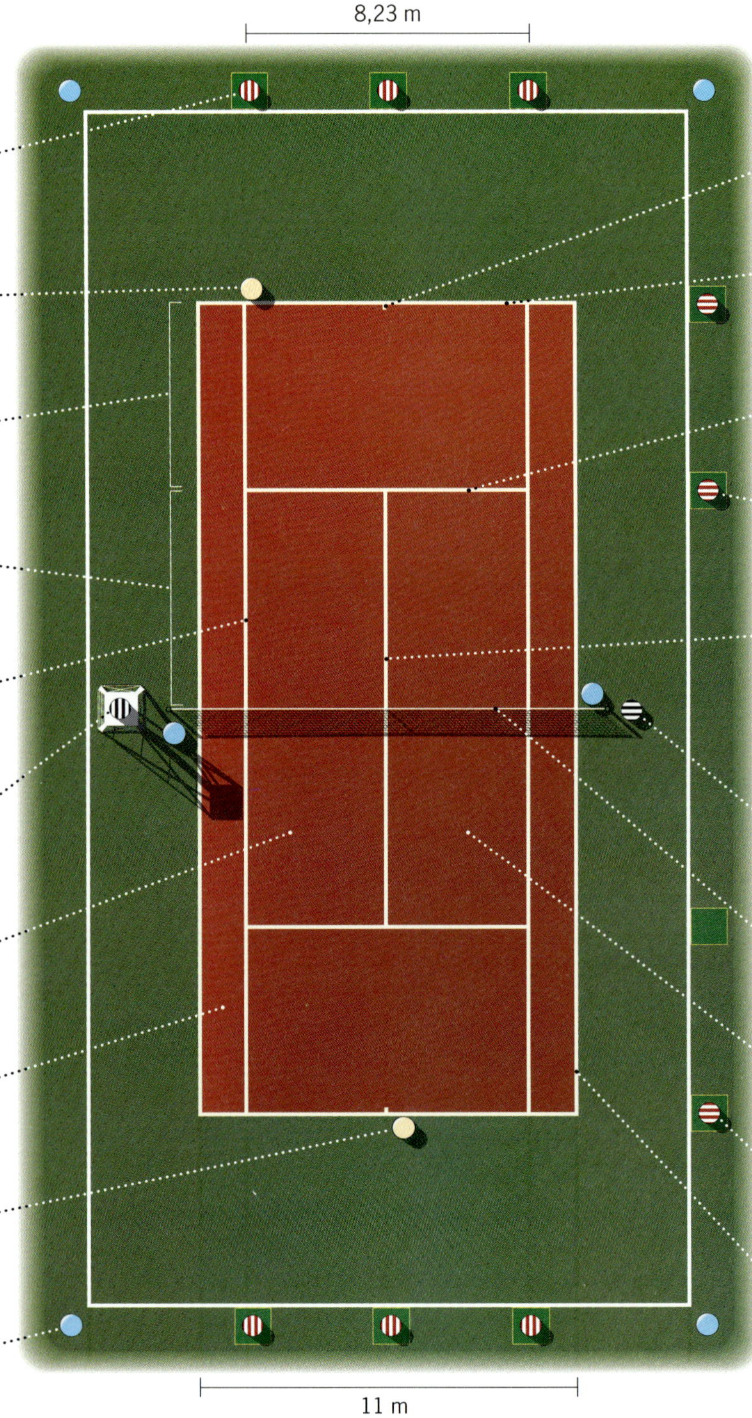

Netz^N net

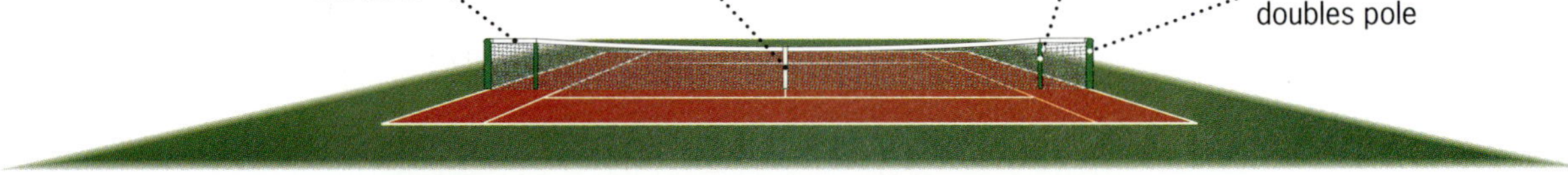

Tennisball[M]
tennis ball

Tennisspielerin[F]
tennis player

Tennisschläger[M]
tennis racquet; tennis racket

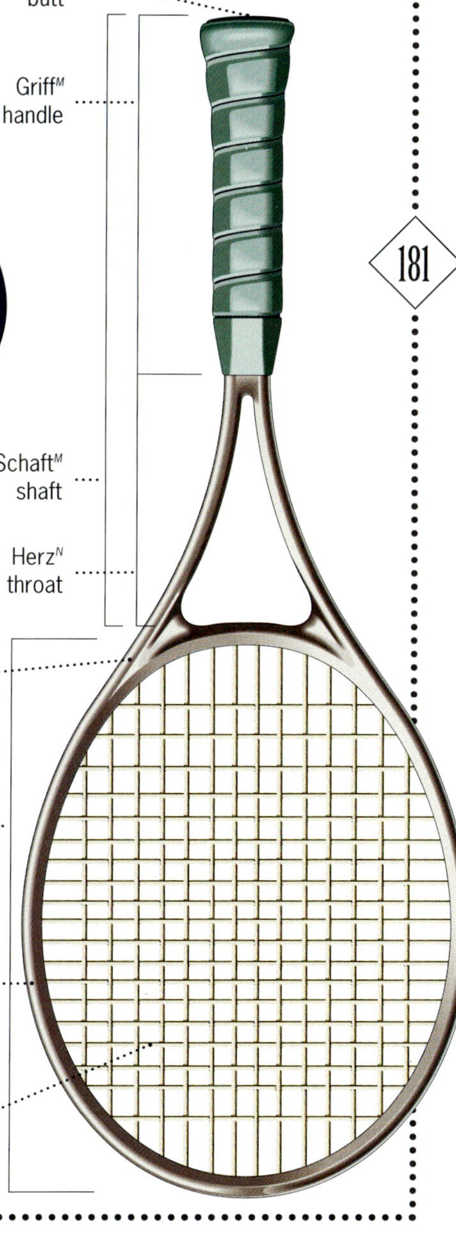

SCHWIMMEN^N
SWIMMING

Wettkampfbecken^N
competitive course

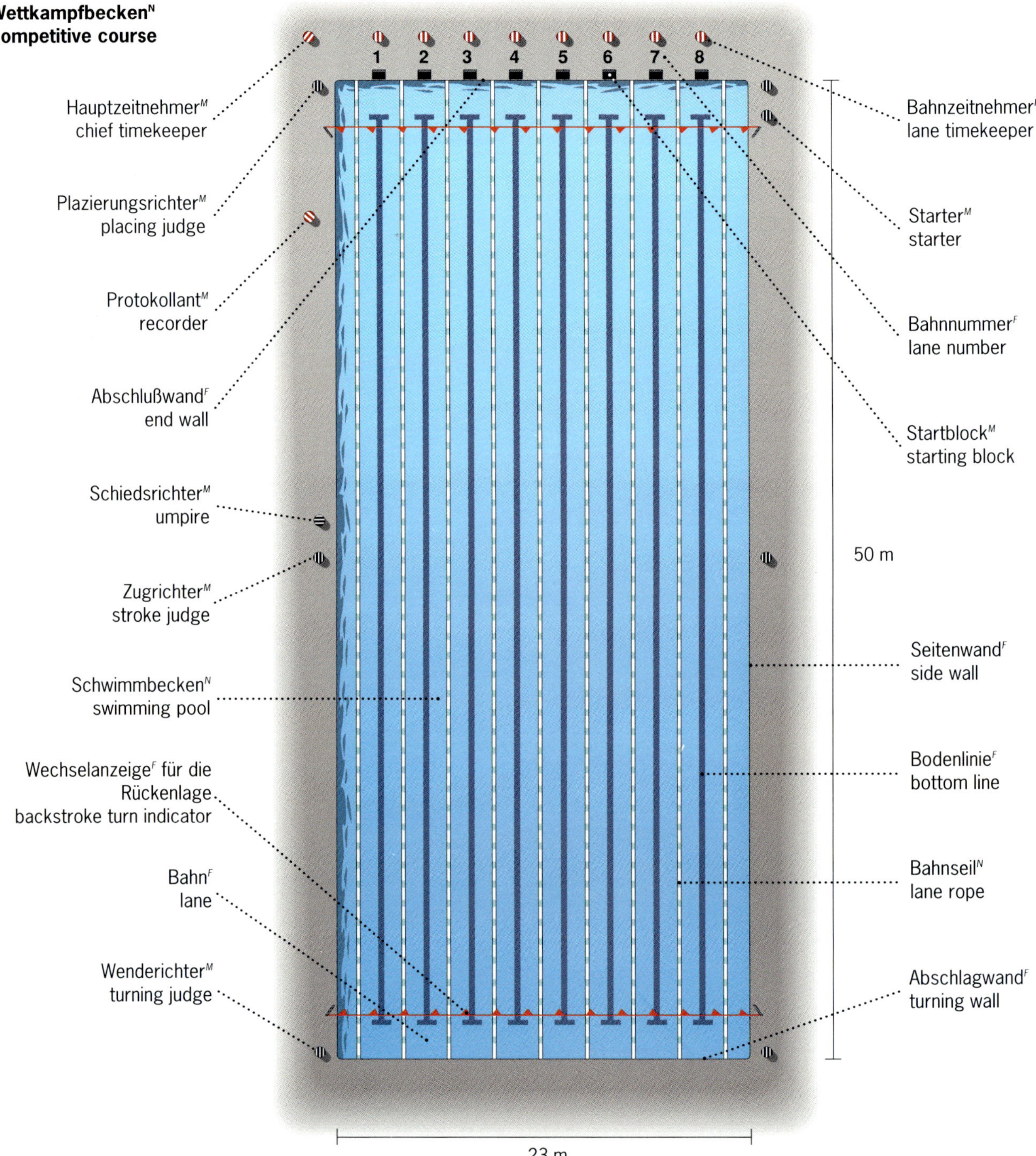

Startblock^M
starting block

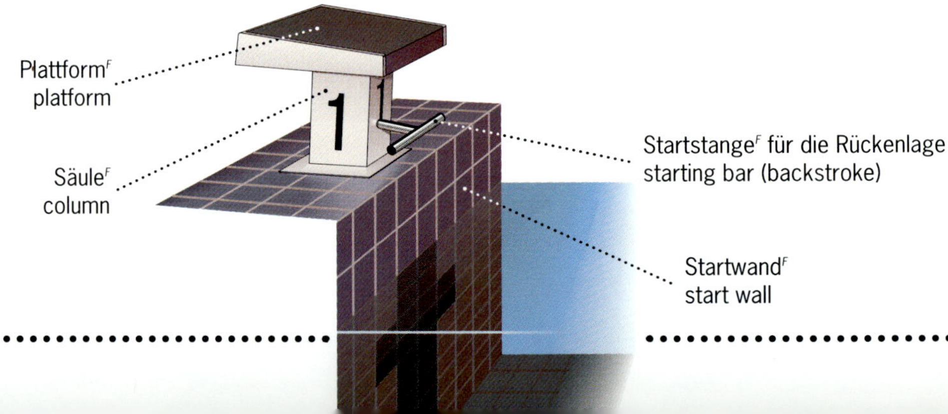

VERSCHIEDENE SCHWIMMSTILE[M]
TYPES OF STROKES

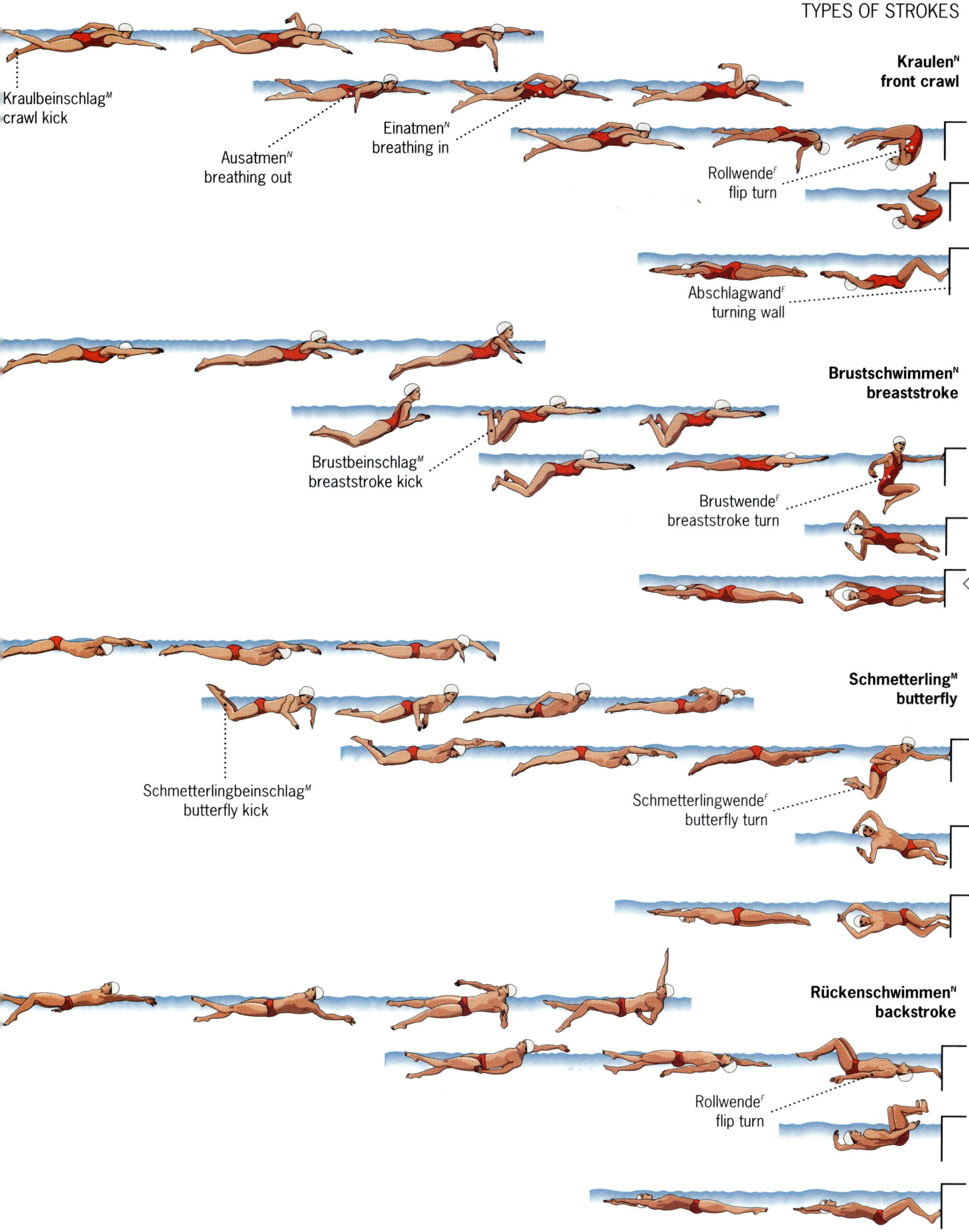

SURFBRETT^{N}
SAILBOARD

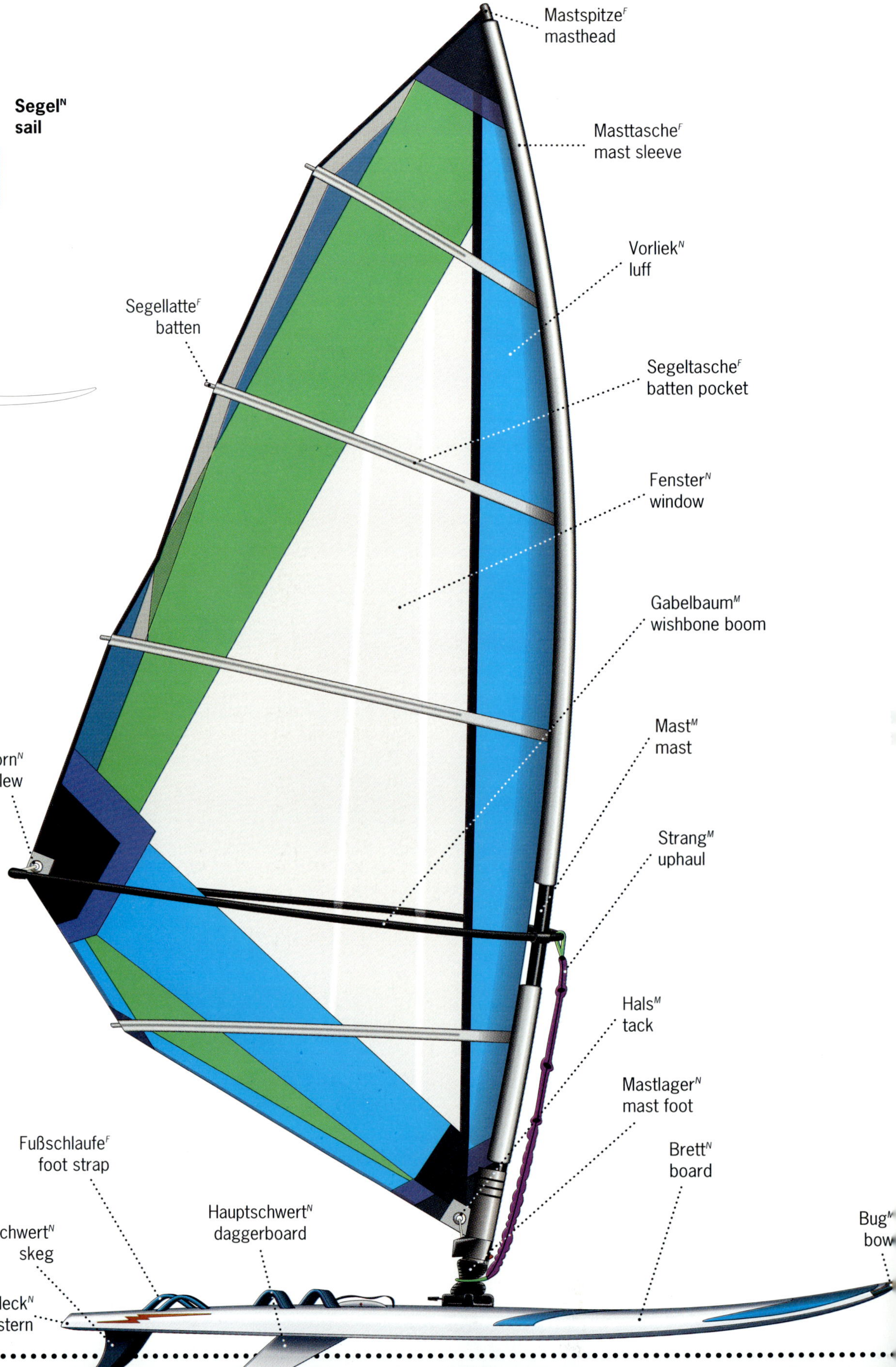

SCHLITT- UND ROLLSCHUHLAUF[M]
SKATING

Rollschuh[M]
roller-skate

Schnellaufschlittschuh[M]
speed skate

Eishockeyschlittschuh[M]
hockey skate

Eiskunstlaufstiefel[M]
figure skate

Schlittschuhschoner[M]
skate guard

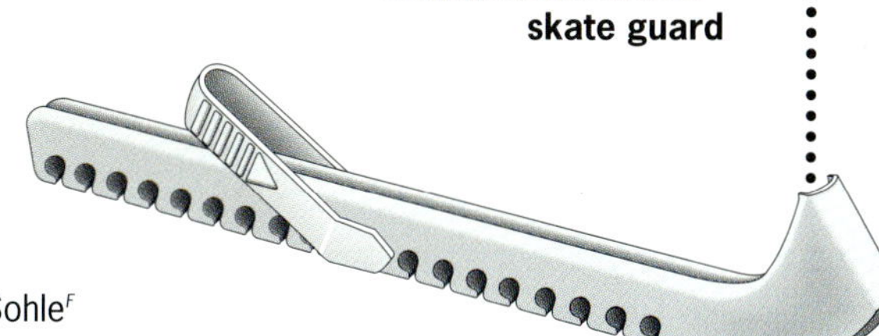

SKILAUFEN[N]
SKIING

alpiner Skiläufer[M]
alpine skier

Skistiefel[M]
ski boot

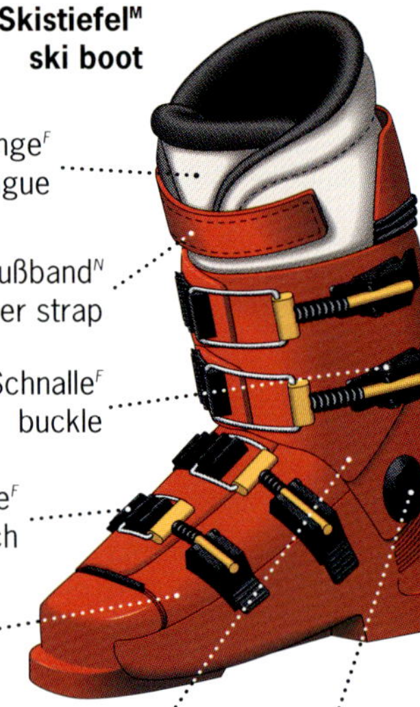

Langlaufski[M]
cross-country ski

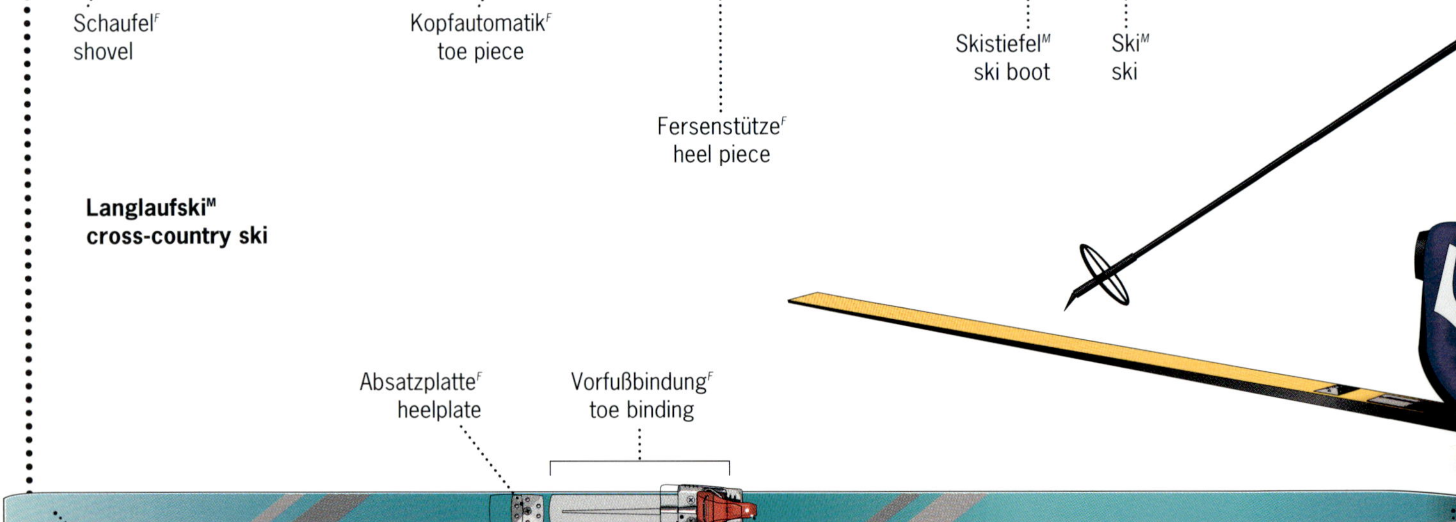

Sicherheitsbindung[F]
safety binding

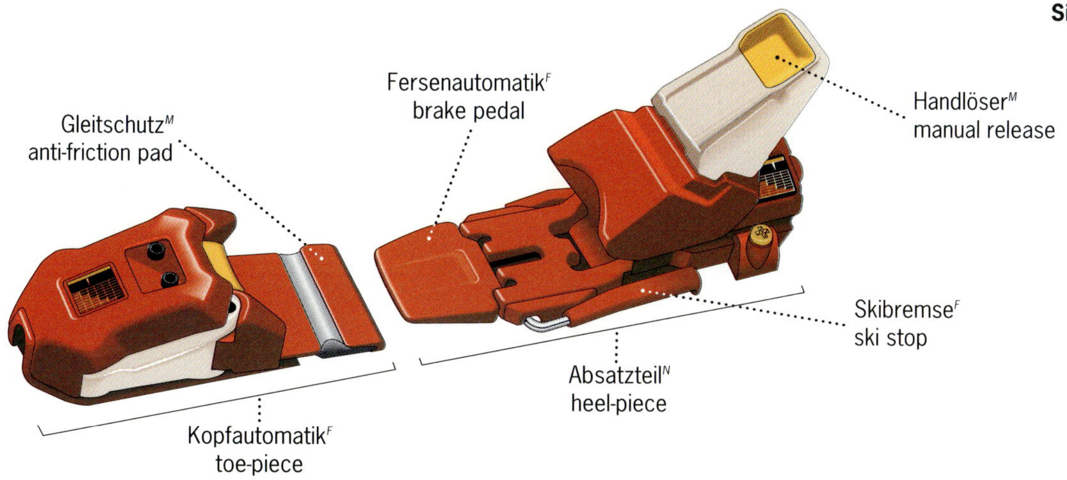

Langläuferin[F]
cross-country skier

GERÄTETURNEN[N]
GYMNASTICS

Pauschenpferd[N]
pommel horse

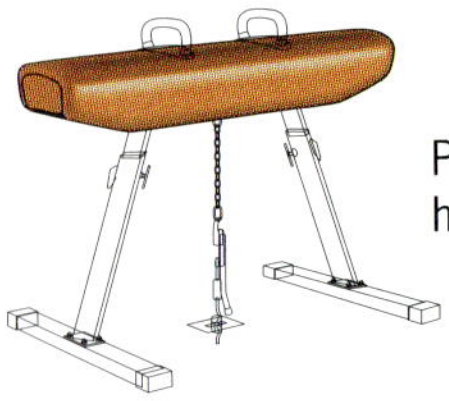

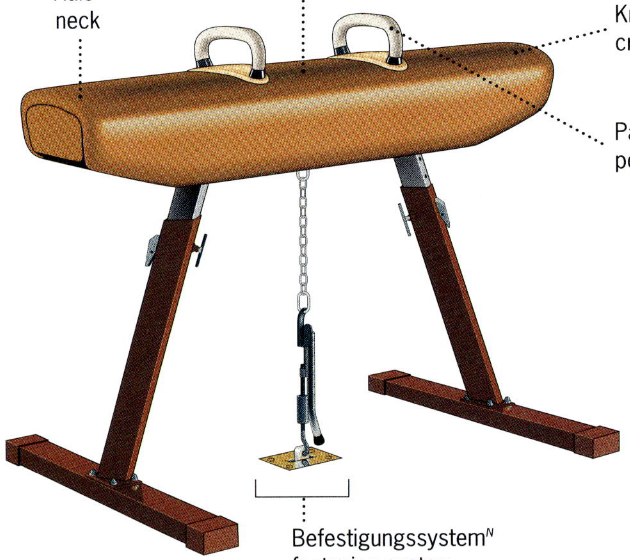

Sprungpferd[N]
vaulting horse

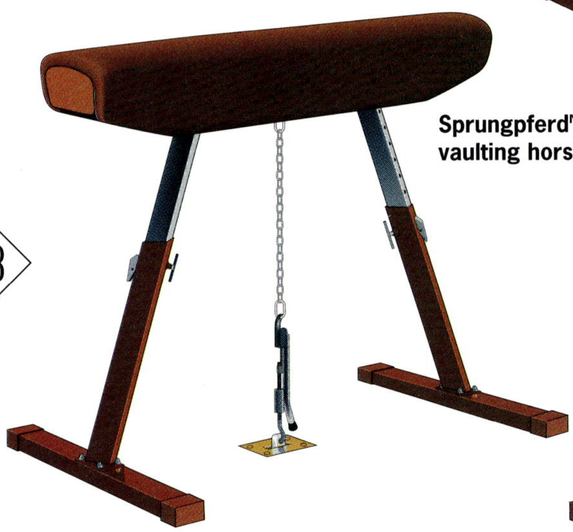

Schwebebalken[N]
balance beam

Sprungbrett[N]
springboard

Trampolin[N]
trampoline

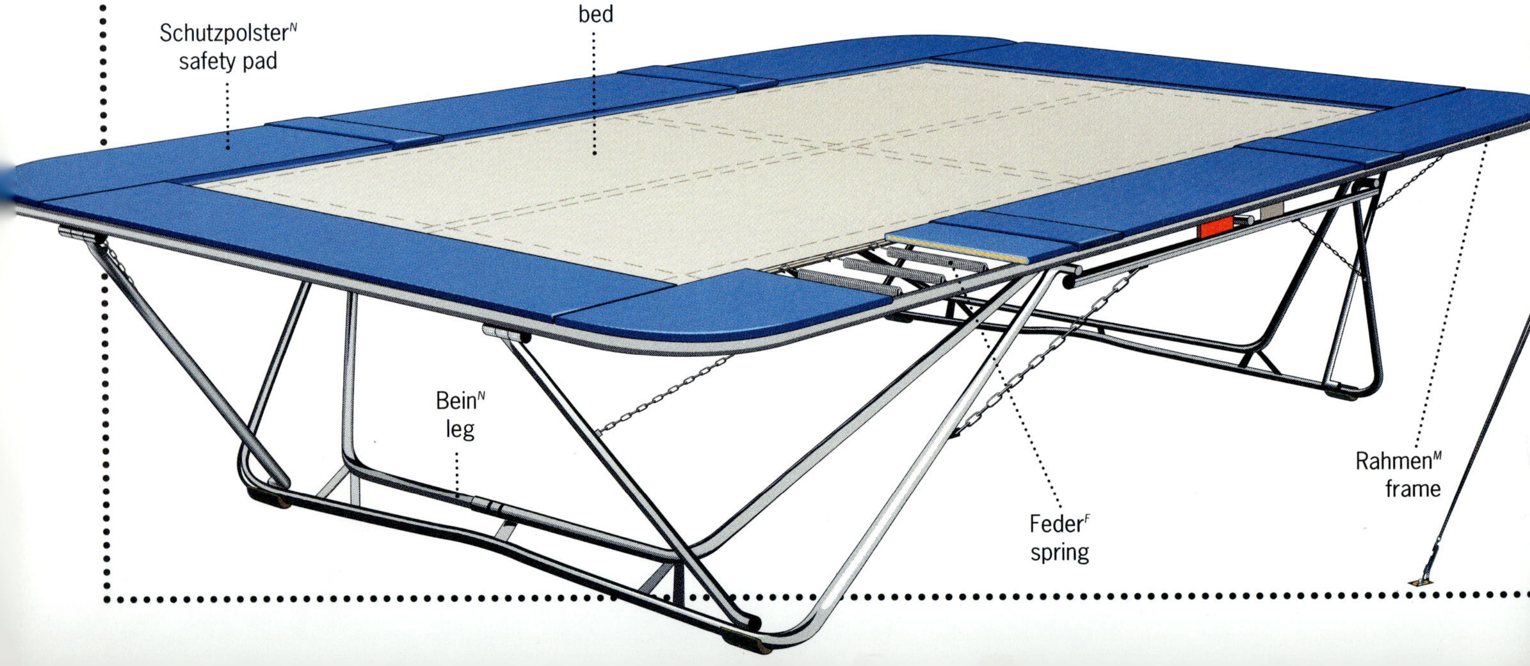

Stufenbarren[M]
asymmetrical bars

Reck[N]
horizontal bar; high bar

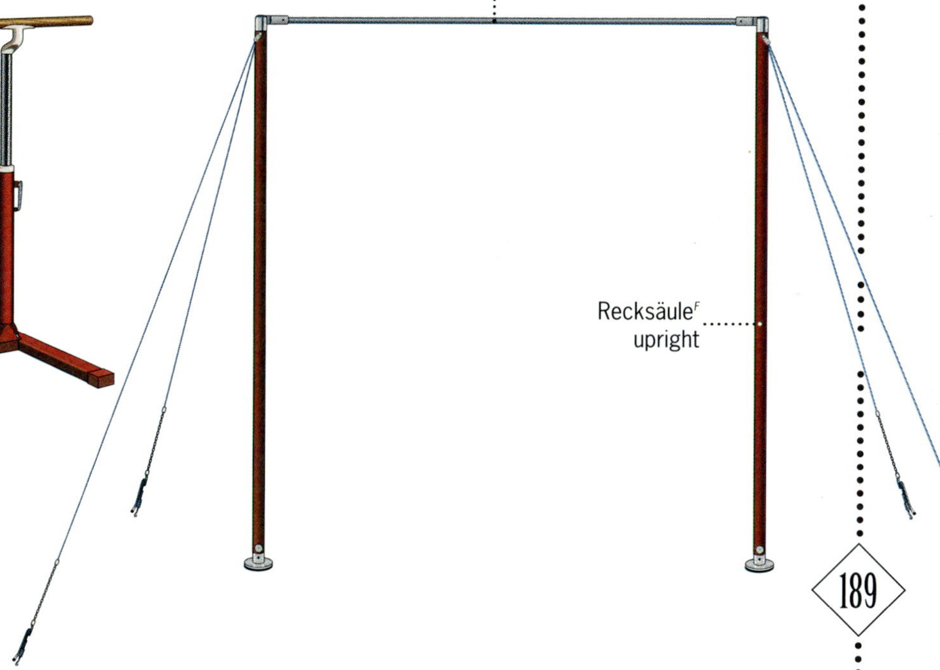

Ringe[M]
rings

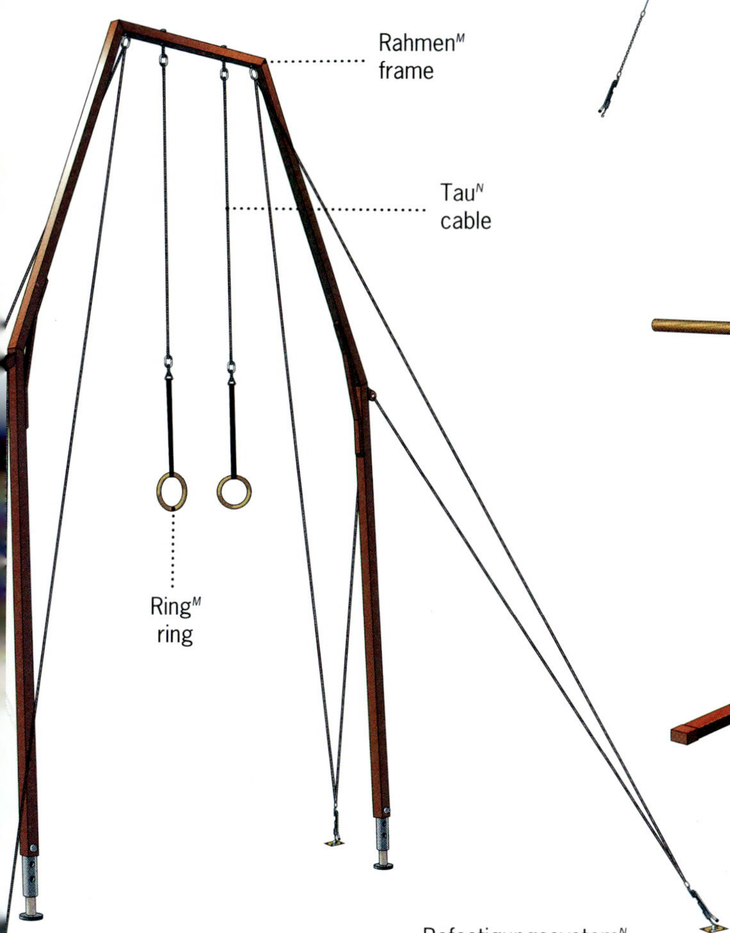

Parallelbarren[M]
parallel bars

ZELTE[N]
TENTS

Zweipersonenzelt[N]
two-person tent

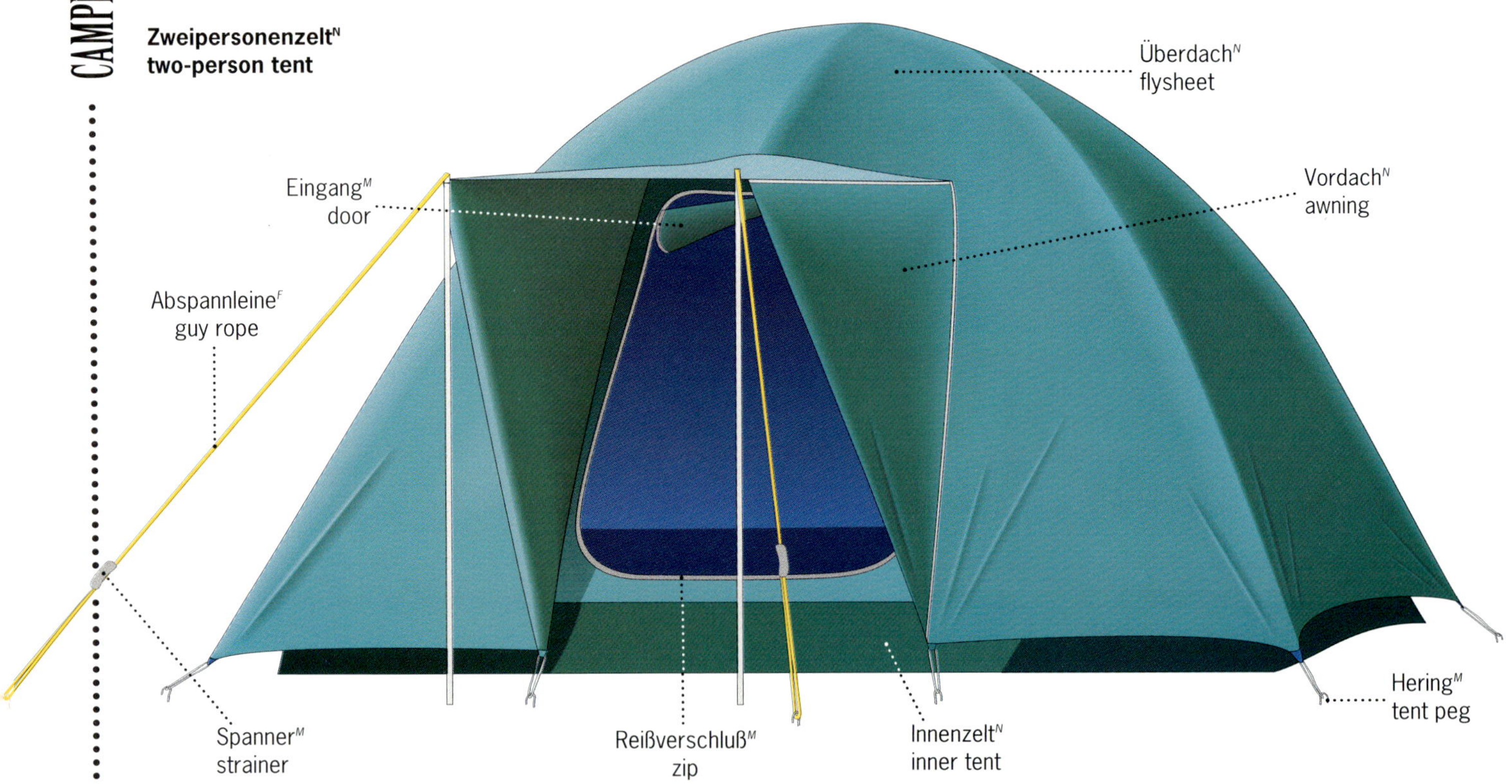

DIE WICHTIGSTEN ZELTARTEN[F]
MAJOR TYPES OF TENTS

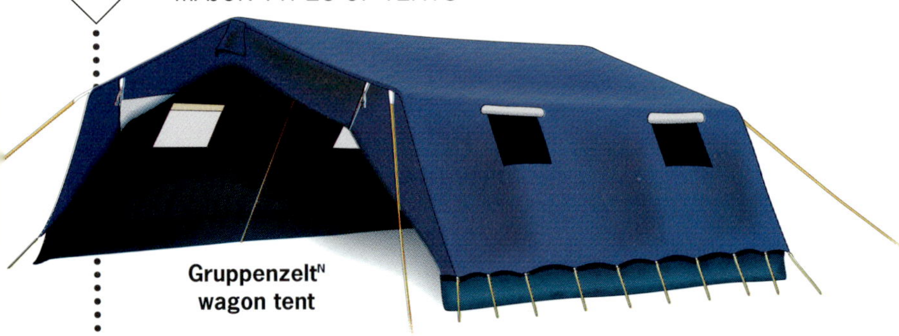

Gruppenzelt[N]
wagon tent

Steilwandzelt[N]
wall tent

Giebelzelt[N]
ridge tent

Kuppelzelt[N]
dome tent

aufklappbares Igluzelt[N]
pop-up tent

Familienzelt[N]
family tent

Einpersonenzelt[N]
one-person tent

SCHLAFAUSRÜSTUNG[F]
SLEEPING EQUIPMENT

BETTEN[N] UND MATRATZEN[F]
BEDS AND MATTRESSES

Isoliermatte[F]
foam pad

Thermo-Luftmatratze[F]
self-inflating mattress

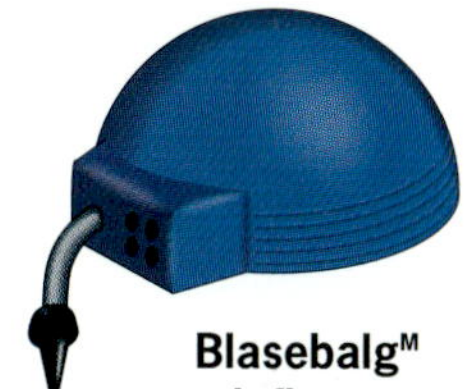

Blasebalg[M]
inflator

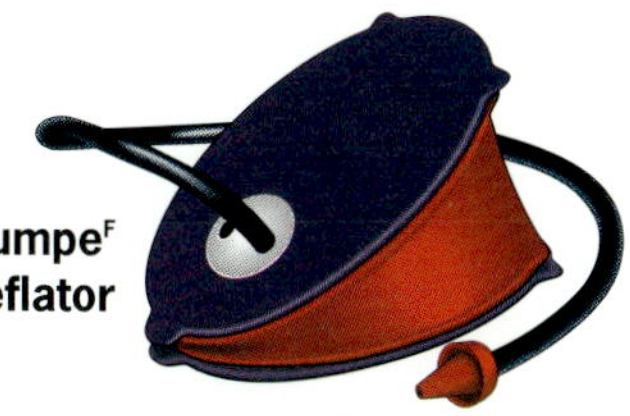

Kombipumpe[F]
inflator-deflator

Campingliege[F]; Feldbett[N]
camp bed

Luftmatratze[F]
airbed; Lilo®

SCHLAFSÄCKE[M]
SLEEPING BAGS

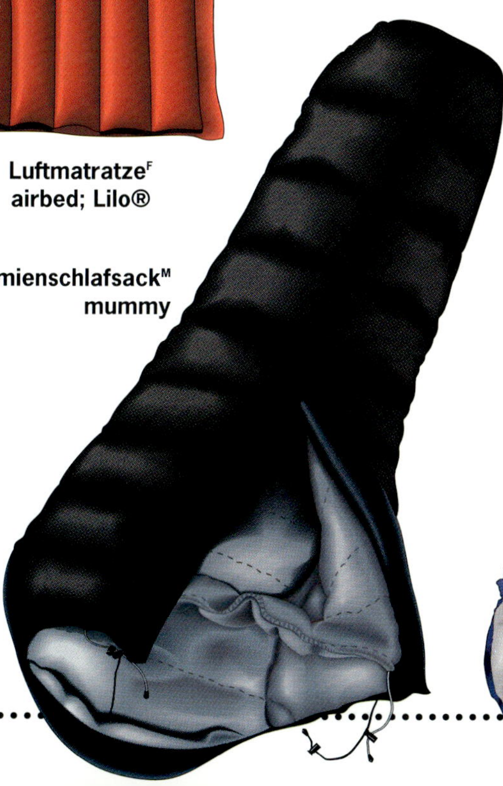

Mumienschlafsack[M]
mummy

Vielzweckschlafsack[M]
semi-mummy

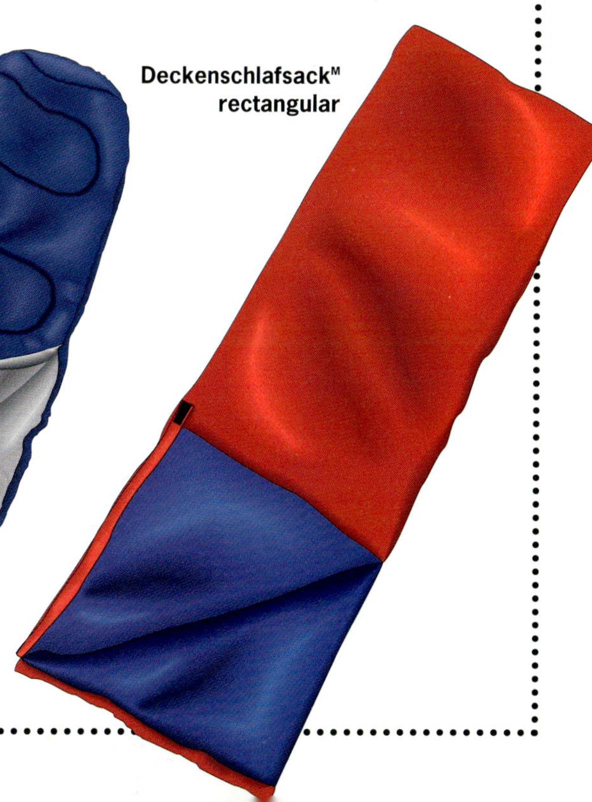

Deckenschlafsack[M]
rectangular

CAMPINGAUSRÜSTUNG[F]
CAMPING EQUIPMENT

schweizer Offiziersmesser[N]
Swiss army knife

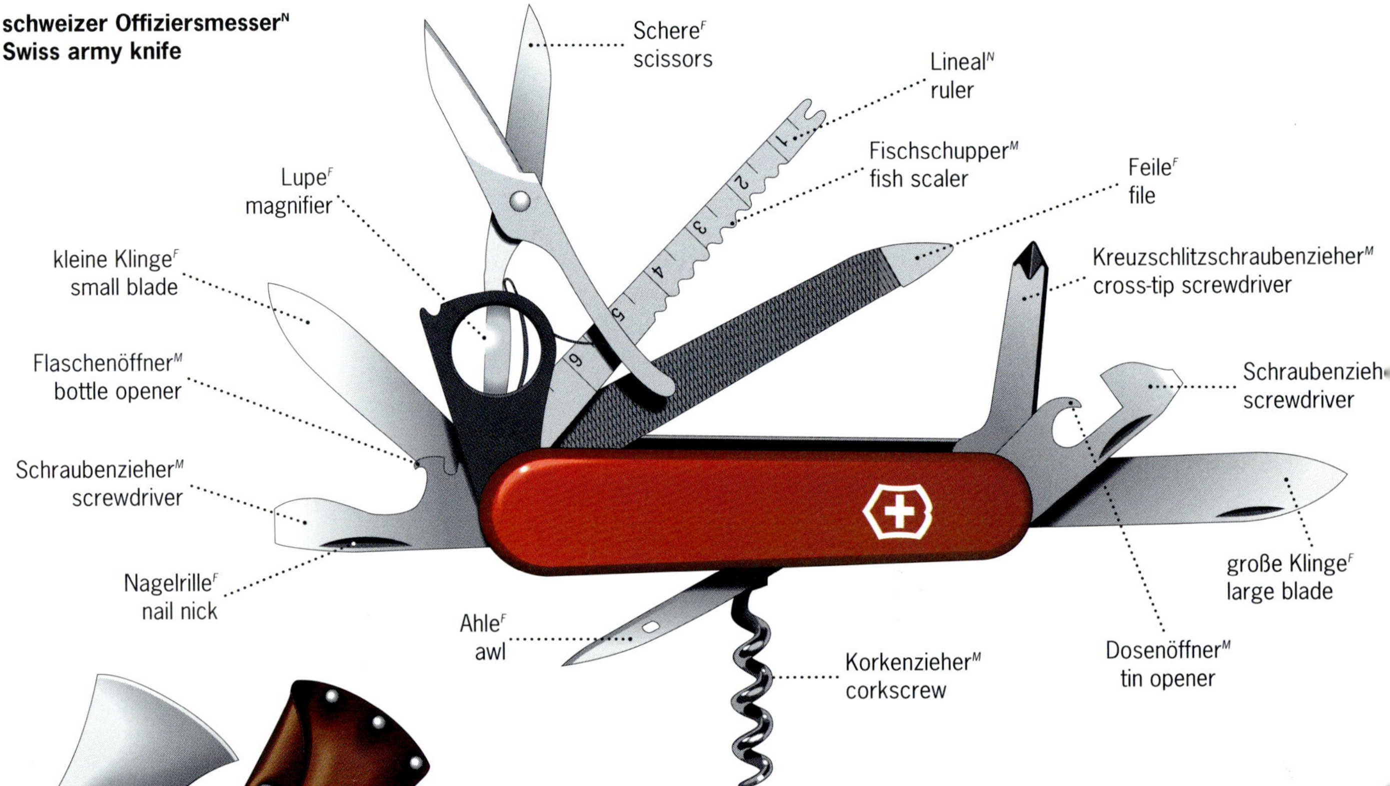

KOCHGESCHIRR[N]
COOKING SET

Rucksack[M]
rucksack

Magnetkompass[M]
magnetic compass

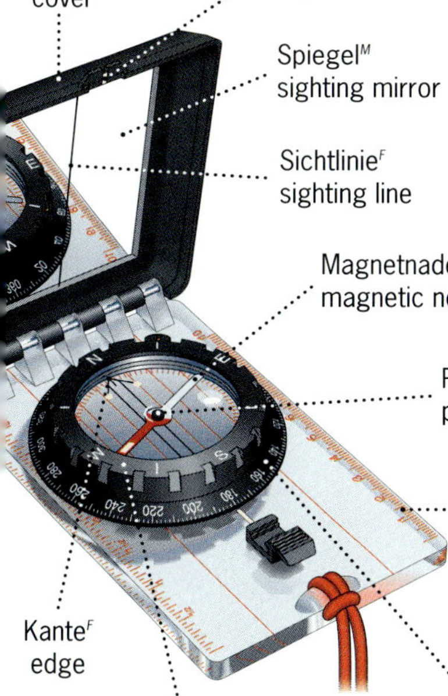

Erste-Hilfe-Kasten[M]
first aid kit

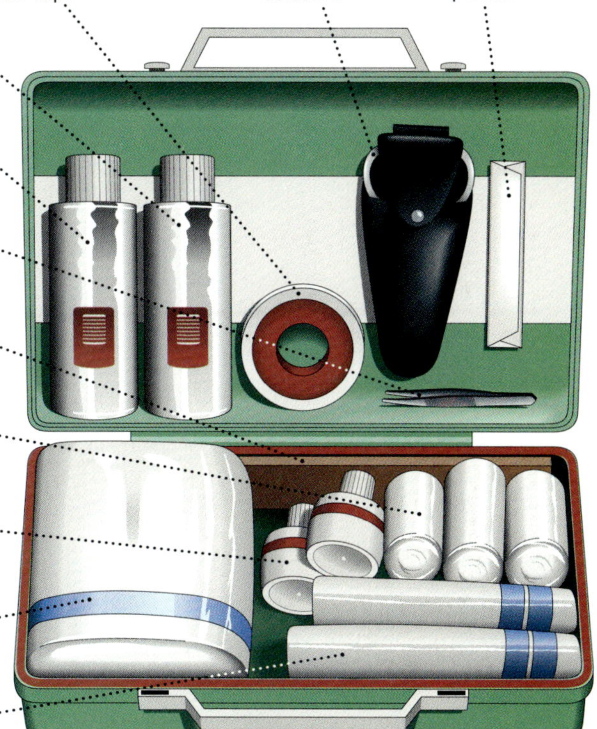

KARTENSPIELE^N^ CARD GAMES

Herz[N]
heart

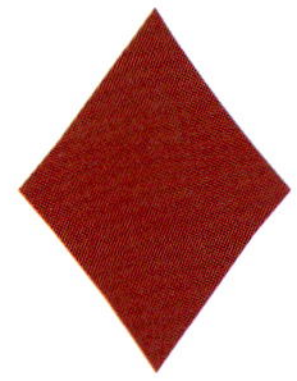

Karo[N]
diamond

Kreuz[N]
club

Pik[N]
spade

Joker[M]
Joker

Ass[N]
Ace

König[M]
King

Dame[F]
Queen

Bube[M]
Jack

WÜRFEL[M] DICE

Pokerwürfel[M]
poker die

gewöhnlicher Würfel[M]
ordinary die

DOMINOSPIEL[N] DOMINOES

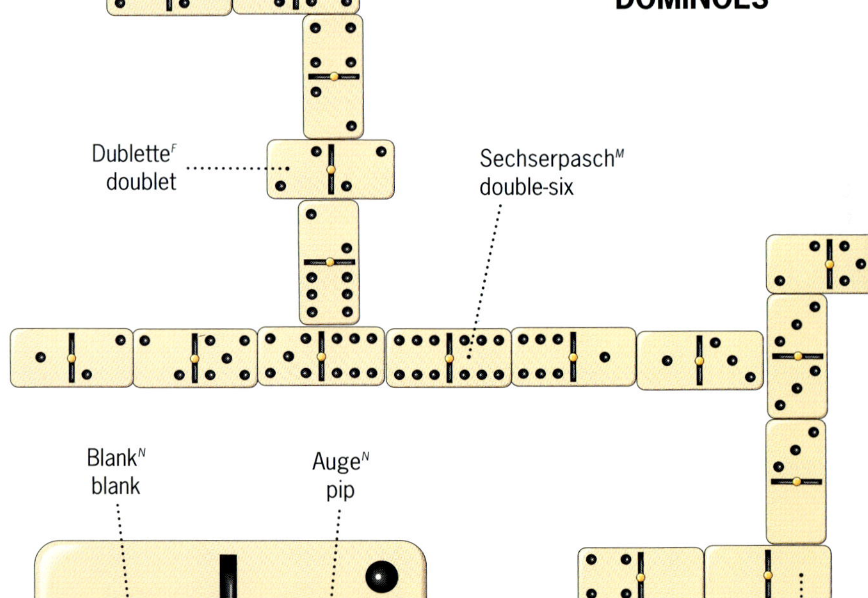

Dublette[F]
doublet

Sechserpasch[M]
double-six

Doppelblank[N]
double-blank

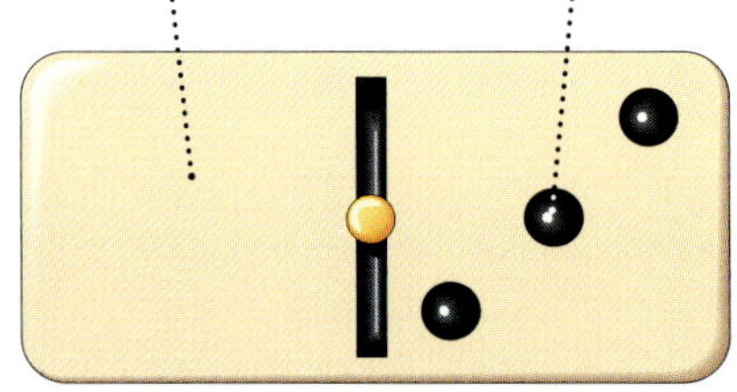

Blank[N]
blank

Auge[N]
pip

SCHACH[N]
CHESS

Schachbrett[N]
chessboard

FIGUREN[F]
MEN

Bauer[M]
Pawn

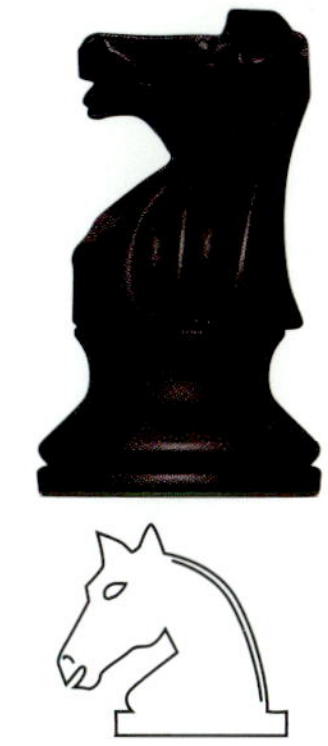

Pferd[N]
Knight

Läufer[M]
Bishop

Turm[M]
Castle

Gangarten[F]
types of movements

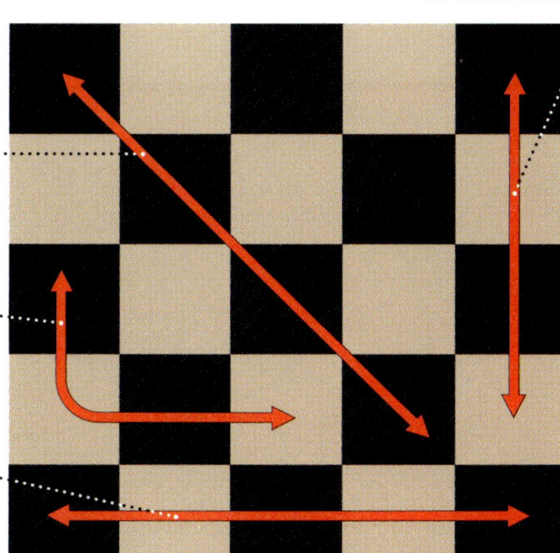

Dame[F]
Queen

König[M]
King

BACKGAMMON[N]
BACKGAMMON

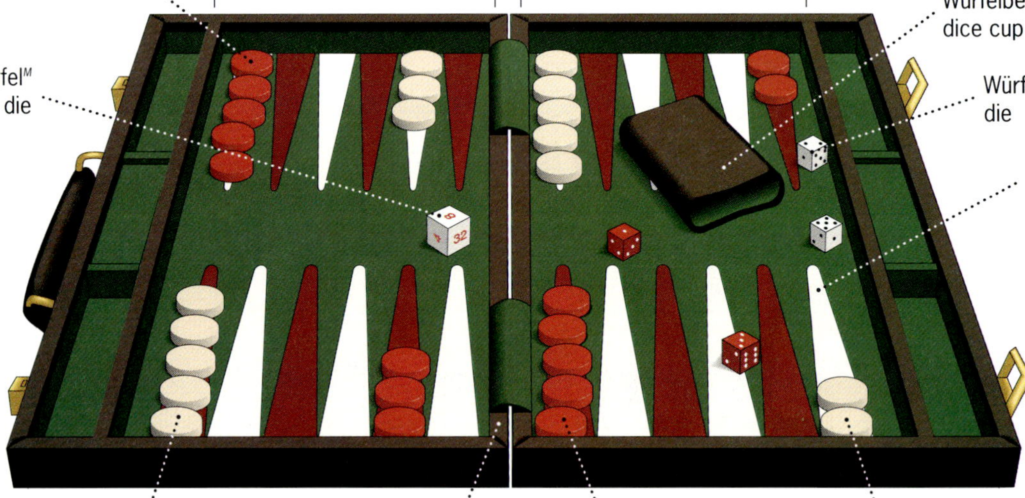

DAMESPIEL[N]
DRAUGHTS

VIDEOSPIELSYSTEM^{N}
VIDEO ENTERTAINMENT SYSTEM

DARTSPIEL^{N}
GAME OF DARTS

Wurfpfeil^{M}
dart

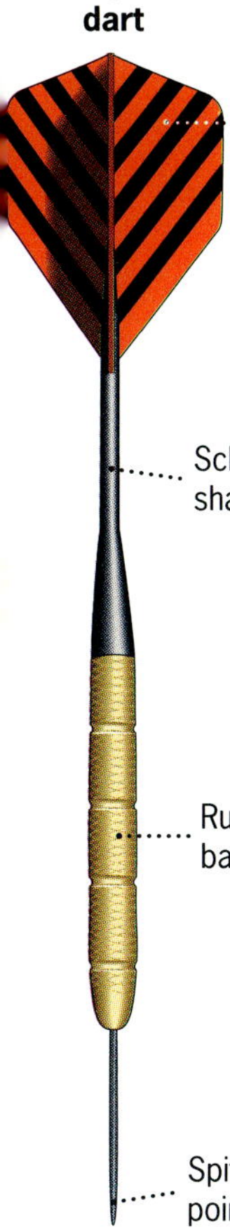

Dartscheibe^{F}
dartboard

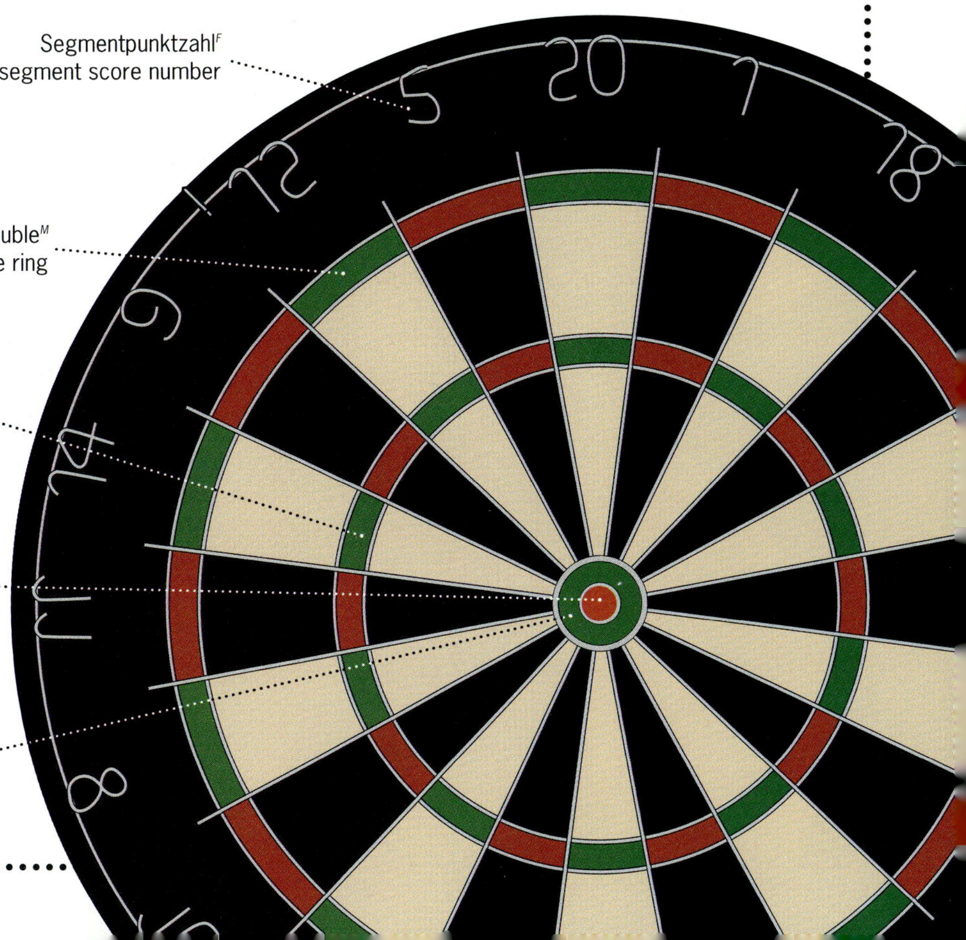

ZEITMESSUNG[F]
MEASURE OF TIME

Stoppuhr[F]
stopwatch

Analoguhr[F]
analogue watch

Küchenuhr[F]
kitchen timer

Eieruhr[F]
egg timer

Digitaluhr[F]
digital watch

Sonnenuhr[F]
sundial

TEMPERATURMESSUNG[F]
MEASURE OF TEMPERATURE

Raumthermostat[M]
room thermostat

Thermometer[N]
thermometer

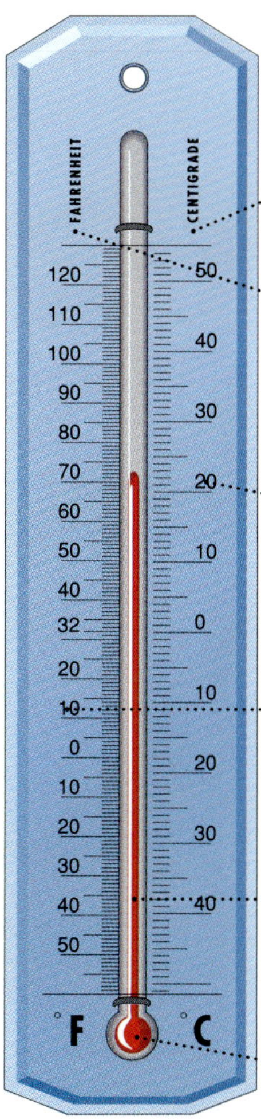

Fieberthermometer[N]
clinical thermometer

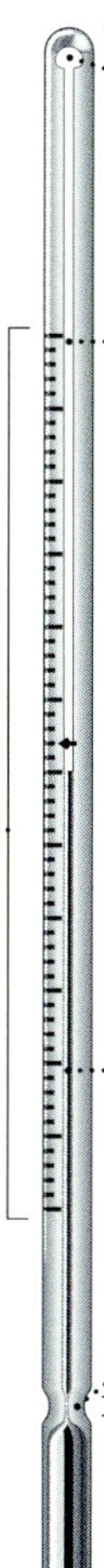

WIEGEN[N]
MEASURE OF WEIGHT

Waage[F]
balance

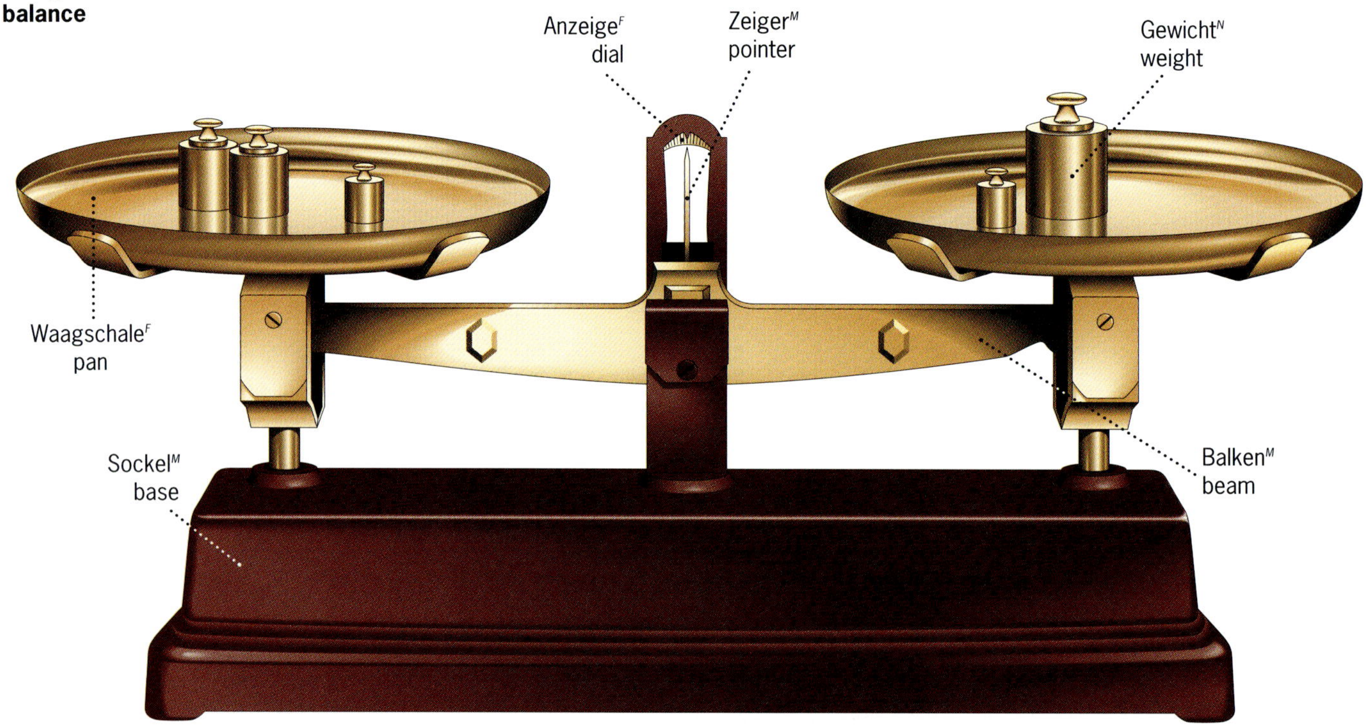

Handwaage[F]
steelyard

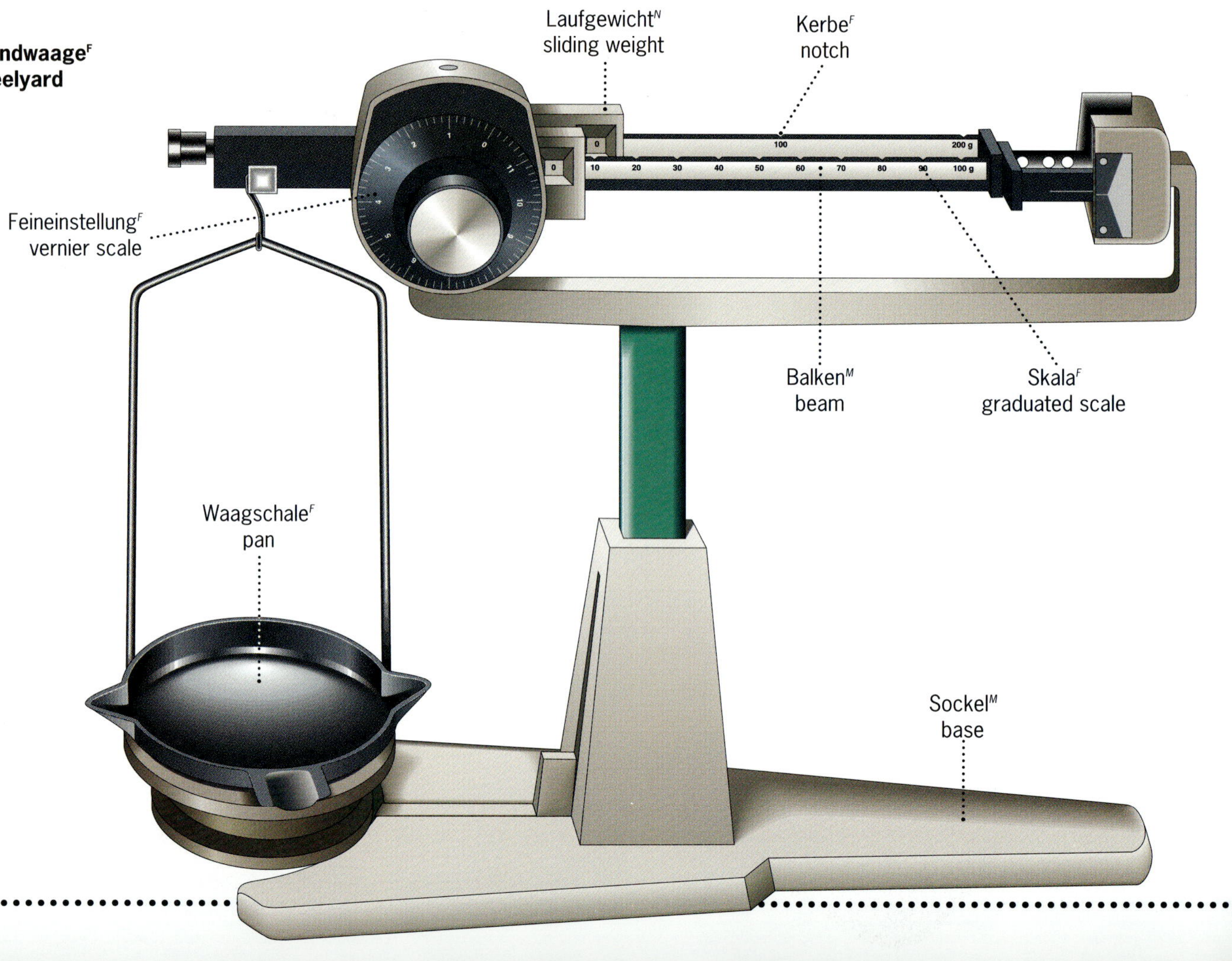

Federwaage[F]
spring balance

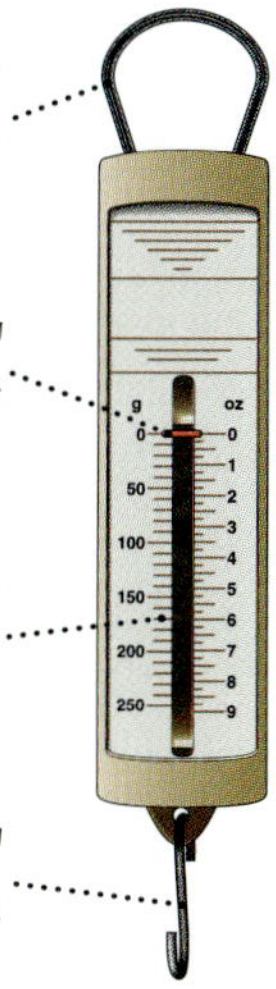

elektronische Waage[F]
electronic scales

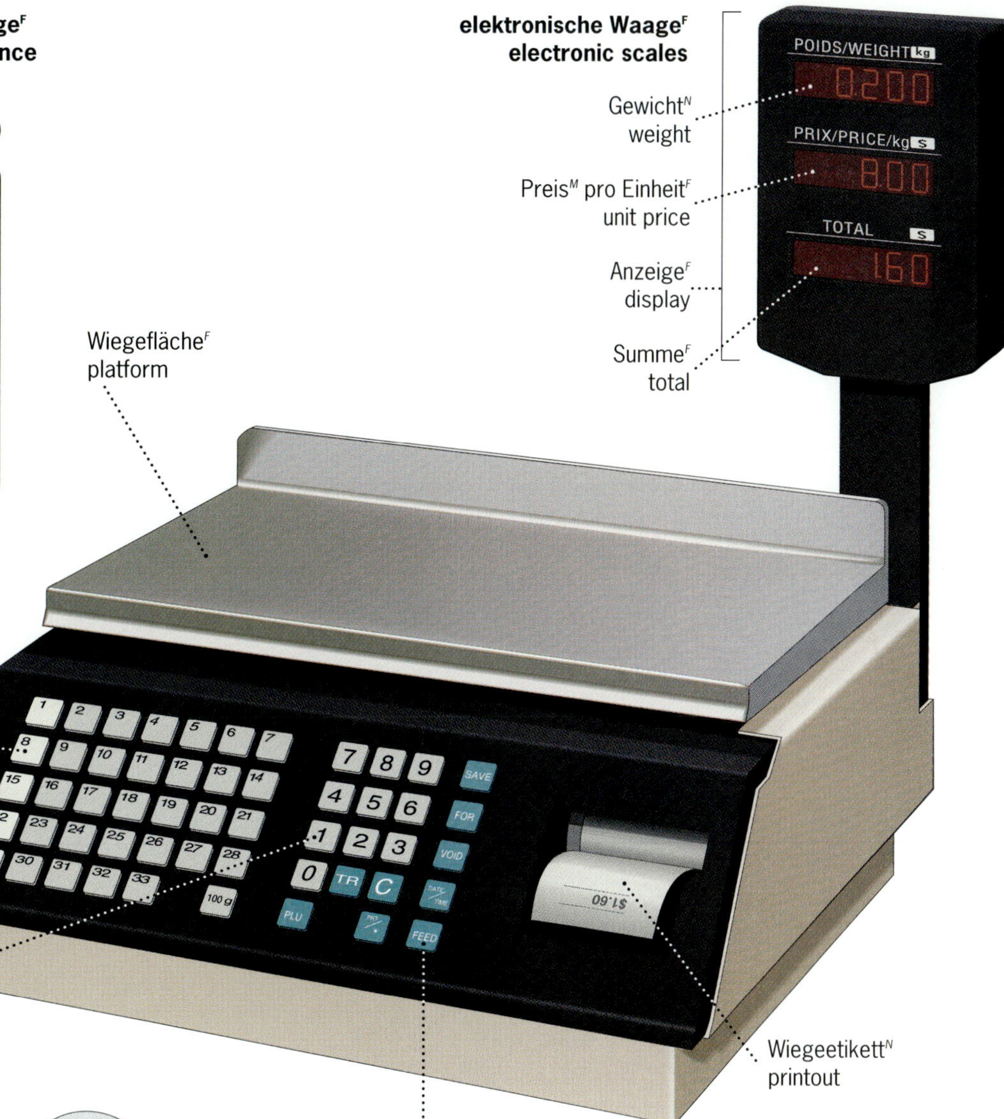

Personenwaage[F]
bathroom scales

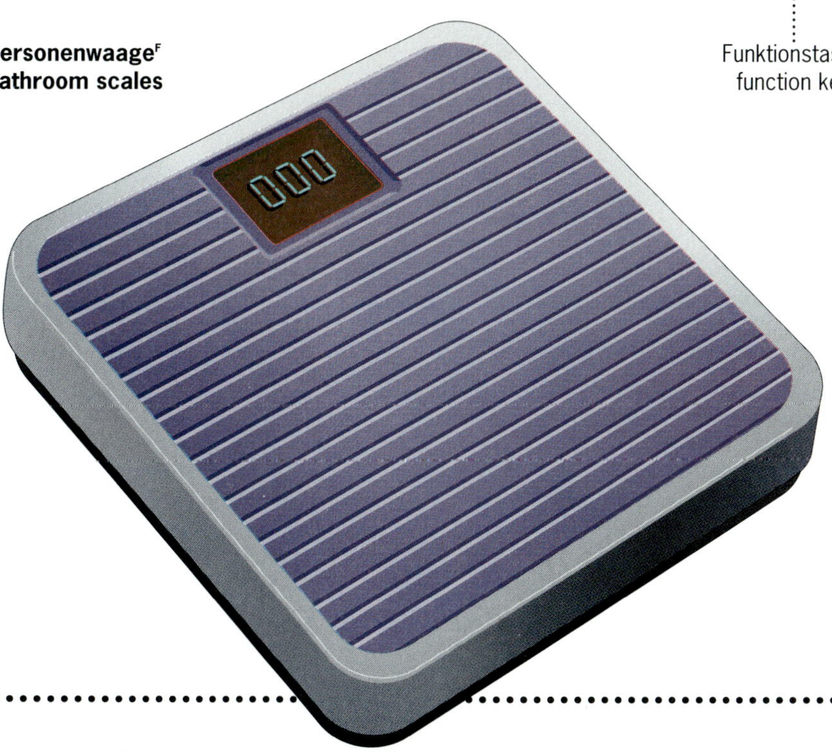

Küchenwaage[F]
kitchen scales

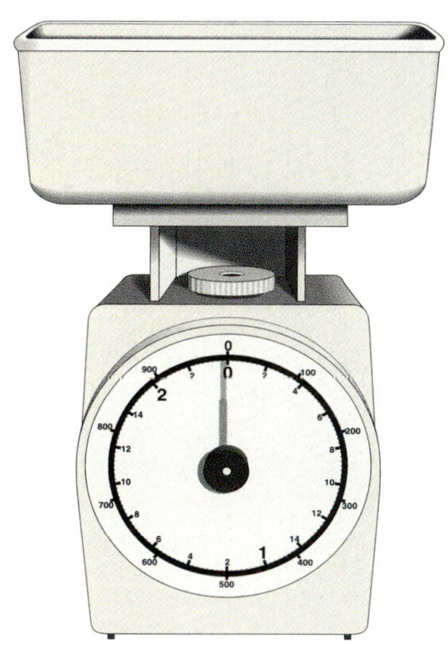

ERDÖLFÖRDERUNG[F]
OIL

ÜBERLANDTRANSPORT[M]
GROUND TRANSPORT

Pipeline[F]
pipeline

Tanklastzug[M]
road tanker

ERDÖLSUCHE[F]
PROSPECTING

Onshore-Erschließung[F]
surface prospecting

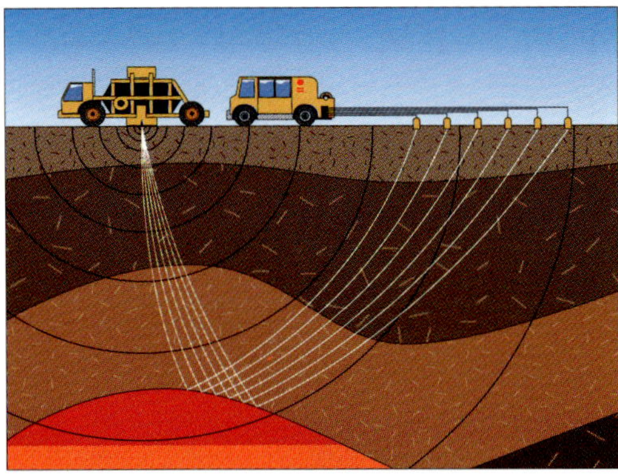

BOHRUNG[F]
DRILLING

Bohranlage[F]
drilling rig

Offshore-Erschließung[F]
offshore prospecting

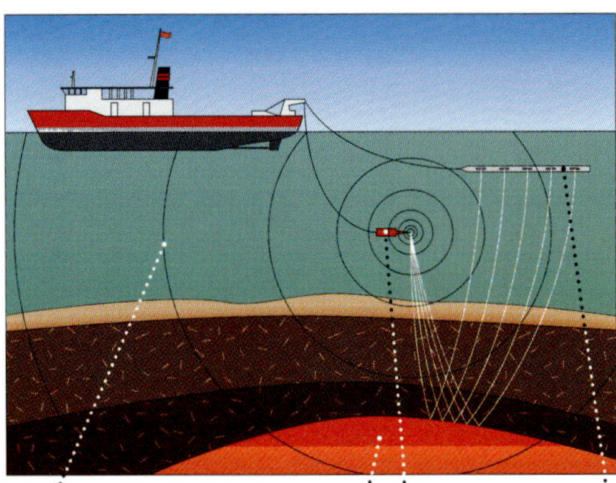

Erschütterungswelle[F]
shock wave

Erdöllagerstätte[F]
petroleum trap

Sprengpunkt[M]
blasting charge

seismografische Aufnahme[F]
seismographic recording

Bohrinsel[F]
production platform

ÜBERSEETRANSPORT[M]
MARITIME TRANSPORT

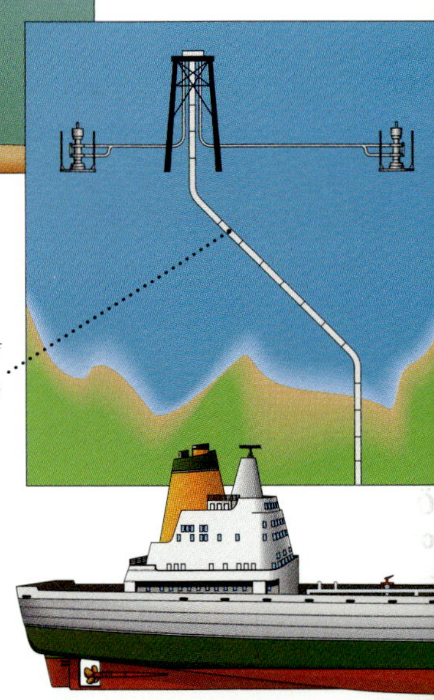

Unterwasserpipeline[F]
submarine pipeline

RAFFINERIEERZEUGNISSE[N]
REFINERY PRODUCTS

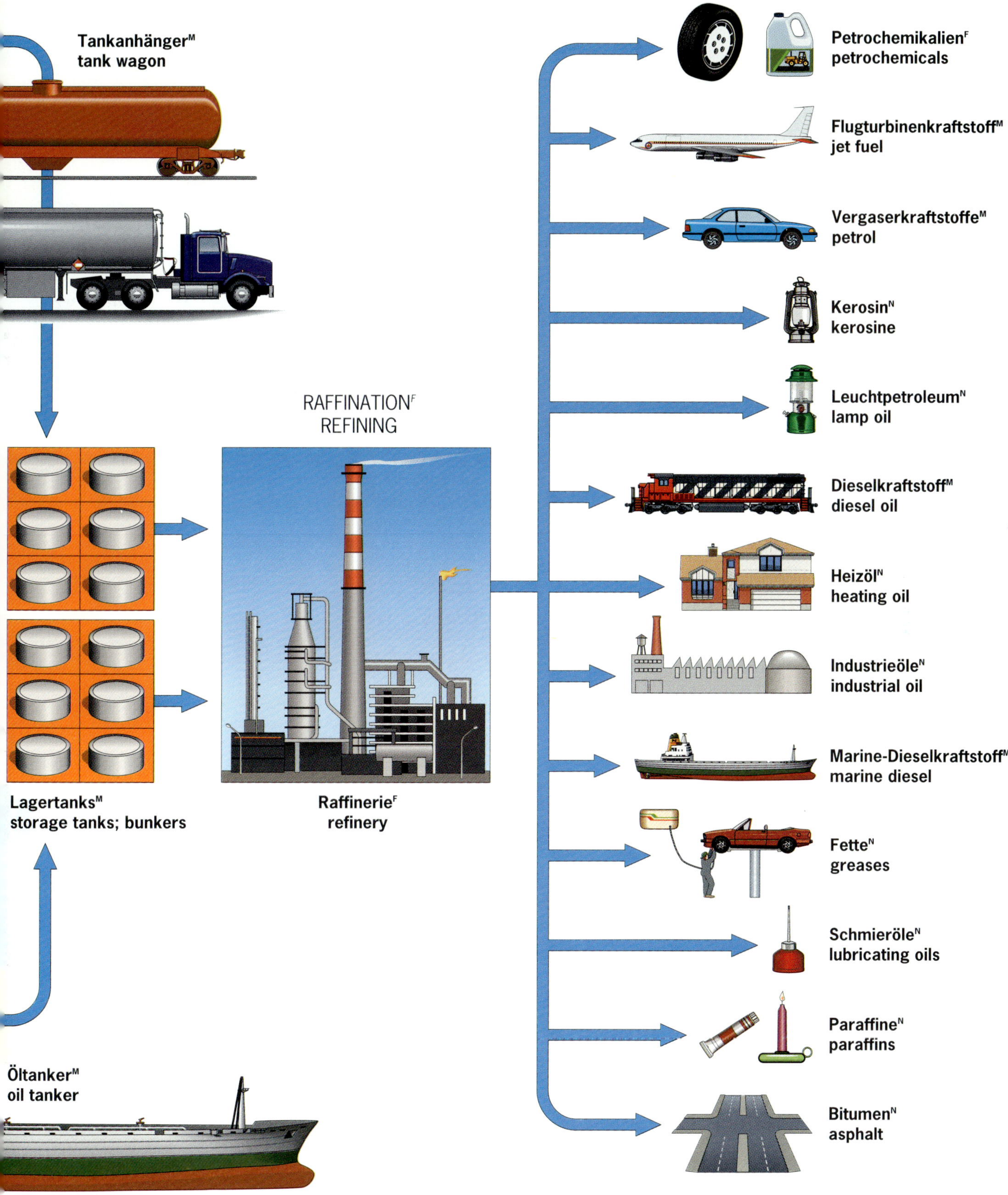

WASSERKRAFT^F
HYDROELECTRIC ENERGY

Wasserkraftwerk^N
hydroelectric complex

Wasserkraftwerk^N im Querschnitt^M
cross section of hydroelectric power station

Stromkreis[M]
electric circuit

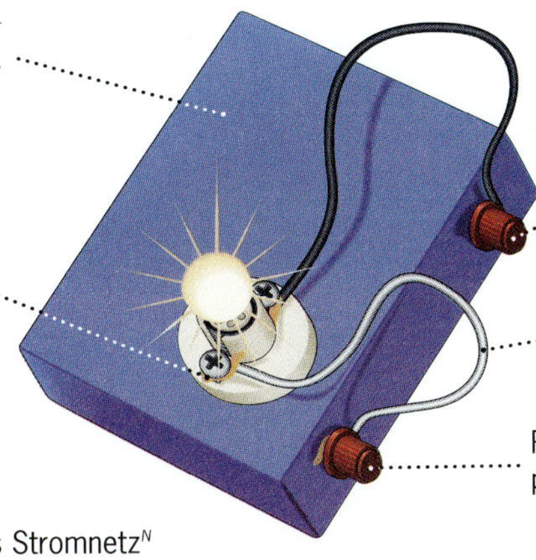

Einzelschritte[M] bei der Stromerzeugung[F]
steps in production of electricity

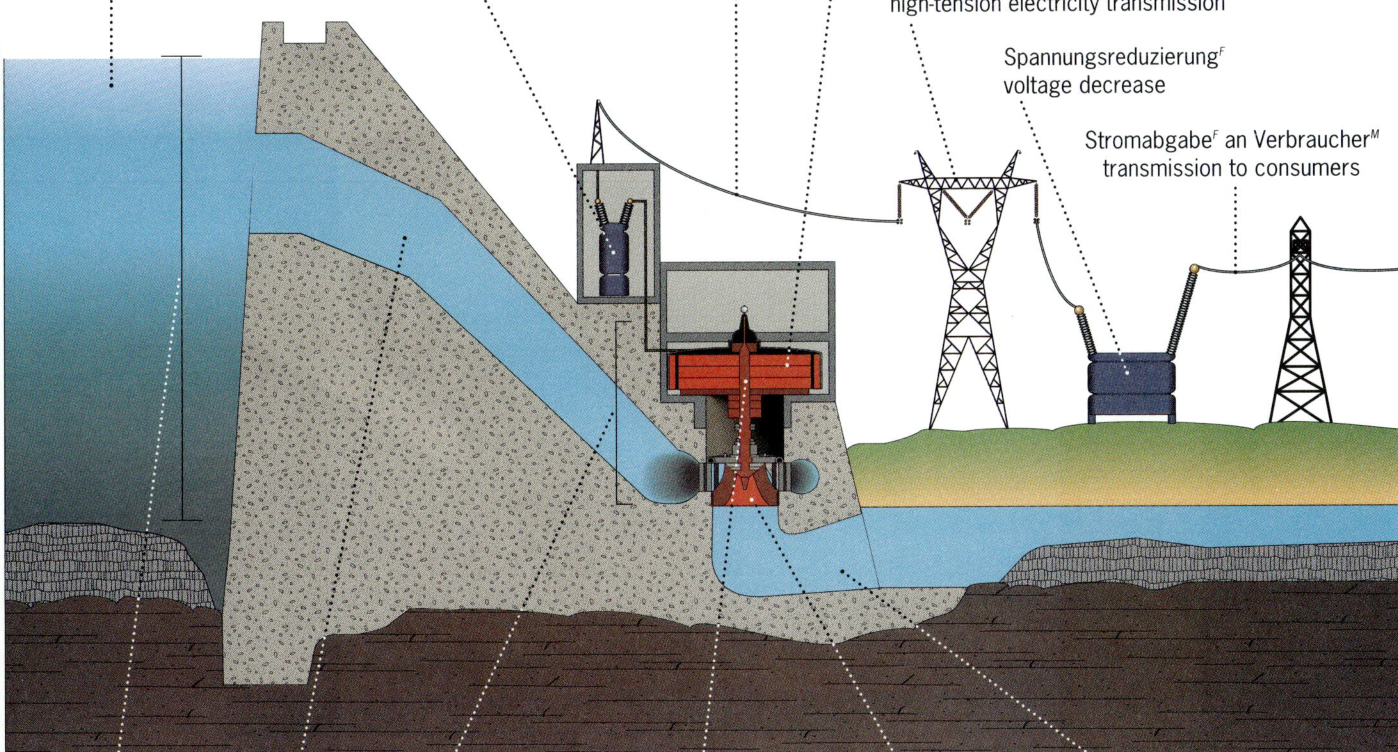

KERNENERGIE[F]
NUCLEAR ENERGY

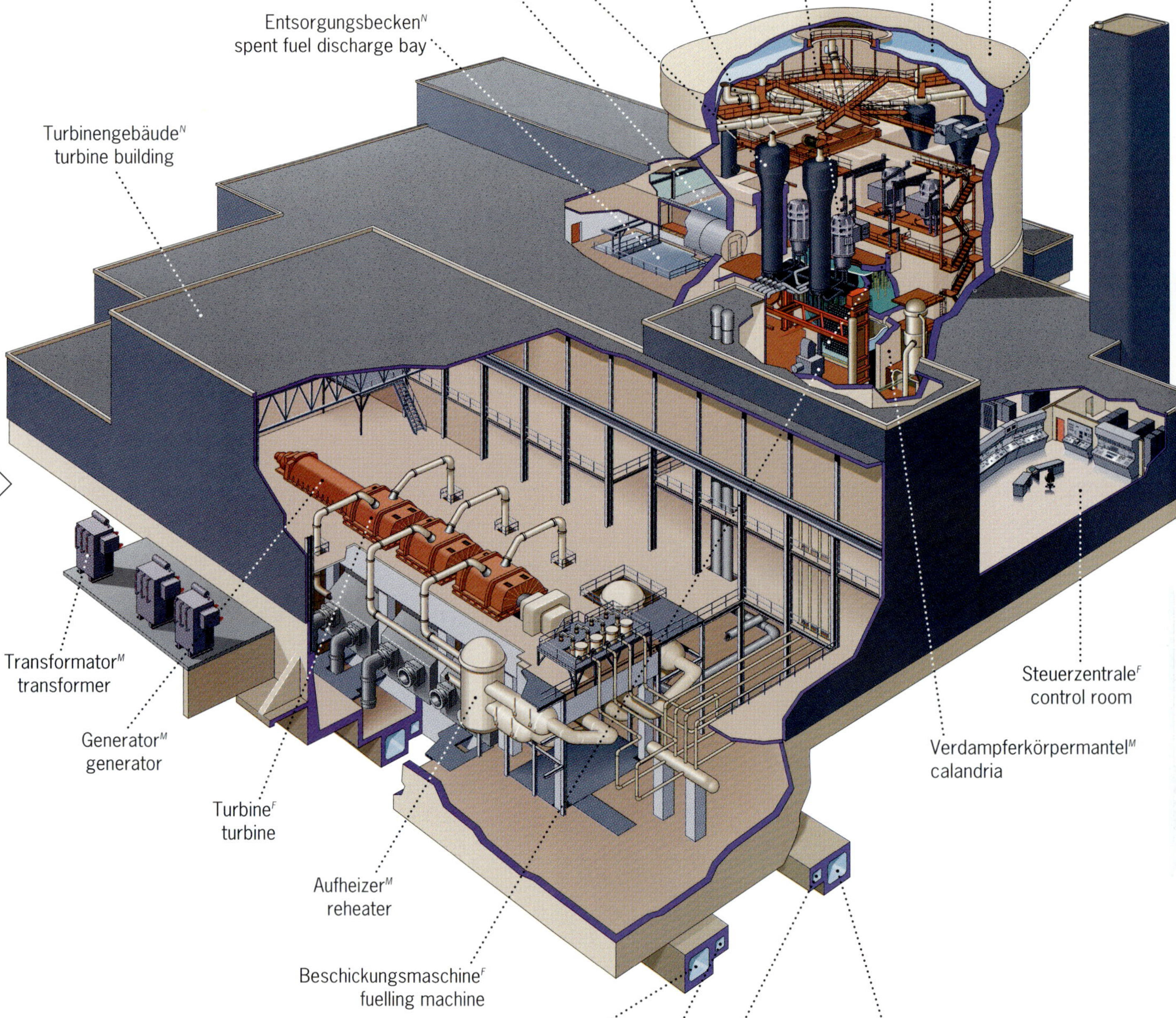

Stromerzeugung[F] aus Kernenergie[F]
production of electricity from nuclear energy

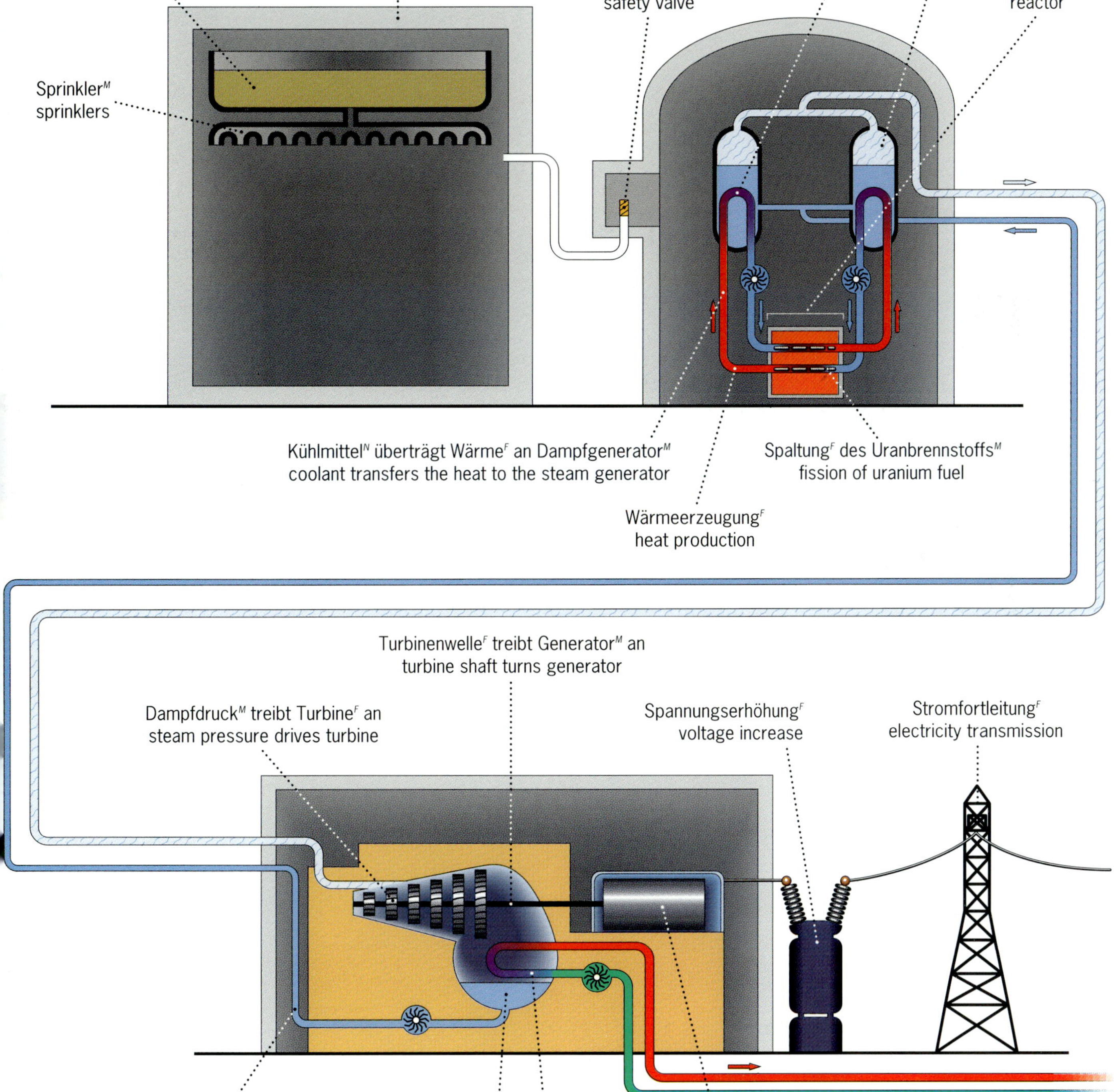

SONNENENERGIE^F
SOLAR ENERGY

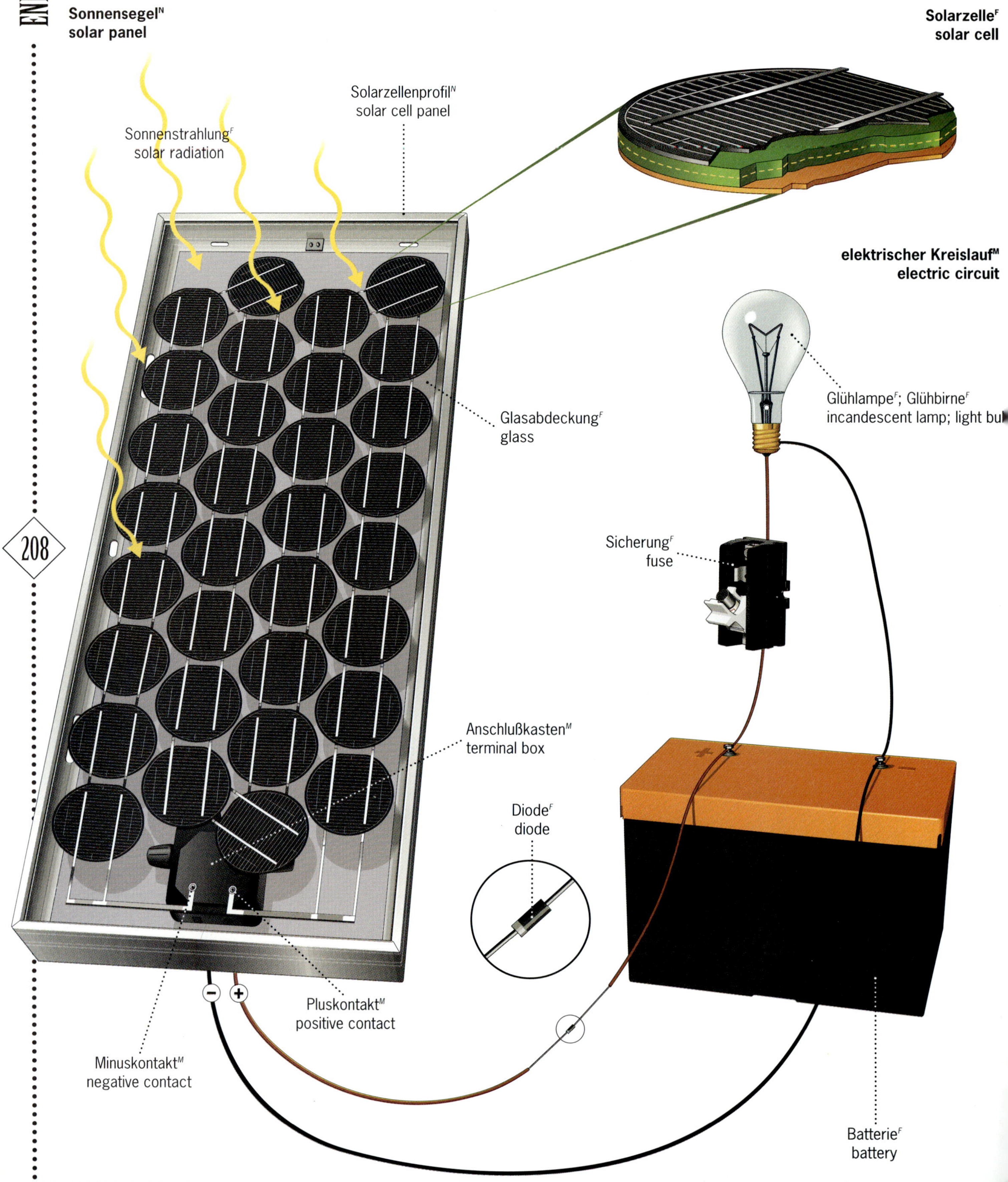

WINDENERGIE[F]
WIND ENERGY

Längsachsenwindturbine[F]
horizontal-axis wind turbine

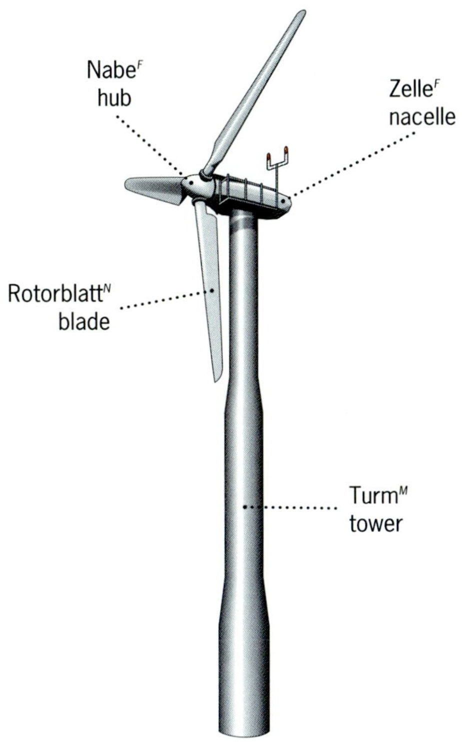

Windmühle[F]
windmill

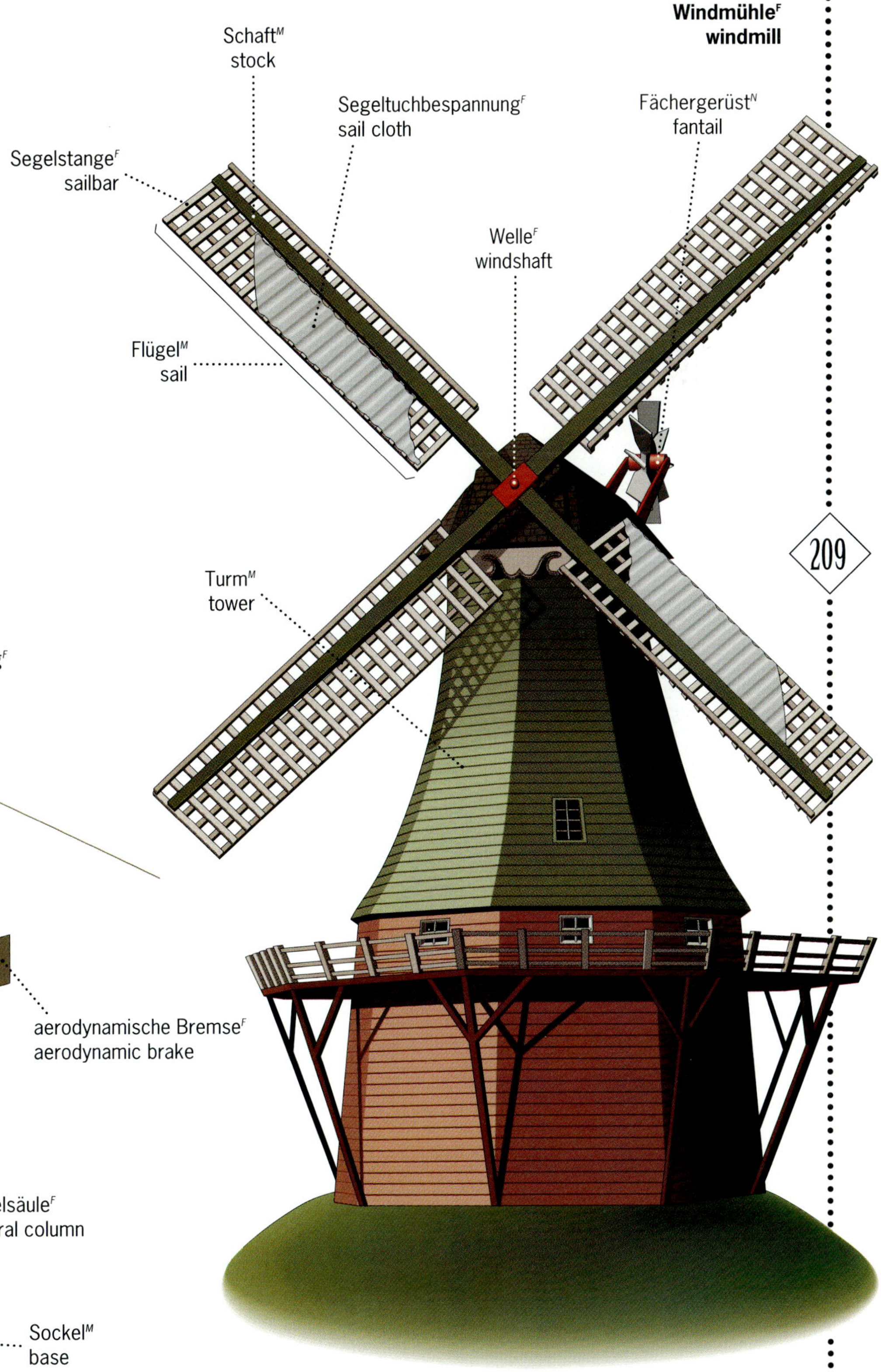

Vertikalachsenwindturbine[F]
vertical-axis wind turbine

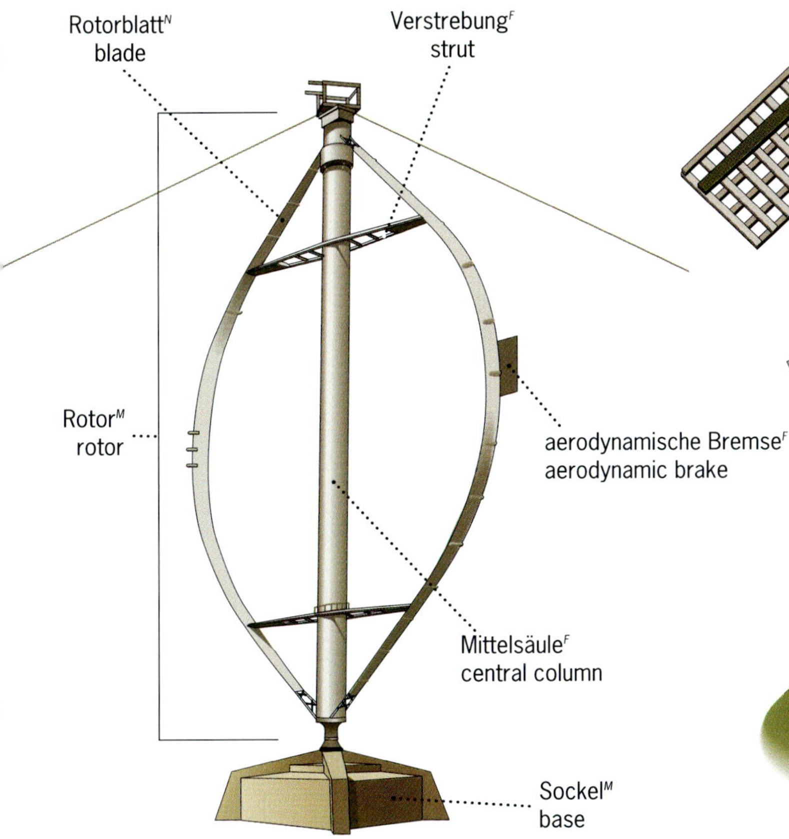

BRANDBEKÄMPFUNG[F]
FIRE PREVENTION

Feuerwehrrollschlauch[M]
fire hose

Handfeuerlöscher[M]
portable fire extinguisher

Hydrant[M]
fire hydrant

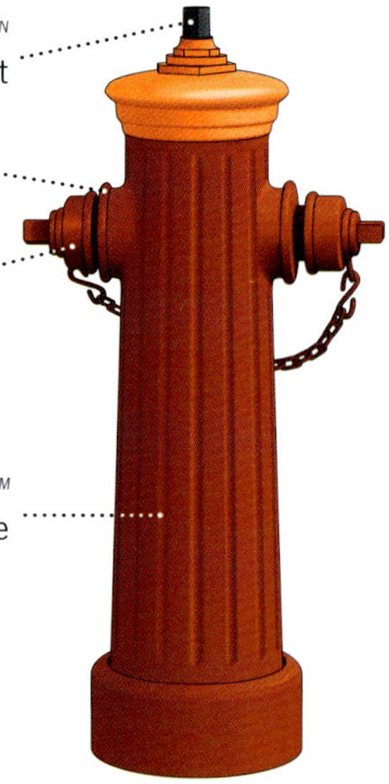

Drehleiter[M]
aerial ladder truck

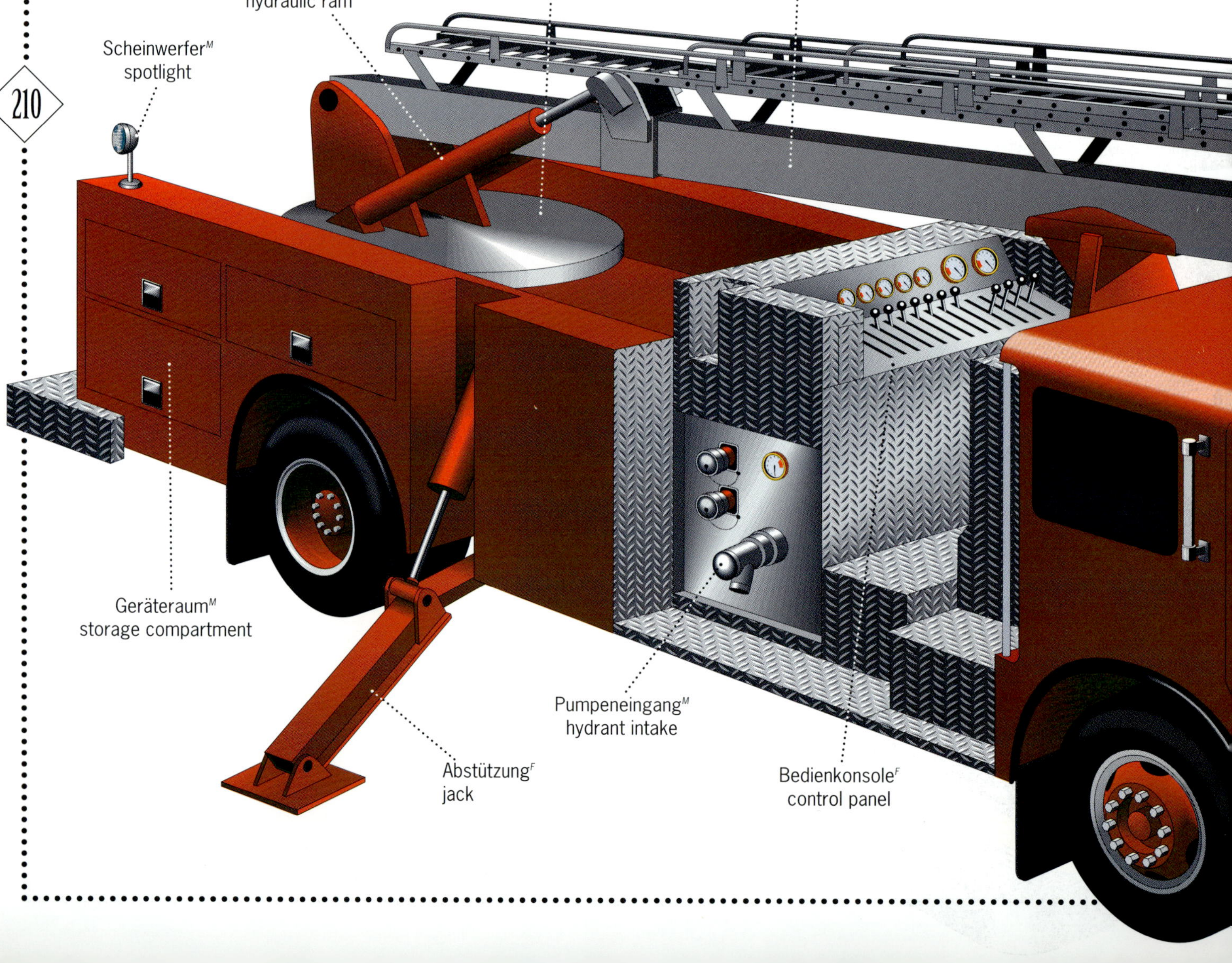

Einreißhaken[M]
pike pole

Feuerwehraxt[F]
fireman's hatchet

Feuerwehrmann[M]
fireman
Druckluftflasche[F]
compressed-air cylinder
Feuerwehrhelm[M]
helmet
Atemschutzmaske[F]
full face mask
geschlossenes Atemschutzsystem[N]
self-contained breathing apparatus
Atemluftzufuhr[F]
air-supply tube
Notwarngerät[N]
warning device
Feuerwehrschutzkleidung[F]
fireproof and waterproof garment
Gummistiefel[M]
rubber boot

Leiterpark[M]
tower ladder
Blaulicht[N]
mars light
Oberleiter[F]
top ladder
Wenderohr[N]
ladder pipe nozzle

SCHWERFAHRZEUGE[N]
HEAVY VEHICLES

Radlader[M]
loader

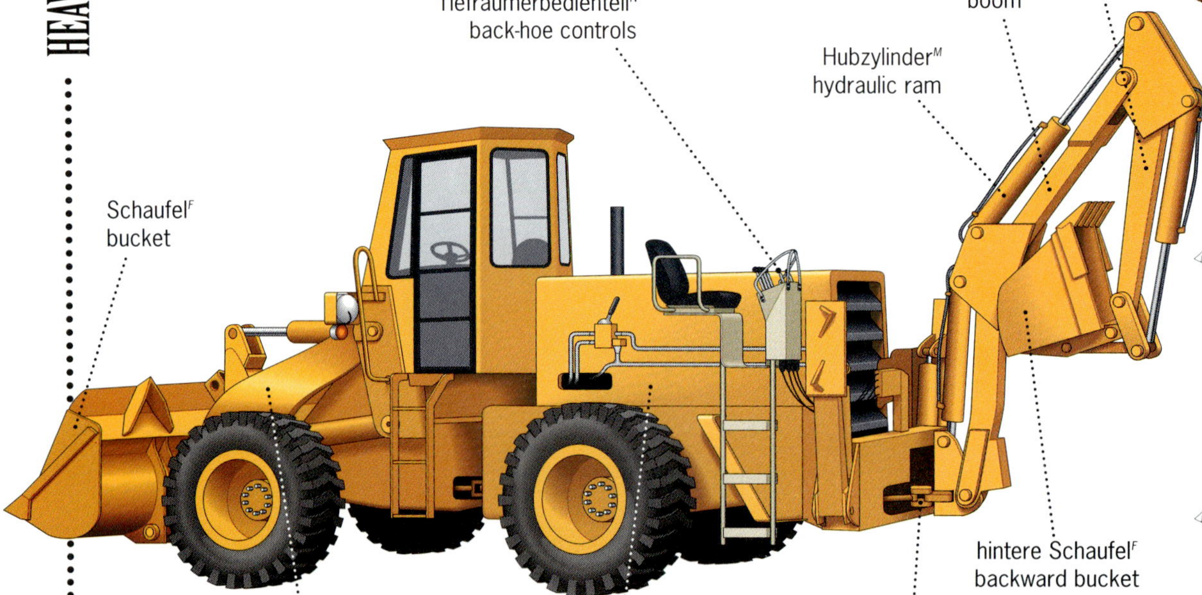

Schaufellader[M]
front-end loader

Radtraktor[M]
wheel tractor

Tiefräumer[M]
back-hoe

Planierraupe[F]
bulldozer

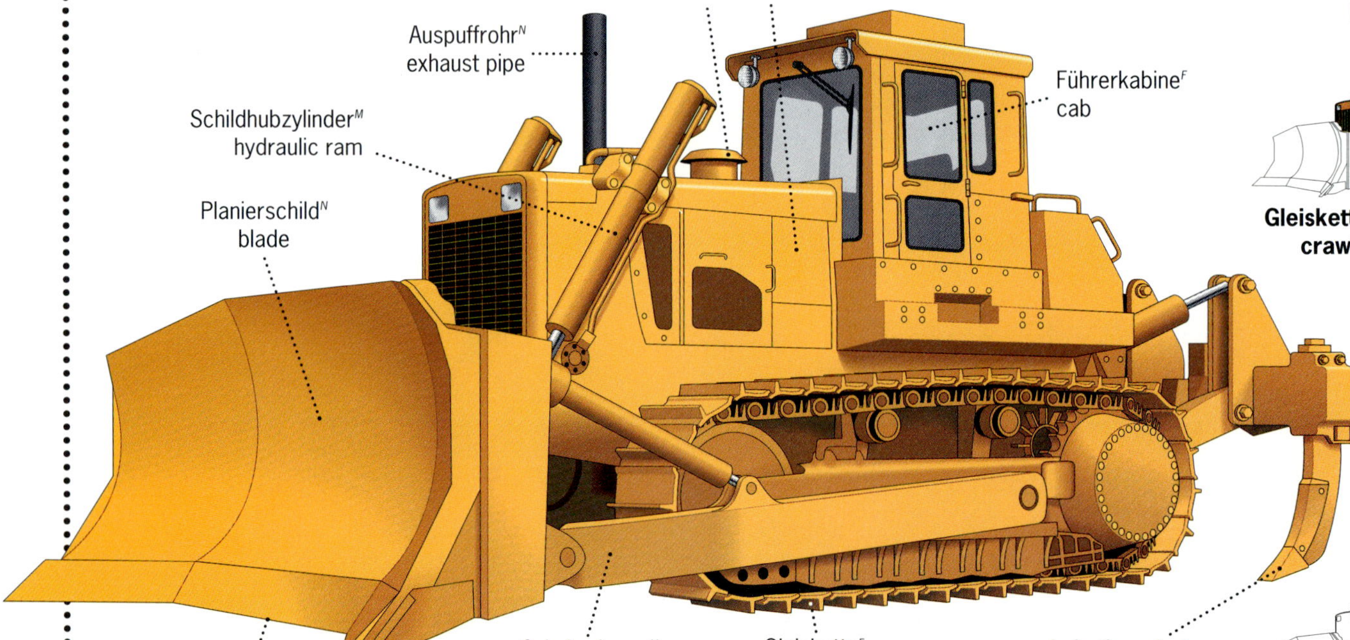

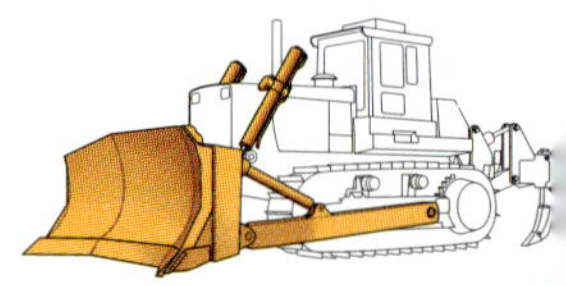

Planierschild[N]
blade

Gleiskettenschlepper[M]
crawler tractor

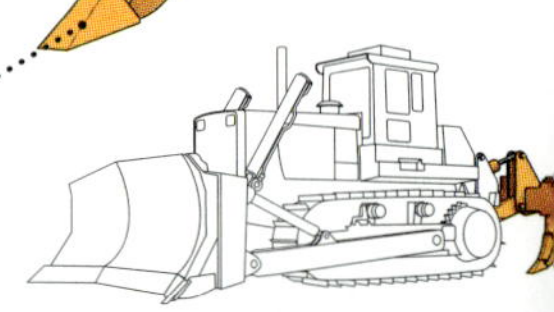

Aufreißer[M]
ripper

Hinterkipper[M]
dumper truck

Hydraulik-Hochlöffelbagger[M]
excavator

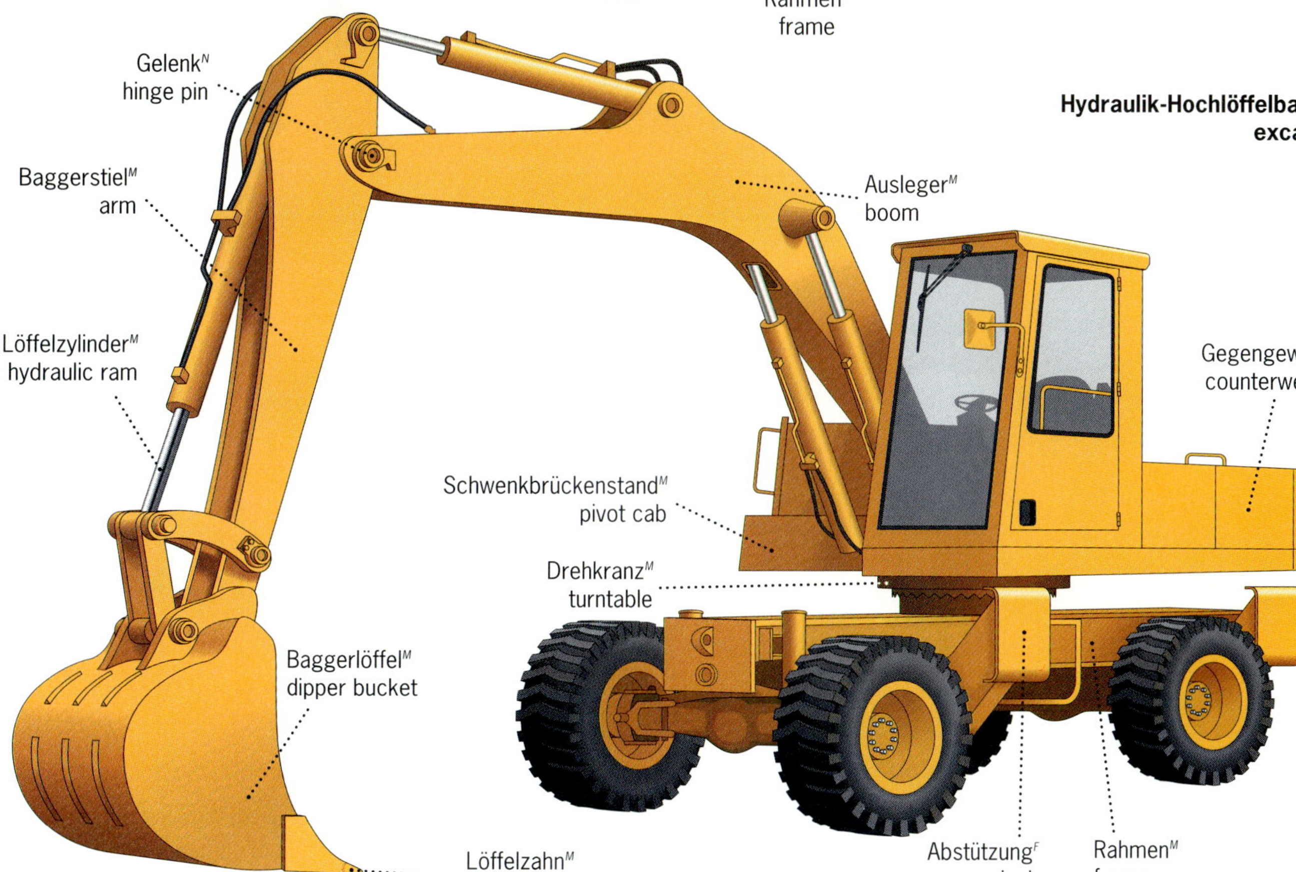

SCHWERMASCHINEN^F
HEAVY MACHINERY

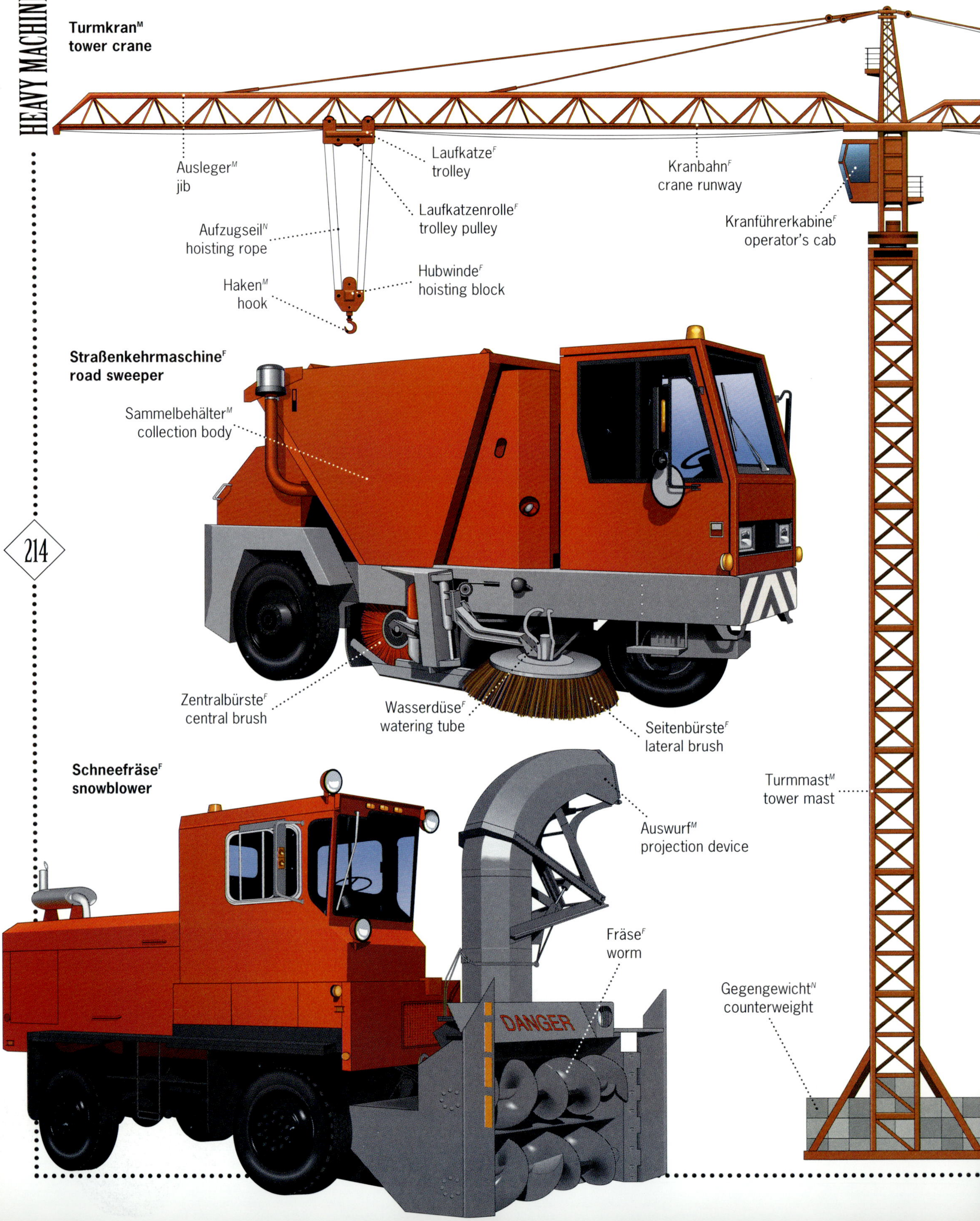

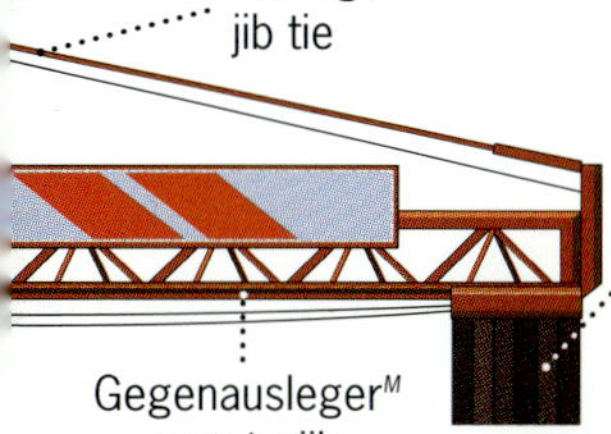

Müllfahrzeug^N
dustcart; refuse lorry

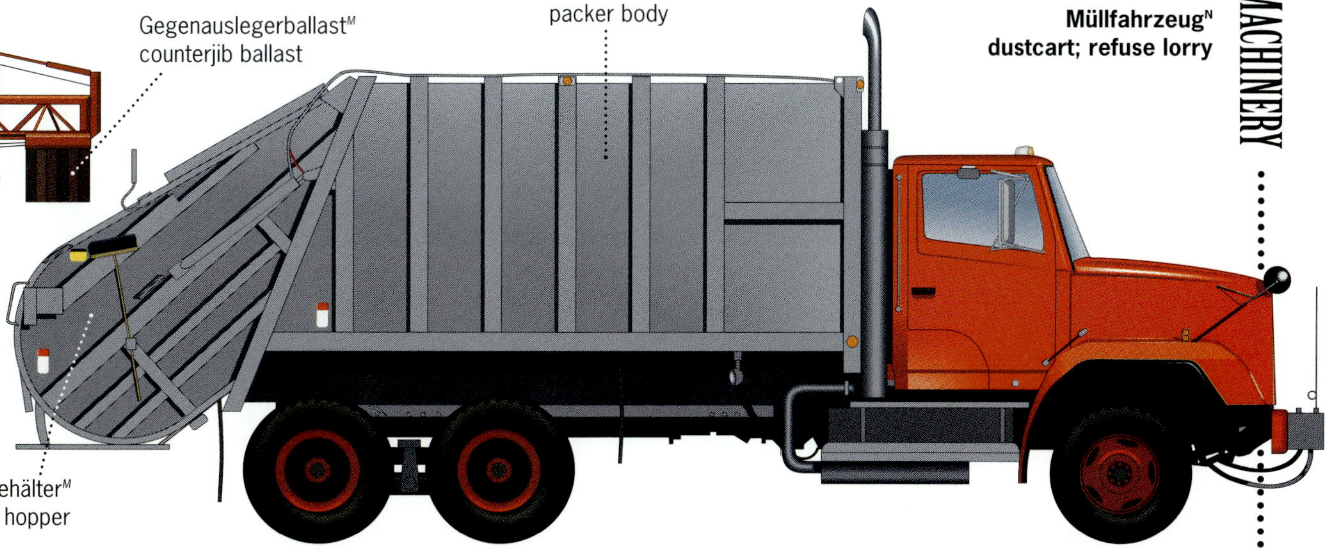

mobiles Kranfahrzeug^N
mobile crane

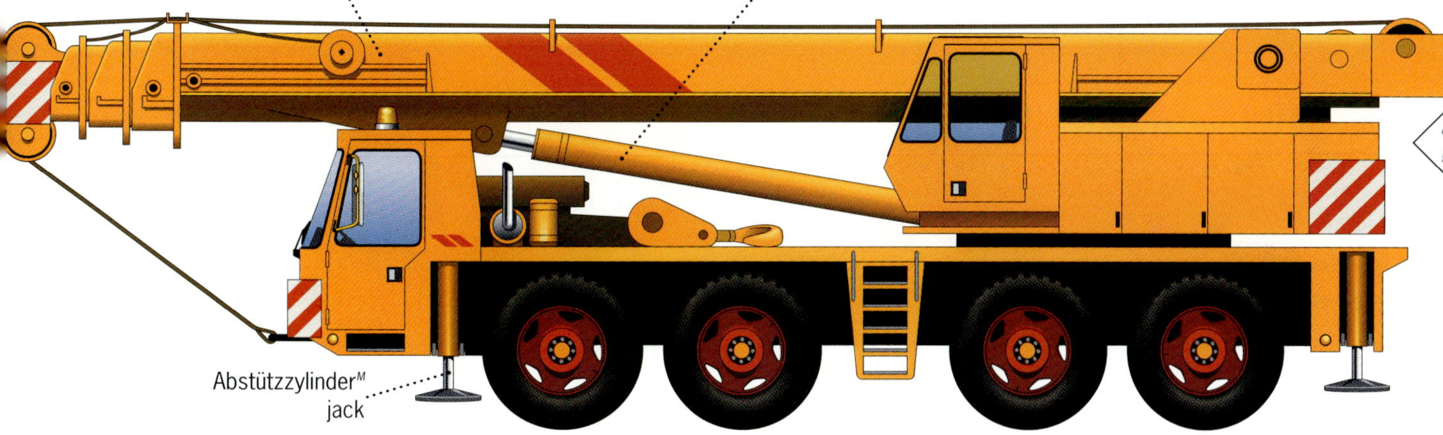

Abschleppwagen^M
breakdown lorry; recovery lorry

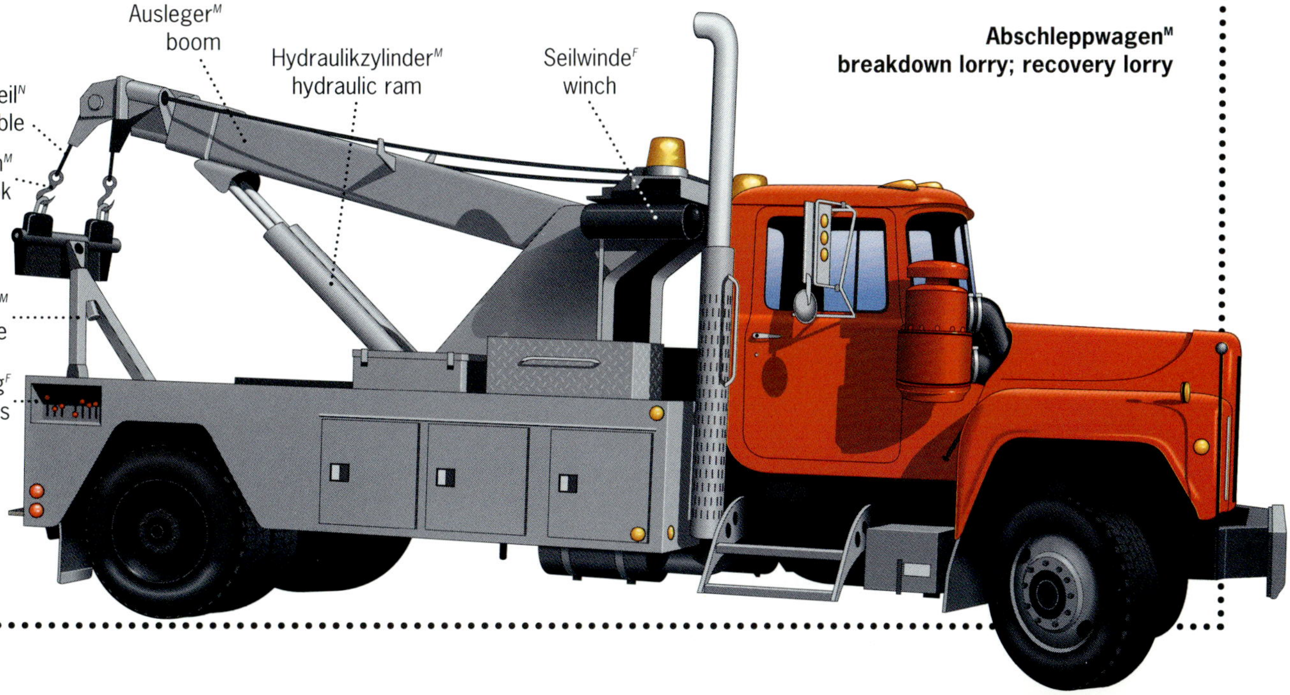

ALLGEMEINE ZEICHEN[N]
COMMON SYMBOLS

Damentoilette[F]
women's toilet

Herrentoilette[F]
men's toilet

für Schwerbehinderte[M]
access for physically handicapped

Krankenhaus[N]
hospital

Telefon[N]
telephone

Rauchen verboten
no smoking

Zeltplatz[M]
camping (tent)

Zelten[N] verboten
camping prohibited

Halt! Vorfahrt[F] gewähren
stop at intersection

WARN- UND GEBOTSZEICHEN[N]
SAFETY SYMBOLS

ätzend
corrosive

elektrische Spannung[F]
electrical hazard

explosionsgefährlich
explosive

leicht entzündlich
flammable

radioaktiv
radioactive

giftig
poisonous

SCHUTZMASSNAHMEN[F]
PROTECTION

Augenschutz[M] tragen
eye protection

Gehörschutz[M] tragen
ear protection

Schutzhelm[M] tragen
head protection

Schutzhandschuhe[M] tragen
hand protection

Sicherheitsschuhwerk[N] tragen
foot protection

Atemschutz[M]
respiratory system protectio

22,9-Meter-Linie(f) 175.
35mm Fotoapparat(m) 149.

A

a 160.
Abblendlicht(n) 133.
Abdeckung(f) 128, 193, 199.
Abdomen(n) 57, 59.
Abfluß(m), oberirdischer 30, 32.
Abfluß(m), unterirdischer 31, 32.
Abgasleitung(f) 145.
Abholzung(f) 29.
Abklingbecken(n) 206.
abnehmende Sichel(f) 9.
abnehmender Mond(m) 9.
Absatzplatte(f) 186.
Absatzstopper(m) 185.
Absatzteil(n) 187.
Abschlagwand(f) 182, 183.
Abschleppstange(f) 146.
Abschleppwagen(m) 215.
Abschlußwand(f) 182.
absorbierte Wärmestrahlung(f) 28.
Abspannleine(f) 190.
Abstellplatz(m) 147.
Abstellrost(m) 106.
Abstimmtasten(f) 126.
Abstoßsäge(f) 185.
Abstützung(f) 210, 213.
Abstützzylinder(m) 215.
Abtropfstein(m) 13.
Abwehrschild(n) 177.
Abwehrspieler(m), mittlerer 173, 179.
Achse(f) 185.
Achselhöhle(f) 78.
Achselknospe(f) 36.
Achsgetriebe(n) 138.
Achtelnote(f) 161.
Achtelpause(f) 161.
Achterdeck(n) 143.
Adamsapfel(m) 78.
Additionstaste(f) 154.
aerodynamische Bremse(f) 209.
Affe(m) 72.
Afrika(n) 19.
Afterflosse(f) 63.
Afterfüße(m) 61.
Afterkralle(f) 66.
Ahle(f) 192.
Ahorn(m) 41.
Akkordeon(n) 158.
Aktentasche(f) 151.
Alkoholkolben(m) 199.
Alkoholsäule(f) 199.
Allesfresser(m) 28.
Altschlüssel(m) 160.
AM-Antenne(f) 128.
Ameise(f) 56.
AMPHIBIEN(F) 60.
Amphibien(f), wichtigste 60.
Analoguhr(f) 198.
Ananas(f) 48.
ANATOMIE(F) DES MENSCHEN(M) 81.
Anemometer(n) 23.
Angriffslinie(f) 179.
Angriffsspieler(m), linker 178, 179.
Angriffsspieler(m), rechter 171, 178, 179.
Angriffszone(f) 176, 179.
Ankerklüse(f) 142.
Anlasser(m) 54.
Anorak(m) 120.
anorganische Materie(f) 29.
Anrufbeantworter(m) 124.
Ansagekassette(f) 124.
Anschlußkasten(m) 208.
Anschreiber(m) 178, 179.
Anspielpunkt(m) 176.
Anspielpunkt(m), mittlerer 176.
Anspielzone(f) 176.
Anstoßpunkt(m) 173.
Antarktis(f) 18.
Antenne(f) 57, 58, 129, 131, 145, 179.
Antennenpaar(n), erstes 61.
Antennenpaar(n), zweites 61.
Antrieb(m) 140.
Anzeige(f) 154, 200, 201.
Anzeigeskala(f) 201.
Aortenbogen(m) 81.
Apfel(m) 46.
Aprikose(f) 45.
Äquator(m) 12, 24.
Arbeiterin(f) 58.
Archipel(m) 26.
Arkaden(f) 87.
Arktis(f) 18.
Arm(m) 67, 79, 97, 155.
Armaturenbrett(n) 132.
Ärmel(m) 113, 117.
Armlehnstuhl(m) 97.
Armpolster(n) 177.
Armschützer(m) 170.
arterielles Blut(n) 81.
Artischocke(f) 49.
Asche(f), vulkanische 15.
Ascheschicht(f) 15.
Asien(n) 19.
Ass(n) 194.
Ast(m) 43.
Äste(m) 40.
Asteroidengürtel(m) 6.
Atemluftzufuhr(f) 211.
Atemschutz(m) 216.
Atemschutzsystem(n), geschlossenes 211.
Atlantischer Ozean(m) 18.
Atmosphäre(f) 12, 20.
ätzend 216.
Aubergine(f) 49.
Aufbau(m) der Sonne(f) 8.
Aufbewahrungsfach(n) 153.
Auffahrt(f) 90.
Auffanggefäß(n) 23.
Aufgaberaum(m) 179.
Aufgeber(m) 179.
Aufhänger(m) 117.
Aufheizer(m) 206.
Auflösungszeichen(n) 161.
Aufnahmeeinstellungstasten(f) 127.
Aufnahmetaste(f) 126.
Aufreißer(m) 212.
Aufreißerzahn(m) 212.
Aufschlag(m) 112.
Aufschläger(m) 180.
Aufschlagfeld(n) 180.
Aufschlagfeld(n), linkes 180.
Aufschlagfeld(n), rechtes 180.
Aufschlaglinie(f) 180.
Aufschlaglinie(f), mittlere 180.
Aufschlagrichter(m) 180.
Aufsteckschuh(m) 125.
Auftropfstein(m) 13.
Aufwickelkern(m) 129.
Aufzeichnungsgerät(n) 23.
Aufzeichnungskassette(f) 124.
Aufzeichnungstaste(f) 124.
Aufzugseil(n) 111, 214.
Augapfel(m) 60.
Auge(n) 61, 64, 74, 78, 194.
AUGE(N): DAS SEHORGAN(N) 82.
Augenbraue(f) 82.
Augenlid(n) 64.
Augenlid(n), oberes 60, 66, 82.
Augenlid(n), unteres 60, 66, 82.
Augenschutz(m) 216.
Ausatmen(n) 183.
Ausdehnungskammer(f) 199.
Ausdruck(m) 154.
Ausflugloch(n) 59.
Ausgangsbuchse(f) 163.
Ausgangsgestein(n) 34.
Auslaufrille(f) 129.
Auslaufrohr(n) 204.
Ausleger(m) 212, 213, 214, 215.
Auslegerseil(n) 215.
Auslöser(m) 125.
Auspuffrohr(n) 134, 212.
Außenansicht(f) eines Hauses(n) 92.
Außenbrett(n) 196.
Außenfeldspieler(m), linker 169.
Außenfeldspieler(m), mittlerer 169.
Außenfeldspieler(m), rechter 169.
Außenverteidiger(m) 173.
äußerer Gehörgang(m) 83.
äußeres Ohr(n) 83.
Aussparung(f) für Magnetköpfe(m) 129.
Australien(n) 19.
Austrittskante(f) 144.
Auswurf(m) 214.
Auswurftaste(f) 105.
Ausziehleiter(f) 111.
AUTO(N) 130, 132.
Autobahn(f) 27.
Autobahnnummer(f) 27.
Autofocus-Schalter(m) 153.
Autohandschuh(m) 118.
Autorreversetaste(f) 129.
Autotransportwagen(m) 138.
Autowaschanlage(f) 134.
Avocado(f) 48.
Azimutalprojektion(f) 25.

B

B(n) 161.
Back(f) 142.
Backbordseite(f) 142.
Backe(f) 66, 110.
Backe(f), bewegliche 109.
Backe(f), feste 109.
Backen(m) 186.
Backenzahn(m), erster vorderer 85.
Backenzahn(m), zweiter vorderer 85.
Backenzähne(m), vordere 85.
BACKGAMMON(N) 196.
Backofen(m) 107.
Backofenschalter(m) 107.
Badeanzug(m) 120.
Badehose(f) 121.
Bademantel(m) 116.
Baggerlöffel(m) 213.
Baggerstiel(m) 212, 213.
Bahn(f) 108, 182.
Bahne(f) 123.
Bahnhof(m) 90.
Bahnnummer(f) 182.
Bahnseil(n) 182.
BAHNÜBERGANG(M) 140.
Bahnzeitnehmer(m) 182.
Bajonettfassung(f) 99.
Balalaika(f) 158.
Balancer(m) 163.
Balgen(m) 158.
Balken(m) 200.
Ballerinaschuh(m) 119.
Balljunge(m) 180.
Banane(f) 48.
Band(n) 179.
Bande(f) 176.
Bandführung(f) 129.
Bandsperre(f) 108.
Banjo(n) 158.
Bank(f) 96.
Bar(f) 196.
Barhocker(m) 96.
Barograph(m) 23.
Bart(m) 52.
BASEBALL(M) 168.
Baseball(m) 168.
Baskenmütze(f) 114.
Basketball(m) 178.
BASKETBALLSPIEL(N) 178.
Baßgitarre(f) 163.
Baßklarinette(f) 167.
Baßregister(n) 158.
Baßregler(m) 163.
Baßschlüssel(m); F-Schlüssel(m) 160.
Baßsteg(m) 159.
Baßtastatur(f) 158.
Baßtrommel(f) 166, 167.
Bast(m) 40.
Batterie(f) 127, 138, 205, 208.
Batterieauswurfschalter(m) 127.
Bauch(m) 67, 74, 78.
Bauchflosse(f) 62.
Bauchfuß(m) 57.
Bauchpanzer(m) 64.
Bauer(m) 195.
BAUM(M) 40.
Baum(m), Aufbau(m) 40.
Baum(m), ausfahrbarer 210, 215.
BAUMARTEN(F), VERSCHIEDENE 41.
Baumschere(f) 54.
Baumstamm(m), Querschnitt(m) 40.
Baumstumpf(m) 40.
Baumvogel(m) 74.
Becken(n) 166, 167.
Bedienfeld(n) 107.
Bedienkonsole(f) 210.
Bedienungstasten(f) 127.
Beere(f), Querschnitt(m) 44.
Beerenarten(f) 44.
BEERENOBST(N) 44.
Beete(f), rote 51.
befestigte Umfassungsmauer(f) 87.
Befestigungssystem(n) 188, 189.
Begonie(f) 38.
begrenzte Zone(f) 178.
Begrenzungskreis(m) 178.
Begrenzungsleuchte(f) 133, 134.
Behälter(m) 23, 105.
Beil(n) 192.
Bein(n) 64, 79, 95, 97, 118, 188.
Beinpolster(n) 177.
Belastung(f) für den Menschen(m) 31.
Belastung(f) für die Natur(f) 31.
BELEUCHTUNG(F) 99.
Beleuchtung(f) für Polsucher(m) 11.
Belichtungsmesser(m) 125.
BERG(M) 17.
Bergfried(m) 88.
Berghang(m) 17.
Beringmeer(n) 19.
Bermudashorts(f) 115.
Besan(m) 141.
Besan-Bramstengestagsegel(n) 141.
Besan-Stengestagsegel(n) 141.
Besanbaum(m) 141.
Besanmast(m) 141.
Besantoppsegel(n) 141.
Beschickungsmaschine(f) 206.
Besen(m) 166.
Bespannung(f) 181.
BESTECK(N) 101.
Betriebsanzeigen(f) 126.
Betriebsbremse(f) 138.
Betriebseinstellung(f) 129.
Betsaal(m) 87.
BETT(N) 95.
Betten(n) und Matratzen(f) 191.
Bettuch(n) 95.
Bettwäsche(f) 95.
Beuteltasche(f) 123.
Bewegungsenergie(f) 205.
BH(m) 116.
Biber(m) 70.
Bienenstock(m) 59.
Bierkrug(m) 100.
Bildschirm(m) 126, 154.
Bildsucher(m) 127.
Bildsucher(m), elektronischer 127.
Bindeteil(n) 112.
BIOSPHÄRE(F), STRUKTUR(F) 20.
Birke(f) 42.
Birne(f) 46.
Bitumen(n) 203.
Blank(n) 194.
Blasebalg(m) 191.
BLASINSTRUMENTE(N) 164.
Blaspfeife(f) 158.
Blatt(n) 37.
Blatt(n) 34, 36, 110, 165, 177.
Blattachsel(f) 37.
Blattader(f) 37.
Blattansatz(m) 37.
Blätter(n) 165.
Blätter(n), einfache 37.
Blätter(n), zusammengesetzte 36.
Blattformen(f) 43.
Blattgemüse(n) 53.
Blattgrund(m) 36.
Blattrand(m) 36.
Blattränder(m) 37.
Blattscheide(f) 37.
Blattschraube(f) 165.
Blattspitze(f) 36.
Blattspreite(f) 36.
Blattstiel(m) 37.
Blau(n) 157.
Blaugrün(n) 157.
Blauhäher(m) 77.
Blaulicht(n) 211.
Blechbläser(m) 164.
Bleistift(m) 150.
Bleistiftspitzer(m) 150.
Blende(f) 107.
Blindkupplung(f) 210.
Blinkeranzeige(f) 132.
Blinklicht(n) 140.
Blinklichtkontrolle(f) 132.
Blitz(m) 22.
Blitzableiter(m) 93, 204.
Blitzkontakt(m) 125.
Blitzröhre(f) 125.
Blitzverschluß(m) 193.
Blockflöte(f) 165.
Blockhaus(n) 86.
BLUMEN(F) 38.
Blumenkelle(f) 54.
Blumenkohl(m) 49.
Blumenkrone(f) 38.
Bluse(f) 114.
Blüte(f) 36.
Blüte(f), Aufbau(m) 38.
Blütenblatt(n) 38.
Blütenboden(m) 38, 44.
Blütengemüse(n) 49.
Blütenkelch(m) 38.
Blütenknospe(f) 36.
Blütenstiel(m) 38.
Bockkran(m) 204.
Bodenausrüstung(f), Flughafen- 146.
Bodenlinie(f) 182.
Bodenplättchen(n) 162.
BODENPROFIL(N) 34.
Bogen(m) 162.
Bogenansatz(m) 162.
Bogengänge(m) 83.
Bohne(f), grüne 49.
Bohnen(f), dicke 52.
Bohranlage(f) 202.
Bohrfutter(n) 110.
Bohrfutterschlüssel(m) 110.
Bohrinsel(f) 202.
Bohrmaschine(f), elektrische 110.
Bohrung(f) 202.
Bongos(n) 166.
Bordunpfeife(f) 158.
Borke(f) 40.
Borsten(f) 111, 122.
Boxershorts(f) 112, 121.
BRANDBEKÄMPFUNG(F) 210.
Brandungshöhle(f) 14.
Brandungspfeiler(m) 14.
Brandungstor(n) 14.
Bräter(m) 104.
Bratpfanne(f) 104, 192.
Bratsche(f) 167.
Bratsche(f) 162.
Brauchdampf(m) 207.
Breitengrad(m) 12.
Breitengrade(m) 24.
Breitenkreis(m) 24.
Bremse(f), aerodynamische(f) 209.
Bremsgriff(m) 137.
Bremsklötze(m) 146.
Bremsleuchte(f) 133.
Bremspedal(n) 132.
Bremssattel(m) 135.
Bremswagen(m) 139.
Bremszug(m) 137.
Brenner(m) 104.
Brennstoffe(m), fossile 28.
Brett(n) 184.
Brieftasche(f) 123.
BRILLE(F) 123.
Brillenglas(n) 123.
Broccoli(m) 49.
Brücke(f) 123.
Brunnen(m) für rituelle Waschungen(f) 87.
Brunnenkresse(f) 53.
Brust (f) 67.
Brust(f) 74, 78.
Brustbein(n) 80.
Brustbeine(n) 61.
Brustbeinschlag(m) 183.
Brustfläche(f) 78.
Brustflosse(f) 62.
Brustkorb(m) 78.
Brustleistentasche(f) 113.
Brustschutz(m) 168, 170.
Brustschwimmen(n) 183.
Brusttasche(f) 112.
Brustwarze(f) 78.
Brustwende(f) 183.
Brutzwiebel(f) 50.
Bube(m) 194.
Bucht(f) 9, 26.
Bug(m) 142, 184.
Bügel(m) 123, 129, 198.
Bügelfalte(f) 112.
Bügelhorn(n) 164.
Bügelschloß(n) 136.
Bugfahrwerk(n) 145.
Bugspriet(m) 141.
Bugstrahler(m) 142.
Bugwulst(f) 142.
Bull's eye(n) 197.
Bull(m), äußerer 197.
Bullauge(n) 143.
Bund(m) 113, 162, 163.
Bund(m), elastischer 113.
Bündchen(n) 112.
Bundeinlage(f) 163.
Bundesstaat(m) 26.
Buntstifte(m) 157.
BURG(F) 88.
Burg(f) 88.
Burghof(m) 88.
Büro(n) 134.
Bürogebäude(n) 91, 143.
Bürohochhaus(m) 90.
Büroklammern(f) 150.
Bürzel(m) 75.
Butter- und Käsefach(n) 106.
Butterdose(f) 100.
Buttermesser(n) 101.

Fettgedruckte Wörter beziehen sich auf eine Illustration; Wörter in GROSSBUCHSTABEN sind Überschriften.

C

c 160.
Callisto(m) 6.
CAMPINGAUSRÜSTUNG(F) 192.
Campingliege(f) 191.
Cantaloupe-Melone(f) 49.
CD-Spieler(m) 128.
CD-Spieler(m) 129.
CD-Tasten(f) 129.
Cello(n) 167.
Celsiusskala(f) 199.
Centre(m) 171.
Chamäleon(n) 65.
Charon(m) 7.
Checkliste(f) 149.
Chicorée(m/f) 53.
Chilischote(f) 49.
Chinakohl(m) 53.
Chinesisches Meer(n) 19.
Chirimoya(f) 48.
Chor(m) 89.
Chorhaupt(n) 89.
Chorscheitelkapelle(f) 89.
Chorumgang(m) 89.
CITY(F) 90.
Clip(m) 112.
Coach-Box(f) 169.
Cockpit(n) 145, 149.
Compact Disc(f) 129.
Compact Disc(f) 129.
Containerbrücke(f) 142.
Containerflachwagen(m) 138.
Containerhubwagen(m) 146.
Containerschiff(n) 142.
Containerterminal(m;n) 143.
Cornerback(m), linker 171.
Cornerback(m), rechter 171.
Coupé(n) 133.
CRICKET(N) 174.
Cricketball(m) 174.
Cricketschuh(m) 174.
Cricketspieler(m) 174.

D

d 160.
Dach(n) 59, 92, 131.
Dachfenster(n) 92.
Dame(f) 194, 195.
Damebrett(n) 196.
Damenflanke(f) 195.
DAMENKLEIDUNG(F) 114, 116.
Damentoilette(f) 216.
DAMESPIEL(N) 196.
Damestein(m) 196.
Damm(m) 204.
Dammkrone(f) 204.
Dampf(m) 207.
Dampfdruck(m) 207.
Dampfeinsatz(m) 104.
Dämpfer(m) 164.
Dampfgenerator(m) 206, 207.
Dampfkochtopf(m) 104.
Darmbein(n) 80.
Dartscheibe(f) 197.
DARTSPIEL(N) 197.
Datenanfang(m) 129.
Datenmonitor(m) 125.
Dattel(f) 45.
Daumen(m) 82, 118, 168.
Daumenauflage(f) 165.
Daumenring(m) 164.
Daunendecke(f) 95.
Deckblatt(n), äußeres 50.
Decke(f) 95.
Deckelklappe(f) 193.
Deckenleuchte(f) 98.
Deckenschlafsack(m) 191.
Defensive-End(m), linker 171.
Defensive-End(m), rechter 171.
Defensive-Tackle(m), linker 171.
Defensive-Tackle(m), rechter 171.
defensiver Mittelfeldspieler(m) 173.
Deimos(m) 6.
Deklinations-Feineinstellung(f) 11.
Deklinationsachse(f) 11.
Deklinationsklemmung(f) 11.
Delphin(m) 72.
Deltaflügel(m) 144.
Desinfektionsmittel(n) 193.
Dessertschale(f) 100.
Dessertteller(m) 100.
Dia(n) 153.
Diamagazin(n) 153.
Diapositiv(n) 153.
Diaprojektor(m) 153.
Diarähmchen(n) 153.
Diawechsel(m) 153.
Dickdarm(m) 81.
Dieselkraftstoff(m) 203.
Dieselmotor(m) 139, 212.
Dieselmotorlüfter(m) 138.
Digitaluhr(f) 198.
Diode(f) 125, 208.
Dirigent(in(f)) (m) 167.
Diskantregister(n) 158.
Diskantsteg(m) 159.
Diskanttastatur(f) 158.
Diskette(f) 154.
Diskettenlaufwerk(n) 154.
Display(n) 124, 127.
Divisionstaste(f) 154.
Dock(n) 143.
Dom(m) 90.
DOM(M), GOTISCHER 89.
DOMINOSPIEL(N) 194.
Doppel-B(n) 161.
Doppelblank(n) 194.
Doppelblatt(n) 165.
Doppelkreuz(n) 161.
Doppelschlag(m) 161.
Doppelspiel(n), Seitenlinie(f) 180.
Doppelwürfel(m) 196.
Dorn(m) 112.
Dosenöffner(m) 102.
Dosenöffner(m) 192.
Dot(m) 163.
Dotter(m;n) 75.
Double(m) 197.
Drehflügel(m), zweiflügelig, nach außen öffnend 94.
Drehflügel(m), zweiflügelig, nach innen öffnend 94.
Drehgestell(n) 138.
Drehgestell-Rahmen(m) 138.
Drehgestellflachwagen(m) 139.
Drehgestellkastenwagen(m) 138.
Drehkranz(m) 210, 213.
Drehleiter(m) 210.
Drehzahlmesser(m) 132.
Drei-Zehenhuf(m) 71.
Dreieck(n) 156.
Dreifachleitwerk(n) 145.
Dreifußständer(m) 166.
Dreisitzersofa(n) 96.
Dreivierteltakt(m) 160.
dreizählig 36.
Dreschkorb(m) 204.
Drohne(f) 58.
Dromedar(n) 73.
Druckbleistift(m) 150.
Drucker(n) 154.
Druckknopf(m) 113, 118.
Druckluftflasche(f) 211.
Druckschalter(m) 110.
Drucksteg(m) 159.
Drucktaste(f) 105.
Druckwasser(n) 205.
Dublette(f) 194.
Dudelsack(m) 158.
Dufflecoat(m) 113.
Düngemittel(n) 29, 32.
Dünndarm(m) 81.
Dunst(m) 22.
Durchschlag(m) 103.
Düse(f) 148.
Dynamo(m) 136.

E

e 160.
Ebene(f) 26.
Eber(m) 69.
Ecke(f) 176.
Eckfahne(f) 173, 175.
Eckstoßbogen(m) 173.
Eckturm(m) 88.
Eckzahn(m) 70, 85.
Eckzähne(m) eines Walrosses(n) 71.
Edelgas(n) 99.
Editsearch-Tasten(f) 127.
Ei(n) 75.
Ei(n) 59.
Eiche(f) 41.
Eidechse(f) 65.
Eier(n) 60.
Eierfach(n) 106.
Eieruhr(f) 198.
Eigelb(n) 75.
Ein-Zehenhuf(m) 71.
Ein/Aus-Schalter(m) 129.
Ein/Aus/Lautstärke(f) 129.
Einatmen(n) 183.
einäugige Spiegelreflexkamera(f) 125.
Einfassung(f), seitliche 93.
Einflugloch(n) 59.
Einfüllbehälter(m) 215.
Eingabe-Löschtaste(f) 154.
Eingang(m) 87, 190.
eingefangene Wärmestrahlung(f) 29.
Einlaufrille(f) 129.
Einpersonenzelt(n) 190.
Einreißhaken(m) 211.
Einsteigestation(f) 147.
Einsteigetreppe(f) 145.
Einstellkerbe(f) 186.
Einstellspanner(m) 185.
Einstellung(f) 128.
Einstiegsluke(f) 148.
Eintrittskante(f) 144.
Einzelfrucht(f) 44.
Einzelspiel(n) 180.
Eis(n) 30.
Eisbär(m) 72.
Eisenbahngleise(n) 90.
Eisfläche(f) 176.
EISHOCKEY(N) 176.
Eishockeyschläger(m) 177.
Eishockeyschlittschuh(m) 185.
Eishockeyspieler(m) 177.
Eiskappe(f) 21.
Eiskunstlaufstiefel(m) 185.
Eispickelschlaufe(f) 193.
Eisportionierer(m) 103.
Eiswürfelautomat(m) 134.
Eiswürfelschale(f) 106.
Eiweiß(n) 75.
elastische Mullbinde(f) 193.
elastische Schürze(f) 141.
Elefant(m) 73.
Elefant(m), Stoßzähne(f) 71.
Elektrizität(f) 205.
Elektroherd(m) 107.
Elektronenblitz(m) 125.
ELEKTROWERKZEUGE(N) 110.
Elfmeterkreis(m) 173.
Elfmeterpunkt(m) 173.
Ellbogen(m) 66, 67, 79.
Ellbogenpolster(n) 170, 177.
Elle(f) 80.
Empfangsteil(m/n) 129.
Ende(n) 186.
Endivie(f), glatte 53.
Endivie(f), krause 53.
Endknospe(f) 34, 36.
Endlinie(f) 171, 178, 179.
Endmoräne(f) 17.
Endokarp(n) 45, 46.
Endteil(n) 112.
Endzone(f) 171.
Energiesparlampe(f) 97.
Engländer(m) 109.
Englischhorn(n) 165.
Englischhorn(n) 167.
Ente(f) 68.
Entklammerer(m) 150.
Entsorgungsbecken(n) 206.
Entspannhebel(m) 109.
Epizentrum(n) 13.
Equalizer(m) 128.
Erbsen(f), grüne 52.
ERDBEBEN(N) 13.
Erdbeere(f), Querschnitt(m) 44.
Erde(f) 6, 10.
ERDE(F), AUFBAU(M) 12.
Erdgeschoß(n) 92.
Erdkruste(f) 12, 13.
ERDKUGEL(F), KOORDINATENSYSTEM(N) 12.
ERDÖLFÖRDERUNG(F) 202.
Erdöllagerstätte(f) 202.
Erdölsuche(f) 202.
Erkerfenster(n) 92, 93.
erneute Freisetzung(f) 31.
Erschütterungswelle(f) 202.
erste Laubblätter(n) 34.
erste Violine(f) 167.
Erste-Hilfe-Kasten(m) 193.
erster Raum(m) 178.
erster Stock(m) 92.
erstes Viertel(n) 9.
Espadrille(f) 119.
Etui(n) 154.
Eule(f) 77.
Eurasien(n) 19.
Europa(f) 6.
Europa(n) 19.
Eustachische Röhre(f) 83.
Evaporation(f) 30, 31.
ewiger Schnee(m) 17.
Exokarp(n) 44, 45, 46.
explosionsgefährlich 216.

F

f 160.
Facettenauge(n) 57, 58.
Fach(n) für Molkereiprodukte(n) 106.
Fächergerüst(n) 209.
Fagott(n) 165.
Fagott(n) 167.
Fähre(f) 143.
Fahrenheitskala(f) 199.
FAHRRAD(N) 136.
Fahrradhelm(m) 137.
Fahrradkette(f) 136.
Fahrradtasche(f) 136.
Fahrtrichtungsanzeiger(m) 133, 135.
Fahrzeugbeleuchtung(f) 133.
Falle(f) 93.
Falleitung(f) 204.
Fallrohr(m) 92.
Fallschirm(m) 148.
Faltenrock(m) 115.
Falttür(f) 92.
Familienzelt(n) 190.
Fanfare(f) 134.
Fänger(m) 168.
Fänger(m) 169.
Fanghandschuh(m) 168, 177.
Farbfernsehkamera(f) 149.
Farbkreis(m) 157.
Farbroller(m) 111.
Faserwurzel(f) 36, 40.
Fassade(f) 89.
Fäustling(m) 118.
Feder(f) 109, 123, 188.
Federwaage(f) 201.
Feige(f) 48.
Feile(f) 192.
Feineinstellung(f) 200.
Feintrieb(m) 155.
Feld(n) 196.
Feld(n), linkes 169.
Feld(n), rechtes 169.
Feld(n), schwarzes 195.
Feld(n), weißes 195.
Feldbett(n) 191.
Feldflasche(f) 192.
Feldsalat(m) 53.
Feldseite(f), Spieler(m) der 174.
Felge(f) 135, 137.
Felgenbremse(f), hintere 136.
Felgenbremse(f), vordere 137.
Felsen(m) 14.
Femoralarterie(f) 81.
Femoralvene(f) 81.
Fenchel(m) 52.
FENSTER(N) 94.
Fenster(n) 131, 145, 184.
Fensterladen(m) 94.
Fensterladen(m) mit Lamellen(f) 94.
Fenstertypen(m) 94.
Fernbedienung(f) 126.
Fernbedienung(f) 153.
Fernbedienungssensor(m) 126.
Fernlicht(n) 133.
Fernlichtanzeige(f) 132.
Fernsehapparat(m) 126.
FERNSEHEN(N) 126.
Ferse(f) 79, 118, 121.
Fersenautomatik(f) 187.
Fersenrand(m) 121.
Fersenstütze(f) 186.
Fessel(f) 67.
Fesselgelenk(n) 67.
Fesselkopf mit Kötenbehang(m) 67.
Feststeller(m) 94.
Feststellknopf(m) 110.
Feststoffrakete(f) 148.
Fette(n) 203.
feucht - kurzer Sommer(m) 21.
feucht - langer Sommer(m) 21.
feuchte Subtropen(f) 21.
Feuerwehraxt(f) 211.
Feuerwehrhelm(m) 211.
Feuerwehrmann(m) 211.
Feuerwehrrollschlauch(m) 210.
Fieberthermometer(n) 199.
Figuren(f) 195.
Filmempfindlichkeit(f) 125.
Filmkassette(f) 125.
Filmlasche(f) 125.
Filmtransporteinstellung(f) 125.
Filter(m) 105.
Filterung(f) 30.
Finger(m) 60, 118, 168.
Finger(m), kleiner 82.
Fingerglieder(n) 80.
Fingernagel(m) 82.
Finsternistypen(m) des Monds(m) 10.
Firn(m) 16.
FISCHE(M) 62.
Fischschupper(m) 192.
Flächen(f) 156.
Flachpinsel(m) 157.
Flachwurzel(f) 40.
Flamingo(m) 76.
Flanke(f) 67, 75.
Flankenschutz(m) 131.
Flare(m) 8.
Flaschenöffner(m) 102.
Flaschenöffner(m) 192.
Fleisch(n) 33.
Fleisch- und Wurstfach(n) 106.
Fleischfresser(m) 29, 33.
Fleischfressergebiß(m) 70.
FLEISCHIGE FRÜCHTE(F) 47.
Fliege(f) 56.
Fliegenpilz(m) 35.
Flieger(m) 141.
Fliegerjacke(f) 113.
Flossenleitwerk(n) 145.
Flugbrettchen(n) 59.
Flügel(m) 75, 144, 167, 209.
Flügelader(f) 57.
Flügelspieler(m), rechter 173, 175, 176.
Flügelspitze(f) 144.
Fluggastbrücke(f) 147.
FLUGHAFEN(M) 146.
Flughafen(m) 27.
Flughafen-Bodenausrüstung(f) 146.
Fluglochschieber(m) 59.
Flugturbinenkraftstoff(m) 203.
FLUGZEUG(N) 144.
Fluß(m) 26.
Flußaal(m) 63.
Flußkrebs(m) 61.
Flußmündung(f) 14, 26.
Fock(f) 141.
Fockmast(m) 141.
Fokuseinstelltaste(f), manuelle 153.
Foldback-Klemme(f) 150.
Fön(m) 122.
Fondue-Set(n) 104.
Fonduegabel(f) 101.
Fonduetopf(m) 104.
FOOTBALL(M) 170.
Football(m) 170.
Football(m), amerikanisch, Spielfeld(n) 171.
Footballspieler(m) 170.
Forelle(f) 62.
Forellenbarsch(m) 63.
Formdüse(f) 122.
Fortepedal(n) 159.
fossile Brennstoffe(m) 28.
FOTOGRAFIE(F) 125.
Fotozelle(f) 125.
Foullinie(f) 169.
Fräse(f) 214.
frei endigende Rippe(f) 80.
Freiraum(m) 179.
Freisaiten(f) 158.
Freiwurfbahn(f) 178.
Freiwurflinie(f) 178.
Freizeitschuh(m) 119.
Frontleuchten(f) 133.
Frosch(m) 60.
Frosch(m) 162.
Frosch(m), Lebenszyklus(m) 60.
FRÜCHTE(F), FLEISCHIGE 44.
Fruchtfleisch(n) 44, 45, 46, 47.
Fruchtgemüse(n) 49.
Fruchtknoten(m) 38.
Fruchtwand(f) 47.
Frühling(m) 20.
Frühlingsäquinoktium(n) 20.
Frühlingszwiebel(f) 50.
Fuchsschwanz(m) 109.

Fettgedruckte Wörter beziehen sich auf eine Illustration; Wörter in GROSSBUCHSTABEN sind Überschriften.

Fühler(m) 57, 58.
Führerkabine(f) 212.
Führerpult(n) 138.
Führerstand(m) 138, 140.
Führungsgriff(m) 110.
Führungsrille(f) 186.
Führungsrolle(f) 129.
Fullback(m) 171.
Füllfederhalter(m) 150.
Füllung(f) 93.
Fumarole(f) 14.
Funkantenne(f) 142.
Funktionstaste(f) 197.
Funktionstasten(f) 201.
Funktionswähler(m) 124.
Fuß(m) 78, 79, 98, 155.
FUSSBALL(M) 172.
Fußball(m) 172.
Fußballschuh(m) 172.
Fußballspieler(m) 172.
Fußende(n) 95.
Fussformen(f), wichtigste 74.
Fußgelenk(n) 66.
Fußraste(f) 135.
Fußschlaufe(f) 184.
Fußwurzelknochen (m) 80.
Futter(n) 113, 121.
Futterbehälter(m) 75.

G

g 160.
Gabel(f) 101.
Gabel(f) 11, 123, 137.
Gabelbaum(m) 184.
Gabeltypen(m) 101.
Galerie(f) 89.
Gallenblase(f) 81.
Gallenwege(m) 81.
Gangarten(f) 195.
Gangway(f) 146.
Gangwaybrücke(f) 147.
Gans(f) 68.
Ganymed(m) 6.
ganze Note(f) 161.
ganze Pause(f) 161.
ganzrandig 37.
Garage(f) 92.
Garagenzufahrt(f) 92.
Garnele(f) 61.
Garten-Sauerampfer(m) 53.
GARTENARBEIT(F) 54.
Gartenkürbis(m) 49.
Gas(n) 30, 31, 99.
Gase(n), Konzentration 29.
Gasfreisetzung(f) 29.
Gaspedal(n) 132.
Gasschweif(m) 10.
Gaumen(m), harter 84.
Gaumen(m), weicher 84.
Gebirgsbach(m) 17.
Gebirgskette(f) 9, 26.
Gebirgsmassiv(n) 26.
GEBISS(N), MENSCHLICHES 85.
GEBISSARTEN(F) 70.
Gebläse(n) 122.
gebuchtet 37.
gedeckter Wehrgang(m) 88.
gedrucktes Dokument(n) 154.
Gefäßgeflecht(n) 85.
gefiedert 36.
Gefrierfach(n) 106.
Gegenausleger(m) 215.
Gegenauslegerballast(m) 215.
Gegengewicht(n) 11, 140, 213, 214.
Gehäuse(n) 54, 59, 99, 108, 110, 122, 126, 129, 159, 198.
Gehörgang(m), äußerer 83.
Gehörknöchelchen(n) 83.
Gehörschutz(m) 216.
Geige(f) 162.
gekerbt 37.
Geländewagen(m) 133.
Gelb(n) 157.
Gelbgrün(n) 157.
Geldbeutel(m) 123.
Geldrückgabe(f) 124.
Gelenk(n) 186, 213.
gemässigte Klimate(n) 21.
GEMÜSE(N) 49, 50, 52.
Gemüse(n) 33.
Gemüsebehälter(m) 106.
Gemüsezwiebel(f) 50.
Generator(m) 138, 205, 206, 207.
Generatoreinheit(f) 204.
GEOMETRIE(F) 156.
Gepäckanhänger(m) 147.
Gepäckraum(m) 145.
Gepäckträger(m) 136.
Gepäcktransporter(m) 146.
Gepäckwagentraktor(m) 147.
GERÄTE(N) ZUM KOCHEN 107.
Geräteraum(m) 210.
GERÄTETURNEN(N) 188.
Gesamtkilometerzähler(m) 132.
Gesäß(n) 79.
Gesäßfalte(f) 79.
Geschäftshaus(n) 91.
GESCHIRR(N) 100.
Geschirrwagen(m) 107.
Geschmack(m), bitterer 84.
Geschmack(m), salziger 84.
Geschmack(m), saurer 84.
Geschmack(m), süßer 84.
Geschmacksempfindungen(f) 84.
Geschwindigkeitsregelung(f) 105.
Geschwindigkeitsregler(m) 54.
Gesicht(n) 78.
Gesichtsschutz(m) 170, 177.
Gesichtsschutz(m), geschlossener 211.
Gesims(n) 92, 93.
gestreute Wärmestrahlung(f) 29.
Getränkeautomat(m) 134.
Getreidesilo(m;n) 142.
Gewicht(n) 200, 201.
gewimpert 37.
Gewinde(n) 108.
Gewindeschaft(m) 109.
gewünschte Temperatur(f) 199.
Geysir(m) 15.
gezähnt 37.
Giebel(m) 93.
Giebelzelt(n) 190.
Gießkanne(f) 54.
Giftdrüse(f) 64.
giftig 216.
Giftkanal(m) 64.
Giftleitfurche(f) 64.
Giftpilz(m) 35.
Giftschlange(f), Kopf(m) 64.
Giftzahn(m) 64.
Gipfel(m) 17.
Giraffe(f) 72.
Giraffe(f), Hörner(n) 71.
Gitarre(f), akustische 162.
Gitarre(f), elektrische 163.
Gitarre(f), elektrische 163.
Glasabdeckung(f) 208.
GLÄSER(N) 100.
Glasplatte(f) 106.
Glasscheibe(f) 155.
Gleichtaste(f) 154.
Gleise(n) 140.
Gleiskette(f) 212.
Gleiskettenschlepper(m) 212.
Gleitfuge(f) 109.
Gleitschuh(m) 110.
Gleitschutz(m) 187.
GLETSCHER(M) 16.
Gletscher(m) 20.
Gletscherspalte(f) 16.
Gletscherzunge(f) 16.
Globus(m) 152.
Globus(m) 152.
Glöckchen(n) 166.
Glockenstube(f) 89.
Glockenturm(m) 89.
Glottis(f) 64.
Glühbirne(f) 99.
Glühbirne(f) 208.
Glühfaden(m) 99.
Glühlampe(f) 99.
Glühlampe(f) 208.
Gnomon(m) 198.
Golf(m) 26.
Gong(m) 167.
GOTISCHER DOM(M) 89.
Graben(m) 88.
Grabgabel(f) 55.
Grabschaufel(f) 55.
Grad(m) Celsius 199.
Grad(m) Fahrenheit 199.
Gradeinteilung(f) 193.
Gradnetz(n) 24.
Granatapfel(m) 48.
Grapefruit(f) 47.
Grasfang(m) 54.
Grat(m) 17.
Grenze(f), innere 26.
Griff(m) 54, 95, 101, 109, 110, 111, 122, 123, 162, 168, 174, 181, 186, 192.
Griff(m), zusätzlicher 110.
Griffbrett(n) 162, 163.
Griffel(m) 38.
Griffkamm(m) 122.
Griffkappe(f) 181.
Gripzange(f) 109.
Grobtrieb(m) 155.
Grönlandsee(f) 18.
Großmast(m) 141.
Großraumlimousine(f) 133.
Großsegel(n) 141.
Grün(n) 157.
Grundlinie(f) 180.
Grundlinienrichter(m) 180.
Grundmoräne(f) 16.
Grundwasserspiegel(m) 13.
grüne Paprika(f) 49.
Grünkohl(m) 53.
Gruppenzelt(n) 190.
Guard(m), linker 171, 178.
Guard(m), rechter 171, 178.
Guave(f) 48.
Gummiband(n) 95.
Gummistiefel(m) 211.
Gurke(f) 49.
Gurtband(n) 180.
Gürtel(m) 112.
Gürtelschlaufe(f) 112.
Gurthalterung(f) 163.
Gußerker(m) 88.
Gußlochreihe(f) 88.
Güterwagen(m), offener 139.
GÜTERWAGEN(M), VERSCHIEDENE 138.
Gymnastikhose(f) ohne Fuß(m) 121.

H

h 160.
Haar(n) 79, 162.
Haarbürste(f) 122.
HAARPFLEGE(F) 122.
HAFEN(M) 142.
Hafenzollamt(n) 143.
Hahn(m) 68.
Hai(m) 63.
Haken(m) 108, 201, 214, 215.
Halbinsel(f) 26.
Halbkreis(m) 178.
Halbschatten(m) 10.
Halbspieler(m) 169.
Halfback(m), linker 171.
Halfback(m), rechter 171.
Hals(m) 64, 67, 78, 79, 162, 163, 184, 188.
Halsschlagader(f) 81.
Halsschutz(m) 168, 177.
Halstonabnehmer(m) 163.
Haltegriff(m) 134.
Halteleiste(f) 106.
Halterung 136.
Halterung(f) 11, 201.
Hammer(m) 108.
Hammer(m) 159.
Hammerleiste(f) 159.
Hand(f) 79.
HAND(F): DAS TASTORGAN(N) 82.
Handapparat(m) 124.
Handbremse(f) 132.
Handfeuerlöscher(m) 210.
Handfläche(f) 82, 168.
handförmig geteilt 36.
Handgabel(f) 54.
Handgelenk(n) 79, 82.
Handgelenkpolster(n) 170.
Handkreissäge(f) 110.
Handlöser(m) 187.
Handrührgerät(n) 105.
Handschlaufe(f) 186, 187.
Handschuh(m) 168.
Handschuh(m) 174, 177, 187.
Handschuhe(m) 118.
HANDSCHUHE(M) UND STRÜMPFE(M) 118.
Handschuhfach(n) 132.
Handwaage(f) 200.
Handwurzel(f) 168.
Handwurzelknochen(m) 80.
Hangar(m) 147.
Hängegletscher(m) 16.
Harfe(f) 167.
Harnblase(f) 81.
Hauer(m) eines Warzenschweins(n) 71.
Hauptfahrwerk(n) 144.
Hauptlinienrichter(m) 171.
Hauptluftbehälter(m) 139.
Hauptschiedsrichter(m) 169.
Hauptschlot(m) 15.
Hauptschwert(n) 184.
Hauptspiegel(m) 11.
Hauptstadt(f) 26.
Haupttriebwerk(n) 148.
Hauptverkehrsstraße(f) 90.
Hauptwurzel(f) 34, 36.
Hauptzeitnehmer(m) 182.
HAUS(N) 92.
HAUSHALTSGERÄTE(N) 105.
Haut(f) 44, 45, 60.
Hebel(m) 105, 109.
Hebel-Korkenzieher(m) 102.
Hecht(m) 63.
Heck(n) 143, 144, 184.
Heckflosse(f) 145.
Heckleuchten(f) 133.
Heckrotor(m) 145.
Hecksporn(m) 145.
Hefter(m) 150.
Heftklammern(f) 150.
Heftpflaster(n) 193.
Heidelbeere(f) 44.
Heidelbeere(f), amerikanische 44.
Heizöl(n) 203.
Heizungsregulierung(f) 132.
Helm(m) 149.
Hemd(n) 112.
Hemisphäre(f), östliche 24.
Hemisphäre(f), westliche 24.
Hemisphären(f) 24.
Henkelbecher(m) 100.
Henne(f) 68.
Herbst(m) 20.
Herbstäquinoktium(n) 20.
Herd(m) 13.
Hering(m) 190.
HERRENKLEIDUNG(F) 112.
Herrentoilette(f) 216.
Herz(n) 194.
Herz(n) 81, 181, 194.
Heuschrecke(f) 56.
HI-FI-ANLAGE(F) 128.
Hihat-Becken(n) 166.
Hilfslinie(f) 160.
Hilfsschwert(n) 184.
Himbeere(f), Querschnitt(m) 44.
Himmel(m), stürmischer 22.
Hinterbein(n) 57, 59, 60.
Hinterflügel(m) 57.
Hinterkappe(f) 121.
Hinterkipper(m) 213.
Hinterleib(m) 61.
Hinterleib(m) 57, 59.
Hinterzehe(f) 75.
Hirsch(m) 73.
Hitzeschild(m) 149.
Hochebene(f) 17, 26.
HOCHGESCHWINDIGKEITSZUG(M) 140.
Hochhaus(n) 91.
Hochlandklimate(n) 21.
Hochlandklimate(n) 21.
Hochspannungsleitung(f) 205.
Hochtöner(m) 128.
Hocker(m) 96.
HOCKEY(N) 175.
Hockeyball(m) 175.
Hodensack(m) 78.
Höhenfeineinstellung(f) 11.
Höhenflosse(f) 144, 145.
Höhenregler(m) 163.
Höhenruder(n) 144.
Höhenverstellfuß(m) 153.
HÖHLE(F) 13.
Höhlenraum(m), trockenliegender 13.
Holm(m) 97, 111.
Holzblasinstrumente(n) 165.
Holzhammer(m) 108.
HONIGBIENE(F) 58.
Honigraum(m) 59.
Honigzelle(f) 59.
Hörer(m) 124.
Horn(n) 184.
HORNARTEN(F), WICHTIGSTE 71.
Hörnerv(m) 83.
Hornschnabel(m) 64.
Hornschuppe(f) 74.
Hose(f) 112.
Hose(f) 67, 168, 170, 177.
Hosenbund(m) 112.
Hosenrock(m) 115.
Hosenschlitz(m) 112.
Hosenträger(m) 112.
Hotel(n) 91.
Hubarm(m) 212.
HUBSCHRAUBER(M) 145.
Hubwinde(f) 214.
Hubzylinder(m) 212.
Huf(m) 67.
HUFARTEN(F) 71.
Hüfte(f) 79.
Hüftgurt(m) 193.
Hüftpolster(n) 170.
Hügel(m) 17.
Hülle(f) 123.
HÜLSENFRÜCHTE(F) 52.
Hummer(m) 61.
HUND(M) 66.
Hund(m), Vorderpfote(f) 66.
Hupe(f) 132.
Hütte(f) 87.
Hydrant(m) 210.
Hydraulik-Hochlöffelbagger(m) 213.
Hydraulikzylinder(m) 210, 215.
Hydrosphäre(f) 20.
Hygrometer(n) 23.
Hypozentrum(n) 13.

I

Identifikationsnummer(f), technische 129.
Iglu(m;n) 86.
Igluzelt(n), aufklappbares 190.
Inbound-Linie(f) 171.
Indischer Ozean(m) 19.
Industrieöle(n) 203.
Innenbrett(n) 196.
Innenfeld(n) 169.
Innenfeldspieler(m), linker 175.
Innenfläche(f) 118.
Innengestell(n) 193.
Innenhof(m) 87.
Innenohr(n) 83.
Innenstiefel(m) 185.
Innentür(f) 106.
Innenzelt(n) 190.
INSEKTEN(N) 56.
Insektenfresser(m) 74.
Insektenfresser(m) 29.
Insel(f) 26.
Inside-Linebacker(m) 171.
Instrumente(f), wissenschaftliche 148.
Instrumententafel(f) 132.
Instrumententafel(f) 132, 135.
Intervalle(n) 160.
Io(f) 6.
Iris(f) 82.
Isolierkachel(f) 148.
Isoliermatte(f) 191.
isolierter Draht(m) 205.

J

Jacke(f) 114.
Jagdkappe(f) 113.
Jahresring(m) 40.
JAHRESZEITEN(F) 20.
Jalousiefenster(n) 94.
Jeans(f) 115.
Joggingschuh(m) 121.
Johannisbeere(f) 44.
Johannisbeere(f), schwarz 44.
Joker(m) 194.
Jupiter(m) 6.
Jurte(f) 87.

K

Kabel(n) 110, 129.
Kabeljau(m) 63.
Kabine(f) 143.
Kabriolett(n) 133.
Kaffeekanne(f) 192.
Kaffeekanne(f) 105.
Kaffeelöffel(m) 101.

Fettgedruckte Wörter beziehen sich auf eine Illustration; Wörter in GROSSBUCHSTABEN sind Überschriften.

Kaffeemaschine(f) 105.
Kai(m) 142.
Kaisergranat(m) 61.
Kaktusfeige(f) 48.
Kalb(n) 68.
Kambium(n) 40.
Kameragehäuse(n) 125.
Kamin(m) 93.
Kamm(m) 17.
Kanal(m), linker 128.
Kanal(m), rechter 128.
Kanalschleuse(f) 142.
Kanalsuchtasten(f) 126.
Känguruh(n) 73.
Kante(f) 193.
Kap(n) 26.
Kapelle(f) 88.
Kapillarröhrchen(n) 199.
Kappe(f) 35, 185.
Kapuze(f) 113.
Kapuzenmütze(f) 114.
Kar(n) 16.
Karaffe(f) 100.
Kardone(f) 52.
Karibisches Meer(n) 18.
Karo(n) 194.
Karosserie(f) 130.
Karosserieformen(f) 133.
Karotte(f) 51.
Karte(f), politische 26.
Kartennetzentwürfe(m) 25.
Kartenschlitz(m) 124.
KARTENSPIELE(N) 194.
Kartoffel(f) 51.
Kartoffelstampfer(m) 102.
KARTOGRAPHIE(F) 24, 26.
Käsemesser(n) 101.
Kaspisches Meer(n) 19.
Kassenhäuschen(n) 135.
Kassette(f) 129.
Kassette(f) 129.
Kassettenauswurfschalter(m) 127.
Kassettenband(n) 129.
Kassettendeck(n) 128.
Kassettendecktasten(f) 124, 129.
Kassettenfilm(m) 125.
Kassettenlift(m) 127.
Kassettenteil(n) 129.
Kastagnetten(f) 166.
Kastagnetten(f) 167.
Kastanie(f) 67.
Kasten(m) 159.
KATZE(F) 66.
Kaulquappe(f) 60.
Kegel(m) 14, 156.
Kegelprojektion(f) 25.
Kehle(f) 74.
Keim(m) 34.
Keimblatt(n) 36.
Keimblätter(n) 34.
Keimscheibe(f) 75.
KEIMUNG(F) 34.
Keimwurzel(f) 34.
Kelchblatt(n) 38, 44.
Keller(m) 93.
Kellerfenster(n) 93.
Kerbe(f) 200.
Kern(m) 8, 10, 44, 45, 46, 47.
Kern(m), äußerer 12.
Kern(m), innerer 12.
KERNENERGIE(F) 206.
Kernenergie(f), Stromerzeugung(f) aus 207.
Kernfrucht(f), Querschnitt(m) 46.
Kerngehäuse(n) 46.
Kernholz(n) 40.
Kernkraftwerk(n) 206.
KERNOBST(N) 46.
Kernobstsorten(f) 46.
Kernschatten(m) 10.
Kerosin(n) 203.
Kesselpauke(f) 167.
Kesselwagen(m) 139.
Kettenblattumwerfer(m) 136.
Kettenführung(f) 136.
Kettengebirge(n) 9.
Kibla(f) 87.
Kichererbsen(f) 52.
Kieferfüße(m) 61.
Kiefernnadeln(f) 43.
Kiemen(f) 62.
Kiemen(f), äußere 60.
Kiemendeckel(m) 60.
Kinn(n) 74, 78.
Kinnhalter(m) 162.
Kinnriemen(m) 170.
Kinnschutz(m) 135.
Kippermulde(f) 213.
Kirche(f) 91.
Kirsche(f) 45.
Klappe(f) 97, 165.
Klappe(f), hintere 148.
Klapperschlange(f) 65.
Klappstuhl(m) 96.
Klarinette(f) 165.
Klarinette(f) 167.
Klaue(f) 108.
Klaviaturboden(m) 159.
Klavier(n) 159.
Klebefilmabroller(m) 151.
Klebestift(m) 150.
Kleid(n) 114.
Kleidung(f), feuer- und wasserfeste 211.
kleine Karaffe(f) 100.
kleiner Finger(m) 82.
Kleinfingerhaken(m) 164.
Klemmbacke(f) 109.
Kliff(n) 14.
Klimaanlage(f) 29.
KLIMATE(N) DER WELT(F) 21.
Klimate(n), gemässigte 21.
Klimate(n), subarktische 21.
Klimate(n), subarktische 21.
Klimate(n), subtropische 21.
Klimate(n), tropische 21.
Klinge(f) 101, 111.
Klinge(f), große 192.
Klinge(f), kleine 192.
Klippe(f) 14.
Knauf(m) 168, 177.
Knebelverschluß(m) 113.
Knie(n) 78.
Kniepolster(n) 170, 177.
Kniescheibe(f) 80.
Knieschützer(m) 168.
Kniestrumpf(m) 118.
Kniestrumpf(m) 187.
Knoblauch(m) 50.
Knöchel(m) 78, 82.
Knollengemüse(n) 51.
Knollensellerie(m/f) 51.
Knopf(m) 97, 112, 117.
Knopflasche(f) 112.
Knopfleiste(f) 112.
Kobra(f) 64.
KOCHGERÄTE(N) 104.
Kochgeschirr(n) 192.
Kochplatte(f) 107.
Kochstelle(f) 107.
Kochtopf(m) 192.
Kofferraum(m) 131.
Kohlendioxid(n) 33.
Kohlrabi(m) 51.
Kohlrübe(f) 51.
Kolben(m) 99.
Kolben(m) 52, 99.
Kolibri(m) 77.
Koma(f) 10.
Kombipumpe(f) 191.
Kombiwagen(m) 133.
Kombizange(f) 109.
KOMET(M) 10.
Kommandobrücke(f) 141.
Kommataste(f) 154.
KOMPASSROSE(F) 27.
Kompaßrose(f) 193.
Kompostierer(m) 55.
Kompressionsriemen(m), seitlicher 193.
Kompressionsriemen(m), vorderer 193.
Kondensatauslaß(m) 206.
Kondensateinlaß(m) 206.
Kondensation(f) 31.
Kondensatorkühlwasserauslaß(m) 206.
Kondensatorkühlwassereinlaß(m) 206.
Kondensor(m) 155.
Kongreßzentrum(n) 90.
König(m) 194, 195.
Königin(f) 58.
Königsflanke(f) 195.
Kontakt(m) 99.
Kontaktstift(m) 99.
kontinental-trocken - halbtrocken 21.
kontinental-trocken - trocken 21.
Kontinentalklimate(n) 21.
KONTINENTE(M), KONFIGURATION(F) 18.
Kontrabaß(m) 162.
Kontrabaß(m) 167.
Kontrafagott(n) 167.
Kontrolleuchte(f) 107.
Kontrollgerät(n) 197.
Kontrollraum(m) 146.
Kontrollturm(m) 146.
Konvektionszone(f) 8.
KOORDINATENSYSTEM(N) DER ERDKUGEL(F) 12.
Kopf(m) 10, 57, 58, 79, 108, 109, 122, 181.
Kopfautomatik(f) 186, 187.
Kopfband(n) 128.
Kopfbruststück(n) 61.
Kopfende(n) 95.
Kopfhörer(m) 128.
Kopfhörer(m) 129.
Kopfhörerbuchse(f) 129.
Kopfhörerstecker(m) 129.
Kopfkissen(m) 95.
Kopfkissenbezug(m) 95.
Kopfkissenschonbezug(m) 95.
Kopfplatte(f) 163.
Kopfteil(m) 113.
Korb(m) 178.
Korb(m) 178.
Korbbrett(n) 178.
Körbchen(n) 116.
Korbring(m) 178.
Korkenzieher(m) 192.
Korn(n) 52.
Körner(n) 75.
Körnerfresser(m) 74.
Kornett(n) 164.
Kornett(n) 167.
Korona(f) 8.
Körper(m) 156.
KÖRPER(M), MENSCHLICHER 79.
Körperpolster(n) 177.
Korpus(m) 162, 163, 165.
Korpus(m), birnenförmiger 158.
Korpus(m), dreieckiger 158.
Korpus(m), massiver 163.
Korpus(m), runder 158.
Kosmetikspiegel(m) 132.
Kostüm(n) 114.
Kotflügel(m) 130.
Kraftstoffanzeige(f) 132.
Kraftstofftank(m) 134, 135, 139, 145.
Kraftwerk(n) 204.
Kragen(m) 112, 113, 162.
Kragenspitze(f) 112.
Kralle(f) 54.
Kralle(f) 57, 64, 66, 74, 75.
Kranbahn(f) 214.
Kranfahrzeug(n), mobiles 215.
Kranführerkabine(f) 214.
Krankenhaus(n) 216.
Krater(m) 9, 15.
Kraterwall(m) 9.
Kraulbeinschlag(m) 183.
Krawatte(f) 112.
Krebs(m) 61.
Krebse(m), wichtigste essbare 61.
KREBSTIERE(N) 61.
Kreis(m) 156.
kreisförmig 37.
Kreislauf(m), elektrischer 205, 208.
Kreissägeblatt(n) 110.
Kreuz(n) 194.
Kreuz(n) 161.
Kreuzbein(n) 80.
KREUZFAHRTSCHIFF(N) 142.
Kreuzmast(m) 141.
Kreuzschlitzschraubenzieher(m) 192.
Krokodil(n) 64.
Krokus(m) 39.
Krone(f) 40, 67.
Kröte(f) 60.
Kruppe(f) 67, 188.
Küchenuhr(f) 198.
KÜCHENUTENSILIEN(N) 102.
Küchenwaage(f) 201.
Küchenwagen(m) 147.
Kufe(f) 185.
Kugel(f) 156.
Kugelschreiber(m) 150.
Kuh(f) 68.
KÜHL-GEFRIER-KOMBINATION(F) 106.
Kühlergrill(m) 130, 134.
Kühlfach(n) 106.
Kühlhaus(n) 143.
Kühlmittel(n) 207.
Kühlschrank(m) 29.
Kühlwagen(m) 139.
Kühlwassertank(m) 206, 207.
Kühlwasserventil(n) 206.
Kühlwasserventilator(m) 139.
Küken(n) 68.
Kuppel(f) des Mihrab(m) 87.
Kuppelzelt(n) 190.
Kupplung(f) 139.
Kupplungshebel(m) 135.
Kupplungspedal(n) 132.
Kurbel(f) 136.
Kürbis(m) 49.
Kurtine(f) 88.
Kurzsocke(f) 118.
Kurzwahlspeicher(m) 124.
KÜSTENFORMEN(F) 14.

L

Label(n) 129.
Ladeklappe(f) 148.
Laden(m) 70.
Laffe(f) 101.
Lagertanks(m) 203.
Lagune(f) 14.
Lamelle(f) 35.
Lamm(n) 69.
Lampe(f) 140.
LAMPEN(F) 98.
Lampenschirm(m) 98.
Land(n) 26.
Landefenster(n) 145.
Landeklappe(f) 144.
Landekufe(f) 145.
Landenge(f) 26.
Landescheinwerfer(m) 145.
landschaftlich schöne Strecke(f) 27.
Landschaftskarte(f) 26.
Landspitze(f) 14.
Längengrad(m) 12.
Längengrade(m) 24.
Langläuferin(f) 187.
Langlaufschuh(m) 187.
Langlaufski(m) 186.
Langlaufski(m) 187.
Längsachsenwindturbine(f) 209.
Langstrecken-Düsenflugzeug(n) 144.
Languste(f) 61.
lanzettlich 37.
Lappen(m) 74.
Lärche(f) 43.
Lasche(f) 113.
LASTKRAFTWAGEN(M) 134.
Laub(n) 40.
Laubfrosch(m) 60.
Laubwald(m) 20.
Lauch(m) 50.
Lauchgemüse(n) 50.
Lauf(m) 75.
Laufbein(n) 57.
Laufbrett(n) 139.
Läufer(m) 195.
Läufer(m) 196.
Läufer(m), halbrechter 175.
Laufgewicht(n) 159, 200.
Laufkatze(f) 214.
Laufkatzenrolle(f) 214.
Laufkran(m) 143, 204.
Laufsohle(f) 121, 186.
Lautsprecher(m) 124, 129.
Lautsprecherboxen(f) 128.
Lautstärkeregler(m) 124, 126, 129, 163.
Lavaschicht(f) 15.
Lavastrom(m) 15.
LCD-Anzeige(f) 198.
Lebenserhaltungssystem(n), tragbares 149.
Leber(f) 81.
Lederhaut(f) 82.
Lederscheide(f) 192.
Lederstrippe(f) 112.
LEDERWAREN(F) 123.
Lefzen(f) 66.
Legwarmer(m) 121.
Lehmhütte(f) 86.
leicht entzündlich 216.
Leiste(f) 78.
Leitast(m) 40.
Leitblech(n) 54.
Leiter(f) 213.
Leiterpark(m) 211.
Leitwerk(n) 144.
Leitwerksformen(f) 145.
Leitwerksträger(m) 145.
Lende(f) 67, 79.
Lendenpolster(n) 170.
Lenker(m) 137.
Lenkergriff(m) 135.
Lenkervorbau(m) 137.
Lenkrad(n) 132.
letztes Viertel(n) 9.
Leuchtpetroleum(n) 203.
Leuchtstift(m) 150.
Leuchtstoffröhre(f) 99.
Leuchtstoffröhre(f) 99.
Libelle(f) 56.
Libero(m) 173.
Licht(n) 11.
Lichtumlenkspiegel(m) 152.
Liege(f) 96.
Lieschen(n) 52.
Lilie(f) 39.
Limette(f) 47.
Limousine(f), viertürige 133.
lineal 37.
Lineal(n) 151.
Lineal(n) 192.
Linebacker(m), äußerer 171.
Linebacker(m), mittlerer 171.
Linie(f), blaue 176.
Linienrichter(m), erster 171.
Linienrichter(m), zweiter 173, 176, 179, 180.
Liniensystem(n) 160.
linker Flügelspieler(m) 175.
linker Stürmer(m) 176.
Linksaußen(m) 173.
Linsen(f) 52.
Linsenfernrohr(n) 11.
LINSENFERNROHR(N) 11.
Lippe(f) 66, 67.
Lippentaster(m) 57.
Lithosphäre(f) 20.
Litze(f) 123.
Loch(n), gestanztes 112.
Löffel(m) 101.
Löffeltypen(m) 101.
Löffelzahn(m) 213.
Löffelzylinder(m) 213.
Lokomotive(f) 140.
LOKOMOTIVE(F), DIESELELEKTRISCHE 138.
Loquatfrucht(f) 46.
Löschtaste(f) 154.
Löwe(m) 70, 72.
Löwenzahn(m) 53.
Luftaustrittsöffnung(f) 122.
Luftdruck(m), Messung(f) 23.
Luftdüse(f) 132.
Lufteinlaßöffnung(f) 145.
Luftfeuchtigkeit(f), Messung(f) 23.
Luftfilter(m) 139.
Luftfilter(n) 212.
Luftkammer(f) 75.
LUFTKISSENFAHRZEUG(N) 141.
Luftmatratze(f) 191.
Luftpolster(n) 121.
Luftpresser(m) 139.
Luftpropeller(m) 141.
Luftpumpe(f) 136.
Luftstromschalter(m) 122.
Luftverschmutzung(f) 30.
Lunge(f), linke 81.
Lunge(f), rechte 81.
Lunula(f) 82.
Lupe(f) 155.
Lupe(f) 192.
Lyra(f) 158.

M

Magen(m) 81.
Magma(n) 15.
Magmakammer(f) 15.
Magnetkompass(m) 193.
Magnetköpfe(m), Aussparung(f) für 129.
Magnetnadel(f) 193.
Mahlzahn(m) 85.
Mahlzahn(m), erster 85.
Mahlzahn(m), zweiter 85.
Mahlzähne(m) 85.
Mähne(f) 67.
Maiglöckchen(n) 39.
Mais(m) und Hülsenfrüchte(f) 52.
Mal(n) 174.
Mal(n), drittes 169.
Mal(n), erstes 169.
Mal(n), zweites 169.
MALERBEDARF(M) 111.
Malkasten(m) 157.
Malspieler(m), dritter 169.
Malspieler(m), erster 169.
Malspieler(m), zweiter 169.

Mandarine(f) 47.
Mandoline(f) 158.
Mango(f) 45.
Mangold(m) 52.
Manipulatorarm(m), ferngesteuerter 149.
männlicher Blütenstand(m) 43.
Mannschaft(f), angreifende 171.
Mannschaft(f), verteidigende 171.
Mannschaftstrikot(n) 168.
Manöver-Triebwerk(n) 148.
Manövriereinheit(f), bemannte 149.
Manschette(f) 35, 112, 177.
Mantel(m) 114.
Mantel(m) 137.
Mantel(m), oberer 12.
Mantel(m), unterer 12.
Marienkäfer(m) 56.
Marine-Dieselkraftstoff(m) 203.
maritim 21.
Mark(n) 40.
Marker(m) 150.
Mars(m) 6.
Maschinenhalle(f) 204.
Maschinenraum(m) 143.
Maske(f) 168.
Massagespitze(f) 122.
Maßband(n) 108.
Massengut-Terminal(m;n) 142.
Mast(m) 140, 184.
Mastlager(n) 184.
Mastspitze(f) 184.
Masttasche(f) 184.
Matratze(f) 95,191.
Matratzenauflage(f) 95.
Mauerturm(m) 88.
Mauertürmchen(n) 88.
Maul(n) 67.
Maus(f) 154.
Maximumthermometer(n) 23.
mediterrane Subtropen(f) 21.
Meer(n) 9, 19, 26.
Meerenge(f) 26.
Meerrettich(m) 51.
Mehrzweckfläschchen(n) 193.
Melodiepfeife(f) 158.
Melodiesaiten(f) 158.
Melone(f), Cantaloupe- 49.
Membrane(f) 128.
MENSCHLICHER KÖRPER(M), VORDERANSICHT(F) 78.
Meridian(m) 152.
Meridian(m), östlicher 24.
Meridian(m), westlicher 24.
Merkur(m) 6.
Mesokarp(n) 44, 45, 46, 47.
Meßband(n) 108.
Messer(n) 101, 192.
Messertypen(m) 101.
MESSINSTRUMENTE(N), METEOROLOGISCHE 23.
Meßlöffel(m) 102.
Meßrohr(n) 23.
Metalle(n) 33.
Metallrahmen(m) 159.
Metallwinkel(m) 108.
METEOROLOGISCHE MEßINSTRUMENTE(N) 23.
Metronom(n) 159.
Mikrofon(n), eingebautes 127.
Mikroskop(n) 155.
Mikrowellengerät(n) 107.
Milchkännchen(n) 100.
Milz(f) 81.
Minarett(n) 87.
Minimumthermometer(n) 23.
Minuskontakt(m) 208.
Minuspol(m) 205.
Minutenzeiger(m) 198.
Mischungsverhältnisregler(m) 163.
Mischwald(m) 20.
Mispel(f), japanische 46.
Mithörtaste(f) 124.
Mittelamerika(n) 18.
Mittelbein(n) 57, 58.
Mittelbügel(m) 162.
Mittelfahne(f) 173.
Mittelfeld(n) 169.
Mittelfeldspieler(m) 173, 175.
Mittelfeldspieler(m), linker 175.
Mittelfeldspieler(m), rechter 175.
Mittelfinger(m) 82.
Mittelfries(m) 93.
Mittelfüllung(f) 93.
Mittelfußknochen(m) 80.
Mittelhandknochen(m) 80.
Mittelkonsole(f) 132.
Mittelkreis(m) 173, 178.
Mittellinie(f) 171, 173, 175, 176, 178.
Mittelloch(n) 129.
Mitteltonabnehmer(m) 163.
Mittelmeer(n) 19.
Mittelmoräne(f) 16.
Mittelohr(n) 83.
Mittelrippe(f) 37.
Mittelsäule(f) 131, 209.
Mittelschiff(n) 87, 89.
Mittelstreifen(m) 90.
Mittelstürmer(m) 173, 175.
Mitteltöner(m) 128.
Mittelwagen(m) 140.
Mittelzeichen(n) 180.
mittlerer Angriffspieler(m) 178.
mittlerer Netzspieler(m) 179.
Mixer(m) 105.
mobiles Kranfahrzeug(n) 215.
Moderatorfilz(m) 159.
Moderatorpedal(n) 159.
Mohn(m) 38.
Mokassin(m) 119.
Mokkatasse(f) 100.
Molar(m) 70.
Molkereiprodukte(n) 33.
MOND(M) 9.
Mond(m) 6, 10.
Mond(m), Oberflächenformationen(f) 9.
Mondbahn(f) 10.
Monde(m) 6.
MONDFINSTERNIS(F) 10.
Mondphasen(f) 9.
Monitor(m) 197.
Mordent(m) 161.
Morphologie(f) 62, 66, 74.
MOSCHEE(F) 87.
Motor(m) 54, 110, 135.
Motorhaube(f) 130.
MOTORRAD(N) 135.
Mountainbike(n) 137.
Mufflon(m), Hörner(n) 71.
Mullbinde(f), elastische 193.
Müllfahrzeug(n) 215.
Multiplikationstaste(f) 154.
Mumienschlafsack(m) 191.
Mund(m) 60, 78.
MUND(M): DAS GESCHMACKSORGAN(N) 84.
Mundharmonika(f) 158.
Mundstück(n) 164, 165.
Mundwerkzeug(n) 58.
Mundwinkel(m) 84.
Münzeinwurf(m) 124.
Museum(n) 91.
MUSIKINSTRUMENTE(N), TRADITIONELLE 158.
MUSIKNOTATION(F) 160.
Musikzubehör(n) 159.
Mutter(f) 109.
Mützenschirm(m) 113, 114.
Myzel(n) 35.

N

Nabe(f) 137, 209.
Nabel(m) 78.
Nachtigall(f) 77.
Nacken(m) 75, 79.
Nackenrolle(f) 95.
NADELBAUM(M) 43.
Nadelwald(m) 20.
Nagel(m) 108.
Nagelbettanteil(m), halbmondförmiger 82.
Nagelrille(f) 192.
Nagetiergebiß(n) 70.
Nahrungskette(f) 28.
Nahrungsmittelquelle(f), primäre 28.
Narbe(f) 38.
Nase(f) 67, 78, 145.
NASE(F): DAS RIECHORGAN(N) 84.
Nasenflügel(m) 84.
Nasenloch(n) 84.
Nasenöffnung(f) 60, 62.
Nasenrücken(m) 84.
Nasenscheidewand(f) 84.
Nasenspiegel(m) 66.
Nasenspitze(f) 84.
Nasenwurzel(f) 84.
Nashorn(n) 73.
Nashorn(n), Hörner(n) 71.
Nationalpark(m) 27.
Nebel(m) 22.
Nebelscheinwerfer(m) 133, 134.
Nebenast(m) 40.
Nebenstraße(f) 27.
Nektarine(f) 45.
Nelke(f) 39.
Neptun(m) 7.
Nervengeflecht(n) 85.
Netz(n) 179, 180.
Netz(n) 168, 178, 179, 180.
Netzeinfaßband(n) 180.
Netzrichter(m) 180.
Netzschalter(m) 105, 122, 126, 127, 153.
Neumond(m) 9.
neutrale Zone(f) 171, 176.
Nickhaut(f) 66.
Niederschlag(m) 30, 31.
Niederschlag(m), saurer 31.
Niederschlagsschreiber(m) 23.
Nordamerika(n) 18.
Norden(m) 27.
nördliche Halbkugel(f) 12, 24.
nördlicher Polarkreis(m) 12, 24.
Nordnordost(m) 27.
Nordnordwest(m) 27.
Nordosten(m) 27.
Nordpol(m) 12.
Nordpolarmeer(n) 19.
Nordsee(f) 19.
Nordwesten(m) 27.
Notation(f) 195.
Note(f), ganze 161.
Note(f), halbe 161.
Notenlinie(f) 160.
Notenschlüssel(m) 160.
Notenständer(m) 159.
Notenwerte(m) 161.
Notizblock(m) 151.
Notwarngerät(n) 211.
Nudelholz(n) 102.
Nullmeridian(m) 24.
Nummernschildbeleuchtung(f) 133.
Nüschen(n) 44.
Nußknacker(m) 102.
Nüster (f) 67.
NUTZTIERE(N) 68.
Nutzvieh(n) 29.

O

Oberarmknochen(m) 80.
Oberboden(m) 34.
Oberflächenformationen(f) des Mondes(m) 9.
Oberflächenisolierung(f) 149.
Oberkiefer(m) 62, 80.
Oberkiefer(m), beweglicher 64.
Oberkieferknochen(m) 85.
Oberleiter(f) 211.
Oberleitung(f) 140.
Oberlippe(f) 84.
Oberschale(f) 135.
Oberschenkel(m) 66, 67, 79.
Oberschenkelknochen(m) 80.
Oberschenkelpolster(n) 170.
Oberschwanzdecken(f) 75.
Objektiv(n) 11, 125, 152, 153, 155.
Objektivrevolver(m) 155.
Objektklammer(f) 155.
Objekttisch(m) 155.
Oboe(f) 165.
Oboe(f) 167.
Ochse(m) 69.
öffentlicher Fernsprecher(m) 124.
Offiziellenbank(f) 176.
Öffnungsventil(n) 210.
Offshore-Erschließung(f) 202.
Ohr(n) 78.
OHR(N): DAS HÖRORGAN(N) 83.
Ohrläppchen(n) 83.
Ohrleiste(f) 83.
Ohrmuschel(f) 128.
Ohrmuschel(m) 83.
Ohrschützer(m) 113.
ÖKOLOGIE(F) 28, 30, 32.
Okraschote(f) 49.
Oktav-Einladung(f) 160.
Oktavmechanik(f) 165.
Okular(n) 11, 127, 155.
Okularträger(m) 11.
Okularturbus(m) 155.
Olive(f) 45.
Öltanker(m) 203.
Öltanker(m) 143.
Ölterminal(m;n) 143.
On-Deck-Kreis(m) 169.
Onshore-Erschließung(f) 202.
Orange(f) 47.
Orange(n) 157.
Orangegelb(n) 157.
Orangerot(n) 157.
Orchidee(f) 38.
Orientierungseinlage(f) 162.
Öse(f) 121.
Osten(m) 27.
Osterglocke(f) 39.
Ostnordost(m) 27.
Ostsüdost(m) 27.
Overheadprojektor(m) 152.
Ozean(m) 9, 18, 19, 26, 31.
Ozeanien(n) 19.
Ozonschicht(f) 29.

P

Palette(f) 102.
Paletten(f) 146.
Palisade(f) 88.
Palme(f) 42.
Panflöte(f) 158.
Pantolette(f) 119.
Panzer(m) 64.
Panzer(m); Carapax(m) 61.
Papagei(m) 76.
Papaya(f) 48.
Pappel(f) 41.
Paprikaschote(f) 49.
Paraffine(n) 203.
Parallelbarren(m) 189.
Parallelepiped(n) 156.
Parallelogramm(n) 156.
Park(m) 90.
Parkplatz(m) 91.
partielle Finsternis(f) 10.
Paß(m) 17.
Passagierkabine(f) 141, 145.
Passagierterminal(m;n) 143, 147.
Passagiertransferfahrzeug(n) 147.
Pastinake(f) 51.
Patentbund(m) 118.
Patentrand(m) 117.
Patronenfilm(m) 125.
Patte(f) 113.
Pausche(f) 188.
Pauschenpferd(n) 188.
Pause(f) 126.
Pause(f), ganze 161.
Pause(f), halbe 161.
Pausenzeichen(n) 161.
Pazifischer Ozean(m) 18.
Pedal(n) 136, 166.
Pedalhaken(m) 136.
Pedalstange(f) 159.
Pendel(n) 159.
Pendelleuchte(f) 98.
Penis(m) 78.
Peperoni(f) 49.
Perforierung(f) 125.
Perikarp(n) 47.
Perlzwiebel(f) 50.
Persimone(f) 48.
Personalcomputer(m) 154.
Personenwaage(f) 201.
Pestizide(n) 32.
Petrochemikalien(f) 203.
Pfahlbau(m) 86.
Pfahlwurzel(f) 40.
Pfau(m) 77.
Pfefferstreuer(m) 100.
Pfeilflügel(m) 144.
PFERD(N) 67.
Pferd(n) 70, 195.
Pferd(n) 188.
Pfirsich(m) 45.
PFLANZE(F) UND BODEN(M) 34.
PFLANZE(F), AUFBAU(M) 36.
Pflanzenfresser(m) 29, 33.
Pflanzenfressergebiß(n) 70.
Pflaume(f) 45.
Pfosten(m) 179.
Pfosten(m), Doppelspiel(n) 180.
Pfosten(m), Einzelspiel(n) 180.
Philtrum(n) 84.
Phobos(m) 6.
Phosphorbeschichtung(f) 99.
Pianopedal(n) 159.
Pickup(m) 133.
Pik(n) 194.
Pikkoloflöte(f) 165.
Pikkoloflöte(f) 167.
PILZ(M) 35.
Pilz(m) 35.
Pilz(m), Aufbau(m) 35.
Pinie(f) 43.
Pinienkerne(m) 43.
Pinne(f) 193.
Pinsel(m) 111, 157.
Pinzette(f) 193.
Pipeline(f) 202.
Pistolengriff(m) 110.
Planetarium(n) 90.
Planeten(m) 6.
Planeten(m), Umlaufbahnen(f) 6.
Planierraupe(f) 212.
Planierschild(n) 212.
Planierschild(n) 212.
Plattenspieler(m) 128.
Plattform(f) 182.
Platz(m) 90.
Plazierungsrichter(m) 182.
Pluskontakt(m) 208.
Pluspol(m) 205.
Pluto(m) 7.
Pocket-Instamatic Kamera(f) 125.
Podium(n) 167.
Pokerwürfel(m) 194.
Polarklimate(n) 21.
Polarkreis(m) 12.
Polartundra(f) 21.
Pollenkörbchen(n) 58.
Pollenzelle(f) 59.
Polohemd(n) 117.
Polohemd(n) 181.
Polster(n) 174.
Polsterung(f) 128.
Polsucher(m), Beleuchtung(f) für 11.
Poncho(m) 114.
Poop(f) 141.
Portal(n) 89.
Posaune(f) 164.
Posaune(f) 167.
Positionslampe(f) 140.
Positionslicht(n) 144, 145.
Prämolar(m) 70.
Präputium(n) 66, 67.
Prärie(f) 26.
Preis(m) pro Einheit(f) 201.
Preiselbeere(f) 44.
Preßfilterkanne(f) 100.
Primärfarben(f) 157.
Prime(f) 160.
Prisma(n) 156.
Programmbereich(m) 129.
Programmiertasten(f) 126, 127.
Programmwählscheibe(f) 125.
Programmwahltasten(f) 126.
Projektionsfläche(f) 152.
Projektionskopf(m) 152.
Projektionswand(f) 153.
Promenadendeck(n) 143.
Propellerummantelung(f) 141.
Protokollant(m) 182.
Protuberanz(f) 8.
Provinz(f) 26.
Prozenttaste(f) 154.
Puck(m) 176.
Pudelmütze(f) 113.
Puff(m) 96.
Pullman-Limousine(f) 133.
PULLOVER(M) 117.
Pullover(m), kragenloser 117.
Pullunder(m) 117.
Pulpa(f) 85.
Pumpeneingang(m) 210.
Pumps(m) 119.
Punktauge(n) 57, 58.
Pupille(f) 66, 82.
Puppe(f) 57.
Puppe(f) 59.
Pyramide(f) 156.

Q

Quadrat(n) 156.
Quadratwurzeltaste(f) 154.
Quarte(f) 160.
Quarterback(m) 171.
Quartier(n) 121.
Quecksilberbarometer(n) 23.
Quecksilberkolben(m) 199.
Quecksilbersäule(f) 199.

Fettgedruckte Wörter beziehen sich auf eine Illustration; Wörter in GROSSBUCHSTABEN sind Überschriften.

Querflöte(f) 165.
Querflöte(f) 167.
Querholz(n) 174.
Querruder(n) 144, 148.
Querschiff(n) 89.
Quinte(f) 160.
Quitte(f) 46.

R

Rabe(m) 76.
Rachen(m) 84.
Rachenmandel(f) 84.
Rad-Schneeschläger(m) 102.
Radar(n) 142.
Radiatoren(m) 148.
Radiergummi(m) 150.
Radierminenhalter(m) 150.
Radierstift(m) 150.
Radieschen(n) 51.
Radio-/Kassettengerät(n) 132.
radioaktiv 216.
Radiorecorder(m) mit CD-Spieler(m) 129.
Radkappe(f) 131.
Radlader(m) 212.
Radsatzgetriebe(n) 138.
Radtraktor(m) 212.
Raffination(f) 203.
Raffinerie(f) 203.
Raffinerieerzeugnisse(n) 203.
Rahmen(m) 94, 136, 181, 188, 189, 213.
Rand(m) 123.
Rasenbesen(m) 55.
Rasenmäher(m) 54.
Rassel(f) 166.
Raststätte(f) 27.
Raubvogel(m) 74.
Rauhreif(m) 22.
Raum(m), erster 178.
Raum(m), zweiter 178.
RAUMANZUG(M) 149.
RAUMFÄHRE(F) 148.
Raumfähre(f) 148.
Raumfähre(f) 148.
Raumlaboratorium(n) 148.
Raumthermostat(m) 199.
Raupe(f) 57.
Raute(f) 156.
Reagenzglas(n) 155.
Reaktor(m) 206, 207.
Reaktorgebäude(n) 206.
Rechen(m) 55.
Rechteck(n) 156.
Rechteckflügel(m) 144.
Reck(n) 189.
Recksäule(f) 189.
Reckstange(f) 189.
reflektierte ultraviolette Strahlung(f) 28.
reflektierte Wärmestrahlung(f) 28.
REFLEKTOR(M) 11.
Refraktor(m) 11.
Regen(m) 22.
Regenbogen(m) 22.
Regenfall(m), Messung(f) 23.
Regenhose(f) 120.
Regenleiste(f) 131.
Regenmesser(m), selbstschreibender 23.
Regenrinne(f) 92.
Regentropfen(m) 22.
Regenwald(m), tropischer 21.
Reibe(f) 103.
Reifen(m) 131.
Reifenfüllschlauch(m) 134.
Reißnägel(m) 150.
Reißverschluß(m) 190.
Reißzahn(m) 70.
Rektaszensionsachse(f) 11.
Reparaturwerkstatt(f) 134.
REPTILIEN(N) 64.
Resonanzboden(m) 158, 159.
Resonanzdecke(f) 162.
Restaurant(n) 91.
Rettungsboot(n) 141, 143.
Rettungsfloß(m) 141.
Rhabarber(m) 52.
Rhombus(m) 156.
Richtung(f) nach Mekka 87.
Riegel(m) 93.
Riemchensandalette(f) 119.
Riemen(m) 168.
Riesenkürbis(m) 49.
Rille(f) 174.
Ring(m) 164, 189.
Ringbuch(n) 151.
Ringbucheinlagen(f) 151.
Ringe(m) 189.
Ringfinger(m) 82.
ringförmige Finsternis(f) 10.
Rippen(f) 80.
Rippenpolster(n) 170.
Rock(m) 114, 181.
Rock(m), gerader 115.
Rohrblatt(n) 165.
Röhre(f) 67, 199.
Röhrenglocken(f) 167.
Rolle(f) 185.
Rollfeld(n) 146.
Rollkragen(m) 187.
Rollkragenpullover(m) 117.
Rollschellen(f) 166.
Rollschuh(m) 185.
Rollwegmarkierung(f) 147.
Rollwende(f) 183.
Romana(m) 53.
Rose(f) 38.
Rosenkohl(m) 53.
Rosette(f) 89.
Rösselsprung(m) 195.
Rost(m) 107.
Rot(n) 157, 196.
Rotationsachse(f) 152.
Rotes Meer(n) 19.
Rotkehlchen(n) 77.
Rotor(m) 205, 209.
Rotorblatt(n) 145, 209.
Rotorkopf(m) 145.
Rotormast(m) 145.
Rotornabe(f) 145.
Rotviolett(n) 157.
Rotweinglas(n) 100.
Rübe(f) 51.
Rücken(m) 66, 67, 75, 79, 97, 101.
Rückenflosse(f), erste 62.
Rückenflosse(f), zweite 63.
Rückenlage(f) 182.
Rückenpanzer(m) 64.
Rückenschwimmen(n) 183.
Rückenstrebe(f) 97.
Rückenverstärkung(f) 185.
Rückfahrscheinwerfer(m) 133.
Rückfeld(n) 180.
Rückfeldschiedsrichter(m) 171.
Rücklauf-Taste(f) 129.
Rücklicht(n) 133, 135, 136.
Rucksack(m) 123, 193.
Rückschläger(m) 180.
Rückspiegel(m) 132, 135.
Rückspulknopf(m) 125.
Rückspultaste(f) 126.
Rückstellknopf(m) 198.
Ruder(n) 141, 143, 144, 148.
Rührbesen(m) 105.
Rumpf(m) 79, 144, 197.
Rumpfleitwerk(n) 145.
Rundfunkempfänger(m) 128.
Rundfunkempfänger(m) 129.
Rüssel(m) 57.

S

S-Bogen(m) 165.
Safety(m), linker 171.
Safety(m), rechter 171.
Sägeblatt(n) 109.
Saite(f) 162.
Saitenbezug(m) 159.
Saitenhalter(m) 162.
SAITENINSTRUMENTE(N) 162.
Salamander(m) 60.
Salatschale(f) 100.
Salatschleuder(f) 103.
Salatschüssel(f) 100.
Salatteller(m) 100.
Salzstreuer(m) 100.
Salzsumpf(m) 14.
Same(m) 44, 45, 46, 47.
Samen(m) 34.
Samenanlage(f) 38.
Sammelbehälter(m) 214, 215.
Sammeltrichter(m) 23.
Sanddüne(f) 14.
Sandinsel(f) 14.
Sandkasten(m) 139.
Sandzunge(f) 14.
Satellitenantenne(f) 142.
Sattel(m) 136, 162, 163, 188.
Sattelknopf(m) 162.
Sattelkupplung(f) 134.
Sattelstütze(f) 136.
Sattelzugmaschine(f) 134.
Saturn(m) 7.
Sau(f) 69.
Säule(f) 13, 89, 182.
Savanne(f), tropische 21.
Saxhorn(n) 164.
Saxophon(n) 165.
Schaber(m) 111.
SCHACH(N) 195.
Schachbrett(n) 195.
Schädel(m) 78, 80.
Schaf(n) 69.
Schaft(m) 108, 177, 181, 197, 209.
Schaftstiefel(m) 119.
Schale(f) 46, 47, 75.
Schale(f), obere 185, 186.
Schale(f), untere 186.
Schallbecherstütze(f) 165.
Schallbrett(n) 89.
Schalldämpfer(m) 135.
Schalloch(n) 162.
Schallplatte(f) 129.
Schallrille(f) 129.
Schallrose(f) 162.
Schalotte(f) 50.
Schalter(m) 99.
Schalter(m) 107, 110.
Schalthebel(m) 132, 135, 137.
Schaltuhr(f) 107.
Schambein(n) 78.
Scharfeinstellung(f) 11, 125, 127.
Scharnier(n) 93.
Schatten(m) 198.
Schaufel(f) 186, 212.
Schaufel(f), hintere 212.
Schaufelbolzengelenk(n) 212.
Schaufellader(m) 212.
Schaukelstuhl(m) 96.
Scheibe(f) 94.
Scheibenbremse(f) 135.
Scheibenwaschdüse(f) 130.
Scheibenwischer(m) 130.
Scheibenwischerschalter(m) 132.
Scheide(f) 192.
Scheide(f) 35.
Scheidewand(f) 47.
Scheinwerfer(m) 130, 135, 139, 140, 210.
Scheitel(m) 74.
Schelle(f) 23.
Schellenstab(m) 166.
Schere(f) 61, 192, 193.
Scherenstromabnehmer(m) 140.
Schiebefaltfenster(n) 94.
Schiebefalttür(f) 92.
Schiebefenster(n), horizontales 94.
Schiebefenster(n), vertikales 94.
Schieber(m) 123.
Schiebetür(f) 93.
Schiedsrichter(m), erster 171, 173, 176, 178, 179.
Schiedsrichter(m), zweiter 171, 174, 179, 180, 182.
Schienbein(n) 80.
Schienbeinarterie(f), vordere 81.
Schienbeinpolster(n) 177.
Schienbeinschützer(m) 168, 172.
Schiene(f) 140, 193.
Schienenräumer(m) 139, 140.
Schießscharte(f) 88.
Schild(m) 65.
Schildhubzylinder(m) 212.
Schildkröte(f) 64.
SCHIRM(M) 123.
Schirm(m) 140.
Schirmmütze(f) 113.
Schlafanzug(m) 116.
SCHLAFAUSRÜSTUNG(F) 191.
Schläfe(f) 78.
Schlafkabine(f) 134.
Schlafsäcke(m) 191.
Schlagbereich(m) 168.
Schlagbrett(n); Pickguard(m) 163.
Schläger(m) 168, 175.
Schlagfell(n) 166.
Schlaghandschuh(m) 168.
Schlagholz(n) 174.
Schlagholz(n) 174.
SCHLAGINSTRUMENTE(N) 166.
Schlagmal(n) 169.
Schlagmann(m) 168.
Schlagmann(m) 169, 174.
Schlagmannshelm(m) 168.
Schlangenbohrer(m) 110.
Schlaufe(f) 112.
Schlegel(m) 166.
Schlegel(m) 166.
Schlepper(m) 146.
Schlepptakler(m) 215.
SCHLITT- UND ROLLSCHUHLAUF(M) 185.
Schlittschuh(m) 177.
Schlittschuhschoner(m) 185.
Schlitz(m) 105, 112.
Schloß(n) 93.
Schloß(n) 93.
Schlucht(f) 13.
Schluckloch(n) 13.
Schlüssel(m) 159.
Schlüsselbein(n) 80.
Schlüsseletui(n) 123.
Schlüsselschild(n) 93.
Schmelzwasser(n) 17.
SCHMETTERLING(M) 57.
Schmetterling(m) 183.
Schmetterlingbeinschlag(m) 183.
Schmetterlingwende(f) 183.
Schmieröle(n) 203.
Schmiersystem(n) 139.
Schmorpfanne(f) 104.
Schmutzfänger(m) 131, 134.
Schnabel(m) 74.
Schnabelformen(f), wichtigste 74.
Schnalle(f) 112, 186.
Schnauze(f) 60, 66.
Schnecke(f) 83, 162.
Schnee(m) 30.
Schnee(m), ewiger 17.
Schneebesen(m) 102.
Schneefräse(f) 214.
Schneide(f) 101, 110, 185.
Schneidekante(f) 212.
Schneidemesser(n) 105.
Schneidezahn(m) 70.
Schneidezahn(m), äußerer 85.
Schneidezahn(m), mittlerer 85.
Schneidezähne(m) 85.
Schneidwerk(n) 93.
Schnellabrollbahn(f) 146.
Schnellaufschlittschuh(m) 185.
Schnellvorlauf-Taste(f) 129.
Schnittlauch(m) 50.
Schnürband(n) 168.
Schnürhaken(m) 185.
Schnüröse(f) 185.
Schnurrhaare(n) 66.
Schnürsenkel(m) 121, 185.
Schnürsenkelende(n) 121.
Scholle(f) 63.
Schöpflöffel(m) 102.
Schöpfteil(n) 101.
Schornstein(m) 143.
Schoß(m) 112.
Schößling(m) 36.
Schot(f) 141.
Schotter(m) 140.
Schotterfläche(f) 17.
Schrägheckmodell(n) 133.
Schranke(f) 140.
Schraube(f) 108.
Schraube(f) 143, 162.
Schraubenbolzen(m) 109.
Schraubenfeder(f) 138.
Schraubenkontakt(m) 205.
Schraubenzieher(m) 108.
Schraubenzieher(m) 192.
Schraubfassung(f) 99.
Schraubstollen(m) 172.
Schraubzwinge(f) 108.
SCHREINERWERKZEUG(N) 108.
Schritt(m) 112.
Schubdüse(f) 149.
Schubkarre(f) 55.
Schublade(f) 97.
Schubrahmen(m) 212.
Schuh(m) mit Stoßplatten(f) 170.
SCHUHE(M) 119.
SCHULAUSRÜSTUNG(F) 154.
SCHULBEDARF(M) 150, 152.
Schulheft(n) 151.
Schulranzen(m) 151.
Schulter(f) 66, 67, 78, 181.
Schulterblatt(n) 79, 80.
Schultergurt(m) 193.
Schulterpolster(n) 170, 177.
Schulterriemen(m) 123.
Schuppe(f) 63, 64.
Schußkreis(m) 175.
Schutzausrüstung(f) 170.
Schutzblech(n) 136.
Schutzblech(n), vorderes 135.
Schutzgeländer(n) 138.
Schutzhandschuhe(m) 216.
Schutzhaube(f) 110.
Schutzhelm(m) 135, 216.
Schutzhelm(m) 170, 177.
Schutzkontaktstift(m) 99.
Schutzkorsett(n) 177.
SCHUTZMASSNAHMEN(F) 216.
Schutzpolster(n) 188.
Schutzschicht(f) 149.
Schwalbe(f) 76.
Schwanz(m) 61.
Schwanz(m) 65, 66, 75.
Schwanzflosse(f) 63.
Schwarz(n) 195.
Schwarzes Meer(n) 19.
Schwarzwurzel(f) 51.
Schwebebalken(m) 188.
Schweif(m) 67.
Schweißband(n) 181.
schweizer Offiziersmesser(n) 192.
Schwelle(f) 93, 140.
Schwenkbrückenstand(m) 213.
Schwenkflügel(m) 144.
Schwenkverstellung(f) 110.
Schwerbehinderte(m) 216.
SCHWERFAHRZEUGE(N) 212.
SCHWERMASCHINEN(F) 214.
Schwertfisch(m) 62.
Schwimmbecken(n) 182.
SCHWIMMEN(N) 182.
Schwimmfuß(m) 60.
Schwimmhaut(f) 60, 74.
Schwimmhautzehe(m) 74.
Schwimmkran(m) 142.
Schwimmlappenzehe(f) 74.
Schwimmstile(m) 183.
Schwimmstile(m) 183.
Schwingflügel(m) 94.
Scrimmage(n) 171.
Scrimmagelinie(f) 171.
Sechserpasch(m) 194.
Sechzehntelnote(f) 161.
Sechzehntelpause(f) 161.
See(m) 9, 17, 26.
Seepferdchen(n) 62.
Segel(n) 184.
Segellatte(f) 184.
Segelstange(f) 209.
Segeltasche(f) 184.
Segeltuchbespannung(f) 209.
Segmentpunktzahl(f) 197.
Sehenswürdigkeit(f) 27.
Sehnenschützer(m) 185.
Seilwinde(f) 215.
Seilzug(m) 111.
seismische Welle(f) 13.
seismografische Aufnahme(f) 202.
Seite(f) 141.
Seitenauslinie(f) 173.
Seitenband(n),vertikales 179.
Seitenbürste(f) 214.
Seitenflosse(f) 144.
Seitenkapelle(f) 89.
Seitenlinie(f) 171, 175, 178, 179.
Seitenlinie(f) für das Doppelspiel(n) 180.
Seitenlinie(f) für das Einzelspiel 180.
Seitenmoräne(f) 17.
Seitenschlot(m) 15.
Seitenspiegel(m) 130, 134.
Seitenständer(m) 135.
Seitensteg(m) 123.
Seitenwand(f) 182.
Seitenwurzel(f) 34, 36.
seitlicher Kompressionsriemen(m) 193
Sektkelch(m) 100.
Sektschale(f) 100.
Sekundärfarben(f) 157.
Sekunde(f) 160.
Sekundenzeiger(m) 198.
Selbstauslöser(m) 125.
Selbstentladetankwagen(m) 138.
Sendereinstellung(f) 129.
Sensor(m) 107.
Septime(f) 160.
Serac(m) 16.
Service-Bereich(m) 134.
Sessel(m) 96.
Sexte(f) 160.
Shorts(f) 115.
Sicherheitsbindung(f) 187.
Sicherheitsgriff(m) 54.
Sicherheitshülle(f) 207.
Sicherheitsriemen(m) 149.
Sicherheitsschuhwerk(n) 216.

Fettgedruckte Wörter beziehen sich auf eine Illustration; Wörter in GROSSBUCHSTABEN sind Überschriften.

Sicherheitsventil(n) 104, 207.
Sicherung(f) 208.
Sichtfenster(n) 107, 148.
Sichtlinie(f) 193.
Sieb(n) 103.
Signalhorn(n) 138.
Signalschirm(m) 140.
Silos(m;n) 142.
SINFONIEORCHESTER(N) 167.
Siphon(m) 13.
Sitz(m) 97.
Sitzbank(f) 135.
Sitzgestell(n) 97.
SITZMÖBEL(N) 96.
Skala(f) 108, 193, 199, 200.
SKELETT(N) 80.
Ski(m) 186.
Skianzug(m) 186, 187.
Skibremse(f) 186, 187.
Skibrille(f) 186.
Skihandschuh(m) 186.
SKILAUFEN(N) 186.
Skiläufer(m), alpiner 186.
Skimütze(f) 186, 187.
Skistiefel(m) 186.
Skistiefel(m) 186.
Skistock(m) 186, 187.
Sklera(f) 82.
Slip(m) 112, 116.
Slipper(m) 119.
Socke(f) 118.
Socke(f) 170, 181.
Sockel(m) 99, 140, 152, 188, 200, 209.
Sockel(m), rutschfester 111.
Sofa(n) 96.
Sofortbildkamera(f) 125.
Sohle(f) 118, 185.
Sohlenballen(m) 66.
Sojabohnen(f) 52.
Sojasprossen(m) 52.
Solarschild(m) 149.
Solarzelle(f) 208.
Solarzelle(f) 154.
Solarzellenprofil(n) 208.
Sommer(m) 20.
Sommersonnenwende(f) 20.
SONNE(F) 8.
Sonne(f) 6, 10, 28.
Sonne(f), Finsternistypen(m) 10.
Sonne(f), Aufbau(m) 8.
Sonnenblende(f) 132.
Sonnenblume(f) 39.
Sonnendach(n) 131.
Sonnendeck(n) 142.
SONNENENERGIE(F) 208.
Sonnenenergie(f) 28.
SONNENFINSTERNIS(F) 10.
Sonnenfleck(m) 8.
Sonnenoberfläche(f) 8.
Sonnensegel(n) 208.
Sonnenstrahlung(f) 28, 208.
SONNENSYSTEM(N) 6.
Sonnenuhr(f) 198.
Spaghettizange(f) 103.
Spalt(m) 47.
Spann(m) 118.
Spannbettuch(n) 95.
Spanner(m) 190.
Spannung(f), elektrische 216.
Spannungserhöhung(f) 205, 207.
Spannungsreduzierung(f) 205.
Spargel(m) 52.
Sparschäler(m) 102.
Spaten(m) 55.
Speiche(f) 80, 137.
Speicheranzeigetaste(f) 154.
Speicherlöschtaste(f) 154.
Speichertaste(f) 154.
Speisepilz(m) 35.
Speisesaal(m) 142.
Spezialflachwagen(m) 139.
Spiegel(m) 155, 193.
Spiegelreflexkamera(f), einäugig 125.
Spiegelteleskop(n) 11.
SPIEGELTELESKOP(N) 11.
Spielcassette(f) 197.
Spieler(m) der Feldseite(f) 174.
Spielerbank(f) 169, 171, 176, 178, 179.
Spielernummer(f) 170.
Spielfeld(n) 169, 173, 174, 175, 178, 179.
Spielfeld(n) 174.
Spielfeld(n) für amerikanischen Football(m) 171.
Spinat(m) 53.
SPINNE(F) 56.
Spinne(f) 56.
Spiralbohrer(m) 110.
Spiralheft(n) 151.
Spitze(f) 17, 101, 108, 123, 162, 185, 186, 197.
Spitzzange(f) 109.
Splintholz(n) 40.
Split-End(m) 171.
Sporen(f) 35.
Sportdeck(n) 143.
Sporthose(f) 172.
SPORTKLEIDUNG(F) 120.
Sportkleidung(f) 120, 121.
Sportwagen(m) 133.
Spraydose(f) mit FCKW(m) 29.
Sprechmuschel(f) 124.
Sprengpunkt(m) 202.
Sprinkler(m) 207.
Sproß(m), unterirdischer 50.
Sprosse(f) 94, 111.
Sprossenarretierung(f) 111.
Sprossengemüse(n) 52.
Sproßspitze(f) 50.
Sprungbrett(n) 188.
Sprungfederrahmen(m) 95.
Sprunggelenk(n) 66, 67.
Sprungpferd(n) 188.
Sprungtuch(n) 188.
Staatsgrenze(f) 26.
Stab(m) 174.
Stabilisator(m) 143.
Stabmixer(m) 105.
Stachel(m) 59.
Stachelbeere(f) 44.
Stadion(n) 91.
Stadt(f) 26.
Stadtautobahn(f) 90.
Stahlkante(f) 186.
Stahlseil(n) 215.
Stalagmit(m) 13.
Stalaktit(m) 13.
Stamm(m) 40.
Ständer(m) 23, 166.
Standleuchte(f) 98.
Standtom(n) 166.
Stange(f) 75, 123, 162.
Stangensellerie(m/f) 52.
Stapelstühle(m) 96.
Start- und Landebahn(f) 146.
Startblock(m) 182.
Startblock(m) 182.
Starter(m) 182.
Startknopf(m) 198.
Startstange(f) 182.
Startwand(f) 182.
Stativ(n) 11.
Stativablage(f) 11.
Staub(m) 30, 31.
Staubbeutel(m) 38.
Staubblatt(n) 38.
Staubfaden(m) 38.
Staubschweif(m) 10.
Stauraum(m) 134.
Stausee(m) 204.
Steakmesser(n) 101.
Steckdose(f), dreipolige 99.
Stecker(m) 99.
Stecker(m) 110.
Stecker(m), dreipoliger 99.
Steckergehäuse(n) 99.
Steg(m) 88, 115, 123, 162, 163.
Steghose(f) 115.
Stegtonabnehmer(m) 163.
Stehleiter(f) 111.
Steilhang(m) 17.
Steilwandzelt(n) 190.
Stein(m) 45.
Steine(m) 196.
Steinfrucht(f), Querschnitt(m) 45.
STEINOBST(N) 45.
Steinobstsorten(f) 45.
Steißbein(n) 80.
Stellschraube(f) 109.
Stempel(m) 38.
Stengelgemüse(n) 52.
Steppe(f) 21.
Stereotaste(f) 129.
Steuerbordseite(f) 142.
Steuereinheit(f) 197.
Steuerfeder(f) 197.
Steuerknüppel(m) 145.
Steuerzentrale(f) 204, 206.
Steven(m) 141.
Stiefel(m) 119.
Stiefel(m) 185.
Stiefelette(f), knöchelhohe 119.
Stiel(m) 35, 36, 44, 45, 46, 108.
Stielkamm(m) 122.
Stielkasserolle(f) 104.
Stiftsockel(m) 99.
Stimm-Mechanik(f) 163.
Stimmgabel(f) 159.
Stimmnagel(m) 159.
Stimmstock(m) 159.
Stimmwirbel(m) 162.
Stimmzug(m) 164.
Stirn(f) 74, 78.
Stirnband(n) 181, 187.
Stirnschopf(m) 67.
Stirnwand(f) 213.
Stirnwandflachwagen(m) 139.
Stockausschlag(m) 40.
Stöcke(m) 166.
Stockgriff(m) 187.
Stockschaft(m) 187.
Stockspitze(f) 187.
Stockteller(m) 186, 187.
Stollen(m) 121, 174.
Stollenschuh(m) 168.
Stop(m) 66.
Stoppknopf(m) 198.
Stoppuhr(f) 198.
Stoptaste(f) 126.
Storch(m) 76.
Störklappe(f) 144.
Stoßdämpfer(m), hinterer 135.
Stoßfänger(m) 130.
Stoßzähne(m) eines Elefanten(m) 71.
STOSSZÄHNE(M), WICHTIGSTE 71.
Strafbank(f) 176.
Strafraum(m) 173.
Strafraumlinie(f) 173.
Strahler(m) 98.
Strahler(m) 136.
Strahlungszone(f) 8.
Strähnenkamm(m) 122.
Strand(m) 14.
Strang(m) 184.
Straße(f) 27, 90.
Straßenkarte(f) 27.
Straßenkehrmaschine(f) 214.
Straßenlaterne(f) 91.
Straßennummer(f) 27.
Stratosphäre(f) 28.
Strauß(m) 76.
Strebe(f) 97.
Strebebogen(m) 89.
Streuschicht(f) 34.
Strickjacke(f) 117.
Strickmütze(f) 114.
Stromabgabe(f) an Verbraucher(m) 205.
Stromerzeugung(f) 205.
Stromerzeugung(f) 205, 207.
Stromerzeugung(f) aus Kernenergie(f) 207.
Stromfortleitung(f) 207.
Stromführung(f) 204.
Stromnetz(n) 205.
Stromschienenleuchte(f) 98.
Strumpf(m) 118.
Strumpfhose(f) 118.
Stufenbarren(m) 189.
Stuhl(m) 97.
Stuhlknauf(m) 97.
Sturmspitze(f) 176.
Sturzhelm(m) 135.
Stütze(f) 140.
Stutzen(m) 168.
subarktische Klimate(n) 21.
subarktische Klimate(n) 21.
Sublimation(f) 30.
Subtraktionstaste(f) 154.
Subtropen(f), feuchte 21.
Subtropen(f), mediterrane 21.
Subtropen(f), trockene 21.
subtropische Klimate(n) 21.
Sucher(m) 11.
Sucherkamera(f) 125.
Südamerika(n) 18.
Süden(m) 27.
SÜDFRÜCHTE(F) 48.
Südfrüchte(f) 48.
Südfrüchte(f) 48.
südliche Halbkugel(f) 12, 24.
südlicher Polarkreis(m) 12.
Südosten(m) 27.
Südpol(m) 12.
Südsüdost(m) 27.
Südsüdwest(m) 27.
Südwesten(m) 27.
Summe(f) 201.
Suppenlöffel(m) 101.
Suppenteller(m) 100.
Suppenterrine(f) 100.
Suppentopf(m) 104.
SURFBRETT(N) 184.
Suspensorium(n) 170, 177.
Süßkartoffel(f) 51.
Sweatshirt(n) 120.
Sweatshirt(n) mit Kapuze(f) 120.
Swimmingpool(m) 143.
Systembausteine(m) 128.
Systemeinheit(f) 154.

T

T (für Tiefdruckgebiet) 181.
T-Leitwerk(n) 145.
Tachometer(m) 132.
Tackle(m), linker 171.
Tafel(f) 152.
Tafelgabel(f) 101.
Tafelmesser(n) 101.
Tageskilometerzähler(m) 132.
Tageslichtprojektor(m) 152.
Taille(f) 79.
Taktarten(f) 160.
Taktstrich(m) 160.
Tal(n) 17.
Tamburin(n) 166.
Tankanhänger(m) 203.
Tankklappe(f) 131.
Tanklastzug(m) 202.
Tankstelle(f) 134.
Tannennadeln(f) 43.
Tasche(f) 112, 117.
Tasche(f), aufgesetzte 113.
Taschenlampe(f) 192.
Taschenrechner(m) 154.
Taschenschirm(m) 123.
Tasse(f) 100, 192.
Tastatur(f) 154, 159.
Tastaturkabel(n) 154.
Taste(f) 159.
Tasten(f) 124.
Tastenfeld(n), numerisches 201.
TASTENINSTRUMENTE(N) 159.
Tastentelefon(n) 124.
Tasthaare(n) 66.
tatsächliche Temperatur(f) 199.
Tau(m) 22.
Tau(n) 189.
Taukappe(f) 11.
Teekanne(f) 100.
Teelöffel(m) 101.
Teile(n) 95.
Teile(n) des Ohrs(n) 83.
Telefon(n) 216.
Telefon(n), drahtloses 124.
Telefonapparat(m) 124.
Telefonhörerschnur(f) 124.
TELEFONIEREN(N) 124.
Telefonnummernverzeichnis(n) 124.
Teleskopgabel(f) 135.
Telezoom-Taste(f) 127.
Teller(m) 192.
Teller(m), flacher 100.
TEMPERATUR(F), MESSUNG(F) 199.
Temperatur(f), Messung(f) 23.
Temperaturanzeige(f) 132.
Temperaturregler(m) 105, 106, 199.
Temperaturschalter(m) 122.
Temposkala(f) 159.
TENNIS(N) 180.
Tennisball(m) 181.
Tennisplatz(m) 180.
Tennisschuh(m) 181.
Tennisspielerin(f) 181.
Terminal(m;n), Massengut- 142.
Tertiärfarben(f) 157.
Terz(f) 160.
Textmarker(m) 150.
Thermo-Luftmatratze(f) 191.
Thermometer(n) 23, 199.
Thorax(m) 57, 58.
Thunfisch(m) 62.
Tiefe(f) des Herdes(n) 13.
Tiefladewagen(m) 139.
Tieftäumer(m) 212.
Tiefräumerbedienteil(n) 212.
Tieftöner(m) 128.
Tight-End(m) 171.
Tipi(n) 86.
Tisch(m) 97.
TISCH(M) UND STÜHLE(F) 97.
Tischleuchte(f) 98.
Tischplatte(f) 97.
Titan(m) 7.
TL-Triebwerk(n) 144.
Toaster(m) 105.
tödlicher Giftpilz(m) 35.
Toiletten(f) 27.
Tomate(f) 49.
Tomtoms(n) 166.
Tonabnehmer(m) 163.
Tonabnehmer-Wahlschalter(m) 163.
Tonkontrolle(f) 163.
Tonleiter(f) 160.
TONWIEDERGABESYSTEME(N), TRAGBARE 129.
Topinambur(m/f) 51.
Toque(f) 114.
Tor(n) 171, 173, 175, 176, 204.
Torlinie(f) 171, 175, 176.
Torpfosten(m) 171.
Torraum(m) 173, 176.
Torrichter(m) 176.
Torwächter(m) 174.
Torwart(m) 177.
Torwart(m) 173, 175, 176.
Torwartschläger(m) 177.
totale Finsternis(f) 10.
Track(m) 129.
TRADITIONELLE WOHNHÄUSER(N) 86, 87.
Trafo(m) 98.
tragbares Lebenserhaltungssystem(n) 149.
Tragebügel(m) 129.
Träger(m) 116, 185.
Trägerhemd(n) 112, 120.
Tragflügel(m) 148.
Tragflügelformen(f) 144.
Trainingsanzug(m) 120.
Trainingshose(f) 120.
Trampolin(n) 188.
Transformator(m) 204, 206.
Transitlagerschuppen(m) 143.
Transpiration(f) 31.
Trapez(n) 156.
Trapezflügel(m) 144.
Trauerweide(f) 42.
Treble(m) 197.
Treibhauseffekt(m) 28.
Treibhausgase(n) 29.
Treibstoff-Füllstandanzeige(f) 149.
Tremoloarm(m) 163.
Tremolosystem(n) 163.
Triangel(m) 166.
Triangel(m) 167.
Trichter(m) 103.
Trichter(m) 164, 165.
Triebwerke(n) 149.
Trift(f) 204.
Trikot(n) 120.
Trikot(n) 170, 172.
Triller(m) 161.
Trinkflasche(f) 136.
Triton(m) 7.
Trittleiter(f) 111.
Trittstufe(f) 134.
Trockendock(n) 142.
trockene Subtropen(f) 21.
Trommel(f), kleine 166, 167.
Trommelfell(n) 60, 64, 83.
Trommeln(f) 166.
Trompete(f) 164.
Trompete(f) 167.
tropische Klimate(n) 21.
tropische Savanne(f) 21.
tropischer Regenwald(m) 21.
tropischer Wald(m) 20.
Troposphäre(f) 28.
Truthahn(m) 68.
Tuba(f) 164.
Tuba(f) 167.
Tubus(m) 11.
Tulpe(f) 38.
Tundra(f) 20.
Tür(f) 93.
Tür(f) 107, 131, 145.
Tür(f), herkömmliche 92.
Turbine(f) 206, 207.
Turbinendrehung(f) 205.
Turbinengebäude(n) 206.
Turbinenwasserabfluß(m) 205.
Turbinenwelle(f) 207.
Türformen(f) 92.
Türgriff(m) 93, 131.
Turm(m) 195.
Turm(m) 89, 209.
Turmkran(m) 214.
Turmmast(m) 214.
Turmspitze(f) 89.
Türrahmen(m) 93.

Fettgedruckte Wörter beziehen sich auf eine Illustration; Wörter in GROSSBUCHSTABEN sind Überschriften.

Türschloß(n) 131.
TV-Einstellung(f) 126.
TV-Netzschalter(m) 126.
TV/Video-Taste(f) 126.
Tympanon(n) 89.

U

Überdach(n) 190.
Überdruckventil(n) 104.
Überholrollbahn(f) 146.
Überlandtransport(m) 202.
Überlauftor(n) 204.
Überlaufwehr(n) 204.
Überseetransport(m) 202.
Uhrenmeister(m) 178.
UKW-Antenne(f) 128.
Umgehungsstraße(f) 27.
Umlaufbahn(f) 148.
Umlaufbahnen(f) der Planeten(m) 6.
Umlenkspiegel(m) 11.
Umwerfer(m), hinterer 136.
Unterarm(m) 66, 79.
Unterboden(m) 34.
Unterhemd(n) 168.
unterirdisches Gerinne(n) 13.
Unterkante(f) 177.
Unterkiefer(m) 57, 80.
Unterlagsplatte(f) 140.
Unterlippe(f) 84.
Unterrock(m) 116.
Unterschlüsselbeinvene(f) 81.
Unterschwanzdecken(f) 75.
Unterstock(m) 123.
Unterwasserpipeline(f) 202.
Uranbrennstoff(m), Spaltung(f) des 207.
Uranus(m) 7.

V

V-Ausschnitt(m) 117.
VCR-Einstellung(f) 126.
VCR-Netzschalter(m) 126.
VCR-Tasten(f) 126.
Veilchen(n) 38.
venöses Blut(n) 81.
Ventil(n) 137, 164.
Ventilator(m) 139.
Ventilbüchse(f) 164.
Ventilzug(m), dritter 164.
Ventilzug(m), erster 164.
Ventilzug(m), zweiter 164.
Venus(f) 6.
Verbindungstunnel(m) 149.
Verdampferkörpermantel(m) 206.
Verengung(f) 199.
Vergaserkraftstoffe(m) 203.
Verkehrsinsel(f) 90.
Verriegelung(f) 107.
verschiedene Baumarten(f) 41.
verschiedene Blumenarten(f) 38.
VERSCHIEDENE VOGELARTEN(F) 76.
Verschlagwagen(m) 138.
Verschlußband(n), oberes 186.
Verschlußring(m) 153.
Verschmutzung(f), industrielle 32, 33.
Verschmutzung(f), landwirtschaftliche 32.
Verschmutzung(f), landwirtschaftliche 32.
Verschmutzungsquellen(f) 30.
Versetzungszeichen(n) 161.
Versorgungsbereich(m) 147.
Versorgungsstraße(f) 146.
Verstärker(m) 128.
Verstärkungsrippe(f) 213.
Versteller(m) 112.
Verstellnut(f) 109.
Verstrebung(f) 209.
Verteidiger(m), linker 175, 176, 179.
Verteidiger(m), rechter 175, 176.
Verteidigungszone(f) 176, 179.
Vertikalachsenwindturbine(f) 209.
Verwerfung(f) 13.
Verzierungen(f) 161.
Vestibularnerv(m) 83.
VIDEO(N) 127.
Videobedientasten(f) 127.
Videokamera(f) 127.
Videorecorder(m) 127.
VIDEOSPIELSYSTEM(N) 197.
Vielzweckschlafsack(m) 191.
Vier-Zehenhuf(m) 71.
VIERMASTBARK(F) 141.
Viertelnote(f) 161.
Viertelpause(f) 161.
Vierundsechzigstelnote(f) 161.
Vierundsechzigstelpause(f) 161.
Vierung(f) 89.
Vierungsturm(m) 89.
Viervierteltakt(m) 160.
Violett(n) 157.
Viola(f) 162.
Violettblau(n) 157.
Violine(f) 162.
Violine(f), erste 167.
Violine(f), zweite 167.
Violinfamilie(f) 162.
Violinschlüssel(m); G-Schlüssel(m) 160.
Violoncello(n); Cello(n) 162.
Visier(n) 135, 187, 193.
Visiergestell(n) 168.
VOGEL(M) 74.
VOGELARTEN(F), VERSCHIEDENE 76.
Vogelfütterer(m) 75.
Vogelhäuschen(n) 75.
Vogelnest(n) 75.
Volleyball(m) 179.
VOLLEYBALLSPIEL(N) 179.
Vollmond(m) 9.
Volumenregler(m) 163.
Vor-Oberbramsegel(n) 141.
Vor-Obermarsegel(n) 141.
Vor-Royalsegel(n) 141.
Vor-Unterbramsegel(n) 141.
Vor-Untermarsegel(n) 141.
Vordach(n) 190.
Vorderbein(n) 57, 58, 60.
Vorderblatt(n) 121.
vordere Eingangstreppe(f) 92.
vorderer Kompressionsriemen(m) 193.
Vorderflügel(m) 57.
Vorderfußwurzelgelenk(n) 67.
Vorderlicht(n) 137.
Vorderpfote(f) eines Hundes(m) 66.
Vorderseite(f) 112.
Vorderteil(n) 112, 121.
Vorfahrt(f) 216.
Vorflügel(m) 144.
Vorfußbindung(f) 186.
Vorfußplatte(f) 186.
Vorläutewerk(n) 140.
Vorliek(n) 184.
Vorplatz(m) 135.
Vorschlag(m) 161.
Vorsprung(m) 17.
Vorspultaste(f) 126.
Vortasche(f) 123.
Vorzeichen(n) 161.
Vorzeichentaste(f) 154.
VULKAN(M) 15.
Vulkan(m) 28.
Vulkan(m), untätiger 14.
vulkanische Asche(f) 15.
vulkanische Bombe(f) 15.
Vulva(f) 78.

W

Waage(f) 200.
Waage(f), elektronische 201.
Waagschale(f) 200.
Wabe(f) 59.
Wabenausschnitt(m) 59.
Wache(f) 88.
Wachsmalkreiden(f) 157.
Wade(f) 79.
Wadenbein(n) 80.
Wagen(m) 185.
Wal(m) 72.
Wald(m) 17.
Waldhorn(n) 164.
Waldhorn(n) 167.
Walkman(m)® 129.
Wallebene(f) 9.
Walroß(n), Eckzähne(m) 71.
Walze(f) 111.
Walzenbefestigung(f) 111.
Wand(f) 9.
Wanderstiefel(m) 119.
Wandleuchte(f) 98.
Wange(f) 78.
Wanne(f) 111.
Want(f) 141.
Warencode(m) 201.
Wärmeabgabe(f) an Wasser(n) 207.
Wärmeerzeugung(f) 207.
Wärmepumpe(f) 206.
Warmhalteplatte(f) 105.
WARN- UND GEBOTSZEICHEN(N) 216.
Warnkreuz(n) 140.
Warnleuchten(f) 132.
Warnlicht(n) 140.
Warzenschwein(n), Hauer(m) 71.
Wasser(n) 207.
Wasser(n) verdampft 207.
Wasser(n), Wärmeabgabe(f) an 207.
Wasseranschluß(m) 210.
Wasserbadtopf(m) 104.
Wasserbehälter(m) 105.
Wasserdüse(f) 214.
Wassereinlaß(m) 204.
Wasserfall(m) 17.
Wasserflasche(f) 136.
Wasserglas(n) 100.
Wasserkessel(m) 105.
Wasserklappe(f) 164.
WASSERKRAFT(F) 204.
Wasserkraftwerk(n) 204.
Wasserkreislauf(m) 30.
Wasserkrug(m) 100.
Wassermalkasten(m) 157.
Wassermelone(f) 49.
Wasserpumpenzange(f) 109.
Wasserstand(m) 205.
Wassertank(m) 139.
Wasservogel(m) 74.
Wasservorrat(m) 205.
Wasserwaage(f) 108.
Wasserzufluß(m) 210.
Watterolle(f) 193.
Watvogel(m) 74.
Wechselanzeige(f) 182.
Wehrmauer(f) 88.
weiblicher Blütenstand(m) 43.
Weidenholz(n) 174.
Weinblatt(n) 53.
Weintraube(f) 44.
Weiselwiege(f) 59.
Weisheitszahn(m) 85.
Weiß(n) 195, 196.
weißer Knollenblätterpilz(m) 35.
Weißkohl(m) 53.
Weißweinglas(n) 100.
Welle(f) 209.
Wendeflügel(m) 94.
Wendekreis(m) des Krebses(m) 12, 24.
Wendekreis(m) des Steinbocks(m) 12, 24.
Wenderichter(m) 182.
Wenderohr(n) 211.
Werfer(m) 169, 174.
Werkzeughalter(m) 149.
Westen(m) 27.
Westnordwest(m) 27.
Westsüdwest(m) 27.
WETTER(N) 22.
Wetterhütte(f) 23.
Wetterradar(m) 145.
Wettkampfbecken(n) 182.
Widerrist(m) 66, 67.
Wiedergabe-Taste(f) 129.
Wiedergabetaste(f) 126.
Wiederholungszeichen(n) 160.
Wiege(f) 11.
Wiegeetikett(n) 201.
Wiegefläche(f) 201.
WIEGEN(N) 200.
Wigwam(m) 86.
WILDLEBENDE TIERE(N) 72.
Wimper(f) 82.
Wimpern(f) 66.
Wind(m), Wirkung(f) 32.
Wind(m), Wirkung(f) 31.
Windabweiser(m) 134.
Windenbedienung(f) 215.
WINDENERGIE(F) 209.
Windfahne(f) 23.
Windjacke(f) 113.
Windmühle(f) 209.
Windrichtung(f), Messung(f) 23.
Windsack(m) 158.
Windschutzscheibe(f) 130, 135.
Windstärke(f), Messung(f) 23.
Winkelmesser(m) 151.
Winter(m) 20.
Wintersonnenwende(f) 20.
Wipfel(m) 40.
Wirbelkasten(m) 162.
Wirbelsäule(f) 80.
Wirsing(m) 53.
WOHNHÄUSER(N), TRADITIONELLE 86, 87.
Wok(m) 104.
Wolfram-Halogenlampe(f) 99.
Wolke(f) 22.
Wolkenbildung(f) 30.
Wolkenkratzer(m) 91.
Wundauflage(f), sterile 193.
Wundpflaster(n) 193.
Wundtinktur(f) 193.
WÜRFEL(M) 194.
Würfel(m) 156.
Würfel(m) 196.
Würfel(m), gewöhnlicher 194.
Würfelbecher(m) 196.
Wurfhöhe(f) 169.
Wurfmal(n) 169.
Wurfpfeil(m) 197.
Wurmfortsatz(m) 81.
Wurzel(f) 50, 85.
Wurzelgemüse(n) 51.
Wurzelhaare(n) 34, 36.
Wurzelhaarzone(f) 40.
Wurzelhals(m) 36.
Wurzelkanal(m) 85.
Wurzelspitze(f) 36.
Wurzelsystem(n) 36.
Wüste(f) 21.

X

Xylophon(n) 166.
Xylophon(n) 167.

Y

Yardlinie(f) 171.

Z

Zahn(m) 64, 84, 109, 110.
Zahnbein(n) 85.
Zahnbürste(f) 122.
Zahnfleisch(n) 84, 85.
Zahnhals(m) 85.
Zahnkrone(f) 85.
Zahnpasta(f) 122.
ZAHNPFLEGE(F) 122.
Zahnschmelz(m) 85.
Zahnseide(f) 122.
Zäpfchen(n) 84.
Zapfen(m) 43.
Zapfsäule(f) 135.
Zarge(f) 97.
Zebra(n) 73.
Zehe(f) 66, 74, 78, 118.
Zehe(f), dritte 74.
Zehe(f), vierte 74.
Zehenballen(m) 66.
Zehenglieder(n) 80.
Zehenschützer(m) 168.
Zehntelsekundenzeiger(m) 198.
ZEICHEN(N), ALLGEMEINE 216.
Zeichen(n), allgemeine 216.
Zeichendreieck(n) 151.
ZEICHNEN(N) 157.
Zeigefinger(m) 82.
Zeiger(m) 199, 200, 201.
Zeitlupe(f) 126.
ZEITMESSUNG(F) 198.
Zeitnehmer(m) 178.
Zeitschalter(m) 107.
Zeituhr(f) 132.
Zelle(f) 57, 59, 209.
Zelle(f), verdeckelte 59.
Zellfunktelefon(n), mobiles 124.
Zeltarten(f) 190.
ZELTE(N) 190.
Zelten(n) 216.
Zeltplatz(m) 216.
Zenitprisma(n) 11.
Zentralbürste(f) 214.
zerlappte Projektion(f) 25.
Zersetzer(m) 29.
Zeugenberg(m) 13.
Ziege(f) 69.
Zierkissenbezug(m) 95.
Ziernaht(f) 118, 121.
Zifferblatt(n) 198.
Zifferntaste(f) 154.
Zimmermannshammer(m) 108.
Zinke(f) 101.
Zinne(f) 88.
Zinnenkranz(m) 88.
Zinnenlücke(f) 88.
Zither(f) 158.
Zitrone(f) 47.
Zitronenpresse(f) 103.
Zitrusfrucht(f), Querschnitt(m) 47.
ZITRUSFRÜCHTE(F) 47.
Zitrusfrüchte(f) 47.
Zone(f), begrenzte 178.
Zone(f), neutrale 171, 176.
Zoomobjektiv(n) 127.
Zubehörschuh(m) 125, 127.
Zucchini(f) 49.
Zuchtpilz(m) 35.
Zuckerdose(f) 100.
Zuckererbsen(f) 52.
Zuckermais(m) 52.
Zuckermelone(f) 49.
Zufahrtsstraße(f) 146.
Zug(m), diagonaler 195.
Zug(m), horizontaler 195.
Zug(m), vertikaler 195.
Zugbrücke(f) 88.
Zugrichter(m) 182.
Zugschnur(f) 113, 123.
Zuleitungsdraht(m) 99.
Zündschloß(n) 132.
Zündschlüssel(m) 54.
zunehmende Sichel(f) 9.
zunehmender Mond(m) 9.
Zunge(f) 84, 121, 185, 186.
Zunge(f), gespaltene 64.
Zungenscheide(f) 64.
Zuschauergrenze(f) 169.
Zwei-Zehenhuf(m) 71.
Zweig(m) 36, 40.
Zweihalbetakt(m) 160.
Zweipersonenzelt(n) 190.
Zweireiher(m) 113, 114.
Zweisitzersofa(n) 96.
zweite Violine(f) 167.
zweiter Raum(m) 178.
Zweiunddreißigstelpause(f) 161.
Zweiunddreißigstelnote(f) 161.
Zwerchfell(n) 81.
Zwiebel(f) 50.
Zwischenknotenstück(n) 36.
Zwischenraum(m) 160.
Zwischensohle(f) 121.
Zwölffingerdarm(m) 81.
Zylinder(m) 156.
Zylinderprojektion(f) 25.
Zypressennadeln(f) 43.

Fettgedruckte Wörter beziehen sich auf eine Illustration; Wörter in GROSSBUCHSTABEN sind Überschriften.

1/10th second hand 198.
22,9 metre line, field hockey 175.
25 ring, dartboard 197.
35 mm still camera 149.

A

abdomen 61.
abdomen 57, 59, 74, 78.
ablutions fountain 87.
absorbed heat 28.
accelerator pedal 132.
access for physically handicapped 216.
access road 146.
accessory shoe 125, 127.
accidentals, musical notation 161.
accordion 158.
Ace 194.
achene 44.
acid precipitation 31.
acid rain 32, 33.
acoustic guitar 162.
action of wind 31.
actual temperature 199.
Adam's apple 78.
add in memory 154.
add key 154.
adjustable channel 109.
adjustable pliers 109.
adjustable spanner 109.
adjusting band 128.
adjusting buckle 185.
adjusting catch 186.
adjusting screw 109.
adjustment slide 112.
aerial 129, 131, 145.
aerial, AM 128.
aerial, FM 128.
aerial, radio 142.
aerial, satellite 142.
aerodynamic brake 209.
aerosol 29.
Africa 19.
Afro pick 122.
aftermast 141.
aileron 144.
air compressor 139.
air concentrator 122.
air conditioner 29.
air filter 139, 212.
air horn 134.
air inlet 145.
air pressure, measure 23.
air space 75.
air unit 121.
air vent 132.
air-outlet grille 122.
air-supply tube 211.
airbed 191.
AIRPORT 146.
airport 27.
airport ground equipment 146.
air–pressure hose 134.
ala 84.
albumen 75.
alcohol bulb 199.
alcohol column 199.
alighting board 59.
almond 45.
alpine skier 186.
altitude fine adjustment 11.
AM aerial 128.
ambulatory 89.
AMERICAN FOOTBALL 170.
American football player 170.
American football, playing field 171.
AMPHIBIANS 60.
amphibians 60.
amplifier 128.
anal fin 63.
analogue watch 198.
anchor-windlass room 142.
anemometer 23.
ankle 78.
ankle boot 119.
annual ring 40.
annular eclipse 10.
anorak 120.
ant 56.
Antarctic Circle 12.
Antarctica 18.
antenna 57, 58, 61, 179.
antennule 61.
anther 38.
anti-friction pad 187.
anti-slip shoe 111.
anti-torque tail rotor 145.
antiseptic 193.
antiseptic lotion 193.
aortic arch 81.
appendix 81.
apple 46.
appoggiatura, musical notation 161.
apricot 45.
apron 97, 146.
aquatic bird 74.
Arabian camel 73.
archipelago 26.
Arctic 18.
Arctic Circle 12, 24.
Arctic Ocean 19.
arm 67, 79, 97, 155, 212, 213.
arm guard 170.
arm pad 177.
armchair 96.
armpit 78.
arterial blood 81.
artery, anterior tibial 81.
artery, common carotid 81.
artery, femoral 81.
artichoke 49.
artichoke, Jerusalem 51.
ash layer 15.
Asia 19.
asparagus 52.
asphalt 203.
asteroid belt 6.
asymmetrical bars 189.
Atlantic Ocean 18.
atmosphere 12, 20.
atmospheric pollution 30.
attack line 179.
attack on nature 31.
attack zone 179.
attacking zone 176.
aubergine 49.
auditory canal 83.
auditory nerve 83.
auditory ossicles 83.
auger bit 110.
auricle 83.
Australia 19.
auto reverse 129.
autofocus on/off switch 153.
automatic dialler 124.
autumn 20.
autumnal equinox 20.
auxiliary handle 110.
avocado 48.
awl 192.
awning 190.
axe 192.
axillary bud 36.
axis of rotation 152.
axle 138, 185.

B

back 66, 67, 75, 79, 97, 101.
back judge 171.
back pad 177.
back zone 179.
back, left 175.
back, right 175.
back-hoe 212.
back-hoe controls 212.
backboard 178.
backcourt 180.
BACKGAMMON 196.
backguard 107.
backstay 185.
backstroke 183.
backstroke turn indicator 182.
backward bucket 212.
bag, drawstring 123.
bag, pannier 136.
baggage trailer 147.
baggage transporter 146.
bagpipes 158.
bail 174.
bailey 88.
balaclava 114.
balalaika 158.
balance 200.
balance beam 188.
balancer 163.
ball boy 180.
ballast 140.
ballpoint pen 150.
banana 48.
band 129.
banjo 158.
bar 123, 196.
bar line 160.
bar stool 96.
bark, inner 40.
bark, outer 40.
barograph 23.
BARQUE, FOUR-MASTED 141.
barrel 122, 197.
base 99, 140, 152, 155, 188, 200, 209.
base plate 110.
BASEBALL 168.
baseball 168.
baseball field 169.
baseline 180.
baseman, first 169.
baseman, second 169.
baseman, third 169.
basement 93.
basement window 93.
basic source of food 28.
basket 178.
basket 178, 186, 187.
BASKETBALL 178.
basketball 178.
basketball court 178.
bass bridge 159.
bass clarinet 167.
bass clef 160.
bass drum 166, 167.
bass guitar 163.
bass keyboard 158.
bass register 158.
bass tone control 163.
bassoon 165.
bassoon 167.
bat 168, 174.
bat 174.
bathroom scales 201.
batsman 174.
batten 184.
batten pocket 184.
batter 168.
batter 169.
batter head 166.
batter's helmet 168.
battery 127, 138, 205, 208.
battery eject switch 127.
batting glove 168.
battlement 88.
bay 9, 26.
bay window 92, 93.
bayonet base 99.
beach 14.
beam 200.
bean sprouts 52.
beater 105.
beater ejector 105.
beaver 70.
BED 95.
bed 188.
bedrock 34.
beds 191.
beer mug 100.
beetroot 51.
begonia 38.
belfry 89.
bell 164, 165.
bell brace 165.
bell tower 89.
bellows 158.
belly 67.
belt 112.
belt carrier 112.
bench 96.
beret 114.
Bering Sea 19.
Bermuda shorts 115.
berries, major types 44.
BERRY FRUITS 44.
berry, section 44.
BICYCLE 136.
bile duct 81.
bill 74.
bills, principal types 74.
birch 42.
BIRD 74.
bird feeder 75.
bird of prey 74.
bird's nest 75.
bird, morphology 74.
birdhouse 75.
BIRDS, EXAMPLES 76.
Bishop 195.
bitter taste 84.
Black 195.
Black Sea 19.
black square 195.
blackboard 152.
blackcurrant 44.
bladder 81.
blade 212.
blade 36, 101, 109, 110, 111, 177, 185, 209, 212.
blade guard 110.
blade tilting mechanism 110.
blank 194.
blanket 95.
blasting charge 202.
blastodisc 75.
blender 105.
blouse 114.
blowpipe 158.
blue 157.
blue jay 77.
blue line 176.
blue-green 157.
blueberry 44.
boar 69.
board 184.
boarding step 145.
boarding walkway 147.
boards 176.
bobble hat 113.
body 130.
body 162, 163, 165.
body flap 148.
body pad 177.
bogie 138.
bogie car-transporter wagon 138.
bogie flat wagon 139.
bogie frame 138.
bogie open wagon 139.
bogie tank wagon 139.
bogie wagon 138.
bogie well wagon 139.
bolster 95.
bolt 109.
bomber jacket 113.
bongos 166.
bonnet 130.
boom 212, 213, 215.
booster parachute 148.
boot 119.
boot 131, 185.
bottle opener 102.
bottle opener 192.
bottom 186.
bottom line 182.
bow 162.
bow 142, 184.
bow thruster 142.
bowl 101.
bowler 174.
bowsprit 141.
box spring 95.
boxer shorts 112, 121.
bra 116.
brace clip 112.
braces 112.
brake cable 137.
brake caliper 135.
brake lever 137.
brake light 133.
brake pedal 132, 187.
brake van 139.
branch 43.
branch 40.
branches 40.
brass family 164.
brattice 88.
bread and butter plate 100.
breakdown lorry 215.
breast 74, 78.
breast pocket 112.
breast welt pocket 113.
breaststroke 183.
breaststroke kick 183.
breaststroke turn 183.
breathing in 183.
breathing out 183.
bridge 123, 162, 163.
bridge assembly 163.
bridge of nose 84.
bridge pickup 163.
briefcase 151.
briefs 112.
bristles 111, 122.
broad beans 52.
broccoli 49.
brush 111.
Brussels sprouts 53.
bubble 135.
bucket 212.
bucket hinge pin 212.
buckle 186.
bud 50.
bud, flower 36.
bud, terminal 34, 36.
bugle 164.
built-in microphone 127.
bulb 99.
bulb 99.
bulb vegetables 50.
bulb, energy saving 97.
bulbil 50.
bulk terminal 142.
bulkhead flat wagon 139.
bull's-eye 197.
bulldozer 212.
bumper 130.
bunkers 203.
burner 104.
bushing 204.
butt 181.
butt end 177.
butter compartment 106.
butter dish 100.
butter knife 101.
BUTTERFLY 57.
butterfly kick 183.
butterfly turn 183.
butterfly, hind leg 57, 59.
butterfly, swimming 183.
buttock 79.
button 112, 117.
button loop 112.
by-pass runway 146.

C

C clef 160.
cab 212.
cabin 143.
cable 110, 129, 189, 215.
calandria 206.
calculator, pocket 154.
calf 68.
calf 79.
Callisto 6.
calyx 38.
cambium 40.
camera body 125.
camera, 35 mm still 149.
camera, colour television 149.
camera, compact 125.
camera, pocket 125.
camera, single lens reflex 125.
camera, video 127.
camp bed 191.
camping (tent) 216.
CAMPING EQUIPMENT 192.
camping prohibited 216.
canal lock 142.
canine 70.
canine tooth 85.
cannon 67.
canopy 123, 213.
cantaloupe 49.
canteen 192.
cap 113.
cap 35, 210.
cape 26.
capillary bore 199.
capital 26.
CAR 130, 132.
car bodies, types 133.
car lights 133.
car park 91.
car wash 134.
carafe 100.
carapace 61, 64.
carbon dioxide 33.
CARD GAMES 194.
card reader 124.
cardigan 117.
cardoon 52.
cargo bay door 148.
Caribbean Sea 18.
carnassial 70.
carnation 39.
carnivore's jaw 70.
carnivores 29, 33.
CARPENTRY TOOLS 108.

Fettgedruckte Wörter beziehen sich auf eine Illustration; Wörter in GROSSBUCHSTABEN sind Überschriften.

carpus 80.
carrier 136.
carrot 51.
CARTOGRAPHY 24, 26.
cartridge film 125.
carver 97.
case 108, 159, 198.
casement window (inward opening) 94.
casing 54, 126.
Caspian Sea 19.
casserole 104.
cassette 129.
cassette 129.
cassette compartment 127.
cassette eject switch 127.
cassette film 125.
cassette player 129.
cassette player controls 124, 129.
cassette tape deck 128.
castanets 166.
castanets 167.
CASTLE 88.
castle 88.
Castle 195.
CAT 66.
catch glove 177.
catcher 168.
catcher 169.
catcher's glove 168.
catenary 140.
catering vehicle 147.
caterpillar 57.
cathedral 90.
CATHEDRAL, GOTHIC 89.
caudal fin 63.
cauliflower 49.
CAVE 13.
cave 14.
ceiling fitting 98.
celeriac 51.
celery 52.
cell 57, 59.
cello 162.
cello 167.
Celsius scale 199.
Central America 18.
central brush 214.
central column 209.
central incisor 85.
central nave 87.
central reservation 90.
centre 171, 176, 178.
centre back 173, 179.
centre circle 173, 178.
centre console 132.
centre face-off circle 176.
centre field 169.
centre fielder 169.
centre flag 173.
centre forward 173, 175, 179.
centre half 175.
centre hole 129.
centre line 171, 175, 176, 178.
centre mark 180.
centre midfield 173.
centre service line 180.
centre spot 173.
centre strap 180.
cephalothorax 61.
cereal bowl 100.
chain guide 136.
chain wheel 136.
CHAIRS 97.
chameleon 65.
champagne flute 100.
champagne glass 100.
change sign key 154.
channel scan buttons 126.
channel selector controls 126.
chanter 158.
chapel 88.
chapel, Lady 89.
chapel, side 89.
Charleston cymbal 166.
Charon 7.
cheek 66, 78.
cheese knife 101.
cherimoya 48.
cherry 45.
CHESS 195.
chess notation 195.
chessboard 195.
chest 67, 78.
chest protector 168, 170.
chestnut 67.
chevet 89.
chick 68.
chick peas 52.
chicory 53.
chief timekeeper 182.
chilli 49.
chimney 93.
chin 74, 78.
chin protector 135.
chin rest 162.
chin strap 170.
China Sea 19.
Chinese leaf 53.
chives 50.
choir 89.
chrysalis 57.
chrysalis 59.
chuck 110.
chuck key 110.
church 91.
ciliate 37.
circle 156.
circular body 158.
circular saw 110.
circular saw blade 110.
cirque 9.
cirque, glacial 16.
citrus fruit, section 47.
CITRUS FRUITS 47.
citrus fruits, major types 47.
city 26.
CITY CENTRE 90.
clamp 186.
clarinet 165.
clarinet 167.
clavicle 80.
claw 57, 61, 64, 66, 75, 108.
clear key 154.
clear space 179.
clear-entry key 154.
cleated shoe 170.
clefs 160.
clew 184.
cliff 9, 14, 17.
CLIMATES OF THE WORLD 21.
clinical thermometer 199.
clock 132.
clock operator 178.
clock timer 107.
cloud 22.
cloud of volcanic ash 15.
club 194.
clutch lever 135.
clutch pedal 132.
coach's box 169.
coarse adjustment knob 155.
COASTAL FEATURES 14.
cob 52.
cobra 64.
coccyx 80.
cochlea 83.
cock 68.
cockpit 145.
cod 63.
coffee cup 100.
coffee jug 105.
coffee maker 105.
coffee plunger 100.
coffee pot 192.
coffee spoon 101.
coin return tray 124.
coin slot 124.
colander 103.
cold shed 143.
collar 36, 112, 113, 121.
collar point 112.
collecting funnel 23.
collecting vessel 23.
collection body 214.
colour circle 157.
colour television camera 149.
colouring pencils 157.
column 13, 182.
column of mercury 199.
coma 10.
COMET 10.
commercial premises 91.
commissure of lips 84.
COMMON SYMBOLS 216.
COMMUNICATION BY TELEPHONE 124.
communication tunnel 149.
compact camera 125.
compact disc 129.
compact disc 129.
compact disc player 128.
compact disc player 129.
COMPASS CARD 27.
compass card 193.
compass, magnetic 193.
compost bin 55.
compound eye 57, 58.
compound leaves 36.
compressed air reservoir 139.
compressed-air cylinder 211.
computer, personal 154.
concealed pocket 113.
concentration of gases 29.
condensation 31.
condensation of steam into water 207.
condenser 155.
condenser backwash inlet 206.
condenser backwash outlet 206.
condenser cooling water inlet 206.
condenser cooling water outlet 206.
conductor's podium 167.
cone 14, 43, 128, 156.
cone 128.
conference centre 90.
CONFIGURATION OF THE CONTINENTS 18.
conical projection 25.
CONIFER 43.
coniferous forest 20.
connection 205.
constriction 199.
contact 99.
container 23, 105.
container flat wagon 138.
container ship 142.
container terminal 143.
container-loading bridge 142.
container/pallet loader 146.
containment building 207.
continental climates 21.
CONTINENTS, CONFIGURATION 18.
contrabassoon 167.
control deck 141, 197.
control dial 125.
control knob 107.
control pad 197.
control panel 107, 125, 210.
control room 204, 206.
control stand 138.
control stick 145.
control tower 146.
control tower cab 146.
controls 127.
convection zone 8.
conventional door 92.
convertible 133.
cooker top 107.
COOKING APPLIANCES 107.
cooking set 192.
COOKING UTENSILS 104.
coolant transfers the heat to the steam generator 207.
cor anglais 165.
cor anglais 167.
cordless telephone 124.
core 8, 46.
corkscrew 192.
corkscrew, lever 102.
corner arc 173.
corner flag 173, 175.
corner tower 88.
cornerback, left 171.
cornerback, right 171.
cornet 164.
cornet 167.
cornice 92, 93.
corolla 38.
corona 8.
coronet 67.
corrosive 216.
cos lettuce 53.
cotton wool roll 193.
cotyledons 34.
counter 121.
counterjib 215.
counterjib ballast 215.
counterweight 11, 140, 213, 214.
country 26.
coupé 133.
coupler head 139.
courgette 49.
court 119.
courtyard 87.
cover 99, 123, 193, 199.
covered parapet walk 88.
cow 68.
crab 61.
cradle 11.
cranberry 44.
crane runway 214.
crane, floating 142.
crane, gantry 204.
crane, quayside 143.
crane, tower 214.
crane, travelling 204.
crank 136.
crash helmet 135.
crater 9, 15.
crawl kick 183.
crawler tractor 212.
crayfish 61.
cream jug 100.
crease 112.
crenate 37.
crenel 88.
crest 17.
crevasse 16.
crew neck sweater 117.
CRICKET 174.
cricket ball 174.
cricket player 174.
cricket shoe 174.
cricket, field 174.
crisper 106.
crocodile 64.
crocus 39.
crook 165.
cross-country ski 186.
cross-country ski 187.
cross-country skier 187.
cross-tip screwdriver 192.
crossing 89.
crossing gate mechanism 140.
crosspiece 97.
crotch 112.
crotchet rest, musical notation 161.
crotchet, musical notation 161.
croup 67, 188.
crow 76.
crown 40, 74, 85, 113.
CRUISE LINER 142.
CRUSTACEANS 61.
cube 156.
cucumber 49.
cuff 112, 177.
culottes 115.
cultivated mushroom 35.
cup 100, 192.
cup 116.
curly endive 53.
curly kale 53.
curtain wall 88.
customs house 143.
CUTLERY 101.
cutting blade 105.
cutting edge 101, 212.
cylinder 156.
cylinder 75.
cylindrical projection 25.
cymbal 166.
cymbals 167.
cypress scalelike leaves 43.

D

daffodil 39.
daggerboard 184.
dairy compartment 106.
dairy products 33.
dam 204.
damper pedal 159.
dandelion 53.
dart 197.
dartboard 197.
dashboard 132.
dashboard 135.
data display 127.
date 45.
dead bolt 93.
decanter 100.
deciduous forest 20.
decimal key 154.
deck shoe 119.
declination clamp 11.
declination fine adjustment 11.
declination setting circle 11.
decomposers 29.
deer, white-tailed 73.
defence 171.
defence, left 176.
defence, right 176.
defending zone 176.
deflector 54.
deforestation 29.
degrees, C 199.
degrees, F 199.
Deimos 6.
delivery ramp 90.
delta wing 144.
demisemiquaver rest, musical notation 161.
demisemiquaver, musical notation 161.
DENTAL CARE 122.
dental floss 122.
dentate 37.
dentin 85.
depth of focus 13.
desert 21.
desired temperature 199.
destroying angel 35.
dew 22.
dew shield 11.
dewclaw 66.
diagonal movement 195.
dial 198, 200.
diamond 194.
diaphragm 81, 128.
diastema 70.
DICE 194.
dice cup 196.
die 196.
diesel engine 139, 212.
diesel engine ventilator 138.
diesel oil 203.
diesel, marine 203.
DIESEL-ELECTRIC LOCOMOTIVE 138.
digit 60.
digital pad 66.
digital watch 198.
dining room 142.
dinner fork 101.
dinner knife 101.
dinner plate 100.
DINNERWARE 100.
diode 208.
dipped headlights 133.
dipper bucket 213.
direct-reading rain gauge 23.
direction of Mecca 87.
disc brake 135.
disc player controls 129.
disk 154.
disk drive 154.
dispersed heat 29.
display 124, 154, 201.
divide key 154.
dock 143.
DOG 66.
dog's forepaw 66.
dog, morphology 66.
dolphin 72.
dome tent 190.
DOMESTIC APPLIANCES 105.
DOMINOES 194.
door 93.
door 87, 107, 131, 145, 190.
door handle 131.
door lock 131.
door pillar 131.
doorknob 93.
doors, types 92.
dormant volcano 14.
dorsum of nose 84.
double bass 162.
double bass 167.
double boiler 104.
double flat, musical notation 161.
double reed 165.
double ring 197.
double sharp, musical notation 161.
double-blank 194.
double-breasted jacket 113, 114.
double-six 194.
doubles pole 180.
doubles sideline 180.
doublet 194.
doubling die 196.
dousing water tank 206, 207.
dousing water valve 206.
dragonfly 56.
drainpipe 92.
draughtboard 196.
DRAUGHTS 196.
draughtsman 196.
draw tube 155.
drawbridge 88.
drawer 97, 107.
DRAWING 157.
drawing pins 150.
drawstring 113, 123.
drawstring bag 123.

Fettgedruckte Wörter beziehen sich auf eine Illustration; Wörter in GROSSBUCHSTABEN sind Überschriften.

dress 114.
dressing gown 116.
drilling 202.
drilling rig 202.
drip moulding 131.
drive chain 136.
driver's cab 138, 140.
driveway 92.
driving glove 118.
dromedary 73.
drone pipe 158.
drone, honey-bee 58.
drop-leaf 97.
drums 166.
drupelet 44.
dry continental - arid 21.
dry continental - semiarid 21.
dry dock 142.
dry gallery 13.
dry subtropical 21.
dual carriageway 90.
dual seat 135.
duck 68.
duffle coat 113.
dugout 169.
dump body 213.
dumper truck 213.
duodenum 81.
dust 30, 31.
dust tail 10.
dustcart 215.
dynamic brake 138.
dynamics propeller 141.
dynamo 136.

E

EAR 83.
ear 78, 97.
ear cushion 128.
ear drum 83.
ear flap 113.
ear protection 216.
ear, parts 83.
eardrum 60, 64.
earphone 128.
earpiece 124.
Earth 6, 10.
EARTH COORDINATE SYSTEM 12.
earth terminal 99.
Earth's crust 12, 13.
EARTHQUAKE 13.
East 27.
East-northeast 27.
East-southeast 27.
eastern hemisphere 24.
eastern meridian 24.
eclipse, annular 10.
eclipse, partial 10.
ECLIPSE, SOLAR 10.
eclipse, total 10.
ECOLOGY 28, 30, 32.
edge 185, 186, 193.
edible crustaceans 61.
edit/search buttons 127.
eel 63.
egg 75.
egg 59.
egg beater 102.
egg timer 198.
egg tray 106.
eggs 60.
eiderdown 95.
elastic 95.
elastic waistband 113.
elbow 66, 67, 79.
elbow pad 170, 177.
electric circuit 205, 208.
electric cooker 107.
electric drill 110.
electric guitar 163.
electric wire 205.
electrical hazard 216.
ELECTRICAL TOOLS 110.
electricity production 207.
electricity transmission 207.
electronic flash 125.
electronic scales 201.
electronic viewfinder 127.
elephant 73.
ELEVATION ZONES AND VEGETATION 20.
elevator 144.
elevon 148.
enamel 85.
end line 171, 178, 179.
end pin 162.
end wall 182.
end zone 171.
endive, broad-leaved 53.
endive, curly 53.
endocarp 45, 46.
ENERGY, HYDROELECTRIC 204.
ENERGY, NUCLEAR 206.
ENERGY, SOLAR 208.
energy, solar 28.
ENERGY, WIND 209.
engine 135.
engine room 143.
engines 149.
entire 37.
entrance 59.
entrance slide 59.
epicentre 13.
equal key 154.
Equator 12, 24.
equinox, autumnal 20.
equinox, spring; vernal 20.
escutcheon 93.
espadrille 119.
estate car 133.
estate wagon 133.
Eurasia 19.
Europa 6.
Europe 19.
Eustachian tube 83.
evaporation 30, 31.
excavator 213.
exercise book 151.
exercise wear 120, 121.
exhaust pipe 145, 212.
exhaust stack 134.
exit cone 59.
exocarp 44, 45, 46.
expansion chamber 199.
explosive 216.
exposure button 125.
extension ladder 111.
exterior of a house 92.
external gills 60.
external tank 148.
EYE 82.
eye 61, 64, 74, 78.
eye protection 216.
eye, compound 57, 58.
eye, simple 57.
eyeball 60.
eyebrow 82.
eyelash 82.
eyelashes 66.
eyelet 121, 185.
eyelid 64.
eyepiece 11, 127, 155.
eyepiece holder 11.

F

F clef 160.
façade 89.
face 78, 108.
face mask 170, 177.
face-off circle 176.
face-off spot 176.
Fahrenheit scale 199.
fallout 31.
family tent 190.
fan 122.
fang 64.
fantail 209.
FARM ANIMALS 68.
farm animals 29.
farm pollution 32.
fast forward 126.
fast-forward button 129.
fastening system 188, 189.
fauces 84.
fault 13.
feet, principal types 74.
female cone 43.
femur 80.
fennel 52.
ferryboat 143.
fertilizers 29, 32.
fetlock 67.
fetlock joint 67.
fibula 80.
FIELD HOCKEY 175.
fielder's glove 168.
fielder, left 169.
fielder, right 169.
fielders 174.
fifth wheel 134.
fifth, musical interval 160.
fig 48.
figure skate 185.
filament 38, 99.
file 192.
film advance button 125.
film leader 125.
film pack 125.
film rewind button 125.
film speed 125.
film, cartridge 125.
film, cassette 125.
filter holder 105.
fin 144, 145.
fin, anal 63.
fin, caudal 63.
fin, pectoral 62.
fin, pelvic 62.
fin, second dorsal 63.
fin-mounted tail unit 145.
finderscope 11.
fine adjustment knob 155.
finger 168.
finger button 164.
finger, little 82.
finger, middle 82.
finger, third 82.
fingerboard 162, 163.
fingernail 82.
fir needles 43.
fire extinguisher 210.
fire hose 210.
fire hydrant 210.
FIRE PREVENTION 210.
fireproof and waterproof garment 211.
firn 16.
first aid kit 193.
first base 169.
first baseman 169.
first dorsal fin 62.
first floor 92.
first leaves 34.
first molar 85.
first premolar 85.
first quarter 9.
first space 178.
first valve slide 164.
first violin 167.
fish scaler 192.
FISHES 62.
fishes, morphology 62.
fission of uranium fuel 207.
fixed jaw 109.
flamingo 76.
flammable 216.
flank 67, 75.
flanking tower 88.
flap 113.
flare 8.
flashing light 140.
flashtube 125.
flat brush 157.
flat mirror 11.
flat, musical notation 161.
flat-border pillowcase 95.
flesh 44, 45, 46.
FLESHY FRUITS 44, 47.
fleshy leaves 50.
FLESHY POME FRUITS 46.
FLESHY STONE FRUITS 45.
flews 66.
flexible skirt 141.
flight 197.
flight deck 145, 149.
flip turn 183.
floating crane 142.
floating rib 80.
flower 36.
flower bud 36.
FLOWERS 38.
flowers, examples 38.
fluorescent tube 99.
fluorescent tube 99.
flute 165.
flute 167.
fly 56.
fly 112.
fly agaric 35.
flying buttress 89.
flying jib 141.
flysheet 190.
FM aerial 128.
foam pad 191.
focus 13.
focus setting ring 125.
focusing knob 11.
fog 22.
fog lamp 133.
fog light 134.
fold back clip 150.
folding chair 96.
folding door 92.
foliage 40.
fondue fork 101.
fondue pot 104.
fondue set 104.
food chain 28.
food pollution in water 32.
food pollution on ground 32.
foot 75, 78, 79.
foot fault judge 180.
foot protection 216.
foot strap 184.
football 170.
FOOTBALL, AMERICAN 170.
football boot 172.
footboard 95.
footbridge 88.
footless tights 121.
footrest 135.
footstool 96.
footstrap 115.
fore royal sail 141.
forearm 66, 79.
forecastle 142.
forecourt 135, 180.
forehead 74, 78.
foreleg 57, 58.
forelimb 60.
forelock 67.
foremast 141.
foresail 141.
forest 17.
forest, coniferous 20.
forest, deciduous 20.
forest, tropical 20.
forewing 57.
fork 55, 101.
fork 11, 137.
forked tongue 64.
forks, types 101.
fortified wall 87.
forward slide change 153.
forward, left 178.
forward, right 178.
fossil fuels 28.
foul line 169.
fountain pen 150.
four-door saloon 133.
four-four time 160.
FOUR-MASTED BARQUE 141.
four-toed hoof 71.
four-wheel drive vehicle 133.
fourth, musical interval 160.
frame 94, 112, 136, 168, 181, 188, 189, 213.
frame push 212.
framing square 108.
free-throw lane 178.
free-throw line 178.
freezer compartment 106.
FREIGHT WAGONS, TYPES 138.
French horn 164.
French horn 167.
fret 162, 163.
FRIDGE FREEZER 106.
frog 60.
frog 113, 162.
frog, life cycle 60.
front 112.
front apron 112.
front brake 137.
front compression strap 193.
front crawl 183.
front derailleur 136.
front lights 133.
front mudguard 135.
front pocket 123.
front steps 92.
front-end loader 212.
fruit vegetables 49.
frying pan 104, 192.
fuel gauge 132.
fuel tank 134, 135, 139, 145.
fuel tanks 148.
fuelling machine 206.
full back 173.
full face mask 211.
full Moon 9.
fullback 171.
fumarole 14.
function button 197.
function keys 201.
function selectors 124.
funnel 103.
funnel 143.
fuse 208.
fuselage 144.
fuselage mounted tail unit 145.

G

G clef 160.
G-clamp 108.
gable 93.
gaff sail boom 141.
gaff topsail 141.
gall bladder 81.
gallery 89.
game cartridge 197.
GAME OF DARTS 197.
gantry crane 204.
Ganymede 6.
garage 92.
garden sorrel 53.
GARDENING 54.
garlic 50.
gas 30, 31, 99.
gas tail 10.
gaskin 67.
gate 204.
gate arm 140.
gate arm lamp 140.
gate arm support 140.
gauze roller bandage 193.
gear lever 132, 137.
gearchange pedal 135.
gears 132.
generator 138, 206.
generator unit 204.
GEOMETRY 156.
germ 34.
GERMINATION 34.
geyser 15.
gill 35.
gills 62.
gills, external 60.
giraffe 72.
glacial cirque 16.
GLACIER 16.
glacier 20.
glacier tongue 16.
glass 100.
glass 208.
glass cover 106.
glass lens 123.
glass slide 155.
GLASSES 123.
GLASSWARE 100.
glazed frost 22.
globe 152.
globe of Earth 152.
glottis 64.
glove 174, 177, 187.
glove compartment 132.
glove finger 118.
GLOVES 118.
gloves 118.
glue stick 150.
gnomon 198.
goal 171, 173, 175, 176.
goal area 173.
goal crease 176.
goal judge 176.
goal line 171, 175, 176.
goal post 171.
goalkeeper 177.
goalkeeper 173, 175, 176.
goalkeeper's pad 177.
goalkeeper's stick 177.
goat 69.
gong 167.
goose 68.
gooseberry 44.
gorge 13.
GOTHIC CATHEDRAL 89.
gour 13.
grab handle 134.
graduated dial 193.
graduated scale 200, 201.
grain terminal 142.

Fettgedruckte Wörter beziehen sich auf eine Illustration; Wörter in GROSSBUCHSTABEN sind Überschriften.

granivorous bird 74.
grape 44.
grapefruit 47.
graphic equalizer 128.
grassbox 54.
grasshopper 56.
grater 103.
greases 203.
green 157.
green bean 49.
green cabbage 53.
green peas 52.
green pepper 49.
greenhouse effect 28.
greenhouse gases 29.
Greenland Sea 18.
grid system 24.
grille 130.
groin 78.
groin pad 170.
groove 174, 186.
ground floor 92.
ground moraine 16.
ground transport 202.
guard rail 106.
guard, left 178.
guard, right 178.
guardhouse 88.
guava 48.
guide roller 129.
gulf 26.
gum 84, 85.
gutter 92.
guy rope 190.
GYMNASTICS 188.

H

hair 79, 162.
hair-dryer 122.
hairbrush 122.
HAIRDRESSING 122.
half, left 175.
half, right 175.
halfback, left 171.
halfback, right 171.
halfway line 173.
hammer 159.
hammer rail 159.
hammer, carpenter's 108.
hammer, claw 108.
HAND 82.
hand 79.
hand blender 105.
hand cultivator 54.
hand fork 54.
hand mixer 105.
hand protection 216.
handbrake 132.
handgrip 135.
handle 54, 95, 101, 108, 109, 110, 111, 122, 123, 129, 162, 168, 174, 181, 186, 192.
handlebars 137.
handsaw 109.
handset 124.
handset flex 124.
hanger loop 117.
hanging glacier 16.
hanging pendant 98.
HARBOUR 142.
hard palate 84.
harmonica 158.
harp 167.
hatch 148.
hatchback 133.
head 10, 57, 58, 79, 108, 109, 122, 162, 163, 181.
head linesman 171.
head protection 216.
headband 128, 129, 181, 187.
headboard 95.
header 93.
headlamp 137.
headland 14.
headlight 130, 135, 139, 140.
headlight/indicator switch 132.
headlights, dipped 133.
headlights, main beam 133.
headphone jack 129.
headphone plug 129.
headphones 128.
headphones 129.
heart 194.
heart 81, 194.
heartwood 40.
heat production 207.
heat selector switch 122.
heat shield 149.
heat transport pump 206.
heater control 132.
heating oil 203.
HEAVY MACHINERY 214.
HEAVY VEHICLES 212.
heel 79, 118, 121, 162, 168, 177.
heel piece 186.
heel stop 185.
heel-piece 187.
heelplate 186.
HELICOPTER 145.
helix 83.
helmet 135, 149, 170, 177, 211.
hemidemisemiquaver rest, musical notation 161.
hemidemisemiquaver, musical notation 161.
hemispheres 24.
hen 68.
herbivore's jaw 70.
herbivores 29, 33.
HI-FI SYSTEM 128.
hi-hat cymbal 166.
high bar 189.
high street 90.
high-rise block 91.
high-speed exit runway 146.
HIGH-SPEED TRAIN 140.
highland climates 21.
highland climates 21.
highlighter pen 150.
hill 17.
hind leg, butterfly 57, 59.
hind limb 60.
hind toe 75.
hind wing 57.
hinge 93, 186.
hinge pin 213.
hip 79.
hip pad 170.
hitting area 168.
hive 59.
hive body 59.
hob 107.
hock 66, 67.
hockey ball 175.
hockey skate 185.
hockey stick 175.
hockey, playing field 175.
hoisting block 214.
hoisting rope 111, 214.
home plate 169.
home-plate umpire 169.
honey cell 59.
HONEY-BEE 58.
honeycomb 59.
honeycomb section 59.
hood 113.
hooded sweatshirt 120.
hoof 67.
HOOFS, TYPES 71.
hook 108, 185, 201, 214, 215.
hopper wagon 138.
horizontal bar 189.
horizontal movement 195.
horizontal pivoting window 94.
horizontal-axis wind turbine 209.
horn 132, 138.
horns of giraffe 71.
horns of mouflon 71.
horns of rhinoceros 71.
HORNS, MAJOR TYPES 71.
horny beak 64.
HORSE 67.
horse 70.
horse 188.
horseradish 51.
hospital 216.
hot pepper 49.
hot-shoe contact 125.
hotel 91.
HOUSE 92.
house on stilts 86.
house, exterior 92.
HOUSES, TRADITIONAL 86.
housing 99, 110, 129.
HOVERCRAFT 141.
hub 137, 209.
hubcap 131.
huckleberry 44.
HUMAN ANATOMY 81.
HUMAN BODY 78, 79.
HUMAN DENTURE 85.
humerus 80.
humid - long summer 21.
humid - short summer 21.
humid subtropical 21.
humidity, measure 23.
hummingbird 77.
hunting cap 113.
husk 52.
hut 87.
hydrant 210.
hydrant intake 210.
hydraulic ram 210, 212, 213, 215.
hydroelectric complex 204.
HYDROELECTRIC ENERGY 204.
hydroelectric power station, cross section 204.
hydrological cycle 30.
hydrosphere 20.
hygrograph 23.

I

ice 30.
ice cube tray 106.
ICE HOCKEY 176.
ice hockey player 177.
ice hockey, rink 176.
ice–cream scoop 103.
igloo 86.
ignition key 54.
ignition switch 132.
ilium 80.
illuminator for polar axis 11.
inbound line 171.
incandescent lamp 208.
incandescent lamp 99.
incisor 70.
incisors 85.
incoming message cassette 124.
index finger 82.
Indian Ocean 19.
indicator 133, 135.
indicator light 132.
indicators 126.
industrial oil 203.
industrial pollution 32, 33.
inert gas 99.
infield 169.
infiltration 30.
inflator 191.
inflator-deflator 191.
inflorescent vegetables 49.
inner bark 40.
inner boot 185.
inner core 12.
inner ear 83.
inner table 196.
inner tent 190.
inner, left 175.
inner, right 175.
inorganic matter 29.
insectivores 29.
insectivorous bird 74.
INSECTS 56.
inside 101.
inside linebacker 171.
instep 118.
instrument panel 132.
instrument panel 132.
instrument shelter 23.
insulation tiles 148.
interchangeable studs 172.
internal boundary 26.
internal frame 193.
international boundary 26.
internode 36.
interrupted projection 25.
intervals 160.
Io 6.
iris 82.
island 26.
isthmus 26.

J

Jack 194.
jack 210, 213, 215.
jacket 114.
jalousie 94.
jamb 93.
jaw 109, 110.
jaw, carnivore's 70.
jaw, herbivore's 70.
jaw, rodent's 70.
JAWS, TYPES 70.
jay, blue 77.
jeans 115.
Jerusalem artichoke 51.
jet fuel 203.
jib 214.
jib tie 215.
jib, flying 141.
jigger topgallant staysail 141.
jigger topmast staysail 141.
jingle stick 166.
Joker 194.
journal box 138.
Jupiter 6.

K

kangaroo 73.
keep 88.
kernel 52.
kerosine 203.
kettle 105.
kettledrum 167.
key 159, 165.
key case 123.
key signature, musical notation 161.
keybed 159.
keyboard 154, 159.
keyboard cable 154.
KEYBOARD INSTRUMENTS 159.
King 194, 195.
King's side 195.
kiosk 135.
kitchen scales 201.
kitchen timer 198.
KITCHEN UTENSILS 102.
kiwi fruit 48.
knapsack 123.
knee 67, 78.
knee pad 168, 170, 177.
knee sock 187.
knee-high sock 118.
knife 101, 192.
Knight 195.
knitted hat 114.
knives, types 101.
knob 97, 168.
knob handle 110.
knuckle 82.
kohlrabi 51.

L

label 129.
labial palp 57.
lace 168, 185.
ladder 213.
ladder pipe nozzle 211.
ladle 102.
Lady chapel 89.
ladybird 56.
lagoon 14.
lake 9, 17, 26.
lamb 69.
lamb's lettuce 53.
lamp oil 203.
lanceolate 37.
Land camera, Polaroid® 125.
landing light 145.
landing window 145.
lane 182.
lane number 182.
lane rope 182.
lane timekeeper 182.
larch 43.
large blade 192.
large intestine 81.
last quarter 9.
latch 94, 107.
latch bolt 93.
lateral brush 214.
lateral incisor 85.
lateral moraine 17.
latitude 12.
latitude, lines 24.
lava flow 15.
lava layer 15.
lawn rake 55.
lawnmower 54.
lead-in wire 99.
leading edge 144.
leaf 37.
leaf 34, 36.
leaf axil 37.
leaf margins 37.
leaf node 36.
leaf vegetables 53.
leather end 112.
LEATHER GOODS 123.
leather sheath 192.
leaves, compound 36.
leaves, simple 37.
leaves, types 43.
ledger line 160.
leek 50.
left back 175, 179.
left channel 128.
left cornerback 171.
left defence 176.
left defensive end 171.
left defensive tackle 171.
left field 169.
left fielder 169.
left forward 178, 179.
left guard 171, 178.
left half 175.
left halfback 171.
left inner 175.
left safety 171.
left service court 180.
left tackle 171.
left wing 173, 175, 176.
leg 64, 79, 95, 97, 118, 121, 188.
leg-warmer 121.
lemon 47.
lemon squeezer 103.
lentils 52.
leotard 120.
lettuce, cos 53.
lettuce, lamb's 53.
lettuce, round 53.
LEVEL CROSSING 140.
level crossing bell 140.
level crossing sign 140.
levelling-adjustment foot 153.
lever 105, 109.
lever handle 93.
life raft 141.
lifeboat 141, 143.
lift arm 212.
ligature 165.
light 11, 140.
light bulb 208.
light bulb 99.
LIGHTING 99.
lightning 22.
lightning conductor 204.
lightning rod 93.
LIGHTS 98.
Lilo® 191.
lily 39.
lily of the valley 39.
limb 40.
lime 47.
limousine 133.
line 160.
line judge 171.
line of scrimmage 171.
linear 37.
linebacker, inside 171.
linebacker, middle 171.
linebacker, outside 171.
linen 95.
lines of latitude 24.
lines of longitude 24.
linesman 173, 176, 179, 180.
linesman, head 171.
lining 113, 121.
lion 70, 72.
lip 66, 67.
liquid crystal display 198.
listen button 124.
lithosphere 20.
little finger hook 164.
liver 81.
livestock van 138.
lizard 65.
loader 212.
loading hopper 215.
loafer 119.
lobate 37.
lobate toe 74.
lobe 74, 83.

Fettgedruckte Wörter beziehen sich auf eine Illustration; Wörter in GROSSBUCHSTABEN sind Überschriften.

lobster 61.
lock 93, 136.
lock 93.
lock ring 153.
locking device 111.
LOCOMOTIVE, DIESEL-ELECTRIC 138.
log cabin 86.
log chute 204.
loin 67, 79.
long-nose pliers 109.
long-range jet 144.
longitude 12.
longitude, lines 24.
loop 112.
loophole 88.
loose-leaf file paper 151.
loquat 46.
LORRY 134.
loudspeakers 128.
lounger 96.
louvre-board 89.
louvred window 94.
lower eyelid 60, 66, 82.
lower fore topgallant sail 141.
lower fore topsail 141.
lower lip 84.
lower mantle 12.
lower shell 186.
lubricating oils 203.
lubricating system 139.
luff 184.
luggage compartment 145.
lumbar pad 170.
LUNAR ECLIPSE 10.
lunar eclipses, types 10.
lunar features 9.
lung, left 81.
lung, right 81.
lunula 82.
lychee 48.
lyre 158.

M

machicolation 88.
machine hall 204.
magma 15.
magma chamber 15.
magnetic compass 193.
magnetic needle 193.
magnifier 192.
magnifying glass 155.
main beam headlights 133.
main beam indicator light 132.
main engines 148.
main landing gear 144.
main mirror 11.
main tube 11.
main vent 15.
mainmast 141.
mainsail 141.
maintenance area 134.
maintenance hangar 147.
male cone 43.
mallet 108.
mallet 166.
mallets 166.
mandarin 47.
mandible 57, 58, 80.
mandolin 158.
mane 67.
mangetout 52.
mango 45.
manned manœuvring unit 149.
manœuvring engine 148.
manual focusing knob 153.
manual release 187.
map projections 25.
maple 41.
maracas 166.
margin 36.
marine diesel 203.
maritime 21.
maritime transport 202.
marker 150.
marker light 134.
marrow 49.
Mars 6.
mask 168.
mast 140, 145, 184.
mast foot 184.
mast sleeve 184.
masthead 184.
mattress 95.
mattress cover 95.
mattresses 191.
maxilla 62, 80.
maxillary bone 85.
maxillipeds 61.
maximum thermometer 23.
measure of air pressure 23.
measure of humidity 23.
measure of rainfall 23.
measure of temperature 23.
MEASURE OF WEIGHT 200.
measure of wind direction 23.
measure of wind strength 23.
measuring spoons 102.
measuring tube 23.
meat 33.
meat tray 106.
mechanical pencil 150.
medial moraine 16.
Mediterranean Sea 19.
Mediterranean subtropical 21.
melody strings 158.
meltwater 17.
memory cancel 154.
memory recall 154.
men 195, 196.
MEN'S CLOTHING 112.
men's toilet 216.
Mercury 6.
mercury barometer 23.
mercury bulb 199.
meridian band 152.
merlon 88.
mesocarp 44, 45, 46, 47.
metacarpus 80.
metal frame 159.
metals 33.
metatarsus 80.
METEOROLOGICAL MEASURING INSTRUMENTS 23.
metronome 159.
microscope 155.
microwave oven 107.
middle ear 83.
middle leg 57, 58.
middle linebacker 171.
middle panel 93.
middle pickup 163.
middle toe 74.
midfield 173.
midrange 128.
midrib 37.
midsole 121.
Mihrab dome 87.
mileometer 132.
minaret 87.
minim rest, musical notation 161.
minim, musical notation 161.
minimum thermometer 23.
minute hand 198.
mirror 135, 152, 155.
mist 22.
mitten 118.
mixed forest 20.
mizzenmast 141.
moat 88.
mobile crane 215.
moccasin 119.
mode selectors 129.
moisture in the air 30.
molar 70.
molar, cross section 85.
molars 85.
monkey 72.
MOON 9.
Moon 6.
Moon 10.
Moon's orbit 10.
moons 6.
moraine, ground 16.
moraine, lateral 17.
moraine, medial 16.
moraine, terminal 17.
mordent, musical notation 161.
MOSQUE 87.
motor 54, 110.
MOTORCYCLE 135.
motorway 27.
motorway number 27.
MOUNTAIN 17.
mountain bike 137.
mountain mass 26.
mountain range 9, 26.
mountain slope 17.
mountain torrent 17.
mounting foot 125.
mouse 154.
MOUTH 84.
mouth 60, 78.
mouthpiece 124, 164, 165.
mouthpipe 158.
movable jaw 109.
movable maxillary 64.
movements, chess 195.
mud flap 131, 134.
mud hut 86.
mudguard 136.
muffler felt 159.
muffler pedal 159.
mug 100.
mule 119.
multi-purpose flask 193.
multiply key 154.
mummy 191.
muntin 94.
museum 91.
MUSHROOM 35.
mushroom, structure 35.
music stand 159.
musical accessories 159.
MUSICAL INSTRUMENTS, TRADITIONAL 158.
MUSICAL NOTATION 160.
musical scale 160.
musk melon 49.
mute 164.
muzzle 66, 67.
mycelium 35.

N

nacelle 209.
nail 108.
nail nick 192.
nape 75, 79.
nasal septum 84.
national park 27.
natural arch 14.
natural, musical notation 161.
nave 89.
navel 78.
navigation light 144.
neck 64, 67, 78, 79, 85, 162, 163, 188.
neck end 112.
neck pickup 163.
nectarine 45.
negative contact 208.
negative pole 205.
Neptune 7.
net 179, 180.
net 178, 179, 180.
net band 180.
net judge 180.
neutral zone 171, 176.
new Moon 9.
nictitating membrane 66.
nightingale 77.
nipple 78.
no smoking 216.
North 27.
North America 18.
North Pole 12.
North Sea 19.
North-northeast 27.
North-northwest 27.
Northeast 27.
northern hemisphere 12, 24.
Northwest 27.
NOSE 84.
nose 67, 78, 145.
nose landing gear 145.
nose leather 66.
nose of the quarter 121.
nose pad 123.
nostril 60, 62, 67, 84.
notch 200.
note symbols, musical notation 161.
notepad 151.
nozzle 148.
NUCLEAR ENERGY 206.
nuclear power station 206.
nucleus 10.
number key 154.
number of tracks sign 140.
number plate light 133.
numeric keyboard 201.
nut 109, 162, 163.
nutcracker 102.

O

oak 41.
objective 155.
objective lens 11, 125, 153.
oboe 165.
oboe 167.
observation window 148.
ocean 9, 19, 26, 31.
Oceania 19.
octave 160.
octave mechanism 165.
offence 171.
office 134.
office building 91, 143.
office tower 90.
officials' bench 176.
offshore prospecting 202.
OIL 202.
oil tanker 203.
oil tanker 143.
oil terminal 143.
oil, diesel 203.
oil, heating 203.
oil, industrial 203.
oil, lamp 203.
oils, lubricating 203.
okra 49.
olive 45.
omnivores 28.
on-deck circle 169.
on-off switch 105, 122.
on/off button 126, 127, 129.
on/off switch 153.
on/off/volume control 129.
one-person tent 190.
one-toe hoof 71.
onion, pickling 50.
onion, spring 50.
onion, yellow 50.
open strings 158.
operating nut 210.
operator's cab 214.
operculum 60.
optical lens 152.
optical stage 152.
orange 47.
orange 157.
orange-red 157.
orange-yellow 157.
orbiculate 37.
orbits of the planets 6.
orchid 38.
ordinary die 194.
ORGAN OF HEARING 83.
ORGAN OF SIGHT 82.
ORGAN OF SMELL 84.
ORGAN OF TASTE 84.
ORGAN OF TOUCH 82.
ornaments, musical notation 161.
ostrich 76.
outer bark 40.
outer core 12.
outer ear 83.
outer table 196.
outer toe 74.
outgoing announcement cassette 124.
output jack 163.
outside linebacker 171.
outsole 121.
outwash plain 17.
ovary 38.
oven 107.
oven control knob 107.
overcoat 114.
overhead projector 152.
overtrousers 120.
ovule 38.
owl 77.
ox 69.
ozone layer 29.

P

Pacific Ocean 18.
packer body 215.
pad 174.
paint roller 111.
paintbrush 157.
PAINTING UPKEEP 111.
palm 82, 118, 168.
palm tree 42.
palmar pad 66.
palmate 36.
pan 200.
pane 94.
panel 93.
pannier bag 136.
panpipes 158.
pantograph 140.
pants 116.
papaya 48.
paper clips 150.
paraffins 203.
parallel 24.
parallel bars 189.
parallelepiped 156.
parallelogram 156.
park 90.
parking area 147.
parrot 76.
parsnip 51.
partial eclipse 10.
pass 17.
passenger cabin 141, 145.
passenger car 140.
passenger terminal 143, 147.
passenger transfer vehicle 147.
pastern 67.
patch pocket 113.
patella 80.
pause 126.
Pawn 195.
pay phone 124.
peach 45.
peacock 77.
peak 17, 113, 114.
pear 46.
pear-shaped body 158.
pectoral fin 62.
pedal 136, 166.
pedal rod 159.
pedicel 38, 44, 45, 46.
peeler 102.
peg box 162.
pelvic fin 62.
pen, ballpoint 150.
pen, fountain 150.
pen, highlighter 150.
penalty arc 173.
penalty area 173.
penalty area marking 173.
penalty bench 176.
penalty spot 173.
pencil 150.
pencil rubber 150.
pencil sharpener 150.
pendulum bar 159.
peninsula 26.
penis 78.
penstock 204.
penumbral shadow 10.
pepper, green 49.
pepper, hot 49.
pepper, sweet 49.
pepperpot 100.
percent key 154.
perch 75.
perching bird 74.
PERCUSSION INSTRUMENTS 166.
perforation 125.
pericarp 47.
perpetual snows 17.
persimmon 48.
personal computer 154.
pesticides 32.
petal 38.
petiole 37.
petrochemicals 203.
petrol 203.
petrol pump 135.
petrol station 134.
petrol tank flap 131.
petroleum trap 202.
phalanges 80.
phases of the Moon 9.
philtrum 84.
Phobos 6.
phosphorescent coating 99.
photoelectric cell 125.
PHOTOGRAPHY 125.
physical map 26.
piano 167.
piccolo 165.
piccolo 167.
pickguard 163.
pickling onion 50.
pickup selector 163.

Fettgedruckte Wörter beziehen sich auf eine Illustration; Wörter in GROSSBUCHSTABEN sind Überschriften.

pickup truck 133.
pickups 163.
piggyback flat wagon 139.
pike 63.
pike pole 211.
pillar 89.
pillow 95.
pillowcase 95.
pillowslip 95.
pilot 139, 140.
pin 99.
pin base 99.
pin block 159.
pine needles 43.
pine seeds 43.
pineapple 48.
pinnatifid 36.
pip 44, 46, 47, 194.
pipeline 202.
pistil 38.
pistol grip handle 110.
piston valve 164.
pitch 174.
pitcher 169.
pitcher's mound 169.
pitcher's plate 169.
pith 40.
pivot 193.
pivot cab 213.
placing judge 182.
placket 112.
plaice 63.
plain 26.
PLANE 144.
plane projection 25.
plane surfaces 156.
planetarium 90.
planets 6.
planets, orbits 6.
PLANT AND SOIL 34.
plant litter 34.
plaster 193.
plaster tape 193.
plastron 64.
plate 100, 192.
plateau 17, 26.
platform 182, 201.
platform ladder 111.
play 126.
play button 129.
player's number 170.
player's stick 177.
players' bench 171, 176, 178, 179.
playing area 143.
playing window 129.
pleated skirt 115.
plexus of blood vessels 85.
plexus of nerves 85.
plug 110.
plug, American 99.
plug, European 99.
plum 45.
Pluto 7.
pocket 112, 117.
pocket calculator 154.
pocket camera 125.
pocket torch 192.
point 101, 185, 196, 197.
pointer 199, 200, 201.
poisonous 216.
poisonous mushroom 35.
poker die 194.
polar bear 72.
polar climates 21.
polar ice cap 21.
polar tundra 21.
Polaroid® Land camera 125.
pole grip 187.
pole shaft 187.
pole tip 187.
political map 26.
pollen basket 58.
pollen cell 59.
pollution, atmospheric 30.
pollution, food 32.
pollution, industrial 33.
polo neck 117.
polo neck 187.
polo shirt 117.
polo shirt 181.
pome fruit, section 46.
pome fruits, major types 46.
pomegranate 48.
pommel 188.
pommel horse 188.
poncho 114.
poop 141.
pop-up tent 190.
poplar 41.
poppy 38.
port hand 142.
portable CD radio cassette recorder 129.
portable cellular telephone 124.
portable fire extinguisher 210.
portable life support system 149.
PORTABLE SOUND SYSTEMS 129.
portal 89.
porthole 143.
position light 140, 145.
position marker 162, 163.
positive contact 208.
positive pole 205.
post 179.
posterior rugae 79.
potato 51.
potato masher 102.
pouffe 96.
power car 140.
power station, nuclear 206.
power zoom button 127.
powerhouse 204.
prairie 26.
prawn 61.
prayer hall 87.
precipitation 30, 31.
premolar 70.
premolars 85.
preset buttons 126, 127.
pressed area 129.
pressure bar 159.
pressure cooker 104.
pressure regulator 104.
prickly pear 48.
primary colours 157.
primary root 34, 36.
prime meridian 24.
printed document 154.
printer 154.
printout 154, 201.
prism 156.
proboscis 57.
procedure checklist 149.
product code 201.
production of electricity from nuclear energy 207.
production of electricity, steps 205.
production platform 202.
projection device 214.
projection head 152.
projection screen 153.
projector, overhead 152.
proleg 57.
promenade deck 143.
prominence 8.
propellant level gauge 149.
propeller 143.
propeller duct 141.
prospecting 202.
PROTECTION 216.
protection layer 149.
protective cup 177.
protective equipment 170.
protective girdle 177.
protective helmet 135, 137.
protractor 151.
province 26.
pubis 78.
puck 176.
pulley 111.
pulp 47, 85.
pump 119.
pumpkin 49.
punch hole 112.
pupil 66, 82.
purse 123.
push button 105.
push buttons 124.
push-button telephone 124.
pyjamas 116.
pyramid 156.

Q

Qibla wall 87.
quarter 121.
quarter-deck 143.
quarterback 171.
quaver rest, musical notation 161.
quaver, musical notation 161.
quay 142.
quayside crane 143.
Queen 194, 195.
queen cell 59.
Queen's side 195.
queen, honey-bee 58.
quince 46.

R

rack 107.
radar 142.
radial passenger loading area 147.
radiation zone 8.
radiator 139.
radiator grille 134.
radiator panel 148.
radicle 34, 36, 40.
radio aerial 142.
radioactive 216.
radish 51.
radius 80.
rail 93, 97, 140.
railway 90.
railway station 90.
rain 22.
rain forest, tropical 21.
rain gauge recorder 23.
rain gauge, direct-reading 23.
rainbow 22.
raindrop 22.
rainfall, measure 23.
rake 55.
rake comb 122.
rampart 88.
rangefinder 125.
raspberry, section 44.
rattlesnake 65.
reactor 206, 207.
reactor building 206.
reading start 129.
rear apron 112.
rear brake 136.
rear derailleur 136.
rear light 133, 135, 136.
rear lights 133.
rear shock absorber 135.
rearview mirror 132.
receiver 180.
receptacle 38, 44.
record 129.
record 126.
record announcement button 124.
recorder 165.
recorder 182.
recording tape 129.
recording unit 23.
recovery lorry 215.
rectangle 156.
rectangular 191.
Red 196, 157.
Red Sea 19.
red wine glass 100.
red- violet 157.
redcurrant 44.
reed 165.
reeds 165.
referee 171, 173, 176, 178, 179.
refinery 203.
refinery products 203.
refining 203.
reflected heat 28.
reflected ultraviolet rays 28.
REFLECTING TELESCOPE 11.
reflecting telescope, cross section 11.
reflector 136.
REFRACTING TELESCOPE 11.
refracting telescope, cross section 11.
refrigerator 29.
refrigerator compartment 106.
refrigerator van 139.
refuse lorry 215.
reheater 206.
release lever 109.
remote control 126.
remote control 153.
remote control sensor 126.
remote control terminal 125.
remote-control arm 149.
repair shop 134.
repeat mark 160.
REPTILES 64.
reservoir 105, 204.
reset button 198.
respiratory system protection 216.
rest symbols, musical notation 161.
restaurant 91.
restricted area 178.
restricting circle 178.
rev(olution) counter 132.
reverse slide change 153.
reversing light 133.
revolving nosepiece 155.
rewind 126.
rewind button 129.
rhinoceros 73.
rhombus 156.
rhubarb 52.
rib 123, 213.
rib joint pliers 109.
rib pad 170.
ribbed top 118.
ribbing 117.
ribs 80.
ridge 17.
ridge tent 190.
right ascension setting circle 11.
right back 175.
right channel 128.
right cornerback 171.
right defence 176.
right defensive end 171.
right defensive tackle 171.
right field 169.
right fielder 169.
right forward 178, 179.
right guard 171, 178.
right half 175.
right halfback 171.
right inner 175.
right safety 171.
right service court 180.
right tackle 171.
right wing 173, 175, 176.
rim 123, 135, 137, 178.
rind 47.
ring 35, 107, 123, 164, 189, 198, 201.
ring binder 151.
ring road 27.
rings 189.
rink 176.
rink corner 176.
ripper 212.
ripper tooth 212.
river 26.
river estuary 14, 26.
road 27.
road map 27.
road number 27.
road sweeper 214.
road tanker 202.
roasting pans 104.
robin 77.
rock 14.
rocking chair 96.
rodent's jaw 70.
roller cover 111.
roller frame 111.
roller-skate 185.
rolling pin 102.
roof 59, 92, 131.
room thermostat 199.
rooster 68.
root 50, 85.
root canal 85.
root cap 36.
root hairs 34, 36.
root system 36.
root vegetables 51.
root, primary 34, 36.
root, secondary 34, 36.
root-hair zone 40.
rose 38.
rose 162.
rose window 89.
rotor 209.
rotor blade 145.
rotor head 145.
rotor hub 145.
round lettuce 53.
rubber 150.
rubber boot 211.
rubber holder 150.
rucksack 193.
rudder 141, 143, 144, 148.
ruler 151.
ruler 192.
rump 75.
rung 111.
runner 196.
running shoe 121.
runway 146.
runway line 147.

S

sacrum 80.
saddle 136, 188.
safety binding 187.
safety handle 54.
safety pad 188.
safety rail 138.
SAFETY SYMBOLS 216.
safety tether 149.
safety valve 104, 207.
sail 184.
sail 209.
sail cloth 209.
sail, fore royal 141.
sail, lower fore topgallant 141.
sail, upper fore topgallant 141.
sailbar 209.
SAILBOARD 184.
salad bowl 100.
salad dish 100.
salad plate 100.
salad spinner 103.
salamander 60.
salsify 51.
salt marsh 14.
saltcellar 100.
salty taste 84.
sand dune 14.
sand island 14.
sandbox 139.
sapwood 40.
sash window 94.
satellite aerial 142.
Saturn 7.
saucepan 104, 192.
sauté pan 104.
saxhorn 164.
saxophone 165.
scale 63, 64, 74, 108, 193, 199.
scale leaf 50.
scale, musical 160.
scales, bathroom 201.
scales, electronic 201.
scales, kitchen 201.
scampi 61.
scapula 80.
scenic route 27.
schoolbag 151.
SCHOOL EQUIPMENT 152, 154.
SCHOOL SUPPLIES 150.
scientific instruments 148.
scissors 192, 193.
sclera 82.
scorer 178, 179.
scraper 111.
screen 126, 204.
screw 108.
screw 162.
screw base 99.
screwdriver 108.
screwdriver 192.
screwdriver, cross-tip 192.
scrimmage 171.
scroll 162.
scrotum 78.
sea 9, 26.
sea horse 62.
sealed cell 59.
SEASONS OF THE YEAR 20.
seat 97.
seat post 136.
SEATS 96.
secateurs 54.
second base 169.
second baseman 169.
second dorsal fin 63.
second hand 198.
second linesman 179.
second molar 85.
second premolar 85.
second space 178.
second valve slide 164.
second violin 167.
second, musical interval 160.
secondary colours 157.
secondary road 27.
secondary root 34, 36.
section of a bulb 50.
seed 34, 44, 45, 46, 47.
seed leaf 36.
seed vegetables 52.
seeds 75.
segment 47.
segment score number 197.

Fettgedruckte Wörter beziehen sich auf eine Illustration; Wörter in GROSSBUCHSTABEN sind Überschriften.

seismic wave 13.
seismographic recording 202.
self-contained breathing apparatus 211.
self-inflating mattress 191.
semi-circle 178.
semi-mummy 191.
semibreve rest, musical notation 161.
semibreve, musical notation 161.
semicircular canals 83.
semiquaver rest, musical notation 161.
semiquaver, musical notation 161.
sensor probe 107.
sepal 38, 44.
serac 16.
server 179, 180.
service area 27, 147, 179.
service court, left 180.
service court, right 180.
service judge 180.
service line 180.
service road 146.
set of bells 166.
set square 151.
settee, three-seater 96.
settee, two-seater 96.
seventh, musical interval 160.
shade 98.
shadow 198.
shadow, penumbral 10.
shadow, umbral 10.
shady arcades 87.
shaft 177, 181, 197.
shallot 50.
shallow root 40.
shank 108, 123.
shark 63.
sharp, musical notation 161.
sheath 192.
sheath 37, 66, 67.
sheep 69.
sheet 141.
sheet, fitted 95.
sheet, flat 95.
shelf 106.
shell 64.
shell 75.
shield 65.
shin guard 168, 172.
shin pad 177.
shirt 112.
shirttail 112.
shock wave 202.
shoelace 121.
SHOES 119.
shoot 36, 40.
shooting adjustment keys 127.
short sock 118.
shorts 115.
shorts 172.
shortstop 169.
shoulder 66, 67, 78, 181.
shoulder blade 79.
shoulder pad 170, 177.
shoulder strap 116, 123, 193.
shovel 55.
shovel 186.
shroud 141.
shutter 94.
shutter, slatted 94.
shutter release button 125.
shuttle 148.
side 141.
side chair 97.
side chapel 89.
side compression strap 193.
side footboard 139.
side light 133.
side panel 131.
side plate 100.
side rail 111.
side vent 15.
side wall 182.
sideline 171, 175, 178, 179.
sight 193.
sighting line 193.
sighting mirror 193.
signal background plate 140.
signal lamp 107.
silencer 135.
silk 52.
silos 142.
simple eye 57, 58.
simple leaves 37.
single lens reflex (slr) camera 125.
single reed 165.
singles pole 180.
singles sideline 180.
singlet 120.
sink-hole 13.
siphon 13.
sixth, musical interval 160.
skate 177.
skate guard 185.
SKATING 185.
skeg 184.
SKELETON 80.
ski 186.
ski boot 186.
ski boot 186.
ski glove 186.
ski goggles 186.
ski hat 186, 187.
ski pants 115.
ski pole 186, 187.
ski stop 186, 187.
ski suit 186, 187.
skid 145.
SKIING 186.
skin 44, 45, 46, 60.
skirt 114, 181.
skull 78, 80.
skylight 92.
skyscraper 91.
sleeper 140.
sleeping bags 191.
sleeping cab 134.
SLEEPING EQUIPMENT 191.
sleeve 113, 117.
sleigh bells 166.
slide 153.
slide mount 153.
slide projector 153.
slide tray 153.
slide-select bar 153.
sliding door 93.
sliding folding door 92.
sliding folding window 94.
sliding weight 159, 200.
sliding window 94.
slingback 119.
slip joint 109.
slip joint pliers 109.
slip-on 119.
slipover 117.
slot 105.
slow-motion 126.
small blade 192.
small intestine 81.
smallmouth bass 63.
snap fastener 113, 118.
snare drum 166, 167.
snout 60.
snow 30.
snowblower 214.
SOCCER 172.
soccer ball 172.
soccer player 172.
soccer, playing field 173.
sock 118.
sock 170, 181.
socket, three-pin 99.
sofa, three-seater 96.
sofa, two-seater 96.
soft palate 84.
soft pedal 159.
soft-drink dispenser 134.
SOIL PROFILE 34.
solar cell 208.
solar cell 154.
SOLAR ECLIPSE 10.
solar eclipses, types 10.
SOLAR ENERGY 208.
solar energy 28.
solar radiation 208.
solar shield 149.
SOLAR SYSTEM 6.
sole 118, 185.
soleplate 140.
solid body 163.
solid rocket booster 148.
solids 156.
sound hole 162.
sound reproducing system, components 128.
sound system 132.
soundboard 158, 159, 162.
soup bowl 100.
soup spoon 101.
soup tureen 100.
sour taste 84.
sources of gases 29.
sources of pollution 30.
South 27.
South America 18.
South Pole 12.
South-southeast 27.
South-southwest 27.
Southeast 27.
southern hemisphere 12, 24.
Southwest 27.
sow 69.
soya beans 52.
space 160.
SPACE SHUTTLE 148.
space shuttle at takeoff 148.
space shuttle in orbit 148.
spacelab 148.
SPACESUIT 149.
spade 55, 194.
spaghetti tongs 103.
spanker 141.
spatula 102.
speaker 124, 129.
speaker cover 128.
SPECTACLES 123.
speed control 54, 105.
speed selector switch 122.
speed skate 185.
speedometer 132.
spent fuel discharge bay 206.
spent fuel storage bay 206.
sphere 156.
SPIDER 56.
spider 56.
spiked shoe 168.
spillway 204.
spillway gate 204.
spinach 53.
spinal column 80.
spindle 97.
spiny lobster 61.
spiral 129.
spiral bound notebook 151.
spiral-in groove 129.
spire 89.
spirit level 108.
spit 14.
spleen 81.
splint 193.
split end 171.
spoiler 144.
spoke 137.
spoon 101.
spoons, types 101.
spores 35.
sports car 133.
SPORTSWEAR 120.
spotlight 98.
spotlight 210.
spreader 123.
spring 20, 109, 188.
spring balance 201.
spring equinox 20.
spring onion 50.
springboard 188.
sprinklers 207.
spur 17.
square 156.
square 90.
square movement 195.
square root key 154.
squash 49.
stabilizer fin 143.
stack 14.
stacking chairs 96.
stadium 91.
staff 160.
stage 155.
stage clip 155.
stalactite 13.
stalagmite 13.
stalk 44, 45, 46.
stalk vegetables 52.
stamen 38.
stanchion 185.
stand 98, 135, 166.
standard lamp 98.
staple remover 150.
stapler 150.
staples 150.
star diagonal 11.
starboard hand 142.
start button 198.
start wall 182.
starter 54, 182.
starting bar (backstroke) 182.
starting block 182.
starting block 182.
state 26.
staysail, jigger topgallant 141.
staysail, jigger topmast 141.
steak knife 101.
steam generator 206.
steam pressure drives turbine 207.
steel bar 189.
steelyard 200.
steering wheel 132.
stem 35, 36, 137, 141, 199.
stem bulb 142.
step 134.
stepladder 111.
steppe 21.
stereo control 129.
sterile dressing 193.
stern 143, 184.
sternum 80.
stick 162.
sticks 166.
stigma 38.
stile 93, 97.
stimulator tip 122.
sting 59.
stipule 37.
stirrup sock 168.
stitching 118, 121.
stock 209.
stockade 88.
stocking 118.
STOCKINGS 118.
stockpot 104.
stomach 81.
stone 45.
stone fruit, section 45.
stone fruits, major types 45.
stool 96.
stop 66, 126.
stop at intersection 216.
stop button 198.
stopwatch 198.
storage compartment 134, 153, 210.
storage door 106.
storage tanks 203.
stork 76.
stormy sky 22.
straight skirt 115.
straight wing 144.
strainer 103.
strainer 190.
strait 26.
strap 168.
strap loop 193.
strap system 163.
stratosphere 28.
strawberry, section 44.
street 90.
street lamp 91.
striking circle 175.
string 162.
STRINGED INSTRUMENTS 162.
strings 159, 181.
stroke judge 182.
strokes, types 183.
structure of a flower 38.
STRUCTURE OF A PLANT 36.
STRUCTURE OF THE BIOSPHERE 20.
STRUCTURE OF THE EARTH 12.
strut 209.
stud 121.
studs 174.
stump 40.
stump 174.
style 38.
subarctic climates 21.
subarctic climates 21.
sublimation 30.
submarine pipeline 202.
subsoil 34.
subterranean stream 13.
subtract from memory 154.
subtract key 154.
subtropical climates 21.
sugar bowl 100.
suit 114.
summer 20.
summer solstice 20.
summit 17.
SUN 8.
Sun 6, 10, 28.
Sun 10.
sun visor 132.
Sun's surface 8.
Sun, structure 8.
sundeck 142.
sundial 198.
sunflower 39.
sunlight 28.
sunroof 131.
sunspot 8.
super 59.
support 11, 23, 97.
surface insulation 149.
surface prospecting 202.
surface runoff 30, 32.
suspension spring 138.
swallow 76.
swallow hole 13.
SWEATERS 117.
sweatshirt 120.
swede 51.
sweeper 173.
sweet corn 52.
sweet pepper 49.
sweet potato 51.
sweet taste 84.
swept-back wing 144.
swimmerets 61.
SWIMMING 182.
swimming pool 143, 182.
swimming trunks 121.
swimming, competitive course 182.
swimsuit 120.
Swiss army knife 192.
Swiss chard 52.
switch 99.
switch 110.
switch lock 110.
swordfish 62.
SYMBOLS, COMMON 216.
SYMBOLS, SAFETY 216.
SYMPHONY ORCHESTRA 167.
system unit 154.

T

T-tail unit 145.
tab 123.
TABLE 97.
table 97.
table lamp 98.
tack 184.
tadpole 60.
tag 121.
tail 61.
tail 65, 66, 67, 75, 144, 186.
tail assembly 144.
tail boom 145.
tail comb 122.
tail shapes, types 145.
tail skid 145.
tail-out groove 129.
tailpiece 162.
tailplane 144, 145.
tailrace 204.
take-up reel 129.
talon 74.
tambourine 166.
tank wagon 203.
tape 108, 179.
tape dispenser 151.
tape guide 129.
tape lock 108.
tape measure 108.
tapered wing 144.
taproot 40.
tarsus 80.
taste sensations 84.
team shirt 168, 170, 172.
teapot 100.
teaspoon 101.
technical identification band 129.
telephone 216.
telephone answering machine 124.
telephone index 124.
telephone set 124.
telephone, cordless 124.
telephone, portable cellular 124.
TELESCOPE, REFLECTING 11.
TELESCOPE, REFRACTING 11.
telescopic boom 210, 215.
telescopic corridor 147.
telescopic front fork 135.
telescopic umbrella 123.
TELEVISION 126.
television set 126.
temperate climates 21.
temperature gauge 132.
temperature set point knob 199.
TEMPERATURE, MEASURE 199.
temperature, measure 23.
temple 78, 123.
tempo scale 159.

Fettgedruckte Wörter beziehen sich auf eine Illustration; Wörter in GROSSBUCHSTABEN sind Überschriften.

tendon guard 185.
TENNIS 180.
tennis ball 181.
tennis player 181.
tennis racket 181.
tennis racquet 181.
tennis shoe 181.
tennis, court 180.
tenor drum 166.
tent peg 190.
TENTS 190.
tents, major types 190.
tepee 86.
terminal box 208.
terminal bud 34, 36.
terminal moraine 17.
tertiary colours 157.
test tube 155.
thermometer 199.
thermometer, clinical 199.
thermostat 105.
thermostat control 106.
thigh 66, 67, 79.
thigh pad 170.
thigh-boot 119.
third base 169.
third baseman 169.
third valve slide 164.
third, musical interval 160.
thoracic legs 61.
thorax 57, 58, 78.
thread 108.
threaded rod 109.
three-four time 160.
three-toed hoof 71.
threshold 93.
throat 74, 181.
throat protector 168, 177.
thruster 149.
thumb 82, 118, 168.
thumb hook 164.
thumb rest 165.
thumbscrew 109.
tibia 80.
tie 112.
tie 123.
tight end 171.
tightening band 23.
tightening buckle 193.
tights 118.
time signatures 160.
TIME, MEASURE 198.
timekeeper 178.
tin opener 102.
tin opener 192.
tine 101.
tip 36, 108, 110, 123, 186.
tip of nose 84.
Titan 7.
toad 60.
toaster 105.
toe 66, 74, 78, 118.
toe binding 186.
toe box 185.
toe clip 136.
toe guard 168.
toe pick 185.
toe piece 186.
toe-piece 187.
toeplate 186.
toggle fastening 113.
toilets 27.
tom-toms 166.
tomato 49.
tone controls 163.
tongue 84, 112, 121, 185, 186.
tongue sheath 64.
tonsil 84.
tool tether 149.
TOOLS, CARPENTRY 108.
tooth 64, 84, 109, 110, 213.
toothbrush 122.
toothpaste 122.
top 40, 97.
top flap 193.
top ladder 211.
top of dam 204.
top rail 94.
topsail, gaff 141.
topsail, lower fore 141.
topsail, upper fore 141.
topsoil 34.
toque 114.
torch, pocket 192.
total 201.
total eclipse 10.
touch line 173.
touring boot 187.
tourist route 27.
tow bar 146.
tow lorry 146.
tow tractor 147.
tower 89, 209.
tower crane 214.
tower ladder 211.
tower mast 214.
towing device 215.
track 212.
track lighting 98.
track suit 120.
tractor unit 134.
tractor, crawler 212.
TRADITIONAL HOUSES 87.
TRADITIONAL MUSICAL INSTRUMENTS 158.
traffic island 90.
trailing edge 144.
trailing edge flap 144.
trainer 121.
tramlines 180.
trampoline 188.
transept 89.
transept spire 89.
transfer of heat to water 207.
transformer 98, 204, 206.
transit shed 143.
transparency 153.
transpiration 31.
trapezoid 156.
trapped heat 29.
travelling crane 204.
tray 111.
treble bridge 159.
treble clef 160.
treble keyboard 158.
treble register 158.
treble ring 197.
treble tone control 163.
TREE 40.
tree frog 60.
tree, structure 40.
tree, trunk 40.
trees, examples 41.
triangle 156, 166.
triangle 167.
triangular body 158.
trifoliolate 36.
trigger switch 110.
trill, musical notation 161.
trip mileometer 132.
triple tail unit 145.
tripod 11.
tripod accessories shelf 11.
tripod stand 166.
Triton 7.
trolley 214.
trolley pulley 214.
trombone 164.
trombone 167.
tropic of Cancer 12, 24.
tropic of Capricorn 12.
tropic of Capricorn 24.
tropical climates 21.
tropical forest 20.
TROPICAL FRUITS 48.
tropical fruits, major types 48.
tropical rain forest 21.
tropical savanna 21.
troposphere 28.
trousers 112, 120.
trousers 168, 170, 177.
trout 62.
trowel 54.
truck 185.
trumpet 164.
trumpet 167.
trunk 40, 79.
trunk, cross section 40.
tuba 164.
tuba 167.
tuber vegetables 51.
tubular bells 167.
tulip 38.
tumbler 100.
tuna 62.
tundra 20.
tuner 128.
tuner 129.
tungsten-halogen lamp 99.
tuning control 129.
tuning controls 126.
tuning fork 159.
tuning peg 162, 163.
tuning pin 159.
tuning slide 164.
turbine 206.
turbine building 206.
turbine shaft turns generator 207.
turbojet engine 144.
turkey 68.
turn, musical notation 161.
turn-up 112.
turning judge 182.
turning wall 182, 183.
turnip 51.
turntable 128.
turntable 213.
turntable mounting 210.
turret 88.
turtle 64.
tusks of elephant 71.
tusks of walrus 71.
tusks of wart hog 71.
TUSKS, MAJOR TYPES 71.
TV mode 126.
TV on/off button 126.
TV/video button 126.
tweeter 128.
tweezers 193.
twig 36, 40.
twist drill 110.
two-person tent 190.
two-toed hoof 71.
two-two time 160.
tympanum 89.
tyre 131, 137.
tyre pump 136.
tyre valve 137.

U

ulna 80.
ultraviolet rays, reflected 28.
umbral shadow 10.
UMBRELLA 123.
umbrella pine 43.
umbrella, telescopic 123.
umpire 171, 174, 179, 180, 182.
under tail covert 75.
underground flow 31, 32.
underground stem 50.
undershirt 168.
unison, musical interval 160.
unit price 201.
universal step 146.
uphaul 184.
upper eyelid 60, 66, 82.
upper fore topgallant sail 141.
upper fore topsail 141.
upper lip 84.
upper mantle 12.
upper shell 185, 186.
upper strap 186.
upper tail covert 75.
upright 189.
upright piano 159.
upright pipe 210.
Uranus 7.
UTENSILS, KITCHEN 102.
uvula 84.

V

V-neck 117.
V-neck cardigan 117.
valley 17.
valve 164.
valve casing 164.
vamp 121.
vanity mirror 132.
variable geometry wing 144.
vaulting horse 188.
VCR controls 126.
VCR mode 126.
VCR on/off button 126.
vegetable steamer 104.
VEGETABLES 49, 50, 52.
vegetables 33.
vein 37.
vein, femoral 81.
vein, subclavian 81.
venom canal 64.
venom gland 64.
venom-conducting tube 64.
venomous snake's head 64.
venous blood 81.
vent, main 15.
vent, side 15.
ventilating fan 139.
Venus 6.
vernal equinox 20.
vernier scale 200.
vertical movement 195.
vertical pivoting window 94.
vertical side band 179.
vertical-axis wind turbine 209.
vest 112.
vibrato arm 163.
VIDEO 127.
video camera 127.
VIDEO ENTERTAINMENT SYSTEM 197.
video monitor 154.
videocassette recorder 127.
videotape operation controls 127.
viewfinder adjustment keys 127.
vine leaf 53.
viola 162.
viola 167.
violet 38.
violet 157.
violet-blue 157.
violin 162.
violin family 162.
visor 135, 140, 187.
visual display 197.
volcanic bomb 15.
VOLCANO 15.
volcano 28.
VOLLEYBALL 179.
volleyball 179.
volleyball, court 179.
voltage increase 205, 207.
volume control 124, 126, 129, 163.
volva 35.
vulva 78.

W

wading bird 74.
wagon tent 190.
waist 79, 162.
waist belt 193.
waist slip 116.
waistband 112, 113.
walking boot 119.
walking leg 57.
Walkman® 129.
wall 9, 47.
wall fitting 98.
wall tent 190.
wallet 123.
wallet 154.
waning crescent 9.
waning gibbous Moon 9.
warming plate 105.
warning device 211.
warning light 140.
warning lights 132.
warning track 169.
washer nozzle 130.
watch, analogue 198.
watch, digital 198.
water bottle 136.
water bottle clip 136.
water cools the used steam 207.
water intake 204.
water is pumped back into the steam generator 207.
water jug 100.
water key 164.
water supply point 210.
water table 13.
water tank 139.
water turns into steam 207.
watercolours 157.
watercress 53.
waterfall 17.
watering can 54.
watering tube 214.
watermelon 49.
wax crayons 157.
waxing crescent 9.
waxing gibbous Moon 9.
WEATHER 22.
weather radar 145.
web 60, 74, 168.
webbed foot 60.
webbed toe 74.
weeping willow 42.
weight 200, 201.
WEIGHT, MEASURE 200.
West 27.
West-northwest 27.
West-southwest 27.
western hemisphere 24.
western meridian 24.
whale 72.
wheel 185.
wheel chock 146.
wheel tractor 212.
wheelbarrow 55.
whisk 102.
whiskers 66.
White 195, 196.
white cabbage 53.
white of eye 82.
white square 195.
white wine glass 100.
wicket 174.
wicket-keeper 174.
wigwam 86.
WILD ANIMALS 72.
willow 174.
winch 215.
winch controls 215.
wind deflector 134.
wind direction, measure 23.
WIND ENERGY 209.
WIND INSTRUMENTS 164.
wind strength, measure 23.
wind vane 23.
windbag 158.
windcheater 113.
windmill 209.
WINDOW 94.
window 107, 131, 145, 184.
windows, types 94.
windscreen 130, 135.
windscreen wiper 130.
windshaft 209.
wing 75, 130, 144, 148.
wing mirror 130, 134.
wing shapes, types 144.
wing slat 144.
wing vein 57.
wing, left 175, 176.
wing, right 175, 176.
winglet 144.
winter 20.
winter solstice 20.
wiper switch 132.
wire brush 166.
wisdom tooth 85.
wishbone boom 184.
withers 66, 67.
wok 104.
WOMEN'S CLOTHING 114, 116.
women's toilet 216.
woodwind family 165.
woofer 128.
worker, honey-bee 58.
worm 214.
wrist 66, 79, 82.
wrist strap 186, 187.
wristband 170, 181.

X

xylophone 166.
xylophone 167.

Y

yard line 171.
yellow 157.
yellow onion 50.
yellow-green 157.
yolk 75.
yurt 87.

Z

zebra 73.
zest 47.
zip 190.
zither 158.
zoom lens 127.

Fettgedruckte Wörter beziehen sich auf eine Illustration; Wörter in GROSSBUCHSTABEN sind Überschriften.